中国化学奥林匹克竞赛

试题解析

Chinese Chemistry Olympiad

GUIDED
SOLUTIONS
2006—2010

裴坚　卞江　柳晗宇　/主编

北京大学出版社
PEKING UNIVERSITY PRESS

图书在版编目(CIP)数据

中国化学奥林匹克竞赛试题解析：2006—2010 / 裴坚，卞江，柳晗宇主编. — 北京：北京大学出版社，2020.9
ISBN 978-7-301-31522-4

Ⅰ. ①中… Ⅱ. ①裴… ②卞… ③柳… Ⅲ. ①中学化学课－竞赛题－高中－题解 Ⅳ. ① G634.85

中国版本图书馆 CIP 数据核字 (2020) 第 150502 号

书　　　名	中国化学奥林匹克竞赛试题解析（2006—2010）
	ZHONGGUO HUAXUE AOLINPIKE JINGSAI SHITI JIEXI（2006—2010）
著作责任者	裴　坚　卞　江　柳晗宇　主编
责任编辑	郑月娥　王斯宇
封面设计	柳晗宇 Freepik
标准书号	ISBN 978-7-301-31522-4
出版发行	北京大学出版社
地　　　址	北京市海淀区成府路 205 号　100871
网　　　址	http://www.pup.cn　新浪微博：@北京大学出版社
电子信箱	zye@pup.pku.edu.cn
电　　　话	邮购部 010-62752015　发行部 010-62750672　编辑部 010-62767347
印 刷 者	北京市科星印刷有限责任公司
经 销 者	新华书店
	787 毫米 × 1092 毫米　16 开本　19.5 印张　500 千字
	2020 年 9 月第 1 版　2024 年 8 月第 3 次印刷
定　　　价	68.00 元

未经许可，不得以任何方式复制或抄袭本书之部分或全部内容。
版权所有，侵权必究
举报电话：010-62752024　电子信箱：fd@pup.pku.edu.cn
图书如有印装质量问题，请与出版部联系，电话：010-62756370

前　言

　　学弈则谓之学，学文则谓之学，学道则谓之学，然而其归远也。道，大路也，外是荆棘之蹊，鲜克达矣。是故专于道，斯谓之专；精于道，斯谓之精。专于弈而不专于道，其专溺也；精于文词而不精于道，其精僻也。夫道广矣大矣，文词技能于是乎出，而以文词技能为者，去道远矣。是故非专则不能以精，非精则不能以明，非明不能以诚，故曰"唯精唯一"。精，精也；专，一也。精则明矣，明则诚矣，是故明，精之为也；诚，一之基也。一，天下之大本也；精，天下之大用也。知天地之化育，而况于文词技能之末乎？

——王守仁《送宗伯乔白岩序》

　　本书是《中国化学奥林匹克竞赛试题解析(第5版)》(2011—2019)的姊妹篇。

　　倘若你在图书馆或者书店遇见本书，那么仅仅草草翻阅，便也能看到她与其前辈有着巨大的不同：我们大幅扩写了每一章的内容(多数从原来的每章20余页扩展到现在的30多页)；不仅加入了更多的分析、讨论与知识拓展，更为重要的是很多题目增加了思考题和补充练习，为读者进一步夯实基础、提升能力和拓展视野提供了自己上手实践的阶梯。不仅如此，我们还特别设计了边栏批注这一形式，为每道题提供了知识点与难度系数分析，同时在解答旁缀以常见错误提示、思考与反思及知识点串联等模块，进一步丰富了正文的呈现方式。

　　这些改变不仅是对同学们长久以来需求的响应，更是对我们一直尽全力传达的化学精神——广泛地阅读、不断地反思、积极地交流——的进一步诠释。我们感谢创造本书的所有智慧的头脑和热忱的灵魂，使得她能够不落窠臼并一再自我突破。她不仅仅是一本简单的习题解答，也不仅仅是一本静态的教辅书，更不仅仅是专于弈而不专于道的技巧大全，也正在接近于我们理想中的学习用书。在此基础上，我们将会继续努力，使她真正成为旅途指南，承载着巨擘们的视野与智慧；成为伴学益友，凝结着学长学姐的灵感与巧思。她将永远是亲切的、鲜活的、常更常新的。我们真诚地希望读着本书的你，也能感受到这样一份青春的热情，体会到本书所传达的化学之美，并在科学的大道上纵马驰骋。

　　天高任你飞，而这取决于你的心有多高！

编　者
2020年6月

目 录

第 20 届中国化学奥林匹克竞赛(初赛)试题解析
  2006 年 9 月 10 日 ·· (1)
第 20 届中国化学奥林匹克竞赛(决赛)理论试题解析
  2007 年 1 月 17 日·成都 ·· (31)
第 21 届中国化学奥林匹克竞赛(初赛)试题解析
  2007 年 9 月 16 日 ·· (63)
第 21 届中国化学奥林匹克竞赛(决赛)理论试题解析
  2008 年 1 月 8~14 日·南京 ··· (93)
第 22 届中国化学奥林匹克竞赛(初赛)试题解析
  2008 年 9 月 18 日 ·· (121)
第 22 届中国化学奥林匹克竞赛(决赛)理论试题解析
  2009 年 1 月 7 日·西安 ·· (155)
第 23 届中国化学奥林匹克竞赛(初赛)试题解析
  2009 年 9 月 13 日 ·· (181)
第 23 届中国化学奥林匹克竞赛(决赛)理论试题解析
  2010 年 1 月 6 日·杭州 ·· (215)
第 24 届中国化学奥林匹克竞赛(初赛)试题解析
  2010 年 9 月 12 日 ·· (235)
第 24 届中国化学奥林匹克竞赛(决赛)理论试题解析
  2011 年 1 月 7 日·厦门 ·· (269)
元素周期表 ··· (308)

第 20 届

中国化学奥林匹克竞赛（初赛）试题解析

2006 年 9 月 10 日

第 1 题

题目（4 分）

2006 年 3 月有人预言，未知超重元素第 126 号元素有可能与氟形成稳定的化合物。按元素周期系的已知规律，该元素应位于第 ＿＿＿＿ 周期，它未填满电子的能级应是 ＿＿＿＿，在该能级上有 ＿＿＿＿ 个电子，而这个能级总共可填充 ＿＿＿＿ 个电子。

分析与解答

本题考查同学们对于元素周期表以及原子最外层电子排布规律的掌握，本质上是考查能级排布与电子填充规律，核外电子的运动状态是由量子力学解出的四个量子数决定的。四个量子数的意义与它们之间的关系为：

主量子数 (principal quantum number, n) 主要描述轨道的径向分布，决定电子层数，是决定电子能量的最主要因素，主量子数的取值为正整数，分别对应 K、L、M、N、O、P 等能层，同时 $n-1$ 决定了轨道的节面数：

$$n = 1, 2, 3, \cdots$$

角量子数 (azimuthal quantum number, l) 决定同一电子层中具有不同能量的分层，分别对应 s、p、d、f 等轨道。角量子数 l 与磁量子数 m 共同描述原子轨道角度分布，决定了轨道的形状：

$$l = 0, 1, 2, \cdots, n-1$$

磁量子数 (magnetic quantum number, m) 决定角动量在空间给定方向上的分量大小，即决定原子轨道在空间的伸展方向：

$$m = 0, \pm 1, \pm 2, \cdots, \pm l$$

自旋磁量子数 (spin quantum number, m_s) 描述电子自旋，电子的自旋状态有两种取向。因此考虑电子自旋配对填充，s、p、d、f、g 亚层分别可以填充 2、6、10、14、18 个电子：

$$m_s = \pm \frac{1}{2}$$

结构 | 原子结构

难度 | ★

元素的**反常电子排布**也是化学竞赛的考点之一，请同学们注意。本书最后的元素周期表标出了具有反常电子排布的元素及其最外层电子排布，供同学们参考。

这些反常的电子排布有什么相似之处？请同学们思考。

在单电子原子中，轨道能量由主量子数决定：

$$E_i = -\frac{Z^2}{n^2} \cdot 13.6 \text{ eV}$$

但在多电子原子中，电子之间存在排斥作用，相当于电子所受引力的有效核电荷数变小，由此我们引入**屏蔽常数** (screening constant, σ) 来表示核电荷数被抵消的部分，即屏蔽效应。此时轨道能量不再只由主量子数 n 决定，也因角量子数 l 的不同而能级分裂，还会出现能级交错的情况。电子的填充顺序如表 1 所示。注意核外电子排布遵循能量最低原理、Pauli 不相容原理以及 Hund 规则。

Slater 规则中的经验参数是根据实际的光谱数据推出的。

表 1　电子填充顺序

能级组	轨道（从下向上、从左向右填充）					电子数 = 元素种数
n	ns	...	$(n-3)$g	$(n-2)$f	$(n-1)$d	np	
8	8s		5g	6f	7d	8p	50 = 2 + 18 + 14 + 10 + 6
7	7s			5f	6d	7p	32 = 2 + 14 + 10 + 6
6	6s			4f	5d	6p	32 = 2 + 14 + 10 + 6
5	5s				4d	5p	18 = 2 + 10 + 6
4	4s				3d	4p	18 = 2 + 10 + 6
3	3s					3p	8 = 2 + 6
2	2s					2p	8 = 2 + 6
1	1s						2

126 号元素前七个能级组填满 2 + 8 + 8 + 18 + 18 + 32 + 32 = 118 个电子，最外层剩余 8 个电子，排布为 ns···$(n-3)$g$(n-2)$f$(n-1)$dnp = 8s^{2}5g^6。该元素应位于**第八周期**，它未填满电子的能级应是 **5g**，在该能级上有 **6 个电子**，而这个能级总共可填充 **18 个电子**。

思考：如果第八周期存在，g 轨道有几个节面？形状可能是什么样子？

第 2 题

题目（5 分）

下列反应在 100 °C 时能顺利进行：

2-1　给出两种产物的系统命名。

2-2　这两种产物互为下列哪一种异构体？
A. 旋光异构体　　B. 立体异构体　　C. 非对映异构体　　D. 几何异构体

分析与解答

2-1 本题考查有机化合物的命名，同时需要同学们注意化合物中的立体化学问题。有机化合物的命名格式为：**构型-取代基-母体**。命名时，逻辑上应该首先确定母体，再找出主链，按照最低次序原则编号，最后确定化合物的构型。在实际操作中，可以先确认构型，因为这与母体或者主链的选择无关。

以化合物 I 为例。首先确定母体：母体为烯烃（共轭二烯）。接下来找出主链：选取包含烯烃的最长碳链为主链，如下图蓝色部分所示。再进行编号：编号时，使唯一的取代基甲基 Me 的位号最小（氘不看作取代基），即从分子右下侧开始顺时针编号，甲基的位号为 3。最后确定化合物构型：C3=C4 双键为 Z 构型，C5=C6 双键为 Z 构型，C7 手性碳为 S 构型。因此化合物 I 的系统命名为：(7S,3Z,5Z)-3-甲基-7-氘代-3,5-辛二烯。类似地，化合物 II 的系统命名为：(7R,3E,5Z)-3-甲基-7-氘代-3,5-辛二烯。

有机 | 命名
难度 | ★★

注意：关于有机化合物的命名，国际通用标准为国际纯粹与应用化学联合会 (IUPAC) 命名法，中国化学会结合 IUPAC 的命名规则和我国文字特点制定了中文系统命名法。

有机化学中常见的基团缩写：Me、Et、Pr、Bu、Ph、Ar、Bn、Ac、Ts、Ms、TMS、TES、TIPS、Boc、MOM、Cbz、PMB 等，请同学们尽早熟悉。

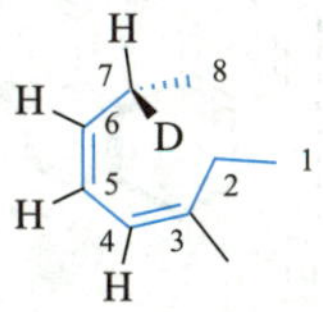

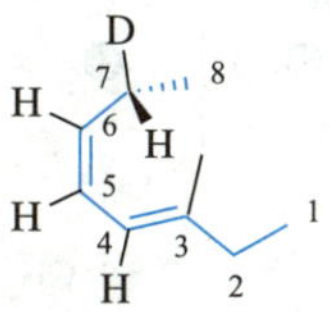

若把氘视为取代基，则两个化合物的系统命名分别为：

I: (2S,3Z,5Z)-2-氘代-6-甲基-3,5-辛二烯

II: (2R,3Z,5E)-2-氘代-6-甲基-3,5-辛二烯

2-2 本题考查有机化合物中的**异构现象** (isomerism)。有机化学中的同分异构体指分子式相同而结构不同，是所有异构体的总称。根据原子连接次序是否相同分为构造异构体和立体异构体两大类。判别方法及例子简述如下：

由于原子的连接次序不同或键合性质不同而产生**构造异构体** (constitutional isomer)，具体有如下分类：

碳架异构体：碳架不同

位置异构体：官能团的位置不同

官能团异构体：官能团种类不同

互变异构体：分子中某一原子可在两个位置迅速移动（互变异构体是官能团异构体的一种）

有机 | 立体化学
难度 | ★

同分异构体中又包括**电子互变异构体**，如苯环的共振极限式、bullvalene 分子等。构造异构体中还包括**价键互变异构体**，如苯和 Dewar 苯等。

在书写同分异构体时，可以不写构象异构体。

原子连接次序及键合性质均相同，但空间排列不同而产生**立体异构体** (stereoisomer)，具体有如下分类：

构象异构体：仅由于单键的旋转引起

构型异构体：由于键长、键角、分子内有双键或环等引起

其中的构型异构体又可分为**几何异构体** (geometric isomer) 和**旋光异构体** (optical isomer)：

几何异构体：由于双键或成环碳原子的单键不能自由旋转引起

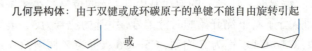

旋光异构体：由于分子中没有反轴对称性引起

当同一分子中存在多个手性碳原子时，还要区分**对映异构体** (enantiomer)、**非对映异构体** (diastereomer) 和**差向异构体** (epimer) 等更复杂的异构现象：

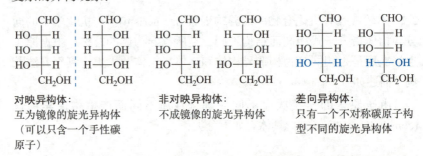

对映异构体：
互为镜像的旋光异构体
（可以只含一个手性碳原子）

非对映异构体：
不成镜像的旋光异构体

差向异构体：
只有一个不对称碳原子构型不同的旋光异构体

化合物 I 和 II 中存在 C3=C4 双键和 C7 手性碳原子构型两处不同，因此互为**立体异构体 (B)**。注意：这两种化合物中都只存在一个手性碳原子，因此不能互称非对映异构体。

评注

这是一个 **1,5-氢迁移反应** (1,5-H shift)。前线轨道理论认为：1,5-氢迁移反应中发生迁移的 σ 键发生"均裂"，"产生" 一个氢原子和一个五碳

原子的共轭自由基，它的前线轨道 (FMO) 是**单电子占据轨道 (SOMO)**。我们可以画出它的轨道图像，该轨道的对称性对氢迁移反应的立体化学起着决定性作用：

由上图蓝色轨道波瓣对称性可知，在加热条件下，氢原子通过六元环椅式过渡态发生同面迁移，形成一对立体异构体。生成 II 的反应机理如下：

请同学们在下图圈中填入相应的符号，补全生成 I 的反应机理：

第 3 题

题目（8 分）

下面四张图是用计算机制作的在密闭容器里，在不同条件下进行的异构化反应 X ⇌ Y 的进程图解。图中的白色方块是 **X**，蓝色方块是 **Y**。

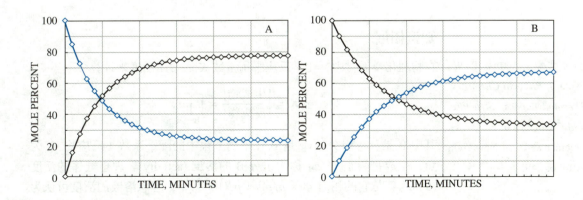

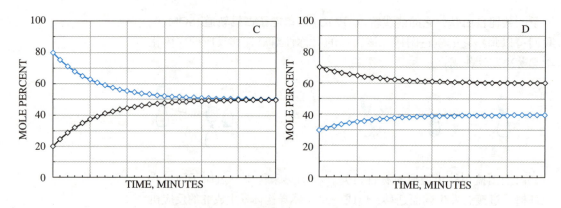

3-1 图中的纵坐标表示 _____；横坐标表示 _____。

3-2 平衡常数 K 最小的图是 _____。

3-3 平衡常数 K 最大的图是 _____。

3-4 平衡常数 $K = 1$ 的图是 _____。

分析与解答

无机 | 化学平衡
难度 | ★

本题考查与化学反应速率及化学平衡有关的基本知识，并要求同学们具有一定的英语基础水平。解题时，需要同学们理解动力学与热力学的区别，根据定义区分平衡常数 K 与反应速率常数 k 之间的区别与联系。

3-1 从图中可读出横、纵坐标标题，分别为 "time, minutes"（时间，分钟）和 "mole percent"（摩尔分数，即物质的量分数）。因此纵坐标表示 **X 和 Y 的摩尔分数（或：物质的量分数）**；横坐标表示：**时间，分（或：以分为单位的反应进程）**。

需要注意的是，在本题中 A 与 C 选项实际上表示 Y 异构化为 X 的过程，而 B 与 D 表示 X 异构化为 Y 的过程。不过，计算平衡常数时只需考虑最终平衡后的状态即可。

3-2 由题意，$K = [Y]/[X]$，观察 A、B、C、D 四图，有：

$$K_A < K_D < K_C = 1 < K_B$$

故：平衡常数 K 最小的图是 **A**。

3-3 平衡常数 K 最大的图是 **B**。

3-4 平衡常数 $K = 1$ 的图是 **C**。

知识拓展

参考文献：Atkins, P. W., Paula, J. *Physical Chemistry: Thermodynamics, Structure, and Change*, 10th ed. W. H. Freeman and Co.: New York, 2014, p. 249.

在物理化学教材中，化学反应平衡常数 K 通常用活度来计算：

$$K = \frac{[生成物]}{[反应物]} = \prod_B a_B^{\nu_B}$$

其中 B 是反应组分，ν_B 是 B 在平衡方程中的配平系数（反应物 ν_B 为负，生成物为正），a_B 称为组分 B 的 **活度** (activity)。理想气体的活度可认为就是它的相对分压 $p/p^\ominus = p/(100\ \text{kPa})$；理想溶液的活度可认为

是其相对浓度 $c/c^{\ominus} = c/(1\ \mathrm{mol\ L^{-1}})$。非理想情况下，$a_B = \gamma_B x_B$，$\gamma_B$ 称为组分 B 用摩尔分数表示的**活度因子** (activity factor)，当 $x_B \to 0$ 时，$\gamma_B \to 1$。需要注意的是：纵坐标表示的是摩尔分数，是不能直接用来计算平衡常数的。在本题这个密闭体系中，根据理想气体的分压定律可以推出摩尔分数的比就是分压比，因此可以进行计算，但是在其他题目中需要注意区分。

评注

本题中的四张图是如何生成的？为此我们可以简单讨论一下与反应动力学有关的定量问题。本题中的反应 $\mathbf{X} \rightleftharpoons \mathbf{Y}$ 属于**可逆反应** (reversible reaction)。可逆反应的动力学方程通常可以写为：

$$\mathbf{X} \xrightarrow{k_1} \mathbf{Y} \qquad \frac{\mathrm{d}[\mathbf{X}]}{\mathrm{d}t} = -k_1[\mathbf{X}] \tag{1}$$

$$\mathbf{Y} \xrightarrow{k_{-1}} \mathbf{X} \qquad \frac{\mathrm{d}[\mathbf{X}]}{\mathrm{d}t} = k_{-1}[\mathbf{Y}] \tag{2}$$

其中 k_1、k_{-1} 分别表示正、逆反应的速率常数。**X** 的浓度同时受正反应 $-k_1[\mathbf{X}]$ 与逆反应 $k_{-1}[\mathbf{Y}]$ 的影响，正反应的净速率方程可表示为：

$$\mathbf{X} \underset{k_{-1}}{\overset{k_1}{\rightleftharpoons}} \mathbf{Y} \qquad \frac{\mathrm{d}[\mathbf{X}]}{\mathrm{d}t} = -k_1[\mathbf{X}] + k_{-1}[\mathbf{Y}] \tag{3}$$

本题中并未指定 **X**、**Y** 的具体浓度，设总浓度为 c_0，则有 $[\mathbf{X}]+[\mathbf{Y}] = c_0$，因此：

$$\begin{aligned}\frac{\mathrm{d}[\mathbf{X}]}{\mathrm{d}t} &= -k_1[\mathbf{X}] + k_{-1}(c_0 - [\mathbf{X}]) \\ &= -(k_1 + k_{-1})[\mathbf{X}] + k_{-1}c_0\end{aligned} \tag{4}$$

这是一个常微分方程，其解为（取图 A 中零时刻 **X** 的浓度作为初始条件，即 $c_0 = [\mathbf{X}]_0$）：

$$[\mathbf{X}] = \frac{k_{-1} + k_1 \exp[-(k_1 + k_{-1})t]}{k_1 + k_{-1}}[\mathbf{X}]_0 \tag{5}$$

$$[\mathbf{Y}] = [\mathbf{X}]_0 - [\mathbf{X}] \tag{6}$$

物种的物质的量分数可由物种浓度与总浓度之比求得，即：

$$x_\mathbf{X} = \frac{[\mathbf{X}]}{[\mathbf{X}]_0} = \frac{k_{-1} + k_1 \exp[-(k_1 + k_{-1})t]}{k_1 + k_{-1}} \tag{7}$$

$$x_\mathbf{Y} = 1 - x_\mathbf{X} \tag{8}$$

利用计算机进行绘图，得：

定量的化学反应动力学知识属于决赛考点。然而自 2014 年第 28 届化学奥林匹克竞赛初赛起，定量的动力学问题也以"给材料""给公式"的形式出现，对同学们的推导、计算水平要求较高，值得引起重视。

式 (4) 是一个一阶线性非齐次微分方程，该方程的解法超出了化学竞赛的考查范围，故略去。感兴趣的同学可参阅李忠、周建莹编著《高等数学（第二版）》第 159~162 页。

感兴趣的同学可以尝试绘制 B、C、D 图。

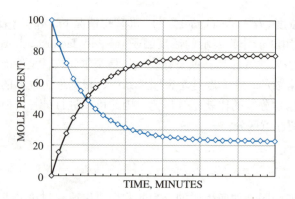

平衡时，$t \to \infty$，$\exp[-(k_1 + k_{-1})t] \to 0$，有：

$$[\mathbf{X}]_{eq} = \frac{k_{-1}[\mathbf{X}]_0}{k_1 + k_{-1}}, \quad [\mathbf{Y}]_{eq} = \frac{k_1[\mathbf{X}]_0}{k_1 + k_{-1}} \tag{9}$$

因此平衡常数为：

$$K = \frac{[\mathbf{Y}]_{eq}}{[\mathbf{X}]_{eq}} = \frac{k_1}{k_{-1}} \tag{10}$$

思考：式 (10) 可否由式 (1) 与式 (2) 直接推出？为什么？

第 4 题

题目（7 分）

已探明我国锰矿储量占世界第三位，但富矿仅占 6.4%，每年尚需进口大量锰矿石。有人设计了把我国的菱锰矿（贫矿）转化为高品位 "菱锰矿砂" 的绿色工艺。该工艺首先将矿砂与硫酸铵一起焙烧，较佳条件是：投料比 $m((NH_4)_2SO_4)/m(MnCO_3) = 1.5$；焙烧温度 450 °C；焙烧时间 1.5 小时。

4-1 写出焙烧反应方程式。

4-2 其次，将焙烧产物转化为高品位的 "菱锰矿砂"，写出反应方程式。

4-3 若焙烧温度过高或时间过长，将导致什么结果？

4-4 从物料平衡角度看，生产过程中是否需要添加 $(NH_4)_2SO_4$？说明理由。

分析与解答

无机 | 方程式书写
难度 | ★

4-1 反应物是硫酸铵 $(NH_4)_2SO_4$ 与碳酸锰 $MnCO_3$，投料比为 $m((NH_4)_2SO_4)/m(MnCO_3) = 1.5$，可以算出 $(NH_4)_2SO_4$ 与 $MnCO_3$ 投料的物质的量之比为：

$$\frac{n((NH_4)_2SO_4)}{n(MnCO_3)} = \frac{m((NH_4)_2SO_4)/M((NH_4)_2SO_4)}{m(MnCO_3)/M(MnCO_3)}$$

$$= \frac{1.5/(132.14 \text{ g mol}^{-1})}{1/(114.95 \text{ g mol}^{-1})} = 1.3$$

二者物质的量之比近似 1:1，$(NH_4)_2SO_4$ 稍过量。$(NH_4)_2SO_4$ 是强酸弱碱盐，具有一定酸性，而 $MnCO_3$ 是弱酸弱碱盐。高温下二者发生固相反应，产物为硫酸锰 $MnSO_4$ 与碳酸铵 $(NH_4)_2CO_3$，后者在高温下分解为氨气、二氧化碳与水：

反应是熵驱动的。

$$(NH_4)_2SO_4 + MnCO_3 \xrightarrow{\triangle} MnSO_4 + 2NH_3 + CO_2 + H_2O$$

4-2 要得到高品位的菱锰矿砂即碳酸锰 $MnCO_3$，显然其中的锰来源于上一步得到的硫酸锰 $MnSO_4$。由于 $MnSO_4$ 可溶于水而 $MnCO_3$ 不溶，因而可以合理推断出：第二步反应是在水溶液中进行的，反应的驱动力来自 $MnCO_3$ 的析出。同时，上一步分解产生的 CO_2 与 NH_3 正好可以作为碳酸根 CO_3^{2-} 与铵盐 NH_4^+ 的来源（**4-4** 小题中也提示了这一点）。

无机 | 方程式书写
难度 | ★

$$MnSO_4 + 2NH_3 + CO_2 + H_2O = (NH_4)_2SO_4 + MnCO_3$$

4-3 本题假定了反应时出现的意外情况，需要全面分析。焙烧温度过高或时间过长，意味着反应体系中不稳定的物质可能发生分解，或者生成了新的物种。新物种可能是一种熵驱动的"高温"化合物，亦可能是一种热力学允许而动力学禁阻的化合物。本题中在高温下，反应物与产物中 $(NH_4)_2SO_4$、NH_3、CO_2、H_2O 均能稳定存在，而 $MnSO_4$、$MnCO_3$ 可能氧化分解生成高价锰的氧化物，这将导致锰的浸出率下降。而题目中未给出菱锰矿高温相或高温化合物的有关信息，因而可以排除这种可能性。

无机 | 化学平衡
难度 | ★★

4-4 本题有一定的迷惑性。仅从质量守恒角度考虑，**4-1** 小题中硫酸铵 $(NH_4)_2SO_4$ 分解为 NH_3 与 CO_2，**4-2** 小题中 NH_3 与 CO_2 又重新生成了硫酸铵，NH_3 与 CO_2 循环利用，净结果 $(NH_4)_2SO_4$ 没有发生损失，的确不需要再添加。但是，实际过程中，NH_3 与 CO_2 作为气体一定有所损耗，而且菱锰矿贫矿中的杂质也可能与 $(NH_4)_2SO_4$ 发生反应，导致 NH_3 与 CO_2 的部分损失，无法全部循环。故投料时 $(NH_4)_2SO_4$ 应当过量。故本题答案为：不需加。反应生成的 NH_3、CO_2 以及 $(NH_4)_2SO_4$ 可循环利用，但需要保证开始投料时 $(NH_4)_2SO_4$ 过量（如本题中所给出的投料比）。

无机 | 化学平衡
难度 | ★★

知识拓展

碳酸锰 $MnCO_3$，相对分子质量 114.95，淡粉红色固体，分解温度 300 °C，密度 3.125 g·cm^{-3}，以菱锰矿的形式存在于自然界中，难溶于水（$K_{sp} = 2.24 \times 10^{-11}$），可溶于酸。工业上，在硫酸锰 $MnSO_4$ 水溶液中加入碱金属碳酸盐 M_2CO_3 或碳酸氢盐 $MHCO_3$，可以得到 $MnCO_3$ 沉淀，经过滤、洗涤、烘干（110~120 °C）可以制得高纯度 $MnCO_3$。加热至 300 °C 以上，$MnCO_3$ 分解为一氧化锰 MnO 与二氧化碳 CO_2；有氧气存在时，MnO 进一步被氧化为锰的非整比氧化物：

$$MnCO_3 + 0.44O_2 == MnO_{1.88} + CO_2$$

从碳酸锰生产锰锌铁氧体陶瓷时，为了避免碱金属离子干扰，采用碳酸氢铵 NH_4HCO_3 作为沉淀剂。

$MnCO_3$ 可用于制备其他 Mn(II) 盐，也可用于制备具有电池活性的化学级二氧化锰 (CMD)，还可用于制备高质量的锰锌铁氧体材料。**铁氧体** (ferrite) 是一种陶瓷材料，以氧化铁为其主要成分。大部分的铁氧体是磁性材料，用来制作永久磁铁、变压器的铁芯及其他相关的器件。锰锌铁氧体材料被广泛用于电视与计算机产业中，全球年产量约为 9000~10000 吨。

方解石型结构是什么点阵型式？

三方晶系的晶体能否取菱面体晶胞？何时可取菱面体晶胞？六方晶系的晶体能否取菱面体晶胞？

晶族、晶系、Bravais 点阵的概念辨析非常重要，请同学们参考有关书籍与文献进行学习或复习。

菱锰矿晶体属**三方晶系** (trigonal system)，菱面体晶胞（见图 1 和图 2），国际记号 $\bar{3}2/m$，空间群 $R\bar{3}c$。菱锰矿晶体为方解石型结构，其六方晶胞参数为：$a = 477.7$ pm, $c = 156.7$ pm, $Z = 6$，其中 Mn(II) 离子处于氧原子的配位八面体中。晶体解理完全且呈菱面体形。莫氏硬度较小，为 3.5~4，比重 3.5~3.7。在热液、沉积和变质作用条件下均能形成，以沉积为主。

菱锰矿可与菱铁矿 $FeCO_3$、方解石 $CaCO_3$、菱镁矿 $MgCO_3$、菱锌矿 $ZnCO_3$ 等形成**完全固溶体** (solid solution)。因而天然菱锰矿中除含有 $MnCO_3$ 外，也常含有铁（质量分数达 26.18%）、钙（达 26.18%）、锌（达 14.88%）、镁（达 12.98%）等杂质。钙离子常常取代锰离子，导致晶体由淡粉色加深至粉色乃至玫瑰红色。当有铁离子代替锰离子时，晶

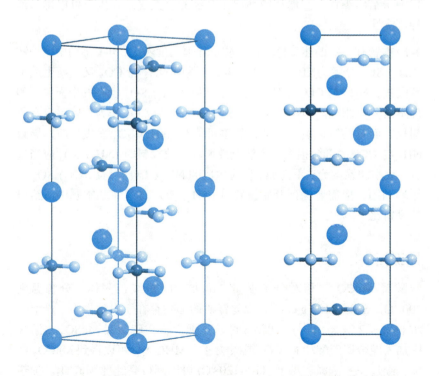

图 1 菱锰矿 $MnCO_3$ 晶胞的三维结构 (a) 与其在 (010) 方向上的投影 (b)，其中蓝色大球为 Mn，深色小球为 C，浅色小球为 O（下同）

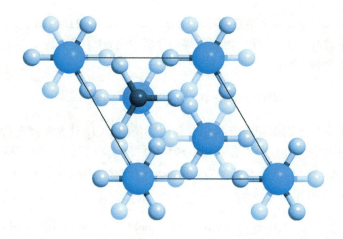

图 2　菱锰矿晶胞在 (001) 方向上的投影

体变为黄或褐色。氧化后表面变褐黑色,具有玻璃光泽。

虽然世界上许多国家都产菱锰矿,但真正能作为收藏品的菱锰矿却非常少。近百年来只有美国、秘鲁、阿根廷、罗马尼亚、日本、南非和中国有极少量的产出,其中以南非、美国、秘鲁、阿根廷四国产出的最好。在中国菱锰矿主要产自东北、北京、赣南等地。

第 5 题

题目（6 分）

配制 KI (0.100 mol L^{-1})-I_2 的水溶液,用 0.100 mol L^{-1} $Na_2S_2O_3$ 标准溶液测得 $c(I_2) = 4.85 \times 10^{-3} \text{ mol L}^{-1}$。量取 50.0 mL KI-$I_2$ 溶液和 50.0 mL CCl_4 置于分液漏斗中振荡达平衡,分液后测知 CCl_4 相中 $c(I_2) = 2.60 \times 10^{-3} \text{ mol L}^{-1}$。已知实验温度下 CCl_4 从水溶液中萃取 I_2 的分配比为 85∶1。求水溶液中 $I_2 + I^- \rightleftharpoons I_3^-$ 的平衡常数。

分析与解答

本题考查在多重平衡、多相平衡中对物种浓度与平衡常数的求解。要求同学们基本概念扎实,解题思路清晰,有一定的难度。

无机 | 化学平衡
难度 | ★★
什么是分析浓度?什么是平衡浓度?

要想正确解题,需要正确找到 $I_2 + I^- \rightleftharpoons I_3^-$ 反应平衡时各个物种的平衡浓度。首先考虑只存在水相的情况:由题目可知,KI-I_2 的水溶液中,I^- 的分析浓度 $c(I^-) = 0.100 \text{ mol L}^{-1}$。也就是 I^- 与 I_3^- 平衡浓度之和为 0.100 mol L^{-1},即:

$$c(I^-) = [I^-] + [I_3^-] = 0.100 \text{ mol L}^{-1}$$

| 此时体系中存在哪些物种？
答：$I_2(aq)$, $I^-(aq)$, $I_3^-(aq)$。

用 $Na_2S_2O_3$ 标准溶液测得 $c(I_2) = 4.85 \times 10^{-3}$ mol L^{-1}，由于 $Na_2S_2O_3$ 可同时被 I_2 与 I_3^- 氧化，因此测得的分析浓度 $c(I_2)$ 其实是 I_2 与 I_3^- 的平衡浓度之和，即：

$$c(I_2) = [I_2] + [I_3^-] = 4.85 \times 10^{-3} \text{ mol L}^{-1}$$

此时体系中存在哪些物种？
答：$I_2(aq)$, $I^-(aq)$, $I_3^-(aq)$, $I_2(CCl_4)$。

接下来考虑水相与有机相共存时。使用 CCl_4 对水溶液进行萃取，由于只有中性的 I_2 可以在两相中转移（I^-、I_3^- 均不能），因而萃取平衡时，水溶液中 I_2 的平衡浓度为（角标 w = water phase，水相；o = organic phase，有机相。下同）：

[**X**] 表示物种 **X** 的平衡浓度。

$$[I_2]_w = \frac{1}{85}[I_2]_o = \frac{1}{85} \times 2.60 \times 10^{-3} \text{ mol L}^{-1} = 3.06 \times 10^{-5} \text{ mol L}^{-1}$$

$$[I_2] = [I_2]_w + [I_2]_o = 3.06 \times 10^{-5} \text{ mol L}^{-1} + 2.60 \times 10^{-3} \text{ mol L}^{-1}$$
$$= 2.63 \times 10^{-3} \text{ mol L}^{-1}$$

有些文献中将 mol L^{-1} 简写为 M，mmol L^{-1} 简写为 mM。

分析完有机相中的全部条件，再回到水相。此时，水相中各物种的平衡情况为：

$$\underset{[I_2]_w}{I_2(aq)} + \underset{[I^-]}{I^-(aq)} \rightleftharpoons \underset{[I_3^-]}{I_3^-(aq)}$$

其中：

$$[I_2]_w = 3.06 \times 10^{-5} \text{ mol L}^{-1}$$
$$[I_3^-] = c(I_2) - [I_2] = 4.85 \times 10^{-3} \text{ mol L}^{-1} - 2.63 \times 10^{-3} \text{ mol L}^{-1}$$
$$= 2.22 \times 10^{-3} \text{ mol L}^{-1}$$
$$[I^-] = c(I^-) - [I_3^-] = 0.100 \text{ mol L}^{-1} - 2.22 \times 10^{-3} \text{ mol L}^{-1}$$
$$= 0.098 \text{ mol L}^{-1}$$

思考：使用 $Na_2S_2O_3$ 测定 I_2 含量的方法称为什么方法？如果想测定 I^- 的分析浓度，有哪些方法设计实验？平衡浓度呢？

故：

$$K = \frac{[I_3^-]}{[I^-][I_2]} = \frac{2.22 \times 10^{-3} \text{ mol L}^{-1}}{0.098 \text{ mol L}^{-1} \times 3.06 \times 10^{-5} \text{ mol L}^{-1}}$$
$$= 7.4 \times 10^2 \text{ (mol L}^{-1})^{-1} = 7.4 \times 10^2 \text{ L mol}^{-1}$$

注意，这里给出的是实验平衡常数 K 或 K_c。如果直接求标准平衡常数 $K^\ominus$ 也是可以的，只需注意将各平衡浓度除以相应的标准浓度量纲即可，最后得到的是量纲为 1 的标准平衡常数：

$$K^\ominus = 7.4 \times 10^2$$

本题涉及的物种数目较多，需要同学们在解题时保持头脑清醒，否则很容易出错。建议同学们在读题时顺手画出一幅各物种的平衡关系示意图（如下图），对各物种的平衡关系以及它们在萃取过程中发生的浓度变化有一个清晰的认识。

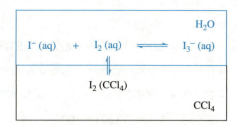

aq 表示水相 (w)
CCl₄ 为有机相 (o)

第 6 题

题目（9 分）

潜在储氢材料——化合物 **A** 是第二周期两种氢化物形成的 Lewis 酸碱对，是乙烷的等电子体，相对分子质量 30.87，常温下为白色晶体，稳定而无毒。刚刚融化的 **A** 缓慢释放氢气，转变为化合物 **B**（乙烯的等电子体）。**B** 不稳定，易聚合成聚合物 **C**（聚乙烯的等电子体）。**C** 在 155 ℃ 释放氢气转变为聚乙炔的等电子体，其中聚合度为 3 的化合物 **D** 是苯的等电子体。高于 500 ℃ 时 **D** 释放氢气，转变为化合物 **E**，**E** 有多种晶型。

6-1 写出 **A**、**B**、**C**、**D**、**E** 的化学式。

6-2 化合物 **A** 转变为 **E** 各步释放的氢所占的质量分数以及总共释放的氢气所占的质量分数为多大？

6-3 为使 **A** 再生，有人设计了化合物 **D** 在水蒸气存在下与甲烷反应，写出化学方程式。

分析与解答

这是一道无机元素推断题，难度较低。

6-1 从题目给的条件顺序入手：**A** 由第二周期两种氢化物形成，又是乙烷的等电子体，容易推出是硼烷氨 NH_3BH_3，验证相对分子质量无误。**B** 为乙烯等电子体，因而只含有四个氢，故为氨基硼烷 NH_2BH_2。**B** 聚合变成 **C**，**C** 是聚乙烯的等电子体，因此是 $(NH_2BH_2)_n$。**D** 为苯的等电子体，为无机苯 $B_3N_3H_6$，**D** 再继续释放氢气，变成氮化硼 BN，值得注意的是，BN 有立方、六方等多种晶型，不过此处并不需要同学们区分（详见知识拓展）。故答案为：**A** = NH_3BH_3；**B** = NH_2BH_2；**C** = $(NH_2BH_2)_n$；**D** = $B_3N_3H_6$；**E** = BN。

无机│元素化学
难度│★

6-2 直接计算即可，注意分母应为反应物的相对分子质量，取 4 位有

无机│质量分数
难度│★

效数字：

$A \longrightarrow B$：$(2 \times 1.008/30.87) \times 100\% = 6.531\%$

$B \longrightarrow D$：$(2 \times 1.008/28.85) \times 100\% = 6.988\%$

$D \longrightarrow E$：$(6 \times 1.008/26.84) \times 100\% = 22.53\%$

$A \longrightarrow E$：$(6 \times 1.008/30.87) \times 100\% = 19.59\%$

无机 | 方程式书写
难度 | ★

6-3 让 A 再生，即将 D 进行氢化。因此需要让甲烷与水反应生成氢气，另一产物为二氧化碳。将两个化学方程式耦合即得到答案：

$3\times \quad CH_4 + 2H_2O \longrightarrow CO_2 + 4H_2$

$+)\ 2\times \quad B_3N_3H_6 + 6H_2 \longrightarrow 3BH_3NH_3$

$= \quad 3CH_4 + 2B_3N_3H_6 + 6H_2O \longrightarrow 3CO_2 + 6BH_3NH_3$

知识拓展

Pauling 电负性：
$\chi^P(B) = 2.04$
$\chi^P(N) = 3.04$

2p 轨道能：
$E_{2p}(B) = -8.30\ eV$
$E_{2p}(N) = -13.1\ eV$

硼氮单元与碳碳单元互为等电子体，如硼烷氨 NH_3BH_3 与乙烷 C_2H_6，无机苯 $B_3N_3H_6$ 与苯 C_6H_6，氮化硼 BN 与石墨和金刚石 C 等。但很多硼氮化合物与对应的有机物性质差异较大，这种性质差异主要来源于硼、氮原子成键后电负性的差异，以及硼、氮原子能量上的差异。建议同学们对比学习，使用最基本的原理加以理解，切莫死记硬背。

600 °C 下，氧化硼 B_2O_3 与氨 NH_3 反应可以制得六方氮化硼 BN（图 3）。其微观结构与石墨相同，层内 B—N 距离为 145 pm，层间距为 330 pm，因而也称"白石墨"。它与石墨的区别是：石墨中不同层的六元环之间呈交错状排列，而六方氮化硼中氮原子和硼原子是面对面堆叠的。这是因为六方氮化硼中硼原子带部分正电荷，氮原子带部分负电荷，层间的正负原子之间相互吸引，导致了六元环的面对面堆积。宏观上，六方氮化硼与石墨一样由于层间可以发生滑动，因而都具有良好的润滑性，是一种十分实用的润滑剂。然而六方氮化硼由于离子性较强，能带带隙较宽，因而是电的绝缘体，且在可见光区不产生吸收。同时氮化硼热稳定性极高，在空气中加热至 1000 °C 仍能稳定存在。它与多数物质都不发生化学反应，也不被许多高温熔融物所浸润，是良好的耐火材料。

1 GPa = 1 × 10⁹ Pa
加入少量的氧化硼可以把所需的压力降到 4~7 GPa，温度降到 1500 °C。

在高温高压（1700~3200 °C，5~18 GPa）下，六方氮化硼转化为密度更高的立方氮化硼 BN（图 3）。立方氮化硼的微观结构与金刚石相似，极其坚硬，其维氏显微硬度 HV=72000~98000 MPa，硬度仅低于金刚石，但耐高温性优于金刚石。和金刚石相似，立方氮化硼是一种绝缘体，但却是一种极佳的导热体。立方氮化硼是被广泛使用的工业钻磨工具，由于高温下它在铁、镍等金属或其他合金中不可熔、不反应，因而适合加工铁、镍等黑色金属；而金刚石会和这些物质发生化学反应，生成铁碳化物等而造成刃具迅速磨损。

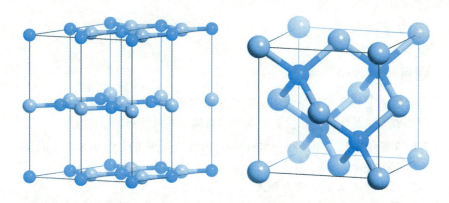

图 3　六方氮化硼 (a) 与立方氮化硼 (b) 的晶胞结构，其中灰色球为硼原子，蓝色球为氮原子

胺硼烷 $B_xN_yH_z$ 与和它们互为等电子体的烷烃或烯烃有许多不同，这也主要归因于硼、氮原子成键后的电负性差异。硼烷氨 NH_3BH_3 是乙烷 C_2H_6 的等电子体，但 NH_3BH_3 有高达 5.2 D 的分子偶极矩，使得它在室温下是固体。与氨基酸相似的氨基硼烷羧酸 (ammonia carboxyborane, NH_3BH_2COOH) 有很强的生理活性，可以降低血清胆固醇含量，并具有抗肿瘤功效。

氨基硼烷 $H_2N=BH_2$ 是乙烯 C_2H_4 的等电子体。它在气相中非常不稳定，很容易发生三聚反应生成六元环产物 $N_3B_3H_{12}$。为了使得 B=N 双键稳定，可以在氮原子上引入大位阻基团：

$$BCl_3 + R_2NH \longrightarrow Cl_2B=NR_2 + HCl$$
（R = 异丙基、2,4,6-三甲基苯基等）

无机苯 $B_3N_3H_6$ 与苯 C_6H_6 互为等电子体，但无机苯并没有芳香性。这仍然是电负性差异引起的。我们也可以从能量上来考虑：氮原子与硼原子 2p 轨道能量差较大 (4.8 eV)，π 轨道离子成分较高，共价成分较低，共轭程度较差，因而离域能小，芳香性较弱。π 电子向氮原子极化，导致硼原子缺电子，容易受到亲核试剂进攻而打开：

注意：虽然氮原子带有形式正电荷，但真正的缺电子中心在氮原子邻位的硼原子上。同学们可以通过"画出次稳定共振极限式"的方法找出真正的缺电子中心（如上图所示）。

> 硼烷氨中的偶极方向（由正端指向负端）是怎样的？请画出并解释。

> 无机苯是由德国无机化学家 Alfred Stock 于 1926 年发现的。

> 可以与亚胺正离子的亲核加成反应对比学习。

第 7 题

题目（11 分）

化合物 **A** 是近十年开始采用的锅炉水添加剂。**A** 的相对分子质量 90.10，可形成无色晶体，能除去锅炉水中溶解氧，并可使锅炉壁钝化。

7-1 **A** 是用碳酸二甲酯和一水合肼在 70 °C 下合成的，收率 80%。画出 **A** 的结构式。

7-2 写出合成 **A** 的反应方程式。

7-3 低于 135 °C 时，**A** 直接与溶解氧反应，生成三种产物。写出化学方程式。

7-4 高于 135 °C 时，**A** 先发生水解，水解产物再与氧反应。写出化学方程式。

7-5 化合物 **A** 能使锅炉壁钝化是基于它能将氧化铁转化为致密的四氧化三铁。写出化学方程式。

7-6 化合物 **A** 与许多金属离子形成八面体配合物，例如 $[Mn(A)_3]^{2+}$。结构分析证实，该配合物中的 **A** 和游离态的 **A** 相比，分子中原本等长的两个键不再等长。画出这种配合物的结构简图（氢原子不需画出），讨论异构现象。

分析与解答

这是一道配位化学题，同时考查了一些基础的有机化学知识，难度较低。

有机 | 反应推断
难度 | ★
请写出生成 **A** 的完整反应机理，**A** 应该在什么样的酸碱环境中制备？

7-1 本题实际上考查的是有机化学知识。碳酸二甲酯含有酰基，可与亲核试剂水合肼发生酰基上的亲核取代反应（历经亲核加成-消除机理），根据相对分子质量确定 **A** 为 碳酰肼，如下所示：

$$MeO-CO-OMe \xrightarrow{H_2N-NH_2, H_2O, 70\,°C} MeO-CO-NH-NH_2 \xrightarrow{H_2N-NH_2, H_2O, 70\,°C} H_2N-NH-CO-NH-NH_2 \;(A)$$

无机 | 方程式书写
难度 | ★

7-2 将上述反应式配平，容易写出方程式（注意水合肼带有一分子结晶水，$H_2NNH_2 \cdot H_2O$）：

$$CO(OCH_3)_2 + 2H_2NNH_2 \cdot H_2O \longrightarrow CO(NHNH_2)_2 + 2CH_3OH + 2H_2O$$

无机 | 方程式书写
难度 | ★

7-3 溶解氧与 **A** 反应应为 **A** 的彻底氧化。底物中发生氧化数改变的是四个氮原子，它们的氧化数由 -2 变成 0 氧化态的氮气（为什么不生成其他氮化合物？）。其他产物为水和二氧化碳。反应方程式为：

$$(N_2H_3)_2CO + 2O_2 \longrightarrow 2N_2 + CO_2 + 3H_2O$$

7-4 A 的水解反应可以参考酰胺的水解,生成肼和二氧化碳,肼再与氧气反应:

$$(N_2H_3)_2CO + H_2O \longrightarrow 2N_2H_4 + CO_2$$
$$N_2H_4 + O_2 \longrightarrow N_2 + 2H_2O$$

无机|方程式书写
难度|★

7-5 A 作为还原剂还原氧化铁,产物仍然为氮气,水和二氧化碳。配平得到反应式:

$$(N_2H_3)_2CO + 12Fe_2O_3 \longrightarrow 8Fe_3O_4 + 2N_2 + CO_2 + 3H_2O$$

无机|方程式书写
难度|★

锅炉溶解氧的去除涉及无机、有机、物理化学与化工原理多种学科的交叉,是一个很值得讨论拓展的话题,相关讨论详见本题后附的知识拓展部分。

7-6 本小题相对独立,考查配位化学相关知识。$[Mn(A)_3]^{2+}$ 是八面体配合物,说明 Mn 原子的配位数为 6,**A** 的配位数为 2。分析 **A** 的结构,有两个氨基氮原子和一个酰基氧原子有配位能力(两个酰基氮原子有配位能力吗?为什么?)。题面给出信息:分子中原本等长的两个键不再等长,说明 **A** 应该是以一个不对称的双齿配体的形式配位,因此配位原子必须是一个氧原子和一个氮原子。另一方面,氮原子和氧原子与中心原子 Mn 形成五元环。

结构|配合物异构
难度|★★

综合考虑以上因素,对配合物的结构展开分析。$[Mn(A)_3]^{2+}$ 属于 M(ab)₃ 型配合物,首先考虑较为简单的 Ma_3b_3 型配合物,考虑三个氮原子在八面体上的位置:三个氮原子在正八面体中构成一个三角形。这个三角形有两种可能的形式,一种是这个三角形恰好属于八面体的一个面(称为**面式**,*fac*),另一种是这个三角形经过八面体的中心,形成一个等腰直角三角形(称为**经式**,*mer*)。此时氧原子自动落在了剩下的位置,且氮原子与氧原子或者同为面式,或者同为经式(请同学们多画几张不同角度的图,自行验证)。然而,碳酰肼 **A** 是一个多齿配体,使用弧线将氮原子与氧原子相连,发现原本具有镜面对称的 Ma_3b_3 型配合物不再对称,两个分子又各有一个对映异构体,因而总共有 4 种异构体。最终答案为:$[Mn(A)_3]^{2+}$ 分子共有 **4 种立体异构体,分为 2 对对映异构体**。如下图所示:

也可以先考虑氧原子的位置,结果是一样的。

fac = facial,面部的
mer = meridional,子午线的,经线的

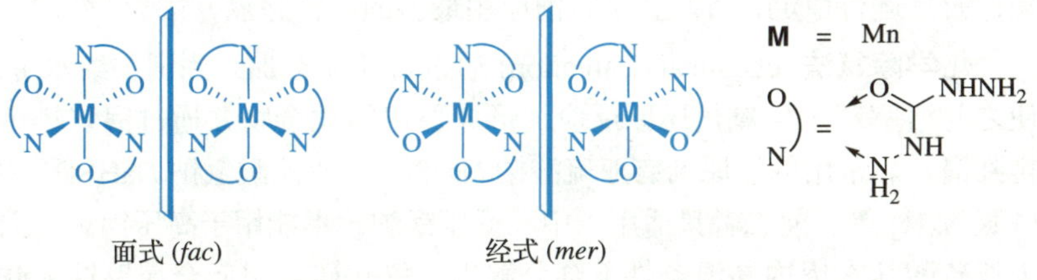

面式 (*fac*)　　　经式 (*mer*)

M = Mn

4 = 2 × 2

知识拓展

在锅炉给水处理工艺中，除氧是非常关键的一个环节。在水中没有溶解氧的情况下，锅炉中的水与铁和铜等金属在高温下会发生氧化还原反应，生成氢气以及致密的四氧化三铁和氧化亚铜等保护层：

$$3Fe + 4H_2O = Fe_3O_4 + 4H_2$$

$$2Cu + H_2O = Cu_2O + H_2$$

然而，如果水中存在溶解氧，则四氧化三铁和氧化亚铜等会进一步发生氧化，生成稀疏的三氧化二铁和氧化铜腐蚀物：

$$4Fe_3O_4 + O_2 = 6Fe_2O_3$$

$$2Cu_2O + O_2 = 4CuO$$

稀疏的三氧化二铁和氧化铜颗粒进入水中，在热水的作用下富集、陈化并沉着在锅炉管壁和受热面上，形成难溶而传热不良的铁垢、铜垢，并腐蚀加热器。轻者造成管道内壁出现点坑，阻力系数增大，锅炉加热效率降低；重者导致加热器局部过热，甚至会发生管道爆炸事故。因此去除锅炉水中的溶解氧至关重要。

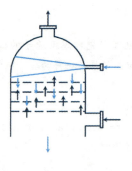

热力除氧法的本质是 Henry 定律的应用。

溶解氧的去除可以采用机械方法和化学方法。**机械除氧法**（mechanical deaeration）分为热力除氧法、真空除氧法和解析除氧法等方法，以**热力除氧法**（thermal deaeration）最为常见。热力除氧法基本原理是：将锅炉给水加热至沸点，使氧气的溶解度减小，水中氧气不断逸出，再将水面上产生的氧气连同水蒸气一道排除，这样能除掉水中各种气体（包括游离态的二氧化碳和氮气等）。具体装置（**除氧器**，deaerator）如边栏图所示。操作时，含氧补充水（蓝色向左箭头）首先进入除氧器内，在水差压下从一个小孔喷出，形成射流。由于除氧器内充满了上升的加热蒸汽（黑色向左和向上箭头），补充水在射流运动中便将大量的热蒸汽吸卷进来，在极短时间、很小的行程内产生剧烈的混合、加热作用，产生紊流翻滚，水温大幅度提高。此时紊流状态的水传热传质效果最理想，水温达到饱和温度。氧气即被分离出来，从排气管排向大气（黑色向上箭头），除氧水进入下一阶段（蓝色向下箭头）。热力除氧后的水不会增加含盐量，也不会增加其他气体溶解量，操作控制相对容易，而且运行稳定、可靠，是目前应用最多的一种除氧方法。

化学除氧法（chemical deareation）通过将还原剂加入到锅炉给水中，使之与溶解氧发生氧化还原反应，形成稳定的化合物并通过锅炉排污排到锅外。常用的还原剂有亚硫酸钠 Na_2SO_3、亚硫酸氢钠 $NaHSO_3$ 和联氨 N_2H_4 等。前二者只适用于中、低压锅炉，不能用于高压锅炉。因为亚硫酸盐在锅内高温条件下会分解出二氧化硫，引起金属腐蚀。联氨有毒、致癌、易燃、易挥发，不能用于生活用低压锅炉，常用于中、高压以上的锅炉给水。

由于联氨的毒性与致癌性，近年来在环保法规日益强化的情况下，在高压锅炉给水除氧中逐渐采用了碳酰肼、甲基乙基酮肟、对苯二酚等一系列新型化学除氧剂。它们的性能优于联氨，并且可使金属钝化（将三氧化二铁还原为四氧化三铁，氧化铜还原为氧化亚铜等），进一步保护金属不受腐蚀。例如，本题中涉及的碳酰肼与氧的反应速率比联氨快；甲基乙基酮肟的毒性比联氨小，且未被发现有致癌性；对苯二酚除氧能力强，反应速率快（少量对苯二酚与碳酰肼联用，就已经可以加快除氧反应速率，说明对苯二酚甚至可以作为催化剂使用）。各种新型化学除氧剂正在不断研究开发中。

锅炉溶解氧的去除涉及无机化学、有机化学、物理化学与化工原理等多学科的交叉融合，以及不同除氧技术的并行与更迭，体现了化学作为中心科学，不断与周围学科融合创新，推动国民经济发展，改善人民生活质量，在能源、材料、环保、健康等领域展现出的强大的生命力。

画出甲基乙基酮肟和对苯二酚的结构式，写出它们与氧气反应的产物。如果可能，推测反应中间体。

第 8 题

题目（9 分）

超硬材料氮化铂是近年来的一个研究热点。它是在高温、超高压条件下合成的 (50 GPa, 2000 K)。由于相对于铂，氮原子的电子太少，衍射强度太弱，单靠 X 射线衍射实验难以确定氮化铂晶体中氮原子数和原子坐标，2004 年以来，先后提出过氮化铂的晶体结构有闪锌矿型、岩盐型 (NaCl) 和萤石型，2006 年 4 月 11 日又有人认为氮化铂的晶胞如下图所示（图中的白球表示氮原子，为便于观察，该图省略了一些氮原子）。结构分析证实，氮是四配位的，而铂是六配位的；Pt—N 键长均为 209.6 pm，N—N 键长均为 142.0 pm（对比：N_2 分子的键长为 110.0 pm）。

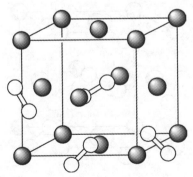

8-1 氮化铂的上述四种立方晶体在结构上有什么共同点？
8-2 分别给出上述四种氮化铂结构的化学式。
8-3 试在图上挑选一个氮原子，不添加原子，用粗线画出所选氮原子的配位多面体。
8-4 请在本题的附图上添加六个氮原子（添加的氮请尽可能靠前）。

分析与解答

本题考查晶体结构知识，难度适中，有一定的思维容量，是一道不错的竞赛题目。

8-1 在闪锌矿型 (立方 ZnS)、岩盐型 (NaCl) 与萤石型 (CaF_2) 结构中，阳离子均为面心立方堆积 (ccp)。本题给出的第四种晶体结构中，铂原子也是 ccp 堆积。因此这四种结构的共同点是：铂原子均为面心立方最密堆积。

8-2 具有相同结构型式的晶体，化学结构也相同，因此四种氮化铂的化学式依次为 PtN、PtN、PtN_2、PtN_2。

8-3 挑出一个氮原子并将其和周围最近的原子连接，即可得到配位多面体：

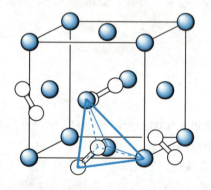

8-4 根据晶胞的平移对称性，选取三个没有画出氮原子的棱心位置，分别补上两个氮原子即可。注意等价位置上的 N_2 分子的取向相同，不等价位置上的 N_2 分子取向不同。

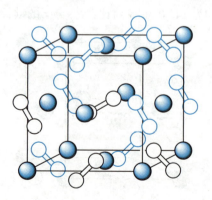

知识拓展

本题中氮化铂的第四种结构与黄铁矿结构类似。黄铁矿的主要成分是二硫化亚铁 FeS_2，是提取硫、制造硫酸的主要矿物原料。因其特殊的形态色泽，有观赏价值。一些黄铁矿磨制成的宝石也很受欢迎。黄铁矿因其浅黄铜色和明亮的金属光泽，容易让人以为是黄金，故有"愚人金"之称。通过观察黄铁矿在不带釉的白瓷板上划出的条痕，可以分辨黄铁矿与真金：金矿的条痕是金黄色的，黄铁矿的条痕是绿黑色的。

黄铁矿晶体属等轴晶系，国际记号 $2/m\bar{3}$，空间群 $Pa\bar{3}$。晶胞参数 $a = 541.7$ pm, $Z = 4$。从图 4 和图 5 中可以明显看出二硫阴离子 S_2^{2-} 的结构。黄铁矿晶体常有完好的晶形，呈立方体、八面体、五角十二面体及其聚形。立方体晶面上有与晶棱平行的条纹，各晶面上的条纹相互垂直。集合体呈致密块状、粒状或结核状。黄铁矿不透明，具有强金属光泽，无解理，参差状断口。Mohs 硬度较大，达 6~6.5（小刀刻不动），比重 4.95~5.10。

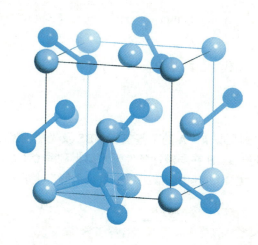

图 4　黄铁矿的晶胞与配位四面体结构，其中灰色球为铁原子，蓝色球为硫原子（下同）

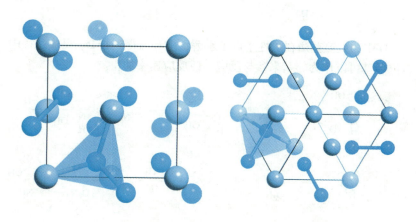

图 5　黄铁矿晶胞在 (100) (a) 与 (111) (b) 方向上的投影

第 9 题

题目（10 分）

环磷酰胺是目前临床上常用的抗肿瘤药物，国内学者近年打破常规，合成了类似化合物，其毒性比环磷酰胺小，若形成新药，可改善病人的生活质量。其中有一个化合物的合成路线如下，请完成反应，写出试剂或中间体的结构。

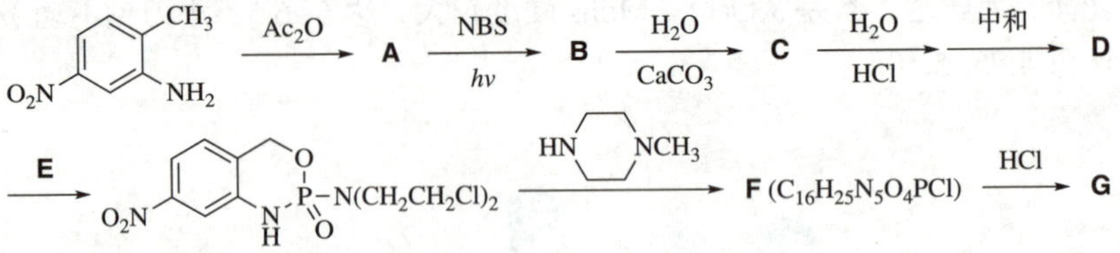

$$\underset{O_2N}{\text{底物}}\overset{CH_3}{\underset{NH_2}{\bigcirc}} \xrightarrow{Ac_2O} A \xrightarrow[hv]{NBS} B \xrightarrow[CaCO_3]{H_2O} C \xrightarrow[HCl]{H_2O} D \xrightarrow{\text{中和}}$$

$$\xrightarrow{E} \underset{O_2N}{\bigcirc}\overset{O}{\underset{NH}{\underset{P}{\diagdown}}}\text{N(CH}_2\text{CH}_2\text{Cl})_2 \xrightarrow{HN\diagdown NCH_3} F\,(C_{16}H_{25}N_5O_4PCl) \xrightarrow{HCl} G$$

注：NBS 即 N-溴代丁二酰亚胺。

分析与解答

有机 | 反应推断
难度 | ★

将 A 乙酰化的目的是为了在下一步自由基溴化反应中保护氨基不被溴氧化。乙酰基保护基可以通过酸性水解脱去（C ⟹ D）。
B ⟹ C 可能发生了邻基参与反应。

底物乙酰化得到酰胺 A。A 的苄基氢在 NBS 及光照下发生自由基取代反应，得到苄溴 B。B 在弱碱性条件下水解得到醇 C（亲核试剂是水或体系中少量的 $^-$OH），其中碳酸钙用于吸收水解产生的酸：

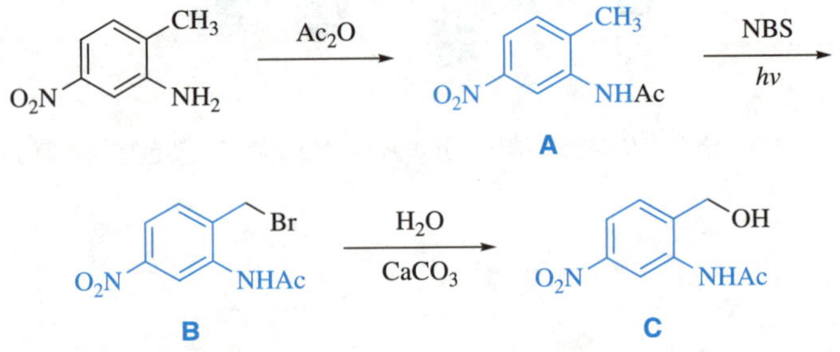

C 中的酰氨基团在酸性条件下水解，中和后得到胺 D。反应过程中苄位羟基可以作为邻基来参与反应，使反应速率加快。

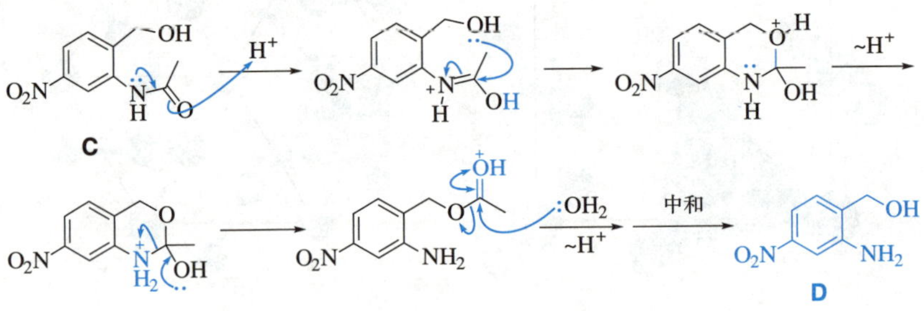

切断法是逆合成分析的基本方法。⟹ 是逻辑学中的"推断"符号。

D 与 E 反应形成六元杂环。利用切断法很容易逆推得到磷酰氯 E 的结构：

E ⟶ F 发生了胺与氯代烷的 S_N2 反应，根据 F 的分子式可以判断这是一个 1∶1 反应。反应机理为：二级胺进攻 C—Cl 键，脱去一分子 HCl 生成哌嗪中间体，紧接着哌嗪中间体中的三级胺再分子内进攻另一根 C—Cl 键，脱去 Cl 生成 F，E′ ⟶ F 反应前后分子式是不变的。F 分子中余下的三级胺与 HCl 反应，形成盐 G。

N-甲基哌嗪中哪个氮原子的碱性更强？为何反应净结果是二级胺进攻 C—Cl 键，而非三级胺？

第 10 题

题目（10 分）

以氯苯为起始原料，用最佳方法合成 1-溴-3-氯苯（限用具有高产率的各反应，标明合成的各个步骤）。

分析与解答

本题以有机合成题的形式，全面考查了芳环上的亲电取代与亲核取代反应，又涉及芳环上不同取代基的定位效应，取代基电子效应的反转，以及对分子的保护/脱保护反应等知识要点。本题在 2006 至 2010 年间的化学竞赛初赛中属于难度较大、综合性的有机化学试题。

有机|有机合成
难度|★★★

　　有机合成中最重要的便是合成思路的分析：本题中，给定原料氯苯与最终产物间溴氯苯都是简单的苯环取代产物。但我们知道，苯环上的氯的电子效应是诱导吸电子，共轭给电子，因此它是一个钝化苯环的邻/对位取代基，不能直接通过芳香亲电取代反应在间位引入溴原子。本题的难点便在这里，如何选择性地取代氯苯不活化的间位？思路有两个：一是基于 FGI 方法将氯苯的氯转化为间位取代基，最后再重新转化为氯原子；二是基于 FGA 方法引入其他取代基，活化我们想要的位置，而后去除。

FGA：官能团添加 (functional group addition)

FGI：官能团转化 (functional group interconversion)

笔者提出以下基于 FGI 方法的合成路线，这个方法与参考答案不同，重在启发思维：

写出每一步转化的反应类型与机理，如果是人名反应的，写出反应的名称。

基于 FGA 的方法分析，我们需要引入一个新的、更强的定位基团，因此这个基团必须是邻/对位定位基，且它需要处于溴原子的邻、对位。分析几何关系可知，溴原子的邻、对位亦是氯原子的邻、对位。另一方面，这个基团化学上可以比较容易地被去除。综合考虑，**氨基**是一个很好的选择。它既是一个强给电子的邻/对位定位基，又能够通过重氮化–还原反应除去。

氨基的引入对于解答本题是至关重要的。

通过硝化、还原两步在氯原子的对位引入氨基。这时再引入溴原子，由于氨基强的给电子共轭效应，溴原子就会加在氨基的邻位，同时正好处于氯的间位。但我们需要先用乙酰基保护氨基，防止氨基被氧化（见第 9 题），乙酰基可以在上溴之后在酸性条件下水解脱除。最后通过重氮化–还原反应去除氨基，得到产物 1-溴-3-氯苯。

尝试写出重氮化反应的机理。

本题答案是一个可行性高的路线，算作一个很好的合成路线。但是有机合成的魅力便在于反应的合成路线一定不会是唯一的。有些路线局限于竞赛要求的知识范围不好完成，但是在实际操作中方法学发现新的反应可能会改变这个情况。因此同学们还需要保持发散思维，多从设计路线的角度分析而不仅仅是完成反应。

知识拓展

次磷酸是磷的一元含氧酸，其中磷的氧化态为 +1，结构如下图所示。1816 年，著名法国化学家 P. Dulong（杜隆）首次成功制备了次磷酸：将白磷置于沸热的浓氢氧化钠水溶液中，发生歧化反应，生成剧毒的磷化氢气体与次磷酸钠，后者经酸化得到次磷酸水溶液。

$$P_4 + 3OH^- + 3H_2O \rightleftharpoons 3H_2PO_2^- + PH_3$$
$$H_2PO_2^- + H^+ \rightleftharpoons H_3PO_2$$

这样制得的次磷酸水溶液含有钠盐。若使用氢氧化钡替代氢氧化钠，再加硫酸沉淀除去钡离子，可以得到质量分数 50% 的次磷酸水溶液。在低于 130 ℃ 的温度下蒸发浓缩，再以低于 0 ℃ 的低温进行冷冻，可以得到次磷酸晶体。

> 也可以用乙醚连续萃取次磷酸水溶液，然后低温挥发制得次磷酸。

次磷酸有很强的还原性，在有机化学中常用在重氮化-还原反应中充当还原剂。其还原芳环的机理如下所示：

$$Ar^+ + H-\underset{\underset{H}{|}}{\overset{\overset{O}{\|}}{P}}-OH \longrightarrow Ar-H + \overset{+}{\underset{\underset{H}{|}}{\overset{\overset{O}{\|}}{P}}}=OH$$

+1 → +3

> 乙醇也可以作为重氮化-还原反应中的还原剂，产物是什么？写出该反应的机理。

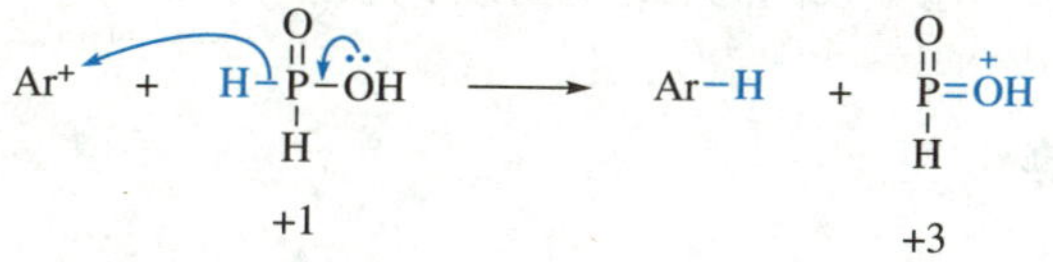

历史的注记

Pierre Louis Dulong（皮埃尔·路易·杜隆，1785 年 2 月 12 日—1838 年 7 月 19 日），法国物理学家、化学家。Dulong 四岁时成为了孤儿，由他的阿姨在法国欧塞尔抚养长大。Dulong 于 1801 年考入巴黎综合理工学院。Dulong 在化学领域作出的贡献有：研究盐的复分解反应（1811 年），研究亚硝酸与氮的氧化物（1815 年），研究磷的氧化物（1816 年），研究金属催化（1823 年，与 Louis J. Thénard 共同完成）等。1812 年，Dulong 发现了危险敏感的三氯化氮，并在实验过程中失去了两根手指和一只眼睛。Dulong 对自己被炸伤的消息秘而不宣，间接导致同样在研究三氯化氮的 Humphry Davy（汉弗里·戴维）爵士也因爆炸而致短暂失明，因此雇佣了 Michael Faraday（迈克尔·法拉第）作为他的秘书与研究助理。Faraday 在 Davy 爵士的指导下，逐渐成长为历史上最具有影响力的科学家之一。

2015 年第 29 届化学奥林匹克竞赛（初赛）第 3 题就以 Dulong-Petit 定律为背景考查了未知无机物的组成与元素推断。

除了化学方面的成就外，Dulong 还被誉为一位跨学科的专家。英国皇家学会的同代人都认为他是"几乎所有物理学部门的指挥"。1819 年，Dulong 和 Alexis Thérèse Petit（亚历克西斯·特雷泽·珀蒂，法国物理学家）合作，揭示了"金属元素的质量热容与它们的相对原子质量成反比"的经验规律，也就是现在所说的 **Dulong-Petit（杜隆-珀蒂）定律**。1838 年 7 月 19 日，Dulong 因为胃癌死于法国巴黎并被安葬在拉雪兹神父公墓。他和其他 71 位名人的名字被刻在埃菲尔铁塔上。

第 11 题

题目（11 分）

磷化硼是一种受到高度关注的耐磨涂料，它可用作金属的表面保护层。磷化硼可由三溴化硼和三溴化磷在氢气中高温反应合成。

11-1 写出合成磷化硼的化学反应方程式。

11-2 分别画出三溴化硼分子和三溴化磷分子的结构。

11-3 磷化硼晶体中磷原子作立方最密堆积，硼原子填入四面体空隙中。画出磷化硼的正当晶胞示意图。

11-4 已知磷化硼的晶胞参数 a = 478 pm，计算晶体中硼原子和磷原子的核间距 (d_{B-P})。

11-5 画出磷化硼正当晶胞沿着体对角线方向的投影（用实线圆圈表示磷原子的投影，用虚线圆圈表示硼原子的投影）。

分析与解答

无机 | 方程式书写
难度 | ★

11-1 根据题目描述，可以推断另一种产物为 HBr，直接配平写出反应方程式：

$$BBr_3 + PBr_3 + 3H_2 \xrightarrow{\quad\quad} BP + 6HBr$$

无机 | 分子结构
难度 | ★

11-2 由 VSEPR（价层电子对互斥）理论，三溴化硼分子为平面三角形结构，三溴化磷分子为三角锥结构：

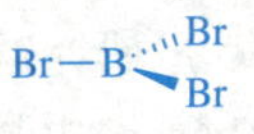

Br—B(⋯Br)(Br)   Br—P(⋯Br)(Br)
平面三角形 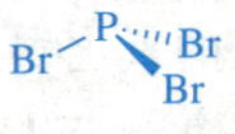   三角锥

结构 | 晶体结构
难度 | ★
立方氮化硼也属于这种结构。详见第 6 题知识拓展。

11-3 磷原子作立方最密堆积，硼原子填入四面体空隙中，由 **11-1** 知磷化硼为 AB 型晶体，说明其结构为立方 ZnS 型，硼原子填入一半的四面体空隙，如下图所示：

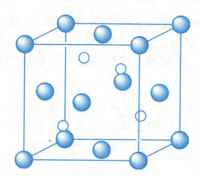

11-4 选取原点处的磷原子和 (1/4, 1/4, 1/4) 处的硼原子计算，硼原子和磷原子的核间距应为晶胞体对角线长度的 1/4，即：

结构 | 晶体结构
难度 | ★

$$d_{\text{B–P}} = \frac{\sqrt{3}}{4}a = \frac{\sqrt{3}}{4} \times 478 \text{ pm} = 207 \text{ pm}$$

11-5 将上面的晶胞按照含有三重旋转轴的对角线投影，可以发现四个硼原子中一个投影在正中心，另外三个与面心上的磷原子投影相重叠，如下图所示：

结构 | 晶体结构
难度 | ★★

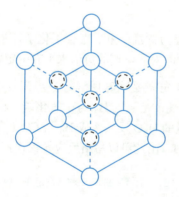

第 12 题

题目（10 分）

有人设计了如下甲醇 (methanol) 的合成工艺：

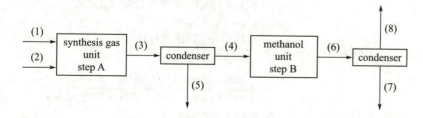

其中，(1) 为甲烷气源，压强 250.0 kPa，温度 25 °C，流量 55.0 m³ s⁻¹。
(2) 为水蒸气源，压强 200.0 kPa，温度 150 °C，流量 150.0 m³ s⁻¹。合

成气和剩余反应物的混合物经管路 (3) 进入 25 °C 的冷凝器 (condenser)，冷凝物由管路 (5) 流出。在 B 中合成的甲醇和剩余反应物的混合物经 (6) 进入 25 °C 的冷凝器，甲醇冷凝后经管路 (7) 流出，其密度为 0.791 g cm^{-3}。

12-1 分别写出在步骤 A 和步骤 B 中所发生的化学反应的方程式。

12-2 假定所有气体皆为理想气体，在步骤 A 和 B 中完全转化，气液在冷凝器中完全分离，计算经步骤 A 和步骤 B 后，在一秒钟内剩余物的物质的量。

12-3 实际上，在步骤 B 中 CO 的转化率只有三分之二。计算在管路 (6) 中 CO、H_2 和 CH_3OH 的分压（总压强为 10.0 MPa）。

12-4 当甲醇反应器足够大，反应达到平衡，管路 (6) 中的各气体的分压服从方程

$$K_p = \frac{p(CH_3OH) \cdot p_0^2}{p(CO) \cdot p^2(H_2)}$$

式中 p_0 = 0.100 MPa，计算平衡常数 K_p。

分析与解答

本题以工业生产流程为背景，重点考查了化学计量数、化学平衡与转化率等知识要点。同时对同学们的英语水平有一定要求。

无机 | 方程式书写
难度 | ★

12-1 解答本题，首先需要准确理解每一步流程中涉及的化学反应。synthesis gas 即合成气，是氢气 H_2 与一氧化碳 CO 的混合气。两步反应中，CH_4 先与过量的 H_2O 反应生成 H_2 与 CO（合成气），再由 H_2 与 CO 反应得到 CH_3OH。由此可以写出反应方程式：

$$CH_4(g) + H_2O(g) \longrightarrow CO(g) + 3H_2(g)$$

$$CO(g) + 2H_2(g) \longrightarrow CH_3OH(g)$$

无机 | 化学计量
难度 | ★

一定程度的英语水平，对化学竞赛的学习是有裨益的，甚至是必需的。早年间的化学竞赛甚至会对同学们的基本英语水平进行直接考查（如 2005 年初赛 2-1 小题）。

12-2 首先计算 (1) 与 (2) 投料的物质的量：

$$n(CH_4,\text{起始}) = \frac{p(CH_4)V(CH_4)}{RT(CH_4)}$$

$$= \frac{250.0 \text{ kPa} \times 55.0 \text{ m}^3 \text{ s}^{-1} \times 1 \text{ s}}{8.314 \text{ J mol}^{-1} \text{ K}^{-1} \times (273 + 25) \text{ K}}$$

$$= 5.55 \times 10^3 \text{ mol}$$

$$n(H_2O(g),\text{起始}) = \frac{p(H_2O(g))V(H_2O(g))}{RT(H_2O(g))}$$

$$= \frac{200.0 \text{ kPa} \times 150.0 \text{ m}^3 \text{ s}^{-1} \times 1 \text{ s}}{8.314 \text{ J mol}^{-1} \text{ K}^{-1} \times (273 + 150) \text{ K}}$$

$$= 8.53 \times 10^3 \text{ mol}$$

由于假设两步均完全转化，因此经步骤 A 后过量（剩余）的 H_2O

(g) 的物质的量为:

$$n(H_2O(g),剩余) = n(H_2O(g)) - n(CH_4) \times 1/1$$
$$= 8.53 \times 10^3 \text{ mol} - 5.55 \times 10^3 \text{ mol}$$
$$= 2.98 \times 10^3 \text{ mol}$$

在步骤 A 中生成的 CO 和 H_2 的物质的量之比为 1:3，而在步骤 B 中消耗的 CO 和 H_2 的物质的量之比为 1:2，故经步骤 B 后剩余的 H_2 的物质的量为:

$$n(H_2,剩余) = 3n(CO) - 2n(CO) = n(CO) = n(CH_4) = 5.55 \times 10^3 \text{ mol}$$

12-3 首先计算总的物质的量:

$$n_{总} = n(CO,剩余) + n(H_2,剩余) + n(CH_3OH,剩余)$$
$$= \frac{1}{3}n(CO,起始) + n(H_2,起始) - \frac{4}{3}n(CO,起始) + \frac{2}{3}n(CO,起始)$$
$$= \left[5.55 \times 10^3 \times \frac{1}{3} + \left(16.65 \times 10^3 - 5.55 \times 10^3 \times \frac{2}{3} \times 2\right) + 5.55 \times 10^3 \times \frac{2}{3}\right] \text{ mol}$$
$$= 14.8 \times 10^3 \text{ mol}$$

无机 | 化学计量
难度 | ★
先列代数式，再代入数据。写公式时为了方便，可以用 i (initial) 代表起始，f (final) 代表剩余 (结束)，平衡则可用 eq (equilibrium) 代表，如 $n(CO)_i$、$c(CH_4)_{eq}$、$p(H_2)_f$ 等。也可写成 $n(CO,i)$ 或 $n_i(CO)$ 等形式。

接着计算分压:

$$p_i = p_{总} \times \frac{n_i}{n_{总}}$$

$$p(CO,剩余) = 10.0 \text{ MPa} \times \frac{5.55 \times 10^3 \times 1/3}{14.8 \times 10^3} = 1.25 \text{ MPa}$$

$$p(H_2,剩余) = 10.0 \text{ MPa} \times \frac{9.25 \times 10^3}{14.8 \times 10^3} = 6.25 \text{ MPa}$$

$$p(CH_3OH,剩余) = 10.0 \text{ MPa} \times \frac{5.55 \times 10^3 \times 2/3}{14.8 \times 10^3} = 2.50 \text{ MPa}$$

12-4 当反应器足够大时，化学平衡仅在物质浓度改变较大的出入口改变较大，容器主体中反应可看作是平衡的。由上题得到的分压，可以直接计算平衡常数:

无机 | 化学平衡
难度 | ★

$$K_p = \frac{p(CH_3OH) \cdot p_0^2}{p(CO) \cdot p^2(H_2)} = \frac{p(CH_3OH,剩余) \cdot p_0^2}{p(CO,剩余) \cdot p^2(H_2,剩余)}$$
$$= \frac{2.50 \text{ MPa} \times (0.100 \text{ MPa})^2}{1.25 \text{ MPa} \times (6.25 \text{ MPa})^2} = 5.12 \times 10^{-4}$$

这个平衡常数不含单位。事实上，它与反应的标准平衡常数:

$$K_p^\ominus = \frac{p(\mathrm{CH_3OH})/p^\ominus}{[p(\mathrm{CO})/p^\ominus] \cdot [p(\mathrm{H_2})/p^\ominus]^2}$$

$$= \frac{p(\mathrm{CH_3OH}) \cdot (p^\ominus)^2}{p(\mathrm{CO}) \cdot p^2(\mathrm{H_2})} \quad (p^\ominus = 1\ \mathrm{bar} = 100\ \mathrm{kPa})$$

在数值上相等,但它们的物理意义是不同的。

(本章初稿由孙桐完成,柳晗宇补充修改)

第 20 届

中国化学奥林匹克竞赛（决赛）理论试题解析

2007 年 1 月 17 日·成都

第 1 题

题目（14 分）

钛及其合金具有密度小、强度高、耐腐蚀等优良性能，被广泛用于航天、航空、航海、石油、化工、医药等部门。我国四川省有大型钒钛磁铁矿。从由钒钛磁铁矿经"选矿"得到的钛铁矿提取金属钛（海绵钛）的主要工艺过程如下：

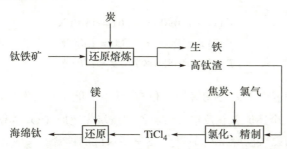

1-1 钛铁矿的主要成分为 $FeTiO_3$。控制电炉熔炼温度（< 1500 K），用炭还原出铁，而钛则进入炉渣浮于熔融铁之上，使钛与铁分离，钛被富集。已知：

$$FeTiO_3 + C \Longrightarrow TiO_2 + Fe + CO$$
$$\Delta_r G_m^\ominus / (\text{J mol}^{-1}) = 190900 - 161T \tag{1}$$

$$FeTiO_3 + 4C \Longrightarrow TiC + Fe + 3CO$$
$$\Delta_r G_m^\ominus / (\text{J mol}^{-1}) = 750000 - 500T \tag{2}$$

$$FeTiO_3 + 3C \Longrightarrow Ti + Fe + 3CO$$
$$\Delta_r G_m^\ominus / (\text{J mol}^{-1}) = 913800 - 519T \tag{3}$$

通过计算，判断在电炉熔炼中主要发生以上哪个反应。

1-2 写出在 1073 ~ 1273 K 下氯化反应的化学方程式。

1-3 氯化得到的 $TiCl_4$ 中含有的 $VOCl_3$ 必须用高效精馏的方法除去，为什么？实际生产中常在 409 K 下用 Cu 还原 $VOCl_3$，反应物的摩尔比为 1:1，生成氯化亚铜和难溶于 $TiCl_4$ 的还原物，写出还原反应方程式。

1-4 精制后的 $TiCl_4$ 用金属镁还原可得海绵钛，写出化学反应方程式。

1-5 菱镁矿（主要成分为 $MgCO_3$）煅烧分解后与焦炭混合，在氯化器中加热到 1373 K，通入氯气生成 $MgCl_2$。在 1023 K 电解熔融 $MgCl_2$ 得到金属镁。

1-5-1 写出用菱镁矿煅烧及氯化制取 $MgCl_2$ 的化学反应方程式。

1-5-2 写出电解熔融 $MgCl_2$ 的电极反应式和电解反应式。

1-5-3 已知 1023 K 下 $MgCl_2$ (l) 的标准摩尔生成焓 $\Delta_f H_m^\ominus$ 为 -596.32 kJ mol^{-1}，$MgCl_2$ (l)、Mg (l)、Cl_2 (g) 的标准摩尔熵 $S_m^\ominus$ 分别为 231.02、77.30、268.20 J mol^{-1} K^{-1}。计算 $MgCl_2$ 的理论分解电压。

分析与解答

本题以从矿物中提取单质钛为背景，考查了简单的电化学和元素化学知识。

无机 | 热化学
难度 | ★

1-1 为使反应正向自发进行，需使 $\Delta_r G_m^\ominus < 0$。而根据式 (1) ~ (3)，满足该条件所需的温度分别为：

$$T\,(1) > 190900\ \text{K} / 161 = 1186\ \text{K}$$
$$T\,(2) > 750000\ \text{K} / 500 = 1500\ \text{K}$$
$$T\,(3) > 913800\ \text{K} / 519 = 1761\ \text{K}$$

因此当炉内温度 $T < 1500$ K 时，仅有反应 (1) 能正向自发进行。

无机 | 矿物冶炼
无机 | 热化学
难度 | ★

1-2 这是一个还原氯化反应，可看作"焦炭先还原 TiO_2 为钛单质，随后钛单质与氯气反应得到 $TiCl_4$"这两步反应的耦合。反应式为：

$$TiO_2 + 2C + 2Cl_2 = TiCl_4 + 2CO$$

对于更复杂的情况（如多种还原剂的选择、混合金属氧化物的选择性还原等），需要参考金属氧化物的氧化-自由能图即 Ellingham 图[1]。它可用于系统确定在某种条件下一种金属氧化物矿石是否会被还原为其对应的金属单质，在冶金工业中十分有用。

注意：在此高温下，焦炭的氧化产物为 CO 而非 CO_2。可以这样简单理解：在 $T > 1000\ ^\circ C$ 时，即使先生成了 CO_2，CO_2 也会与过量的碳单质归中得到 CO。而从热力学本质上讲，反应 C (s) + O_2 (g) === CO_2 (g) 的 $\Delta_r S_m^\ominus$ 几乎为零，而反应 2C (s) + O_2 (g) === 2CO (g) 是气体计量数增大的反应，因而在高温 (> 983 K) 下，生成 CO (g) 的反应自发程度大于生成 CO_2 (g)（图 1）。

碳和氧反应的 $\Delta_r H_m^\ominus$、$\Delta_r S_m^\ominus$

反应	$\Delta_r H_m^\ominus$ / (kJ mol^{-1})	$\Delta_r S_m^\ominus$ / (J mol^{-1} K^{-1})
C (s) + O_2 (g) === CO_2 (g)	-393.5	0.003
2C (s) + O_2 (g) === 2CO (g)	-221.0	0.179
2CO (s) + O_2 (g) === $2CO_2$ (g)	-566.0	-0.173

金属氧化物的还原以及碳与氧反应的热化学是非常经典、非常重要的元素化学知识，请同学们参考相关书籍加以复习。[1]

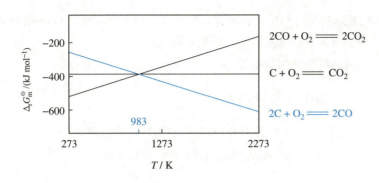

图 1　碳和氧反应的 $\Delta_r G_m^\ominus$-T 关系图

1-3　显然 $VOCl_3$ 作为杂质必须分离出体系，否则后一步金属镁还原时将同时得到钒单质，并与钛形成合金难以分离，影响金属钛的纯度。问题的关键落在为何需要高效精馏分离。唯一的解释是两者沸点相差很小，因此无法通过普通的蒸馏和精馏除去杂质。

若以 Cu 还原 $VOCl_3$，根据题意 Cu 的氧化态升高一价，得 CuCl，且氧化剂、还原剂等摩尔比，因此 $VOCl_3$ 得电子数为 1，还原产物为 $VOCl_2$。反应方程式为：

$$Cu + VOCl_3 =\!=\!= VOCl_2 + CuCl$$

无机 | 矿物冶炼
无机 | 氧化还原反应
难度 | ★

$r(Ti) = 176\ pm$
$r(V) = 171\ pm$

1-4　这是一个简单的置换反应：

$$TiCl_4 + 2Mg =\!=\!= Ti + 2MgCl_2$$

无机 | 矿物冶炼
无机 | 氧化还原反应
难度 | ★

1-5-1　首先碳酸盐在高温下分解得氧化物和 CO_2：

$$MgCO_3 \xrightarrow{\Delta} MgO + CO_2 \uparrow$$

随后发生与 **1-2** 类似的还原氯化反应，注意 C 的氧化产物仍然是 CO：

$$MgO + C + Cl_2 =\!=\!= MgCl_2 + CO$$

无机 | 矿物冶炼
无机 | 氧化还原反应
难度 | ★

1-5-2　Mg^{2+} 在阴极得电子生成镁单质：

$$Mg^{2+} + 2e^- =\!=\!= Mg$$

Cl^- 在阳极失电子得氯气：

$$2Cl^- =\!=\!= Cl_2 + 2e^-$$

总反应式为：

$$MgCl_2 \xrightarrow{通电} Mg + Cl_2 \uparrow$$

无机 | 矿物冶炼
无机 | 氧化还原反应与电化学
难度 | ★

无机 | 氧化还原反应
物化 | 电化学
难度 | ★

1-5-3 欲求标准分解电压，可先求得电解反应的标准反应 Gibbs 自由能变，而后者又可由反应焓变、熵变求得。

反应的标准摩尔焓变为：

$$\Delta_r H_m^\ominus = \sum_B \nu_B \Delta_f H_m^\ominus$$
$$= \Delta_f H_m^\ominus(\text{Mg}) + \Delta_f H_m^\ominus(\text{Cl}_2) - \Delta_f H_m^\ominus(\text{MgCl}_2)$$
$$= -\Delta_f H_m^\ominus(\text{MgCl}_2) = 596.32 \text{ kJ mol}^{-1}$$

先列出方程，再代入数据，尤其对于这种逆向自发的反应，头脑不清晰的时候往往容易犯错，比如直接写 $\Delta_f H_m^\ominus(\text{MgCl}_2)$。

可以通过数据正负来简单检查计算结果是否正确。

标准摩尔熵变为：

$$\Delta_r S_m^\ominus = \sum_B \nu_B S_m^\ominus$$
$$= S_m^\ominus(\text{Mg}) + S_m^\ominus(\text{Cl}_2) - S_m^\ominus(\text{MgCl}_2)$$
$$= 77.30 \text{ J mol}^{-1} \text{ K}^{-1} + 268.20 \text{ J mol}^{-1} \text{ K}^{-1} - 231.02 \text{ J mol}^{-1} \text{ K}^{-1}$$
$$= 114.48 \text{ J mol}^{-1} \text{ K}^{-1}$$

注意单位换算：
$1 \text{ kJ mol}^{-1} = 1000 \text{ J mol}^{-1} \text{ K}^{-1} \times 1 \text{ K}$

则反应的 Gibbs 自由能变为：

$$\Delta_r G_m^\ominus = \Delta_r H_m^\ominus - T\Delta_r S_m^\ominus$$
$$= 596.32 \text{ kJ mol}^{-1} - 1023 \text{ K} \times 114.48 \text{ J mol}^{-1} \text{ K}^{-1}$$
$$= 479.21 \text{ kJ mol}^{-1}$$

电化学的单位换算，建议统一至国际单位：$1 \text{ kJ mol}^{-1} = 1000 \text{ J mol}^{-1} = 1000 \text{ C mol}^{-1} \times 1 \text{ V}$

因此反应电动势（分解电压）为：

$$E_\text{反} = -E^\ominus = \frac{\Delta_r G_m^\ominus}{nF}$$
$$= \frac{479.21 \text{ kJ mol}^{-1}}{2 \times 96485 \text{ C mol}^{-1}}$$
$$= 2.48 \text{ V}$$

第 2 题

题目（14 分）

自然界中许多金属和非金属形成的矿物微粒的粒度介于纳米与微米之间，并呈现出不同的晶体形貌和特殊的物理化学性能。我国已发现多个储量丰富的大型天然纳米非金属矿床。

2-1 膨润土是一种天然纳米矿物材料，主要成分为蒙脱石。蒙脱石是层状结构的硅酸盐矿物，在一定地质条件下可形成厚度为纳米尺寸的层状晶体。不考虑层间水和阳离子置换时，化学式为 $\text{Al}_2\text{Si}_4\text{O}_{10}(\text{OH})_2$。将蒙脱石晶体结构图（图 2）中与中心 Al 原子配位的 O 原子和 OH 原

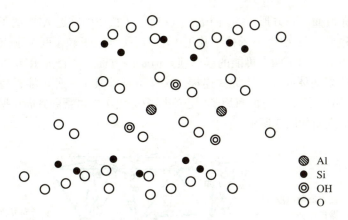

图 2

子团用短线连接起来（Al 的配位多面体共边），指出配位多面体的空间构型。

2-2 非金属纳米矿物开采出来后，需经选矿、化学提纯才能应用。

2-2-1 当矿物中含有 CuS、ZnS 杂质时，将适量浓硫酸拌入矿粉，加热，充分搅拌，待反应完全后用水稀释、过滤、清洗，可将这些杂质分离除去。从环保和经济的角度，应尽量减少硫酸的用量。写出化学反应方程式。加水稀释的目的是什么？

2-2-2 当矿物中含有 As_2S_3、SnS_2 杂质时，加入硫化钠和少量氢氧化钠的混合溶液，加热搅拌，待反应完全后经过滤、清洗，可将杂质分离除去，写出主要化学反应方程式。为什么需加氢氧化钠溶液？

2-3 若膨润土中含 Fe_2O_3，白度就会受到影响，须进行漂白处理：在硫酸介质中用连二亚硫酸钠作漂白剂进行漂白；加水漂洗后加入氨基三乙酸钠 (Na_3A)，结合残留的亚铁离子，以维持产品的白度。

2-3-1 写出漂白过程的离子反应方程式。

2-3-2 写出氨基三乙酸钠与亚铁离子结合生成的 2:1 型单核配合物的化学式及阴离子的结构式。

分析与解答

本题考查了无机物的结构与反应。

晶体 | 配位多面体
难度 | ★★

2-1 注意题目中的图虽然画在一个平面内，但表现的却是立体的配位结构，因此需要一定的空间想象能力。知道下面这个事实有助于解答本题：Si 原子经常为四配位结构（因其中性条件下仅能成四根共价键），Al^{3+} 离子经常为六配位结构（例如尖晶石中形成铝氧八面体）。虽然题目并不要求作出 Si 的配位示意图，但画出来后有助于更直观地看清图中的立体结构、前后关系。

在默认 Al^{3+} 离子呈<u>六配位八面体</u>的情况下，容易找出构成八面体中心赤道面（正方形）的四个配位 O 原子（找图中临近 Al^{3+} 离子的平行四边形，且 Al^{3+} 离子处于其正中心），关键在于剩余两个顶点的定位。图中示出了两个可能的候选项。但是一方面，题目提示 Al^{3+} 离子的配位多面体间以共边形式连接，这样可排除其中一种可能；另一方面，图中中间最右方的氧原子（已在图中标出）也可帮助判断。据此画出的示意图如图 3 所示。

这里画出的是层状蒙脱石晶体中单层的结构（详见下文）。通过观察可以发现，这样的一层实际上是一层铝氧八面体夹在两层硅氧四面体之间的"三明治"结构。Si 层中，硅氧四面体共用三个顶点形成六方平面层，用 T 表示。未共用的顶端氧原子称**活性氧**。OH^- 基团则处于和活性氧同一平面的六边形中心，共同"支撑"起上方的铝氧八面体层（用 O 表示）。

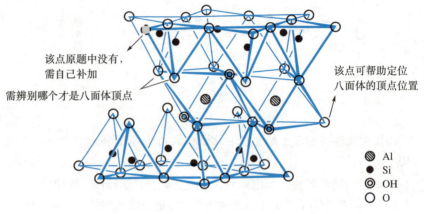

图 3

无机 | 氧化还原反应
无机 | 硫化物
难度 | ★★

2-2-1 浓硫酸氧化 CuS、ZnS，自身被还原为 SO_2，问题的关键是 $S(-2)$ 的氧化产物是什么。一般情况下，该反应分为两步：首先 $S(-2)$ 被氧化为 $S(0)$，随后硫单质在加热条件下继续被浓硫酸氧化为 SO_2。但是当单质硫沉淀后，其反应速率大大减慢（正如浓硫酸氧化蔗糖时先得到单质碳，随后若硫酸过量，才能继续氧化得到 CO_2）。而根据题意，浓硫酸并不是过量的，因此当 $S(-2)$ 转化为 $S(0)$ 后，由于动力学因素，浓硫酸会优先氧化其余的 $S(-2)$，而非单质硫，浓硫酸自身被还原为 SO_2。据此写出反应方程式：

$$ZnS + 2H_2SO_4(浓) \xrightarrow{\triangle} ZnSO_4 + SO_2\uparrow + S + 2H_2O$$

$$CuS + 2H_2SO_4(浓) \xrightarrow{\triangle} CuSO_4 + SO_2\uparrow + S + 2H_2O$$

事实上，$ZnSO_4$ 和 $CuSO_4$ 在浓硫酸中的溶解度较小，因此加水的目的是浸取反应生成的可溶性硫酸盐，从而与其他沉淀（如硫单质等）分离。这一点不太容易想到，做题时应该多联系已学过的元素化学知识加以合理推断，比如可以从"五水合硫酸铜会在浓硫酸中脱水得无水硫酸铜，而并不会直接全部溶解"出发，继而推得"$ZnSO_4$ 和 $CuSO_4$ 在浓硫酸中的溶解度较小"的结论。

无机 | 硫化物
难度 | ★★

2-2-2 由于硫与氧的相似性，可以将反应类比为酸性氧化物在氧化钠（或氢氧化钠）的作用下得到其对应的钠盐的反应。因此容易写出题目要求的反应方程式：

$$As_2S_3 + 3Na_2S = 2Na_3AsS_3$$

$$SnS_2 + Na_2S = Na_2SnS_3$$

显然，该反应需在碱性条件下进行，因此加入氢氧化钠的目的是<u>防止硫化钠水解</u>：

$$Na_2S + H_2O = NaHS + NaOH$$

2-3-1 保险粉连二亚硫酸钠具有强还原性。根据题意，$Na_2S_2O_4$ 将 Fe(Ⅲ) 还原为 Fe^{2+} 后，自身的 S(Ⅲ) 被氧化为 S(Ⅳ)。在酸性条件下，S(Ⅳ) 以 SO_2 气体的形式逸出：

$$S_2O_4^{2-} + Fe_2O_3 + 6H^+ = 2SO_2\uparrow + 2Fe^{2+} + 3H_2O$$

无机 | 氧化还原反应
难度 | ★★
可以这样考虑：SO_3^{2-} 无法继续还原 Fe(Ⅲ)，因此还原产物只能是 S(Ⅳ)。

2-3-2 **A** 为 –3 价阴离子，因此 1:2 配阴离子 [Fe**A**$_2$] 带四个负电荷，其钠盐化学式为 <u>$Na_4[FeA_2]$</u>。由于 **A** 是一个四齿配体（三个羧酸根负离子和一个 N 原子），但仅有三个配位原子与中心铁离子配位（假定 Fe^{2+} 是八面体配位），因此有下面两种可能的结构：

无机 | 配合物
难度 | ★

B1　　　　　　　**B2**

虽然 **B2** 看上去具有更高的对称性，但考虑螯合效应，螯合物一般以五元环、六元环为最稳定，故显然 **B1** 稳定性远大于 **B2**，<u>螯合物的结构最有可能为 **B1**</u>。

知识拓展

蒙脱石 (montmorillonite) 命名取自法国地名蒙莫里永 (Montmorillon)，是一种很软的页硅酸盐矿物，比重 1.7 ~ 2，于水中沉降形成微晶聚集体，{001} 完全解理。蒙脱石的化学组成为 $(Na, Ca)_{0.33}(Al, Mg)_2$ $(Si_4O_{10})(OH)_2 \cdot nH_2O$。微观上，蒙脱石晶体属单斜晶系，$C2/m$ 空间群，晶胞参数为 $a = 519$ pm, $b = 902$ pm, $c = 1240$ pm; $\beta = 94°$; $Z = 2$。在蒙脱石晶体（图 4）中，两层硅氧四面体夹一层铝氧八面体，铝的位置部分被镁同晶取代，同时由于蒙脱石单晶间结合并不紧密，水容易渗入，导致蒙脱石黏土显著膨胀。蒙脱石中的阳离子 Na^+、Ca^{2+} 可被 K^+、Fe^{3+} 等其他离子取代，有色离子 Fe^{3+} 的取代则使原本无色半透明的矿物呈注意观察图 4 中的八面体层：两组相邻的蓝色大球是呈"之"字形交错排列的（方向垂直纸面）。因此这些八面体仍然是共棱的，而非看上去那样像是共面的。

现出不同颜色，如浅粉色、蓝色、黄色、红色或绿色等。它常与绿泥石、白云母、伊来石、焦炭石和高岭石等矿物共存。[2] 蒙脱石具有很强的吸附性，包括吸附重金属的能力。[3] 蒙脱石口服用药称蒙脱石散，是一种常见的治疗急慢性腹泻的药物，或者外用用于预防和治疗接触性皮炎。[4]

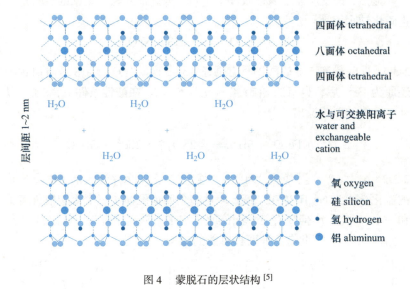

图 4　蒙脱石的层状结构 [5]

第 3 题

题目（10 分）

无机高分子絮凝剂具有效能高、价格低廉的优点，广泛用于给水排水、工业废水及城市污水处理。

3-1　大多数金属离子都能生成多核水解产物。铁盐溶于水后生成水合铁 (Ⅲ) 离子，当溶液 pH 升高时发生水解，首先生成黄色的水解产物 $[FeOH(H_2O)_5]^{2+}$，写出水解反应方程式。

3-2　水解时发生聚合，写出 $[FeOH(H_2O)_5]^{2+}$ 聚合为二聚体（用结构式表示）的化学反应方程式。写出当溶液碱化度 ([OH] / [Fe]) 为 2.0 时形成的链状多聚物的结构式。

3-3　聚合氯化铝 (PAC) 通式为 $[Al_2(OH)_nCl_{6-n}]_m$，是无机高分子絮凝剂，它可用软铝矿（主要成分 $Al_2O_3·H_2O$）为原料通过酸溶法制备。其主要制备过程是：将经过焙烧的矿粉移入反应釜，加入适量盐酸溶解；用碱调高 pH，得到 $[Al(OH)_2(H_2O)_4]Cl$；分成两份，将其中一份用氨水中和得到凝胶；将此凝胶溶于另一份溶液，pH 调高至 4，充分反应，即可制得 PAC。写出制备过程的化学反应方程式。

3-4　聚合氯化铝 (PAC) 中存在一种三聚体，由三个铝氧八面体构成，其中三个八面体共用的顶点数为 1，每两个八面体共用的顶点数为 2。不标原子，用短线为八面体的棱，画出这种三聚体的空间构型图。

分析与解答

本题考查了无机化学方程式的书写及无机配合物结构的推定。

3-1 水合铁（Ⅲ）离子为 $[Fe(H_2O)_6]^{3+}$，具有很强的水解倾向，因而其水溶液表现出一定的酸性。根据题意，水解后的一个配位水分子由羟基负离子所替代：

$$[Fe(H_2O)_6]^{3+} + H_2O \longrightarrow H_3O^+ + [FeOH(H_2O)_5]^{2+}$$

无机 | 配合物反应
难度 | ★

注意该反应是在酸性条件下进行的 [pH > 3 时，$Fe(OH)_3$ 便沉淀完全]，故不能将反应物写为 OH^-。

3-2 可以想到，双核配体的两个中心离子由桥基配体连接（没有氧化态改变，不会出现 Fe—Fe 金属键）。由于 OH^- 负电荷密度高于 H_2O 配体，因此更适合作为桥基配体，将电子配位给两个不同的铁离子。在形成该二聚体的过程中，配体水分子被桥基配位的羟基所取代：

无机 | 配合物结构
难度 | ★

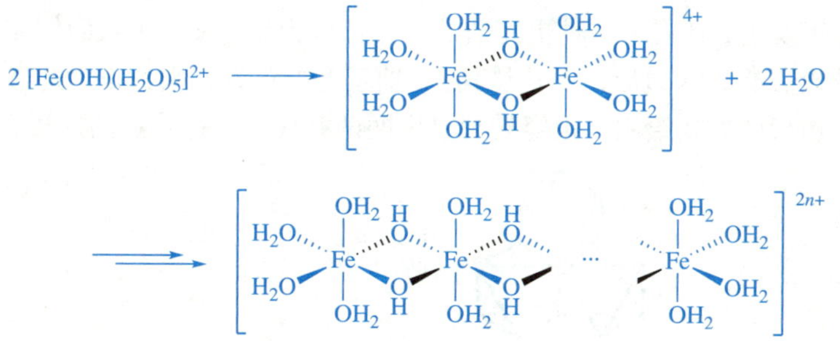

$$2 [Fe(OH)(H_2O)_5]^{2+} \longrightarrow \left[(H_2O)_4Fe(\mu\text{-}OH)_2Fe(H_2O)_4 \right]^{4+} + 2 H_2O$$

$$\longrightarrow \left[(H_2O)_4Fe(\mu\text{-}OH)_2Fe(\mu\text{-}OH)_2 \cdots Fe(H_2O)_4 \right]^{2n+}$$

二聚体形成的可能机理是：六配位 $[FeOH(H_2O)_5]^{2+}$ 失去一分子配体 H_2O 形成五配位 $[FeOH(H_2O)_4]^{2+}$，后者再与一分子六配位 $[FeOH(H_2O)_5]^{2+}$ 反应 [羟基进攻 Fe(Ⅲ)]，再脱去一分子配体 H_2O 后得到产物。请思考：反应的决速步是哪一步？

当 pH 更高时，更多的 H_2O 配体被 OH^- 所取代，而后者作为桥基，连接多个中心离子从而成为一维长链，其结构如上图所示。

3-3 首先酸溶得到氯化铝（为明确起见，将氯化铝写作水合离子的形式）：

$$Al_2O_3 \cdot H_2O + 8H_2O + 6HCl \longrightarrow 2[Al(H_2O)_6]Cl_3$$

无机 | 配合物反应
难度 | ★

与 **3-1** 中水合铁离子类似，pH 升高时铝离子发生水解：

$$[Al(H_2O)_6]Cl_3 \longrightarrow [Al(OH)_2(H_2O)_4]Cl + 2HCl$$

同样地，这里也要注意整体环境仍是酸性的。

此时的初步水解产物仍有一定酸性，与氨水中和得到的产物应为氢氧化铝凝胶（注意不是沉淀）：

$$[Al(OH)_2(H_2O)_4]Cl + NH_3 \cdot H_2O \longrightarrow Al(OH)_3 + NH_4Cl + 4H_2O$$

随后初步水解产物与氢氧化铝凝胶可看作发生"归中反应"，中和得到 PAC：

$$(nm - 4m)\text{Al(OH)}_3 + (6m - nm)[\text{Al(OH)}_2(\text{H}_2\text{O})_4]\text{Cl}$$
$$\longrightarrow [\text{Al}_2(\text{OH})_n\text{Cl}_{6-n}]_m + (24m - 4nm)\text{H}_2\text{O}$$

结构 | 配位多面体
难度 | ★★

3-4 根据题意，三个八面体两两之间共棱连接。我们先画出两个八面体的情况 (a)，此时两个八面体只可沿着箭头所示方向相对转动。在加入第三个八面体时，它与 2 号八面体所共棱共有三种可能的选择：(i) 赤道面，(ii) 内侧经线，(iii) 外侧经线。显然第三种可能可以直接排除。对于情况 (ii)，如图 (b1) 所示，仅有箭头所示的两个方向可相对转动，但无论怎样都无法满足题意。因此仅有情况 (ii) [如图 (b2)] 可使得三个八面体均两两共棱且共用一个点。

同学们可以用硬纸与胶水制作等边长的正八面体与正四面体若干，将它们并置，体会多个正多面体间共面、共棱、共顶点时的立体关系。

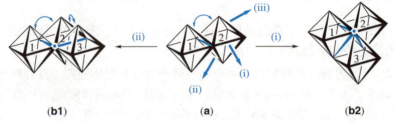

(b1)　　　　**(a)**　　　　**(b2)**

双向箭头示出了可相对旋转的方向；蓝线、蓝点示出了八面体间的共用棱、共用点

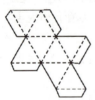

事实上，还有另一种更简洁的方法可以得出答案。正八面体在平面上的投影必为六边形；而若从其 C_3 轴正上方观察，则为正六边形。以正六边形的方式绘制，很容易观察出两两共棱、三体共点的连接方式：

粗线、黑点示出了八面体间的共用棱、共用点

显然上图与图 (b2) 是等价的。

第 4 题

题目（22 分）

硼氢化钠是一种重要的还原剂，可用于纸张漂白、醛酮的还原及含汞污水的处理等等。近年来，科学家十分关注硼氢化钠用作储氢介质的研究。2005 年 G. J. Gainsford 和 T. Kemmitt 考查了硼氢化钠的醇解反应，发现它与乙醇反应的产物 **A** 是由互相平行的一维链组成的晶体。[6]

4-1 写出硼氢化钠与乙醇反应的化学反应方程式。
4-2 根据 **A** 中存在的作用力类型说明 **A** 属于何种晶体。
4-3 画出 **A** 的一维结构示意图，确定 **A** 的结构基元，抽出一维点阵。
4-4 **A** 中 Na 的配位数为多少？硼原子采取什么杂化？
4-5 硼的一种同素异形体是由 B_{12}（以 B 原子为顶点的二十面体）单位

和单个 B 原子组成的晶体，其晶胞参数为 $a = b$ = 875.6 pm，c = 507.8 pm，晶体密度 ρ = 2.310 g cm^{-3}。晶胞沿 a、b、c 轴的投影图如下：

沿 a 或 b 轴的投影　　沿 c 轴的投影

4-5-1 计算晶胞中的原子数。
4-5-2 画出晶胞示意图。
4-5-3 确定晶体的结构基元、点阵型式及特征对称元素。

分析与解答

本题考查了晶体结构的相关知识。

4-1 参考硼氢化钠的水解反应，可以想见反应中 B 的配体 H$^-$ 被取代为 EtO$^-$。产物 **A** 的单元有两种可能：B(OEt)$_3$ 或 Na[B(OEt)$_4$]。但是根据题意，**A** 可形成一维链，因此可以排除前一种可能。反应方程式为：

无机 | 水解反应
难度 | ★

$$n\text{NaBH}_4 + 4n\text{HOEt} \longrightarrow [\text{NaB(OEt)}_4]_n + 4n\text{H}_2\uparrow$$

4-2 & 4-3 阳离子 Na$^+$ 与配阴离子 [B(OEt)$_4$]$^-$ 形成一维链，因此必然交替排列，其结构如下所示：

晶体 | 晶体类型
晶体 | 点阵与结构基元
难度 | ★
常见的具有一维链状结构的化合物有哪些？请举出至少三种。

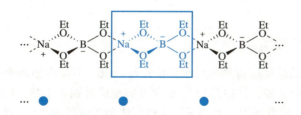

结构基元内容为一个 Na$^+$ 和一个 [B(OEt)$_4$]$^-$，以方框示出。据此可抽出一维点阵，如上图所示。该晶体链内通过离子键结合，链间通过静电力和 van der Waals 力结合，因此是混合晶体。正如石墨，层内以共价键结合，层间以 van der Waals 力、非定域键（类似于金属键）结合，因此也是混合晶体。

4-4 根据上一问所示结构，Na^+ 的配位数为 4，硼原子为 sp^3 杂化。

4-5-1 本题考查了晶体密度的计算。因为

$$\rho = \frac{Mn}{VN_A} = \frac{Mn}{a^2CN_A}$$

$$\Longrightarrow n = \frac{\rho V N_A}{M}$$

所以单个晶胞硼原子数为：

$$n = \frac{(2.310 \text{ g cm}^{-3}) \times (875.6^2 \times 507.8 \times 10^{-30} \text{ cm}^3) \times (6.022 \times 10^{23} \text{ mol}^{-1})}{10.81 \text{ g mol}^{-1}}$$
$$= 50$$

4-5-2 本题相当于根据题目所给的"三视图"绘出立体示意图，答案见下：

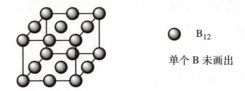

● B_{12}

单个 B 未画出

4-5-3 上图所示晶胞内含 4 个 B_{12} 单元，因此还剩余 2 个单独的 B 原子。由于晶胞是底面为正方形的长方体，因此符合四方晶系对称性，特征对称元素为 1 个四重对称轴（或写作"4 或 $\overline{4}$"）。而四方晶系仅简单、体心两种类型（注意不存在底心四方），因此可判断该晶体属于简单四方 (tP) 点阵型式。从而，一个晶胞的内容（4 个 B_{12} 及 2 个 B）即为结构基元。

第 5 题

题目（16 分）

用氨水与硝酸反应得硝酸铵水溶液，经蒸发、结晶得硝酸铵晶体。硝酸铵有多种晶型，其中晶型 I、II 和 III 的密度分别为 1.73、1.66 和 1.70 g cm^{-3}。在标准压力、室温下，加热固体硝酸铵到 305 K，晶型 I 转变为晶型 II，晶变热为 1.68 kJ mol^{-1}；加热到 357 K 时，晶型 II 转变为晶型 III，晶变热为 1.75 kJ mol^{-1}。单组分体系两相平衡的温度和压力满足 Clapeyron 方程（可向监考员索要 Clapeyron 方程，但要在本题得分中扣除 4 分）。

5-1 若两种晶型平衡共存的温度 T 和压力 p 呈线性关系，计算三种晶型同时平衡共存的温度和压力。

5-2 求在三相点由晶型 I 直接转化为晶型 III 过程的摩尔焓变和摩尔熵变。

5-3 根据计算，在 p-T 坐标图（p 用 $p^\ominus$ 表示，T 用 K 表示）上粗略绘出硝酸铵体系的相图，并标明各相区的相态。

分析与解答

5-1 本题考查 Clapeyron 方程在解答相变过程问题中的运用。根据题目所述线性关系，有：

$$\frac{\Delta p}{\Delta T} = \frac{dp}{dT} = \frac{\Delta H_m}{T\Delta V_m} = \frac{\Delta H_m}{TM\Delta(\rho^{-1})}$$

说明：本题原参考答案采取的标准压力值 $p^\ominus$ 为 1 atm = 101.325 kPa，因此与下面解答（取 $p^\ominus \stackrel{\text{def}}{=} 100$ kPa）的结果略有出入。

物化 | 相变与 Clapeyron 方程

难度 | ★★

其中 M = 80.04 g mol^{-1}，为摩尔质量。$\Delta(\rho^{-1})$ 表示两相密度倒数的改变量，对于晶型 I→II 和 II→III 的转变，其数值分别为：

$$\Delta(\rho^{-1})_{I\to II} = \left(\frac{1}{1.66} - \frac{1}{1.73}\right) \text{cm}^3\text{ g}^{-1} = 0.0244 \text{ cm}^3\text{ g}^{-1}$$

和

$$\Delta(\rho^{-1})_{II\to III} = \left(\frac{1}{1.70} - \frac{1}{1.66}\right) \text{cm}^3\text{ g}^{-1} = -0.0142 \text{ cm}^3\text{ g}^{-1}$$

从而可计算得斜率 $\Delta p/\Delta T$：

I→II：

$$\frac{\Delta p}{\Delta T} = \frac{1.68 \times 10^3}{305 \times 80.04 \times 0.0244 \times 10^{-6}} \text{ Pa K}^{-1}$$
$$= 2.82 \times 10^6 \text{ Pa K}^{-1}$$
$$= 28.2 \ p^\ominus \text{ K}^{-1}$$

II→III：

$$\frac{\Delta p}{\Delta T} = \frac{1.75 \times 10^3}{357 \times 80.04 \times (-0.0142) \times 10^{-6}} \text{ Pa K}^{-1}$$
$$= -4.32 \times 10^6 \text{ Pa K}^{-1}$$
$$= -43.2 \ p^\ominus \text{ K}^{-1}$$

同时，两条直线分别过相图中的点 (305 K, 1 $p^\ominus$) 和 (357 K, 1 $p^\ominus$)，因此可解得直线方程

I→II：

$$\frac{\Delta p}{p^\ominus} = 28.2 \frac{\Delta T}{\text{K}} - 8.60 \times 10^3$$

II→III：

$$\frac{\Delta p}{p^\ominus} = -43.2 \frac{\Delta T}{\text{K}} + 1.54 \times 10^4$$

联立两方程，解得两条直线的交点，即三相点为 (336 K, 888 $p^\ominus$)。

5-2 本题考查 Hess 定律及 Gibbs-Helmholtz 公式的应用。根据 Hess 定律，晶型 I → III 转化的焓（熵）变等于晶型 I → II 和 II → III 转化的焓（熵）变之和。假设焓变基本不随 T、p 变化，则三相点处

$$\Delta H_{I \to III, m} = \Delta H_{I \to II, m} + \Delta H_{II \to III, m} = 3.43 \text{ kJ mol}^{-1}$$

根据相变过程时 $\Delta G = 0$ 及 Gibbs-Helmholtz 公式，有：

$$\Delta S_m = \frac{\Delta H_m}{T}$$

由此计算得：

$$\Delta S_{I \to III, m} = \frac{3.43 \text{ kJ mol}^{-1}}{336 \text{ K}} = 10.2 \text{ J mol}^{-1} \text{ K}^{-1}$$

5-3 根据第一问两条直线的方程，可画出晶型 I、II 之间及晶型 II、III 之间的边界（前者斜率为正，后者为负，且后者更陡峭）。对于晶型 I、III 之间边界的斜率，可通过计算 $\Delta(\rho^{-1})$ 来大致估计：

$$\Delta(\rho^{-1}) = \left(\frac{1}{1.70} - \frac{1}{1.73}\right) \text{ cm}^3 \text{ g}^{-1} = 0.0102 \text{ cm}^3 \text{ g}^{-1}$$

因为 $\Delta p/\Delta T$ 与 $\Delta(\rho^{-1})$ 呈反比关系，因此该边界最陡峭，且斜率为正。示意图见下：

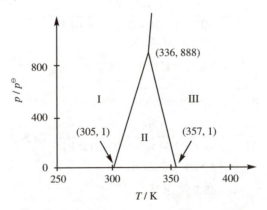

第 6 题

题目（14 分）

有人用酸碱滴定法测定二元弱酸的相对分子质量，实验过程如下：

步骤一：用邻苯二甲酸氢钾标定氢氧化钠，测得氢氧化钠标准溶液的浓度为 0.1055 mol L^{-1}。氢氧化钠标准溶液在未密闭的情况放置两天后（溶剂挥发忽略不计），按照下列方法测定了氢氧化钠标准溶液吸收的 CO_2 的量：移取 25.00 mL 该标准碱液用 0.1152 mol L^{-1} 的 HCl 滴定至酚酞变色为终点，消耗 HCl 标准溶液 22.78 mL。

步骤二：称取纯的有机弱酸 (H_2B) 样品 0.1963 g。将样品定量溶解在 50.00 mL 纯水中，选择甲基橙为指示剂进行滴定。当加入新标定的 0.0950 mol L^{-1} 氢氧化钠标准溶液 9.21 mL 时，发现该法不当，遂停止滴定，用酸度计测定了停止滴定时溶液的 pH = 2.87。已知 H_2B 的 pK_{a_1} = 2.86，pK_{a_2} = 5.70。

6-1 按步骤一计算放置两天后的氢氧化钠标准溶液每升吸收了多少克 CO_2。

6-2 按步骤二估算该二元弱酸 H_2B 的相对分子质量。

6-3 试设计一个正确的测定该弱酸相对分子质量的滴定分析方法，指明滴定剂、指示剂，并计算化学计量点的 pH。

6-4 若使用步骤一放置两天后的氢氧化钠标准溶液用设计的正确方法测定该二元弱酸的相对分子质量，计算由此引起的相对误差。

分析与解答

本题考查定量化学分析的相关知识，考点较为综合，难度较大。

6-1 本题考查化学计量关系的计算。在酚酞变色点，NaOH 全部消耗完毕，而 Na_2CO_3 则转化为 $NaHCO_3$，因此：

分析 | 定量计算
难度 | ★

$$n(CO_2) = [n(NaOH) - n(HCl)] \times \frac{1.000\ L}{1000\ mL}$$

$$= \frac{0.1055 \times 25.00 - 0.1152 \times 22.78}{1000}\ mol$$

$$= 5.30 \times 10^{-4}\ mol$$

$$m(CO_2) = n(CO_2) \times 44.0\ g\ mol^{-1} = 0.0233\ g$$

6-2 本题考查电荷守恒式的应用及分布系数的计算。根据电荷守恒：

分析 | 酸碱平衡守恒
分析 | 分布系数
难度 | ★★

$$[Na^+] + [H^+] = [OH^-] + [HB^-] + 2[B^{2-}]$$

而根据分布系数计算公式：

$$\delta(HB^-) = \frac{[H^+]K_{a_1}}{[H^+]^2 + [H^+]K_{a_1} + K_{a_1}K_{a_2}} = 0.51$$

$$\delta(B^{2-}) = \frac{K_{a_1}K_{a_2}}{[H^+]^2 + [H^+]K_{a_1} + K_{a_1}K_{a_2}} = 7.5 \times 10^{-4}$$

因此相比于 $[Na^+]$、$[H^+]$、$[HB^-]$ 而言，$[OH^-]$ 及 $[B^{2-}]$ 可以忽略，从而电荷守恒式变为：

$$[HB^-] \approx [Na^+] + [H^+]$$

$$= \left(0.0950 \times \frac{9.21}{50.00 + 9.21} + 10^{-2.87}\right)\ mol\ L^{-1}$$

$$= 0.0161\ mol\ L^{-1}$$

在上一步计算中，需要特别注意滴定过程中的体积变化。此时可以验证 [B^{2-}] = 2.4×10^{-5} mol L^{-1}，因此忽略它的假设是合理的。于是，可得该二元酸的总浓度：

$$c = \frac{[HB^-]}{\delta(HB^-)} = 0.032 \text{ mol L}^{-1}$$

因此 0.1963 g 二元酸对应的物质的量：

$$n = 0.032 \text{ mol L}^{-1} \times 59.21 \times 10^{-3} \text{ L} = 1.9 \times 10^{-3} \text{ mol}$$

相对分子质量为：

$$M_r = 0.1963/1.9 \times 10^{-3} = 1.0 \times 10^2$$

6-3 本题考查酸碱滴定的终点误差分析。当一个二元酸的 ΔpK_a（pK_{a_1} 与 pK_{a_2} 之差）小于 5 时，分步滴定误差不可能小于 0.5%；当 $\Delta pK_a < 4$ 时，分步滴定误差不可能低于 1%。[7] 由此可见，本题中的二元酸**不可能实现分步滴定**，因此使用甲基橙作指示剂（变色范围为 pH 3.1~4.4）不合适。此外，该酸的 $K_{a_2} > 10^{-7}$（准确地说，是 $cK_{a_2} > 10^{-8}$，故滴定误差可小于 0.2%），因此为了准确滴定，可用 NaOH 标准溶液将其完全中和为二钠盐，以酚酞为指示剂，至溶液微红且半分钟不褪色为终点。

在化学计量点处，消耗的 NaOH 体积为：

$$V(\text{NaOH}) = \frac{2n(H_2B)}{c(\text{NaOH})} = 40 \text{ mL}$$

因此 B^{2-} 的分析浓度为：

$$c(B^{2-}) = \frac{2n(H_2B)}{[50.00 \text{ mL} + V(\text{NaOH})]} = 0.042 \text{ mol L}^{-1}$$

这里同样需要注意滴定带来的体积变化。由于 $c(B^{2-})/K_{b_1} > 400$ 且 $c(B^{2-})K_{b_1} > 20K_w$（这里 $K_{b_1} = K_w/K_{a_2}$），故可直接根据计算 pH 的最简式，得到：

$$[OH^-] = \sqrt{c(B^{2-})K_{b_1}} = 1.5 \times 10^{-5} \text{ mol L}^{-1}$$

$$\text{pH} = 9.16$$

需要指出，由于 $n(H_2B)$ 的测量误差较大，结果也只有两位有效数字，因此该化学计量点 pH 的计算结果仅可作为估计值。不过，这也足以说明 pH$_{sp}$ 落在酚酞变色范围 (8.2 ~ 10.0) 内，将其作为指示剂是合理的。

6-4 本题考查定量分析的误差计算。根据相对分子质量的计算式可知 $M_r \propto c^{-1}(\text{NaOH})$，故误差为：

$$E_r = \frac{c_{原}^{-1} - c_{实际}^{-1}}{c_{实际}^{-1}} = \frac{c_{实际} + c_{原}}{c_{原}}$$

$$= \frac{0.1152 \times 22.78/25.00 - 0.1055}{0.1055} = -0.5\%$$

需要特别注意误差的符号,它表明了数据偏离真值的方向。

第7题

题目(15分)

具有大共轭 π 电子体系的聚乙炔导电聚合物的合成使高分子材料进入"合成金属"和塑料电子学时代。用碘蒸气掺杂后的聚乙炔高分子的导电性与金属铜相当,在光导材料、非线性光学材料、电致发光材料、光电池材料等领域有广阔的应用前景。但聚乙炔难溶于有机溶剂,加热不熔化,在空气中不稳定,限制了它的实际应用。对聚乙炔分子结构进行改造成为该领域的一项重要工作。

7-1 以下是带有液晶结构单元的聚乙炔高分子材料的合成路线,请写出 **A ~ I** 代表的化学试剂。

7-2 当聚乙炔分子带上药物、氨基酸、糖基等分子片后,就具有一定的生物活性。以下是我国化学家近年来合成的一些聚乙炔衍生物分子的结构式:

7-2-1 写出 A 中手性药物小分子羧酸的结构式并命名。
7-2-2 写出 B 中氨基酸的结构式并命名。
7-2-3 写出 C 中糖分子的 Fischer（费歇尔）投影式，并给出该糖的名称。

分析与解答

有机 | 反应推断
难度 | ★★

7-1 本题考查有机合成中间体与反应条件的推断。卤代烃经过三步转化与一个六元环相连，结合卤代芳烃的反应性，容易想到是通过有机金属试剂实现的。第一步将原料转化为格氏试剂，条件 **A** = Mg / 无水 THF：

可以使用无水乙醚作为溶剂吗？为什么？

$$MeO-C_6H_4-Br \xrightarrow{Mg, \text{无水 THF}} MeO-C_6H_4-MgBr$$

随后，格氏试剂亲核进攻 4-丙基环己酮，水解后得三级醇，条件 **B** = 4-丙基环己酮或对丙基环己酮：

更稳妥的答案写法是：4-丙基环己酮 / 无水 THF。

$$MeO-C_6H_4-MgBr + H_7C_3\text{-环己酮} \xrightarrow{\text{无水 THF}} \text{三级醇}$$

三级醇在酸性条件下发生消除 (**C** = HCl) 得到环己烯，写其他酸也可以：

$$\text{三级醇} \xrightarrow{HCl} H_7C_3\text{-环己烯-}C_6H_4\text{-}OMe$$

环己烯在 Pd / C 存在下发生脱氢芳构化反应，得到联苯化合物。下一步，苯甲醚在酸性条件下脱除甲基保护得到自由的酚羟基，因此该步所用试剂 **D** 可以为质子酸 HI 或 Lewis 酸 BBr₃，这里发生的是 S_N2 反应：

这一步可以使用硫酸、盐酸或氢溴酸吗？为什么？

$$H_7C_3\text{-}C_6H_4\text{-}C_6H_4\text{-}OMe \xrightarrow{HI \text{ 或 } BBr_3} H_7C_3\text{-}C_6H_4\text{-}C_6H_4\text{-}OH$$

另一个起始物羧酸经四步转化，末端碳碳双键转化为末端炔烃，同时羧基变为酰氯。前一个转化可由卤素对烯烃的加成-消除反应实现 (**E** = Br₂，**F** = KOH)，而后者则可使用 **H** = SOCl₂ 氯化实现。显然，碳碳叁键形成必须先于酰氯的形成，否则，即使羧基转化为酰氯，也会在碱性条件下发生水解。还有一点需要注意，在 **F** 一步结束后，体系呈碱性，必须先酸化后 (**G** = 稀 HCl) 才可继续发生后续的酰氯化反应。因此有：

G 不能使用浓 HCl，否则双键会发生移动。

$$CH_2=CH-(CH_2)_8CO_2H \xrightarrow{Br_2} CHBr_2-CHBr-(CH_2)_8CO_2H \xrightarrow{KOH} HC\equiv C-(CH_2)_8CO_2K$$

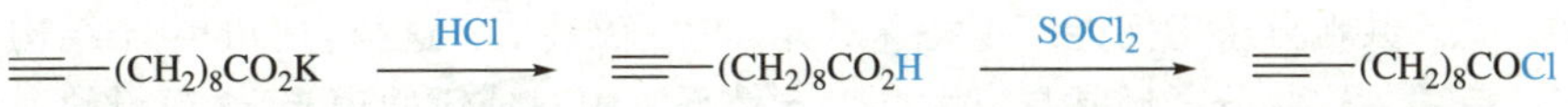

$$\equiv\!\!-\!(CH_2)_8CO_2K \xrightarrow{HCl} \equiv\!\!-\!(CH_2)_8CO_2H \xrightarrow{SOCl_2} \equiv\!\!-\!(CH_2)_8COCl$$

最后，酰氯与酚发生酯化反应，反应在碱的催化下（I = NEt₃ 或 DMAP）进行：

画出 DMAP 的分子式，并写出 DMAP 对酯化反应的催化机理，还有哪些有机碱可以催化酯化反应？

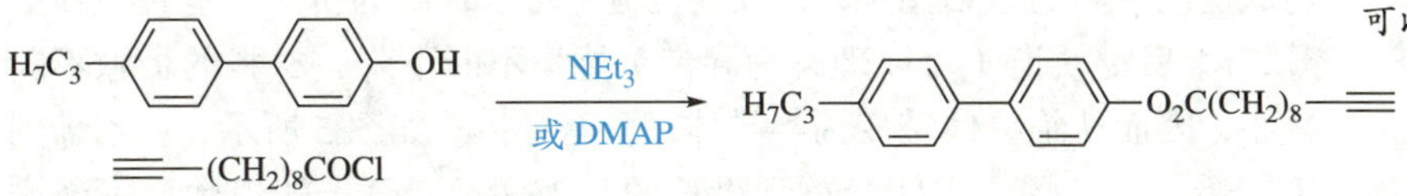

7-2 本题考查有机物的命名及立体构型的判断。根据题意，我们所关心的 **A~C** 子片段的类别分别是羧酸、氨基酸、糖，因此不难画出它们的结构，并给出系统命名。**C** 中六碳糖分子立体构型为 (2R,3S,4R,5R)，且半缩醛羟基与 C5 亚甲基朝向相反，因此是 α 构型的 D-吡喃葡萄糖。

有机 | 命名
有机 | 立体化学
难度 | ★
设计从萘合成 **A** 的方法。

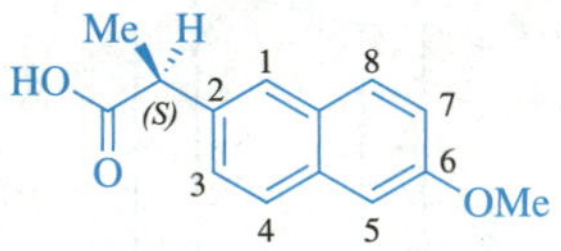

(S)-2-(6-甲氧基-2-萘基)丙酸
A

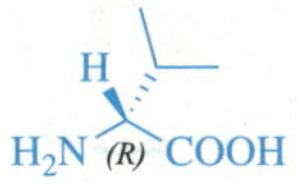

L-缬氨酸 或 (R)-2-氨基-3-甲基丁酸
B

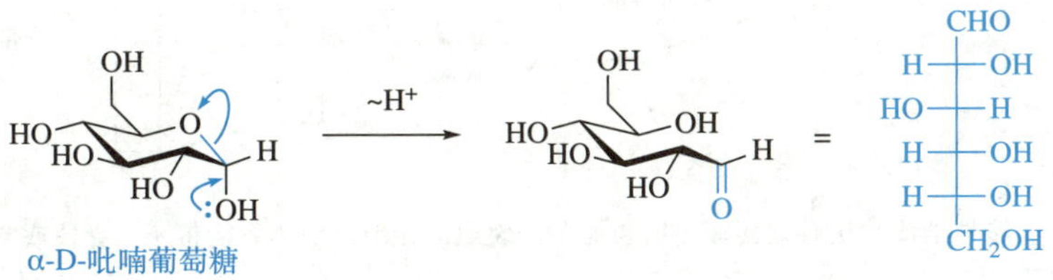

α-D-吡喃葡萄糖
C

注意：Fischer 投影式中，横向的键向外朝向纸面前方。从该糖分子合成 **C** 的羧酸糖酯单体时，如何选择性地使酰氯只与羟甲基反应？设计合理的保护/去保护路线。

知识拓展

有机电子学 (organic electronics) 是有机化学与材料科学的交叉学科，主要研究具有特殊电学性质的有机分子的设计、合成、表征和应用。[8] 这些特殊的有机分子通常具有共轭的 π 电子结构，在本征或激发状态下具备特殊光、电、磁性质。用这样的有机分子制备的材料称为**有机电子材料** (organic electronic materials)，俗称有机半导体材料。有机电子材料主要分为两大类：**共轭小分子材料** [conjugated (small) molecules] **与共轭聚合物材料** (conjugated polymers)，其中后者又称为**导电聚合物** (conductive polymers)。与传统的无机电子材料（导体或半导体）不同，有机电子材料主要采用有机化学和高分子化学手段合成，分子间作用力属于 van der Waals 作用力，分子相互作用很弱，材料表现出来的性质主要取决于分子**本身**的性质，因此它们也称为**分子材料** (molecular materials)。

有机电子材料的性质由有机分子决定，而分子的性质又由宏观材料体现。不必刻意把"分子""材料""固体"等概念区分开来。

"共轭分子"即指能够用作有机电子材料的分子（包括小分子与聚合物），这种说法并不严谨，但因通常不会引起歧义而在文献中被广泛使用。

共轭分子为何能产生特殊的光、电、磁性质？这与它们的电子结构有关。这些分子通常具有大共轭 π 体系，由 π 成键轨道与 π* 反键轨道组成。然而，与一般的有机小分子不同，有机电子材料分子中参与成键的 p 轨道连绵不断，π 电子高度离域，大大摆脱了原子核的束缚，可以在聚合物链上或者晶体中自由移动。从能带理论的角度来看，随着参与成键的 p 轨道数目增加，π 成键轨道（可以理解为价带）能量不断上升，π* 反键轨道（可以理解为导带）能量不断下降，材料的带隙不断减小，因而从绝缘体转变为半导体，乃至导体。如图 5 所示，从乙烯到丁二烯、己三烯、辛四烯再到更长的共轭多烯，分子轨道数目不断增加，轨道间能量差不断减少，直到 $n \to \infty$ 时形成连续的能带，且导带与价带间距不断降低，从绝缘体转变为半导体，乃至导体：

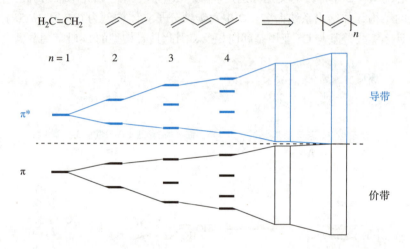

图 5　能带结构：从有限共轭多烯的 π 分子轨道向无限共轭体系能带（半导体或金属）的演变

针对有机电子材料的研究已有将近 70 年的历史。在这 70 年间，有机半导体材料和器件已经从纯基础研究走向了实用阶段，显现出有机电子材料的优良品质：与无机电子材料相比，有机电子材料具有质量轻、制备容易、成本低、具有机械柔性、延展性好、容易加工等优点，可以方便地制备成薄膜器件，特别是轻而薄的柔性薄膜，甚至是可折叠器件或者生物相容器件。有机电子材料原料较为便宜，在制作过程上较为简单（比如可以用经济的旋转涂布或喷墨式），初始投资（建厂）成本不用像无机材料需要十几亿美金以上。同时，有机电子材料的分子结构可以根据性能需要进行设计，将各种功能单元排列组合，可以合成出结构与性能变化无穷的分子材料；有机电子材料的电学性质，如导电性，可以随着被掺杂浓度的改变而可控地改变，这也是它们具有吸引力的特性之一。[9]

一、共轭聚合物材料（导电聚合物）

有机电子学中一个经典的研究课题就是制备具有高导电性的有机

材料。传统上，具有高导电性的材料通常是无机材料，尤其是金属以及合金。导电聚合物的发现为导电材料家族带来了全新的成员。常见的导电聚合物有：聚苯胺、聚吡咯、聚噻吩、聚乙炔、聚对苯乙烯、聚对苯撑乙烯，以及它们的衍生物等等，如图 6 所示。

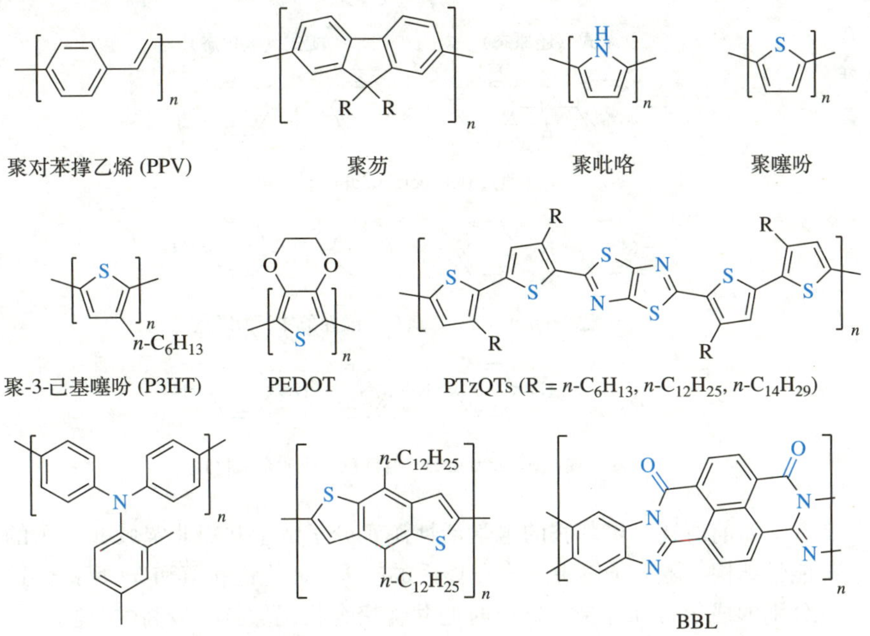

聚对苯撑乙烯 (PPV)　　聚芴　　聚吡咯　　聚噻吩

聚-3-己基噻吩 (P3HT)　　PEDOT　　PTzQTs (R = n-C$_6$H$_{13}$, n-C$_{12}$H$_{25}$, n-C$_{14}$H$_{29}$)

BBL

图 6　多种多样的共轭聚合物

历史上，最早被报道的有机电子材料是在 1834—1862 年间，由 Runge[①]、Fritzsche[②]、Letheby[③] 等多位科学家发现的**聚苯胺** (polyaniline, PANI)。[10] 这些科学家通过化学或电化学方法，在酸性溶液中对苯胺进行氧化，得到一系列紫色、蓝色、暗绿色或黑色的固体。但由于对高分子本质缺乏足够的认知，聚苯胺的实际研究拖延了几乎一个世纪。直到 1984 年，MacDiarmid[④] 提出了被广泛接受的**苯式-醌式** (diaminobenzene–diiminoquinone) 结构共存的模型。[11] 其中苯式为还原

苯胺是 19 世纪化学的重点研究对象之一。1865 年成立的著名德国化学公司巴斯夫 (BASF) 的全名就是：Badische Anilin-and-Soda-Fabrik（巴登苯胺与苏打工厂）。

[①] Friedlieb F. Runge (1794—1867)，德国分析化学家，他的工作领域涉及：嘌呤化学、咖啡因的鉴定、颠茄碱的鉴定、煤焦油中成分（吡咯、喹啉、苯酚、苯胺等）的分离与鉴定等。

[②] Carl J. Fritzsche (1808—1871)，德国化学家、药剂师，主要研究课题有：蒽的光异构化、苦味酸的重结晶、紫脲酸铵的组成、苯胺的制备等。他发明了"苯胺 (aniline)"一词。

[③] Henry Letheby (1816—1876)，英国分析化学家。他是皇家伦敦医院的化学讲师与伦敦市公共卫生官员（主管食品安全）。

[④] Alan G. MacDiarmid (1927—2007)，美国化学家。他是最早从事研究和开发导电聚合物的科学家之一，开创了涉及半导性和金属性有机聚合物的化学、结构和电性能之间关系的全新研究领域。他曾发表 600 多篇学术论文，获得 20 多项国际专利，2000 年荣获诺贝尔化学奖（与 Heeger、Shirakawa 分享）。

除此以外,还有单醌式 (protoemeraldine) 和三醌式 (nigraniline) 聚苯胺,它们的结构是怎样的?

即使在全氧化式结构中,聚苯胺中仍有一半的苯环结构得以保留。

单元,醌式为氧化单元,随着两种结构单元的含量不同,聚苯胺处于不同程度的氧化还原状态,并可以相互转化。

苯式(还原态)　　　醌式(氧化态)

全还原式 (leucoemeraldine):白色

双醌式 (emeraldine):蓝色,酸性条件下为绿色

四醌式 (pernigraniline):蓝紫色,也叫全氧化式

如前所述,聚苯胺的电学活性源于分子链中共轭非定域 π 电子的能带结构:随分子链中 π 电子体系的扩大,π 成键轨道和 π* 反键轨道分别形成价带和导带。但此时的共轭聚合物仍然具有较高的电阻,是半导体而非导体(其中的原因超出了本书的范围,感兴趣的同学可以参考相关文献[12][13])。因此,我们需要通过**掺杂** (doping) 的方法提升电导率。"掺杂"是凝聚态物理的术语,来源于对硅、砷化镓等传统半导体的研究。在无机半导体如硅中,掺入 ⅢA 族原子如硼、镓等,由于 ⅢA 族的硼、镓原子比 ⅣA 族硅原子少一个价电子,因而会在硅材料中产生一个空轨道,物理学家称为**空穴** (hole),产生的半导体称为 **p 型半导体** (p-type semiconductor);而如果在硅中掺入磷、砷等 ⅤA 族原子,会在材料中多引入一个价电子,形成带有**可移动电子** (mobile electron) 的 **n 型半导体** (n-type semiconductor)。

共轭聚合物的掺杂很难通过直接加入杂原子实现。然而,对于有机化学家而言,无机材料的"价电子"就是有机化合物中的 π 电子,聚合物的掺杂自然地可以通过**氧化还原反应**来实现。有机氧化剂可从聚合物的价带(成键轨道)上移走电子,生成带有空穴的 p 型半导体;而有机还原剂可以向导带(反键轨道)添加电子,形成带有可移动电子的 n 型半导体。经过掺杂后形成的电子或空穴可以在高分子链上自由移动,电导率大大上升。

导电聚合物材料中最经典的,也最为激动人心的发现,非聚乙炔莫属。**聚乙炔** (polyacetylene) 是一种结构单元为 $(C_2H_2)_n$ 的聚合物材料。这种聚合物经溴单质或碘单质掺杂之后,其导电性会提高到金属水平。

白川英树[①]、Heeger 和 MacDiarmid 因"发现和发展导电聚合物"获得了 2000 年的诺贝尔化学奖。如今聚乙炔已用于制备太阳能电池、半导体材料和电活性聚合物等。

1958 年，Natta 首先使用 Ziegler-Natta 催化剂 [Ti(O-i-Pr)$_4$/AlEt$_3$] 使乙炔聚合，得到了一种不溶于有机溶剂且对空气敏感的灰色粉末，后来证实这种粉末是顺式聚乙炔（图 7）。[14]

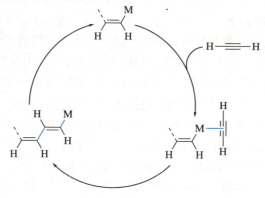

插入反应的机理（注意立体化学）：

图 7 Natta 的顺式聚乙炔合成

电导率 σ 定义为电阻 ρ 的倒数：$\sigma \equiv 1/\rho$，单位为 S cm^{-1} = (Ω cm)$^{-1}$。传统的金属导体，如银、铜、铁的电导率在 10^5 S cm^{-1} 量级；而半导体要低得多，在 10^{-2} ~ 10^{-5} S cm^{-1} 量级；绝缘体的电导率则更低，通常小于 10^{-10} S cm^{-1}。

一些材料在 20 °C 下的电导率 σ（S cm^{-1}）如下：

材料	σ/(S cm^{-1})
Ag	6.30×10^5
Cu	5.96×10^5
Au	4.1×10^5
Pt	9.43×10^4
Ni	6.7×10^3
石墨	3.0×10^3
Ge	2.17×10^{-2}
GaAs	1.00×10^{-4}
Si	1.56×10^{-5}
去离子水	5.5×10^{-8}
石英玻璃	10^{-10}
金刚石	10^{-15}
硫化橡胶	10^{-16}
空气	10^{-17}
硫	10^{-18}
木材	10^{-18}
特氟龙	10^{-27}

20 世纪 60 年代初期，日本东京工业大学的白川课题组在 Natta 实验的基础上，发展了一种合成聚乙炔的新方法：将经典的 Ziegler-Natta 催化剂溶液蒸发到烧瓶壁上，制得 Ziegler-Natta 催化剂薄膜，再使乙炔气体通过这个薄膜，所得到的聚乙炔就会以一种黑色或赤褐色发亮的膜的形式附着在反应瓶的内壁，而且很容易从烧瓶上剥落下来。分析显示，这种聚乙炔也是纯顺式构型的。

1967 年，在白川课题组进修的韩国博士边衡直在实验室中按照上述方法制作聚乙炔时，意外得到了一种与之前完全不同的银白色的薄膜，带有类似镜面的光泽表面。白川在分析了实验过程后，发现实验者将实验方案中的毫摩尔理解成了摩尔，导致使用了通常用量 1000 倍的 Ziegler-Natta 催化剂，使得本来该得到的黑色薄膜顺式聚乙炔变成了银白色的反式聚乙炔，且得到的聚乙炔样品高度结晶，形成纤维状结构。后来发现，将上文所述的顺式聚乙炔薄膜加热到 150 °C 时，顺式聚乙炔也会转变为热力学更稳定的、银白色的全反式聚乙炔薄膜。这种改变温度以及催化剂浓度的做法在后来的发展中扮演了决定性的角色。这

---

① 白川英树（Shirakawa Hideki, 1936—），日本化学家，筑波大学名誉教授，日本学士院会员。在导电聚合物领域具有开创性贡献。2000 年与 Heeger、MacDiarmid 共同获得诺贝尔化学奖。

些现象在当时的烃类聚合物中是前所未有的，然而这些材料都不具有导电性，顺式聚乙炔的电导率是 $10^{-10} \sim 10^{-9}$ S cm^{-1}，而反式聚乙炔的电导率是 $10^{-5} \sim 10^{-4}$ S cm^{-1}，后者是一种电导率一般的半导体，而前者几乎就是绝缘体。

反式聚乙炔（银白色薄膜）　　顺式聚乙炔（黑色粉末）

同时，在世界的另一端，化学家 MacDiarmid 与物理学家 Heeger[①]正在进行一个金属似的无机聚合物聚氮化硫 $(SN)_x$ 的膜的研究。1975 年，MacDiarmid 到东京工业大学做访问学者，在会议上，他展示了自己研究的金色聚氮化硫，白川则在会后喝茶时提到了银色聚乙炔。当 MacDiarmid 听到白川发现的有机聚合物也会发出像银一般的色泽时，他立刻邀请白川到美国费城的宾夕法尼亚大学展开共同研究。

最初，白川希望可以通过纯化聚乙炔来提高导电性，却发现得到的聚乙炔越纯，导电性越差。MacDiarmid 与 Heeger 在聚氮化硫的研究中发现，加入溴单质之后，可以将聚氮化硫的电导率提高 10 倍。他们意识到，或许可以通过掺杂的手法改进**纯聚乙炔** (pristine polyacetylene) 的导电性，释放其导电潜能，因而他们建议白川在聚乙炔里掺杂溴单质与碘单质。1976 年，白川发现，将聚乙炔薄膜暴露于少量 Cl$_2$、Br$_2$ 或 I$_2$ 中之后，电流表的指数猛地增大，以致烧坏了仪器。经测量，聚乙炔的导电性变成了之前的 1000 万倍，电导率高达 10^3 S cm^{-1}，已经接近了金属铜、银的导电性。

研究表明，以 Br$_2$、I$_2$、AsF$_5$ 等氧化剂部分氧化聚乙炔，可大大增强其导电性，聚合物在氧化剂作用下失去电子（即发生 p 型掺杂，见上文），生成具有不完全离域的正离子自由基（物理学家称其为**极化子**，polaron）。此外 p 型掺杂亦可令聚乙炔生成**双极化子**（bipolaron，可理解为有机化学中的二正离子）和**孤立子**（soliton，可理解为中性自由基）。极化子、双极化子及孤立子的产生是聚乙炔能够导电的重要原因。

1977 年夏天，白川、MacDiarmid 与 Heeger 共同发表了他们的研究论文，这个发现被视为该领域内的一大突破。[15] 2000 年，他们因"发现和发展出导电聚合物"而共同获得诺贝尔化学奖。[16]

聚乙炔的理论重要性是不可否认的，但其在工业生产与产品中的重要性却不尽然。这种材料不易溶解且易碎，因此非常难于加工。有机

[①] Alan J. Heeger (1936—)，美国物理学家、化学家，加州大学圣巴巴拉分校 (UC Santa Barbara) 教授，1982—1999 年间任该校有机及高分子固体研究所所长，美国科学院院士 (2001)、美国工程院院士 (2002)。Heeger 出生于衣阿华州苏城，1957 年在内布拉斯加大学林肯分校 (University of Nebraska-Lincoln) 获得物理及数学学士学位。1961 年在加州大学伯克利分校 (UC Berkeley) 获得物理学博士学位。2000 年，由于对半导体聚合物和金属聚合物的研究与白川英树、MacDiarmid 共同获得诺贝尔化学奖。

电子材料的一个关键要求是，设计的分子不仅需要易于合成，更要容易加工（比如拉丝、制成薄膜、喷涂打印等）。聚乙炔不能很好地满足这个要求。目前已经有大量有关改进聚乙炔的溶解性和加工性能的研究报道。结晶性与溶解性的相互"牵扯"是这个领域中非常重要且经常出现的一个问题：平面共轭聚合物趋向于高度结晶，因此基本上不溶解，这使得它们难以处理。增加溶解性的一种最简单的方法，就是引入柔性的侧链来破坏结晶性。我们可以想象，如果每个乙炔片段都连接一个烷基链 (RC≡CH)，那么聚合出来的聚乙炔将会具有良好的溶解性，事实上也的确如此。然而，这种聚乙炔的电导率却消失了（即使在掺杂后），这是因为 R 基团导致了聚合物主链明显的扭曲，使得共轭程度大大下降。如何在增大溶解度和增加平面性这两方面进行平衡，是导电聚合物领域的一个世界性课题。

上文提到的聚苯胺，就比聚乙炔易合成、易加工得多。

二、共轭小分子材料

除了共轭聚合物外，许多有机小分子也具有很好的导电性（尤其是在其晶体中）。典型的共轭小分子材料多为多环芳香化合物及其衍生物，如：全碳小分子并苯、红荧烯、TIPS-pentacene、联苯、芘、苝等；含硫小分子四硫富瓦烯 (TTF)、并噻吩等；此外还有酰胺类小分子材

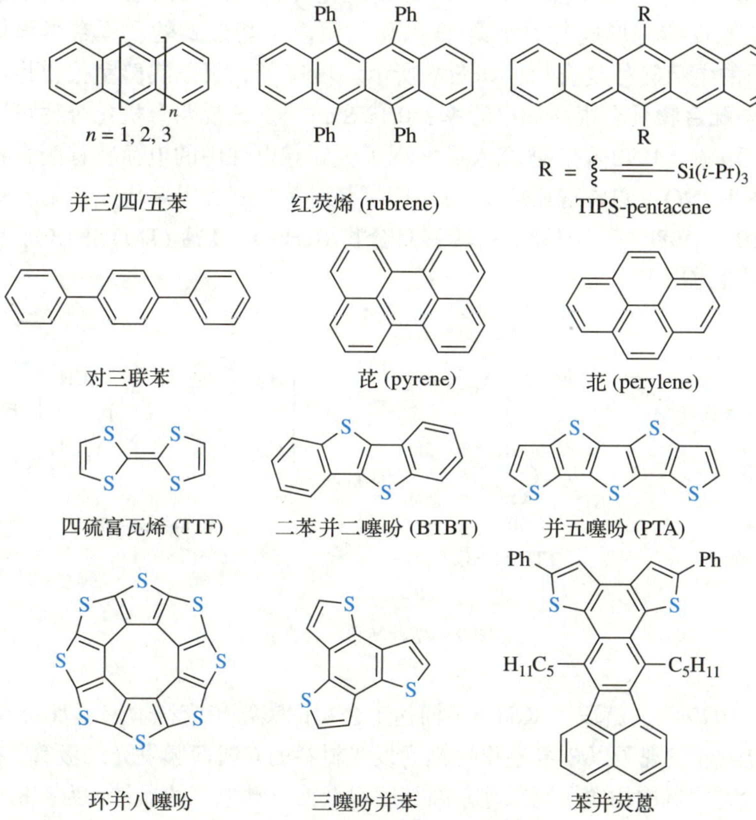

图 8　多种多样的共轭小分子材料

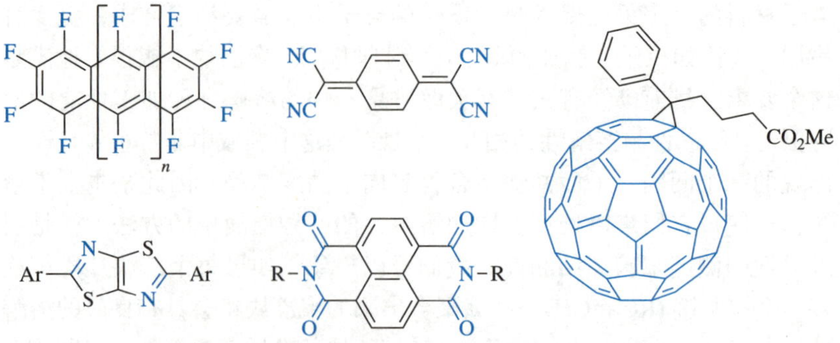

料、富勒烯类小分子材料等等，如图 8 所示。这些小分子的共同特点是它们都具有大而高度离域的 π 电子，在固相乃至晶体中，小分子之间排列非常紧密，一个分子的 π 轨道可以与另一分子的 π 轨道发生重叠形成能带，π 电子在其中进一步离域，形成可移动电子，继而使得材料产生导电性。当然，我们同样可以使用掺杂的方式显著增加载流子的浓度，进一步提高小分子材料的电导率。

图 8（续）

> 四硫富瓦烯有芳香性吗？为什么？如果它没有芳香性，可否通过特定的反应使其具有芳香性？这说明四硫富瓦烯有什么性质？

第一个高导电性的有机小分子化合物是电荷转移复合物。在 20 世纪 50 年代，研究人员发现多环芳香烃化合物可以与卤素单质发生氧化还原反应，形成芳香阳离子-卤化物阴离子盐形式的、具有半导体性质的电荷转移复合物，如图 9 所示。1954 年，贝尔实验室报道指出**苝-碘配合物**具有很高的电导率：0.12 S cm^{-1}。这说明有机化合物可以承载电流。1972 年，研究人员发现了金属导电性中的电荷转移配合物 **TTF-TCNQ**（四硫富瓦烯-7,7,8,8-四氰基对苯二醌二甲烷盐，参见图 9、图 10）。1980 年，超导电荷转移复合物 **Bechgaard 盐** (TMTSF)$_2$PF$_6$ 首次被报道出来。

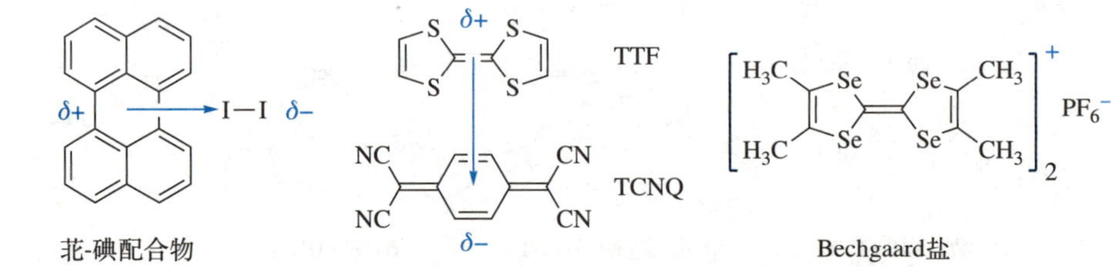

图 9 电荷转移配合物

- 苝-碘配合物 perylene-iodine complex
- TTF-TCNQ
- Bechgaard 盐 (TMTSF)$_2$PF$_6$

> 2011 年，邓青云摘得具有诺贝尔奖风向标之称的沃尔夫化学奖。

1979 年，就职于 Kodak（柯达）公司的美籍华裔科学家邓青云 (C. W. Tang) 发现了以 8-羟基喹啉铝为发光材料的有机薄膜发光二极管，在实验室中首次构筑了高效率、高亮度以及低驱动电压的器件，为有机半导体材料的应用开辟了实用阶段的先河。由此引发了全世界研究有机发光二极管 (OLED) 的热潮，邓青云也因此被称为"OLED 之父"。随

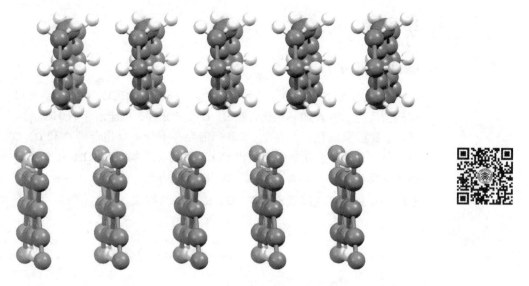

图 10　TTF-TCNQ 复合物中的分子排列 ①

后，研究人员不断改进加工工艺并不断合成开发新材料。以塑料作为衬底制备可变性的柔性显示器的问世以及磷光电致发光现象的发现，突破了传统认为的有机物发光量子效率低于 25% 的理论限制，极大地推动了 OLED 研究从实验室研究进入商业化应用时代。此后，该领域的应用研究更加蓬勃发展，诸多有机半导体光电功能器件被陆续开发出来，有机光电子材料在器件应用方面走进了一个全新的时代。近年来，除了 OLED 之外，有机太阳能电池、有机场效应晶体管 (OFET)、电化学晶体管和生物传感器等基于共轭小分子及共轭聚合物的有机电子器件都得到了广泛的应用。

思考题 A

推断下列反应的产物，写出反应机理：

$$\text{Ph}_3\text{C-C}\equiv\text{C-Ph, OH} \xrightarrow{\text{SOCl}_2} \text{C}_{42}\text{H}_{28}$$

---

① 扫二维码查看彩图，下同。

第 8 题

题目（15 分）

8-1 化合物 **A** ($C_{10}H_{12}O_3$) 具有旋光性，能溶于 $NaHCO_3$ 水溶液，并可起碘仿反应。将 **A** 加热得化合物 **B**，**B** 无旋光性，也能溶于 $NaHCO_3$ 水溶液。**B** 经臭氧化，并在 Zn 粉和醋酸存在下分解得化合物 **C** 和 **D**，**C** 可进行碘仿反应。**D** 加强热放出 CO_2，并得化合物 **E** (C_7H_6O)，**E** 可进行银镜反应。试写出 **A**、**B**、**C**、**D**、**E** 的结构式。

8-2 根据以下反应路线推导 **F**、**G**、**H**、**I** 的结构式。

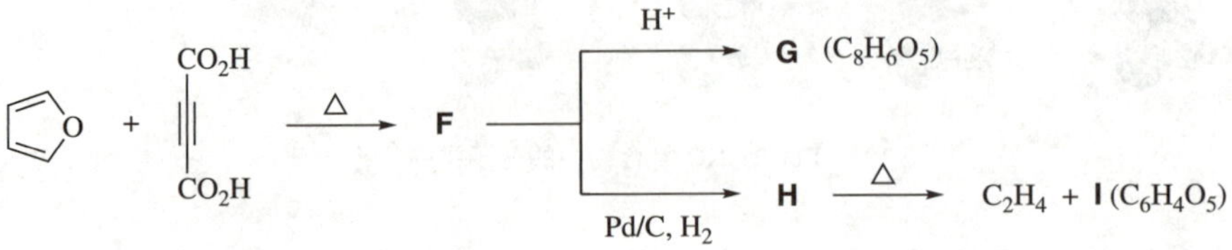

分析与解答

8-1 本题考查有机物的转化与推断。突破口在于 **E** 的分子式，扣除能发生银镜反应的醛基官能团 (—CHO) 之后，剩余基团为 —C_6H_5，可认定为苯基。因此，**E** 是苯甲醛：

有机 | 结构推断
有机 | 反应推断
难度 | ★

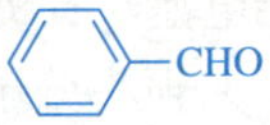

A 的其余部分分子式为：
$C_{10}H_{12}O_3 - C_6H_5 - CO_2H$
$= C_3H_6O$

由于 **E** 的结构中含有苯环，因此 **A** 的结构中也一定含有苯环（4 个不饱和度）。同时，**A** 也一定也含有羧基（1 个不饱和度），因为它能溶于 $NaHCO_3$ 溶液。而 **A** 总的不饱和度为 5，因此它除了苯基、羧基之外，**其他部分都是饱和的**。这一结论对解题帮助很大：一方面，**A** 可发生碘仿反应，且不可能再含有任何不饱和结构，**因此相应的结构片段必为 $CH_3CH(OH)$—**；另一方面，**B** 含有碳碳双键（可发生臭氧化反应），而 **A** 则不含碳碳双键，这说明在加热的过程中，上述推断所得结构片段中的羟基发生了消除反应。还有一点可以证明我们的推论：**A** 具有旋光性而 **B** 没有。这说明上述羟基所连碳原子为手性碳原子，发生消除后变为平面型结构，因此旋光性消失。

最后的问题是羧基的位置。根据题目描述，既然 **A** 加热即可轻易转化为 **B**，则羧基必定处于羟基的 β 位。因此，将所有的信息拼凑起来，就可以得到 **A** 的结构，如下图所示：

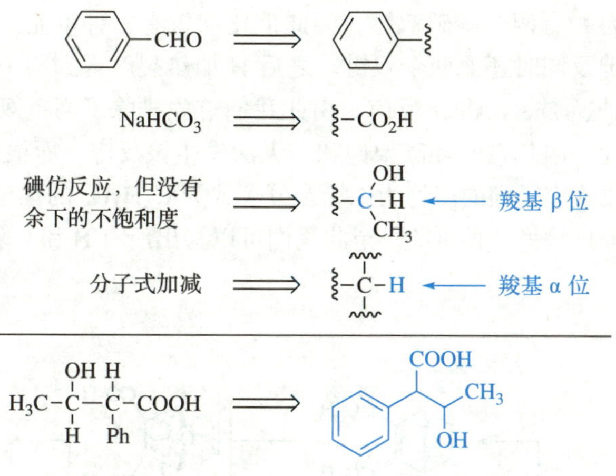

$$\text{PhCHO} \Longrightarrow \text{Ph-}\{$$

$$\text{NaHCO}_3 \Longrightarrow \{\text{-CO}_2\text{H}$$

$$\text{碘仿反应,但没有余下的不饱和度} \Longrightarrow \{-\underset{\underset{\text{CH}_3}{|}}{\overset{\overset{\text{OH}}{|}}{C}}-H \longleftarrow \text{羧基 β 位}$$

$$\text{分子式加减} \Longrightarrow \{-\underset{|}{\overset{|}{C}}-H \longleftarrow \text{羧基 α 位}$$

$$\underset{\underset{H}{|}}{\overset{\overset{\text{OH}}{|}}{H_3C-C}}-\underset{\underset{Ph}{|}}{\overset{\overset{H}{|}}{C}}-\text{COOH} \Longrightarrow \text{A}$$

至此,本题的脉络已经非常清晰了。A 手性碳相连的羟基消除得到烯 B（含 10 个碳），随后发生臭氧化-还原得苯甲醛衍生物 D（含 8 个碳），后者脱羧得到苯甲醛（含 7 个碳）；根据碳数可知臭氧化-还原的另一产物 C 含两个碳。由于 C 可发生碘仿反应,因此它必为乙醛。

A $\xrightarrow{\Delta}_{\text{E1cb}}$ B $\xrightarrow{\text{1. O}_3}_{\text{2. Zn/HOAc}}$ C + D

写出 A 发生碘仿反应的机理。
写出 C 发生碘仿反应的机理。
写出 D 发生脱羧反应的机理。

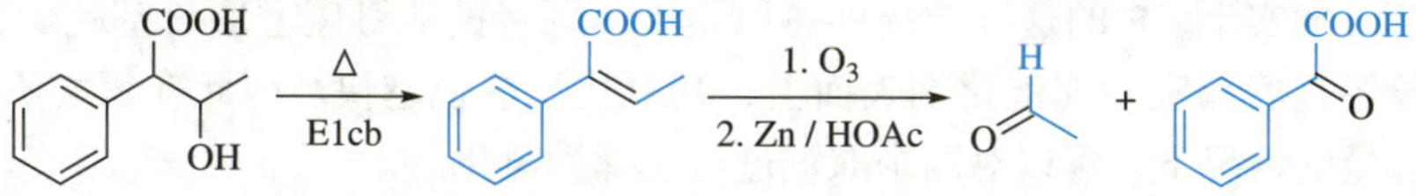

有机 | 反应推断
难度 | ★
F 的结构式后需要加 (±) 符号吗? 为什么?

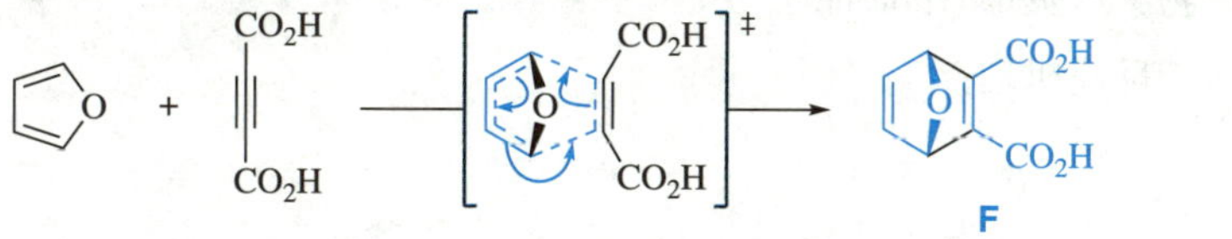

8-2 本题考查 Diels-Alder 反应及其逆反应。双烯体呋喃与亲双烯体丁炔二酸在加热条件下发生 [4+2] 环加成,得到含氧桥的双环化合物 F:

F 中环醚键可在酸性条件下水解。根据 G 的分子式可知,它比 F 的水解产物少一个氧原子,且多一个不饱和度,因此考虑发生了羟基的消除,得到了芳构化的产物。

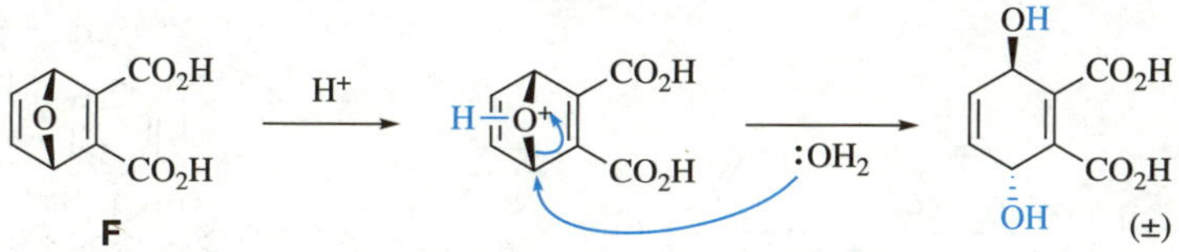

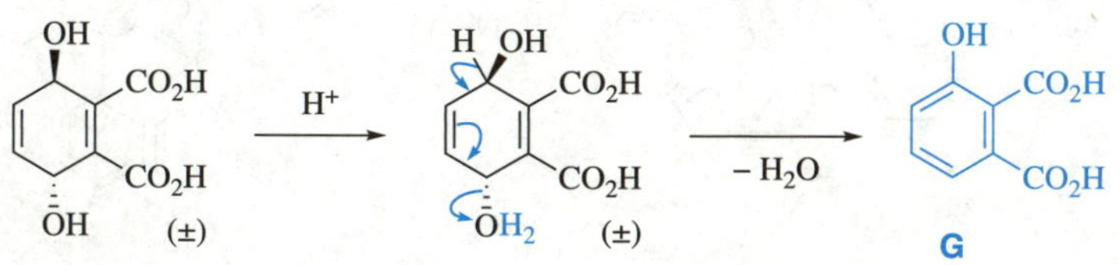

因为 **F** 有两个碳碳双键，因此催化加氢有三种可能：各还原其中一个双键及同时还原两个双键。之后 **H** 加热裂解得到两个分子，容易想到这是逆 Diels-Alder 反应。由此我们首先排除了两个双键均被还原的可能性，因其六元环碳架饱和，无法发生该反应。而根据题目条件，逆环加成反应得到的产物为乙烯及分子式为 $C_6H_4O_5$ 的化合物，因此也容易逆推排除另一种可能。至此我们可以写出所有 **H** 和 **I** 的结构式（见下）。

事实上，**F** 的这种选择性还原是因为烯烃的双键碳上取代基越少，烯烃越容易吸附在催化剂表面上，其氢化反应也越快。因此在氢气不过量的情况下，可以对两个双键进行选择性氢化[4]。

思考题 A 解答

产物：红荧烯 (rubrene)

反应机理：

红荧烯 (rubrene)
5,6,11,12-tetraphenyltetracene

（本章初稿由孙泽昊完成，柳晗宇补充修改）

参考文献

[1] 严宣申, 王长富. 普通无机化学. 第 2 版. 北京: 北京大学出版社, 1999; pp. 3–6, 115–116.

[2] Anthony, J. W.; Bideaux, R. A.; Bladh, K. W.; Nichols, M. C., eds. *Montmorillonite.Handbook of Mineralogy, II (Silica, Silicates).* Mineralogical Society of America: Chantilly, Virginia, 1995.

[3] Bhattacharyya, K. G.; Gupta, S. S. Adsorption of a few heavy metals on natural and modified kaolinite and montmorillonite: A review. *Adv. Colloid Interface Sci.*, **2008**, *140* (2): 114–131.

[4] Saary, J.; Qureshi, R.; Palda, V.; Dekoven, J.; Pratt, M.; Skotnicki-Grant, S.; Holness, L. A systematic review of contact dermatitis treatment and prevention. *J. Am. Acad. Dermatol.*, **2005**, *53* (5): 845.

[5] Trepte, A. File:Montmorillonite.svg. *Wikimedia Commons*. Mar. 20, 2017, 10:26 UTC. https://commons.wikimedia.org/w/index.php?title=File:Montmorillonit.svg&oldid=237847083.

[6] Kemmitt, T.; Gainsford, G. J. *Int. J. Hydrogen Energy*, **2009**, *34* (14): 5726–5731.

[7] Li, Na; Hefferren, J. J.; Li, K.-A. *Quantitative Chemical Analysis*, 1st ed. Peking University Press, Beijing, 2009; pp. 92–93.

[8] Meller, G.; Grasser, T. *Organic Electronics*. Springer, Heidelberg, 2010.

[9] Klauk, H. *Organic Electronics: Materials, Manufacturing and Applications*. Wiley-VCH, Weinheim, 2006.

[10] Letheby, H. XXIX.-On the production of a blue substance by the electrolysis of sulphate of aniline. *J. Chem. Soc.*, **1862**, *15*: 161–163.

[11] Chiang, J. C.; MacDiarmid, A. G. 'Polyaniline': Protonic acid doping of the emeraldine form to the metallic regime. *Synthetic Metals*, **1986**, *1* (13): 193–205.

[12] Hoffmann, R. *Solids and Surfaces: A Chemist's View of Bonding in Extended Structures*. Wiley-VCH, New York, 1988.

[13] Anslyn, E. V.; Dougherty, D. A. *Modern Physical Organic Chemistry*. University Science Books, Herndon, 2006.

[14] Saxon, A. M.; Liepins, F.; Aldissi, M. Polyacetylene: Its synthesis, doping, and structure. *Prog. Polym. Sci.*, **1985**, *11*: 57–59.

[15] Chiang, C. K.; Druy, M. A.; Gau, S. C.; et al. Synthesis of highly conducting films of derivatives of polyacetylene, $(CH)_x$. *J. Am. Chem. Soc.*, **1978**, *100* (3): 1013–1015.

[16] Heeger, A. Nobel lecture: Semiconducting and metallic polymers: The fourth generation of polymeric materials. *Rev. Mod. Phys.*, **2001**, *73* (3): 681–700.

[17] 邢其毅, 裴伟伟, 徐瑞秋, 裴坚. 基础有机化学. 第4版. 北京: 北京大学出版社, 2016; pp. 364–365.

第 21 届

中国化学奥林匹克竞赛（初赛）试题解析

2007 年 9 月 16 日

第 1 题

题目（12 分）

通常，硅不与水反应，然而，弱碱性水溶液能使一定量的硅溶解，生成 $Si(OH)_4$。

1-1 已知反应分两步进行，试用化学方程式表示上述溶解过程。

早在 20 世纪 50 年代就发现了 CH_5^+ 的存在，人们曾提出该离子结构的多种假设，然而，直至 1999 年，才在低温下获得该离子的振动-转动光谱，并由此提出该离子的如下结构模型：氢原子围绕着碳原子快速转动；所有 C—H 键的键长相等。

1-2 该离子的结构能否用经典的共价键理论说明？简述理由。

1-3 该离子是：A. 质子酸　B. Lewis（路易斯）酸　C. 自由基　D. 亲核试剂

2003 年 5 月报道，在石油中发现了一种新的烷烃分子，因其结构类似于金刚石，被称为"分子钻石"，若能合成，有可能用作合成纳米材料的理想模板。该分子的结构简图如下：

1-4 该分子的分子式为：＿＿＿＿。

1-5 该分子有无对称中心？

1-6 该分子有几种不同级的碳原子？

1-7 该分子有无手性碳原子？

1-8 该分子有无手性？

分析与解答

本题考查基础知识，涉及内容主要为简单的化学反应、价键理论、手性判断等。

1-1 硅单质与弱碱性水溶液的反应方程式比较简单，并且题目中已经提示了该反应分为两步进行，因此可以类比金属铝与碱性水溶液的反

无机 | 酸碱反应
无机 | 氧化还原反应
难度 | ★

应方程式：

$$2Al + 2OH^- + 2H_2O = 2AlO_2^- + 3H_2$$

Al 和 Si 在元素周期表中的位置相邻，Al_2O_3 是两性氧化物，Al 既可以与酸反应，也可以与碱反应；Al 以左的元素 Na、Mg 主要与酸反应，Al 以右的元素 Si 主要与碱反应。因此不难写出硅与弱碱性水溶液的反应方程式：

$$Si + 4OH^- = SiO_4^{4-} + 2H_2$$

H_4SiO_4 的酸性极弱，在酸性、中性和弱碱性条件下都不会以其酸根的形式存在，也会缓慢脱水生成 SiO_2 水合物。同时，题目中也已提示最后生成 $Si(OH)_4$，不难想到后一步的反应为 SiO_4^{4-} 的水解，其反应方程式为：

$$SiO_4^{4-} + 4H_2O = Si(OH)_4 + 4OH^-$$

此外，SiO_4^{4-} 也可以用 SiO_3^{2-} 形式表示，则两个方程式可以写作：

$$Si + 2OH^- + H_2O = SiO_3^{2-} + 2H_2$$

$$SiO_3^{2-} + 3H_2O = Si(OH)_4 + 2OH^-$$

不过需要注意的是：根据题意，最终产物依旧要以 $Si(OH)_4$ 表示，而不能用 H_2SiO_3。

1-2 经典的价键理论认为，原子之间通过轨道相互作用共享电子而实现成键，并且共价键具有方向性和饱和性。方向性通过**价层电子对互斥理论** (VSEPR) 体现；而饱和性则体现在每个价层轨道只能形成一根共价键。

我们再来仔细阅读题干："氢原子围绕着碳原子快速转动""所有 C—H 键的键长相等"。首先，"氢原子围绕着碳原子快速转动"，这一点明显和共价键理论中的方向性相悖。其次，"所有 C—H 键的键长相等"，这说明在 CH_5^+ 中的五根键是等同的，都为共价键或都不为共价键。碳为第二周期元素，其价层轨道为 2s 和 2p 轨道，而不存在 2d 轨道。因此，碳只有四个价层轨道，只能形成四根共价键。CH_5^+ 中五根 C—H 键与经典的共价键理论的饱和性矛盾，因此其结构不能用经典的共价键理论说明。

有些同学可能会考虑到缺电子化合物（如硼烷）中"三中心二电子"键，这是一个很好的想法，然而在本题中并不适用。显然，若存在"三中心二电子"键，CH_5^+ 中的 C—H 键的键长将不会全部相等，因此不符合题意。

1-3 答案为 A。从化学反应的角度，我们可以将 CH_5^+ 看成是 $CH_4 + H^+$，不难看出 CH_5^+ 是一种质子酸。CH_5^+ 没有空的可以接受电子对的价轨道，因此不是 Lewis 酸；其价层电子一共为 4 + 5 − 1 = 8，不存在单电子，因此不是自由基；没有孤对电子，因此不是亲核试剂。

然而严格说来，质子酸也需要有合适的最低未占据轨道 (LUMO)，才能与碱反应。如果答案认为 CH_5^+ 是质子酸的话，那么 CH_5^+ 必然也是 Lewis 酸，但它的空轨道不再是经典的价轨道，而是分子轨道 LUMO。因此，答案是不够严谨的。当然，这段讨论超出了本题考查的范围，同学们在作答时即使能想到这一层，也应当揣摩出题人的意图。

1-4 ~ 1-8 首先我们观察"分子钻石"的结构："分子钻石"可以分为两层，每层都由三个六元环构成，两层通过七根直立键相连接。对于每层中的三重六元环结构，我们知道它有一根三重旋转轴 (C_3) 和三个镜面 (σ)，而上下两层中，三重旋转轴和三个镜面又正好是重合的。因此在"分子钻石"中，保留了一根三重旋转轴和三个镜面（图中只画出了一个镜面，仅供示意）。同时，由于上下两层中六元环的方向正好相反，属于反对称，在该分子中还存在一个对称中心 i。

结构 | 分子对称性
难度 | ★

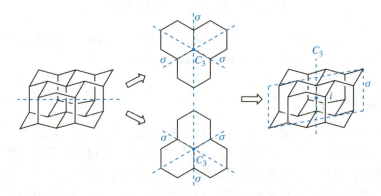

我们已经充分分析了该分子的结构和对称元素，因而后续的问题也就十分简单了。

1-4 分子式：我们可以通过最"笨"的方法——数数法得到，为 $C_{26}H_{30}$。此外，对于这类多环的烃类化合物，我们可以用简单地将环系"切断"成一根直链烷烃的方式得到其不饱和度。对于题中的分子，我们"切断"七根竖直键中的六根，并分别"切开"上下层各三个六元环，即得到一根直链烷烃。"切断"的键的根数总和就是不饱和度，因此该分子的不饱和度为 12，可以用于计算或验算分子式。

有机 | 不饱和度
难度 | ★

C: $26 = 2 \times 13 = 2 \times (3 \times 4 + 1)$

H: $30 = (26 + 1 - 12) \times 2$

1-5 该分子有对称中心，已在图中标出 (i)。

1-6 该分子有三种不同级的碳原子，只缺少一级碳原子。

1-7 该分子有手性碳原子，所有不在镜面上的 sp^3 碳都是手性碳原子，已在下图中圈出：

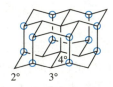

1-8 该分子有镜面和对称中心，因此没有手性。

D 群的特征对称元素还有垂直于主轴的 C_2 轴，请同学们自己找出"分子钻石"中的这些 C_2 轴。

除此之外，若是从分子点群的角度出发，通过以上的分析可以知道该分子属于典型的 D_{3d} 点群。这能够帮助我们更好地判断和理解分子结构。

第 2 题

题目（6 分）

羟胺和用同位素标记氮原子 (N*) 的亚硝酸在不同介质中发生反应，方程式如下：

$$NH_2OH + HN^*O_2 \longrightarrow A + H_2O$$
$$NH_2OH + HN^*O_2 \longrightarrow B + H_2O$$

A、**B** 脱水都能形成 N_2O，由 **A** 得到 N*NO 和 NN*O，而由 **B** 只得到 NN*O。请分别写出 **A** 和 **B** 的 Lewis 结构式。

分析与解答

无机 | 分子结构
有机 | 反应机理
难度 | ★★

本题考查分子结构的推断。这本是一道无机结构题：通过同位素标记的方式猜测反应中间体的结构。不过，若能在解题过程中借鉴一些有机化学的思想，也能更好地帮助我们理解反应的本质。

在本题中，羟胺和亚硝酸反应生成笑气 N_2O。事实上，在有机化学中这个反应我们已经非常熟悉了——将羟胺中的羟基看成 R 基团，这个反应就和有机中的**重氮化反应** (diazo reaction) 是相同的：

写出重氮化反应的机理。

$$R-NH_2 + HNO_2 \longrightarrow [R-N\equiv N]^+$$

当 R 为羟基时，可以得到：

$$HO-NH_2 + HNO_2 \longrightarrow [HO-N\equiv N]^+ \longrightarrow N_2O$$

因此可以通过类比这两个反应，来想象羟胺和亚硝酸的反应历程：

氮原子上羟基的离去不需要质子化。

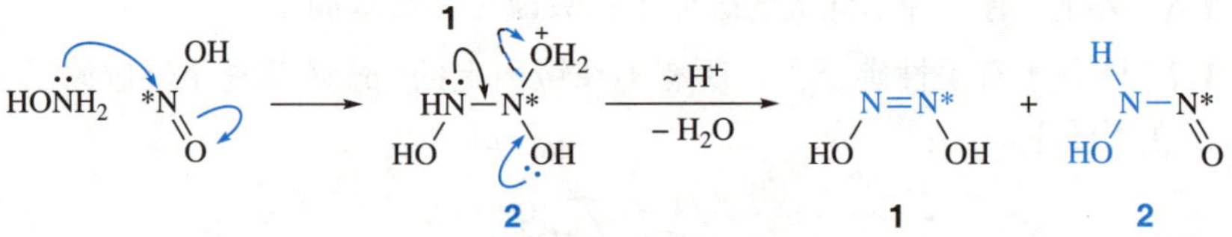

首先是羟胺中的氮原子亲核进攻亚硝酸（由于题目中没有给出具体条件，此处仅为示意，有时亚硝酸的存在形式为亚硝酰离子 NO^+），得到中间体，然后脱去一分子的水。通过 **1** 和 **2** 两种不同的脱水方式即得到了两种不同的产物。

当然，我们也可以从另一个角度去看待这两种不同的结构。**1** 和 **2** 互为同分异构体，若将两个结构中的氢电离，可以分别得到其负离子：

$$\left[\underset{\mathbf{1}}{\text{HO}-\overset{\text{N}=\text{N}^*}{\underset{|}{\text{O}^-}}} \longleftrightarrow \underset{\mathbf{2}}{\text{HO}-\overset{-\text{N}-\text{N}^*}{\underset{\|}{\text{O}}}} \right] = \underset{\mathbf{3}}{\text{HO}-\overset{\text{N}=\text{N}^*}{\underset{\cdot\cdot}{\text{O}}}}$$

而 **1** 和 **2** 事实上可以看成是双位负离子 **3** 在不同的位点结合质子的产物。因此可以猜测，这个反应的实质是通过不同的介质，调控了氧氮位点的亲核性或碱性的强弱，从而实现不同产物的生成。

再来看 **1** 和 **2** 的结构，**1** 具有对称性（不考虑标记），左右两侧的羟基都可以离去，可以分别得到 N*NO 和 NN*O。而 **2** 只能离去左侧的羟基得到 NN*O 一种产物。因此 **A** 是 **1**，**B** 是 **2**。其 Lewis 结构式如下所示：

$$\underset{\mathbf{A}}{\text{H}-\overset{\cdot\cdot}{\underset{\cdot\cdot}{\text{O}}}-\overset{*\text{N}=\text{N}}{}-\overset{\cdot\cdot}{\underset{\cdot\cdot}{\text{O}}}-\text{H}} \qquad \underset{\mathbf{B}}{\text{H}-\overset{\text{H}}{\underset{\cdot\cdot}{\text{O}}}-\overset{\cdot\cdot}{\text{N}}-\overset{\text{N}^*}{\underset{\|}{\text{O}}}\!\!:}$$

思考题 A

酸性溶液中，草酸与氯酸钾反应，将生成的气体 **A** 在紫外灯下照射，生成一种苍绿色的液体 **B**（134.904 g mol^{-1}）。

A-1 写出 **A** 的化学式与合成 **A** 的反应方程式，给出 **A** 的分子构型。

A-2 化合物 **B** 不稳定，在常温下就会分解，生成无色气体 **C**、黄绿色气体 **D** 和红色的离子化合物 **E**（阳离子有一个二重旋转轴）。给出 **B**、**C**、**D**、**E** 的化学式，写出 **B** 分解的反应方程式，画出 **E** 的结构式。

A-3 化合物 **B** 也可以用 CsClO$_4$ 与 ClSO$_3$F 的反应来制取。写出反应方程式，画出 **B** 的结构式。

A-4 根据你写出的结构式，写出 **B** 与 TiCl$_4$、CrO$_2$Cl$_2$ 反应的方程式。

A-5 请利用价键理论，画出 **A** 的 Lewis 结构式（用共振式表示），写出中心原子的杂化形式。

第 3 题

题目（10 分）

X 射线衍射实验表明，某无水 MgCl$_2$ 晶体属三方晶系，呈层型结构，氯离子采取立方最密堆积 (ccp)，镁离子填满同层的八面体空隙；晶体沿垂直于氯离子密置层的投影图如下。该晶体的六方晶胞的参数：a = 363.63 pm，c = 1766.63 pm；ρ = 2.35 g cm^{-3}。

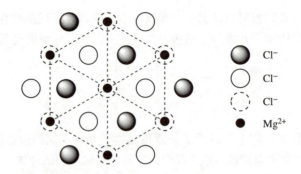

3-1 以"□"表示空层，A、B、C 表示 Cl^- 离子层，a、b、c 表示 Mg^{2+} 离子层，给出该三方层型结构的堆积方式。

3-2 计算一个六方晶胞中"$MgCl_2$"的单元数。

3-3 假定将该晶体中所有八面体空隙皆填满 Mg^{2+} 离子，将是哪种晶体结构类型？

分析与解答

本题从粒子堆积的角度考查晶体结构，选取了较为简单的 $MgCl_2$ 晶体为模型，总体难度不大。

结构 | 晶体堆积方式
难度 | ★★

3-1 用字母表示晶胞堆积方式是描述晶体结构的常用手段。常见的堆积结构有：立方密堆积为 $\cdots ABCABC \cdots$，六方密堆积为 $\cdots ABAB \cdots$ 等。常见填隙方式有：八面体空隙 $\cdots AcB \cdots$，四面体空隙 $\cdots AaB \cdots$ 或 $\cdots AbB \cdots$，三棱柱空隙 $\cdots AbA \cdots$ 等。

在 $MgCl_2$ 晶体中，氯离子采取立方最密堆积，可表示为：

$$\cdots ABCABC \cdots$$

密堆积中，堆积离子（氯离子）和八面体空隙的比是 1:1；由化学式知镁离子数目是氯离子数目的一半，因此镁离子只占据了一半的八面体空隙。再由"镁离子填满同层的八面体空隙"，不难得出：**镁离子是间隔性地填充八面体空隙的**。

因此，我们先写出八面体空隙 100% 填充的立方密堆积方式：

$$\cdots AcBaCbAcBaCbA \cdots$$

然后间隔性地去掉填隙层，即可得到 $MgCl_2$ 晶体的堆积方式（必须表示出层型结构的完整周期，即至少写出包含六个大写字母、三个小写字母、三个空层的排列）：

$$\cdots AcB\square CbA\square BaC\square A \cdots$$

值得注意的是，对于八面体空隙，填隙层与相邻的两层堆积层一定是不同的。例如堆积层是 A 和 B，则这两层之间的八面体空隙一定是 c，而 a 和 b 则是四面体空隙。此外，题干中给出的投影图其实存在一定的问题，同学们可以自行思考。

A 和 a 的投影应当是完全重合的，B 和 b、C 和 c 也是。

3-2 晶胞参数、摩尔质量和密度之间的相互计算是晶体中的基础。在本题中值得注意的是，六方晶胞的体积为 $a^2 c \sin 60°$。

结构 | 晶体密度
难度 | ★

$$Z = \frac{\rho V N_A}{M_{MgCl_2}} = \frac{\rho a^2 c \sin 60° N_A}{M_{MgCl_2}}$$

$$= \frac{2.35 \text{ g cm}^{-3} \times (363.63^2 \times 1766.63 \text{ pm}^3) \times \sqrt{3}/2 \times 6.022 \times 10^{23} \text{ mol}^{-1}}{95.21 \text{ g mol}^{-1}}$$

$= 3.01$

因此每个晶胞中有<u>三</u>个"$MgCl_2$"单元。

3-3 将该晶体中所有八面体空隙皆填满，即得到如下的堆积方式：

结构 | 晶体结构类型
难度 | ★

··· A c B a C b A c B a C b ···

即面心立方密堆积，且八面体空隙 100% 填充，最典型的就是 <u>NaCl 型晶体</u>。

第 4 题

题目（7 分）

化合物 **A** 是一种热稳定性较差的无水的弱酸钠盐。用如下方法对其进行分析：将 **A** 与惰性填料混合均匀制成样品，加热至 400 °C，记录含 **A** 量不同的样品的质量损失 (%)，结果列于下表：

样品中 **A** 的质量分数 /(%)	20	50	70	90
样品的质量损失 /(%)	7.4	18.5	25.8	33.3

利用上述信息，通过作图，推断化合物 **A** 的化学式，并给出计算过程。

分析与解答

这是一道比较少见的作图题。对于此类较为"另类"的题，同学们往往比较陌生，因而常常把握不住重点。但实际上，这类题目的难度往往比较低。

无机 | 开放题
难度 | ★

将 **A** 与惰性填料混合均匀制成样品，则所有的质量损失都源自 **A**，因此"样品中 **A** 的质量分数"和"样品的质量损失"是**线性相关**的。将上述四个点画在坐标图上，并作直线即可得到下图：

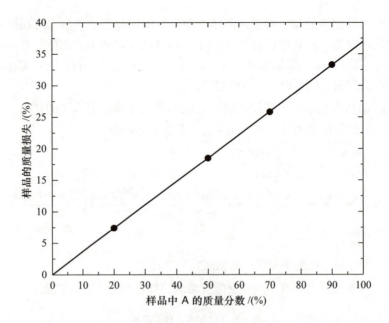

从这样一张图中，我们就可以读出纯 **A** 的热分解质量损失，即横坐标为 100% 时的质量损失值，为 37%。

除此之外，我们还能从题干中得到的信息有："无水""弱酸钠盐"和"400 °C"。在常见的钠盐中，可以在 400 °C 以下分解的并不多，只有 NaHCO$_3$、Na$_2$C$_2$O$_4$ 等。通过简单的验算不难得出，NaHCO$_3$ 受热分解成 Na$_2$CO$_3$ 的反应为：

$$2NaHCO_3(s) = Na_2CO_3(s) + H_2O(g) + CO_2(g)$$

其他弱酸钠盐通过计算可排除，例如 Na$_2$C$_2$O$_4$ 质量损失分数为 20.9%，等等。

该反应质量损失分数为：

$$w = \frac{M(H_2O) + M(CO_2)}{2M(NaHCO_3)} = \frac{18.0 + 44.0}{2 \times 84.0} = 36.9\%$$

与上述作图外推所得数据吻合。因此化合物 **A** 的化学式为 NaHCO$_3$。

第 5 题

题目（10 分）

甲苯与干燥氯气在光照下反应生成氯化苄，用下列方法分析粗产品的纯度：称取 0.255 g 样品，与 25 mL 4 mol L^{-1} 氢氧化钠水溶液在 100 mL 圆底烧瓶中混合，加热回流 1 小时；冷至室温，加入 50 mL 20% 硝酸后，用 25.00 mL 0.1000 mol L^{-1} 硝酸银水溶液处理，再用 0.1000 mol L^{-1} NH$_4$SCN 水溶液滴定剩余的硝酸银，以硫酸铁铵为指示剂，消耗了 6.75 mL。

5-1 写出分析过程的反应方程式。

5-2 计算样品中氯化苄的质量分数 (%)。
5-3 通常，上述测定结果高于样品中氯化苄的实际含量，指出原因。
5-4 上述分析方法是否适用于氯苯的纯度分析？请说明理由。

分析与解答

本题考查滴定分析中的计算，题型较为常规，难度较低。

5-1 考查滴定分析中常见的方程式的书写。书写方程式的过程，也是整理滴定流程、理解滴定中每步操作作用的过程。

无机 | 酸碱反应
难度 | ★

氯化苄与氢氧化钠水溶液的反应是简单的取代反应，将氯原子转化为游离的氯离子，便于用氯进行定量分析，其方程式如下：

$$C_6H_5CH_2Cl + NaOH \longrightarrow C_6H_5CH_2OH + NaCl$$

加入硝酸酸化，因为 Ag^+ 的滴定需要在酸性条件下进行；加入过量的硝酸银水溶液，再用 NH_4SCN 水溶液进行返滴定，返滴定的指示剂为硫酸铁铵。反应方程式如下：

$$AgNO_3 + NaCl \Longrightarrow AgCl + NaNO_3$$
$$NH_4SCN + AgNO_3 \Longrightarrow AgSCN + NH_4NO_3$$
$$Fe^{3+} + nSCN^- \Longrightarrow Fe(SCN)_n^{3-n}$$

写 $Fe(SCN)^{2+}$、$Fe(SCN)_3$ 也可以。

5-2 本题采用的是返滴定法。Cl^- 的量即为加入 Ag^+ 的量减去 SCN^- 的量。

分析 | 返滴定法
难度 | ★

氯化苄的含量即为：

$$w = \frac{n_{Cl}M_{BnCl}}{m} = \frac{(c_{Ag}V_{Ag} - c_{SCN}V_{SCN})M_{BnCl}}{m}$$
$$= \frac{0.1000 \text{ mol L}^{-1} \times (25.00 - 6.75) \text{ mL} \times 126.6 \text{ g mol}^{-1}}{0.255 \text{ g}}$$
$$= 91\%$$

需要注意的是，91% 相当于 3 位有效数字；若答案写作 90.6%，则相当于有 4 位有效数字，会被扣分。

5-3 本题中的氯化苄是由甲苯和氯气在光照条件下生成的。这是一个自由基反应，可能会产生一些<u>多氯代物</u>，如 $C_6H_5CHCl_2$ 和 $C_6H_5CCl_3$。同时，<u>HCl 和 Cl_2</u> 等杂质也会残留在体系中，导致氯含量上升，使测定结果偏高。

分析 | 误差分析
难度 | ★★

5-4 氯苯和氯化苄的区别是，氯化苄中的氯原子在苄位 sp^3 碳原子上，活性大，容易发生亲核取代反应；而氯苯的氯原子在芳香环上，<u>氯原子与苯环共轭，sp^2 碳难以发生亲核取代反应，难以将氯原子转化为氯离子，无法作为其纯度分析方法</u>。

有机 | 反应机理
难度 | ★

第 6 题

题目（12 分）

苯：<u>b</u>enzene
水：<u>w</u>ater

在给定实验条件下，一元弱酸 HA 在苯 (B) 和水 (W) 中的分配系数 $K_D = [HA]_B/[HA]_W = 1.00$。已知水相和苯相中 HA 的分析浓度分别为 3.05×10^{-3} 和 3.96×10^{-3} mol L^{-1}。在水中，HA 按 HA $\rightleftharpoons$ H$^+$ + A$^-$ 解离，$K_a = 1.00 \times 10^{-4}$；在苯中，HA 发生二聚：2HA $\rightleftharpoons$ (HA)$_2$。

6-1 计算水相中各物种的浓度及 pH。
6-2 计算化合物 HA 在苯相中的二聚平衡常数。
6-3 已知 HA 中有苯环，1.00 g HA 含 3.85×10^{21} 个分子，给出 HA 的化学名称。
6-4 解释 HA 在苯中发生二聚的原因，画出二聚体的结构。

分析与解答

这是一道稍有难度的平衡计算题，涉及酸碱平衡、异相分配平衡和反应（二聚）平衡多个平衡过程，主要的难点在于区分平衡中物种的不同存在形式。

该平衡过程可用如下示意图表示：

$$[HA]_W \rightleftharpoons [A^-] + [H^+]$$

$$\underset{B}{\overset{W}{\;}} \Big\updownarrow \text{------------------------}$$

$$[HA]_B \rightleftharpoons [(HA)_2]$$

体系中一共存在三种平衡和四种存在形式，只要正确区别这几种形式，并代入数值即可得到结果。

无机 | 酸碱平衡
难度 | ★

6-1 首先，**分析浓度** (analytical concentration) 指的是组分中同一物种不同存在形式浓度的总和。水相 HA 的分析浓度指的是 $[HA]_W + [A^-]$，苯相 HA 的分析浓度指的是 $[HA]_B + 2[(HA)_2]$。

对于水相，由水相的分析浓度可得：

$$[HA]_W + [A^-] = 3.05 \times 10^{-3} \text{ mol L}^{-1}$$

这里的 K_a 其实应当明确为标准平衡常数 $K_a^\ominus$（量纲为 1）。另外，这里的浓度应视为已除以标准浓度 $c^\ominus$ = 1 mol L^{-1} 的量纲为 1 的相对浓度 $c/c^\ominus$。

由 HA 电离平衡可得：

$$K_a = \frac{[A^-][H^+]}{[HA]_W} = 1.00 \times 10^{-4}$$

此外，由于 K_a 较大，不妨先忽略水的电离，即假设所有的 H$^+$ 都是由 HA 电离得到的，因此有：

$$[A^-] = [H^+]$$

三式联立，可解得：

$$[A^-] = [H^+] = 5.05 \times 10^{-4} \text{ mol L}^{-1}$$

$$[HA]_W = 2.55 \times 10^{-3} \text{ mol L}^{-1}$$

H^+ 的浓度远大于 10^{-7} mol L^{-1}，证实了水的电离的确可以忽略。

$$pH = -\lg[H^+] = 3.30$$

当 $K_a c \geqslant 20 K_W$ 时，可以忽略水的电离，为什么？

6-2 由分配系数 $K_D = [HA]_B/[HA]_W = 1.00$，可得：

$$[HA]_B = [HA]_W = 2.55 \times 10^{-3} \text{ mol L}^{-1}$$

由 HA 在苯相中的分析浓度，可得：

$$[HA]_B + 2[(HA)_2] = 3.96 \times 10^{-3} \text{ mol L}^{-1}$$

则：

$$2[(HA)_2] = 3.96 \times 10^{-3} \text{ mol L}^{-1} - 2.55 \times 10^{-3} \text{ mol L}^{-1}$$
$$= 1.41 \times 10^{-3} \text{ mol L}^{-1}$$

$$[(HA)_2] = 7.05 \times 10^{-4} \text{ mol L}^{-1}$$

无机 | 化学平衡
难度 | ★

这里的 K 其实应当明确为标准平衡常数 $K^\ominus$（量纲为 1）。另外，这里的浓度应视为已除以标准浓度 $c^\ominus$ = 1 mol L^{-1} 的量纲为 1 的相对浓度 $c/c^\ominus$。

二聚（dim = dimerization，二聚反应）的平衡常数为：

$$K_{\text{dim}} = \frac{[(HA)_2]}{[HA]_B^2} = \frac{7.05 \times 10^{-4}}{(2.55 \times 10^{-3})^2} = 1.08 \times 10^2$$

6-3 由 Avogadro 常数的定义，可以计算得到 HA 的摩尔质量：

$$M(HA) = \frac{m(HA)}{n(HA)} = \frac{m(HA)}{N(HA)/N_A}$$
$$= \frac{1.00 \text{ g}}{3.85 \times 10^{21}/(6.022 \times 10^{23} \text{ mol}^{-1})} = 156 \text{ g mol}^{-1}$$

有机 | 结构推断
难度 | ★

由题意可知，HA 中含有一个苯环，从 K_a 的大小分析，应含有一个羧基，剩余的相对分子质量为 156 - 77 - 45 = 34，34 + 1 = 35 为一个氯原子的相对原子质量（氯取代苯环上的氢，差值为 34）。因此 HA 为<u>氯代苯甲酸</u>。

6-4 一元羧酸在非质子溶剂中发生二聚是比较普遍的现象。<u>非质子溶剂对羧酸的溶剂化作用较弱，羧酸与羧酸之间易形成分子内氢键：</u>

无机 | 氢键相互作用
难度 | ★

思考题 B

在水中，HF 是一个中等强度的酸，仅有部分电离。决定溶液平衡关系的主要反应及它们的解离常数如下：

$$HF + H_2O \rightleftharpoons H_3O^+ + F^- \quad K_1^\ominus = 1.1 \times 10^{-3} \quad (1)$$

$$HF + F^- \rightleftharpoons HF_2^- \quad K_2^\ominus = 2.6 \times 10^{-1} \quad (2)$$

B-1 计算在 pH = 2.00 的溶液中 HF 的分析浓度。

B-2 在之前对 HF 水溶液的研究中，人们没有考虑到平衡式 (2)。然而，如果只考虑平衡式 (1)，会导致计算出的 pH 与测量值出现矛盾。

如果只考虑平衡式 (1)，试证明 pH 的变化会引起平衡常数 K_1 的变化。

B-3 两位化学家想通过测定同一已知浓度的 HF 溶液，以确定 HF 的酸解离常数 $K_1^\ominus$。他们分别测量溶液的 pH，然后计算得到 K_1 值。水平较高的那位化学家知道平衡式 (2)，且他知道另外一位化学家并不知道这个平衡式。因此，当他发现他们竟然得到了相同的 K_1 值时，感到惊讶无比。

他们所用的 HF 溶液的分析浓度是多少？

第 7 题

题目（8 分）

$KClO_3$ 热分解是实验室制取氧气的一种方法。$KClO_3$ 在不同的条件下热分解结果如下：

实验	反应体系	第一放热温度 / °C	第二放热温度 / °C
A	$KClO_3$	400	480
B	$KClO_3 + Fe_2O_3$	360	390
C	$KClO_3 + MnO_2$	350	–

已知：

$$K(s) + \tfrac{1}{2}Cl_2(g) = KCl(s) \quad \Delta H^\ominus(1) = -437 \text{ kJ mol}^{-1} \quad (1)$$

$$K(s) + \tfrac{1}{2}Cl_2(g) + \tfrac{3}{2}O_2(g) = KClO_3(s) \quad \Delta H^\ominus(2) = -398 \text{ kJ mol}^{-1} \quad (2)$$

$$K(s) + \tfrac{1}{2}Cl_2(g) + 2O_2(g) = KClO_4(s) \quad \Delta H^\ominus(3) = -433 \text{ kJ mol}^{-1} \quad (3)$$

7-1 根据以上数据，写出上述三个体系对应的分解过程的热化学方程式。

7-2 用 MnO_2 催化 $KClO_3$ 分解制得的氧气有轻微的刺激性气味，推测这种气体是什么，并提出确认这种气体的实验方法。

分析与解答

本题以初中经典实验"氯酸钾分解制备氧气"为背景，考查简单的热化学知识，需要同学们有一定程度的灵活思维能力。

7-1 $KClO_3$ 分解生成 O_2 的反应分两步进行：首先进行歧化反应生成 $KCl(s)$ 和 $KClO_4(s)$，然后 $KClO_4(s)$ 分解产生氧气，分别对应表格中的两次放热。

无机 | 热化学基础
难度 | ★

实验 A 的热化学反应方程式为：
第一次放热：

注意：热化学方程式需要标明物态。

$$4KClO_3(s) =\!=\!= 3KClO_4(s) + KCl(s)$$

$$\begin{aligned}\Delta H^\ominus &= 3\Delta H_3^\ominus + \Delta H_1^\ominus - 4\Delta H_2^\ominus \\ &= 4 \times 398 \text{ kJ mol}^{-1} - 3 \times 433 \text{ kJ mol}^{-1} - 437 \text{ kJ mol}^{-1} \\ &= -144 \text{ kJ mol}^{-1}\end{aligned}$$

第二次放热：

$$KClO_4(s) =\!=\!= KCl(s) + 2O_2(g)$$

$$\begin{aligned}\Delta H^\ominus &= \Delta H_1^\ominus - \Delta H_3^\ominus \\ &= 433 \text{ kJ mol}^{-1} - 437 \text{ kJ mol}^{-1} = -4 \text{ kJ mol}^{-1}\end{aligned}$$

实验 B：当在体系中加入 Fe_2O_3 作为催化剂时，反应依旧存在两次放热，这说明 Fe_2O_3 仅仅降低了每一次放热反应的反应温度，反应依旧分成两步进行，与实验 A 相同。因此实验 B 的热化学方程式和实验 A 相同。

实验 C：当在体系中加入 MnO_2 作为催化剂时，我们发现不仅反应温度降低，而且只存在一次放热过程。这说明 MnO_2 改变了反应的历程，使原来的分步反应一步达成。因此实验 C 的热化学方程式为：

$$2KClO_3(s) =\!=\!= 2KCl(s) + 3O_2(g)$$

$$\begin{aligned}\Delta H^\ominus &= 2\Delta H_1^\ominus - 2\Delta H_2^\ominus \\ &= 2 \times 398 \text{ kJ mol}^{-1} - 2 \times 437 \text{ kJ mol}^{-1} = -78 \text{ kJ mol}^{-1}\end{aligned}$$

无机 | 反应推断
难度 | ★★

7-2 用 MnO_2 催化 $KClO_3$ 分解制得的氧气有轻微的刺激性气味：我们可以联想到 MnO_2 具有较强的氧化性，可以和浓盐酸反应生成 Cl_2。因此在 MnO_2 催化 $KClO_3$ 分解的过程中，可能会释放出少量的 Cl_2。

可以通过多个途径检验 Cl_2 的生成：

(1) 使气体接触湿润的 KI-淀粉试纸，若试纸变蓝色，则证明有氧化性物质；

如果猜想气体为 O_3 或 ClO_2，且能给出合理的确认方案，也是可以的。

(2) 将气体通入 HNO_3 酸化的 $AgNO_3$ 溶液，若有白色沉淀生成，则证明气体溶于水中有氯离子生成。

两种方法结合可检测 Cl_2 的生成。

第 8 题

题目（4 分）

用下列路线合成化合物 **C**：

$$A + B \xrightarrow{H_2O} C$$

反应结束后，产物中仍含有未反应的 **A** 和 **B**。

8-1 请给出从混合物中分离出 **C** 的操作步骤，简述操作步骤的理论依据。

8-2 生成 **C** 的反应属于哪类基本有机反应类型？

分析与解答

本题也是一道不太常见的题目，用实验操作步骤的方式，考查同学们对各种有机化合物的物理性质的了解程度，并运用有机化合物物理性质的差异进行定量分离，属于有机化学与分析化学、实验操作的交叉。本题难度不大，但要求同学们答案条理清晰，语言简明扼要。

本题中涉及的有机反应是三级胺 **A** 对氯代环己烷 **B** 的亲核取代反应，产物是一个季铵盐 **C**。在有机反应中，不论何种分离方法，其本质都是利用化合物之间的物理性质与化学性质差异。只有存在差异，才能实现分离。因此在选择分离方法的时候，只需要先找出要分离出的化合物和其他化合物之间的性质差异，就能对症下药，选择合适的分离方法。

在本题中，我们需要将取代反应的最终产物从体系中分离出来，而该产物与底物之间最明显的差异是：产物 **C** 是一个季铵盐，是一个离子化合物，易溶于水，**A** 和 **B** 都是脂溶性的有机物。因此，可以通过脂溶性化合物与水溶性化合物在不同溶剂中溶解度的差异分离出产物，这种分离方法就是萃取。

8-1 将反应体系倾入（冰）水中，搅拌均匀，加入合适的有机溶剂，振荡萃取，静置分离水相和有机相，此时产物季铵盐主要溶解在水相，其余物质在有机相。

　　此时产物季铵盐 **C** 中带有一定量的 **A**、**B** 杂质，需要用有机相萃取去除：用乙酸乙酯等极性有机溶剂萃取水相 2~3 次，取水相。

　　接下来，浓缩水相，即可得到 **C** 的粗产品。

分析 | 分离方法
难度 | ★★

分液时，如何快速区分水相与有机相？尤其二者都呈无色透明时如何快速区分？

8-2 **A** 含叔氨基官能团，**B** 为仲卤代烃，生成 **C** 的反应是胺对卤代烃的（亲核）取代反应。

有机 | 反应机理
难度 | ★

知识拓展

一、常见的有机溶剂

- **烷烃**：正戊烷、正己烷、正庚烷、石油醚（戊烷、己烷与其他烷烃的混合物）、环己烷

四碳以下烷烃为气体。打火机使用丁烷做燃料，为什么？

- **芳香烃**：苯、甲苯、邻二甲苯、间二甲苯、对二甲苯
- **卤代烃**：二氯甲烷 (DCM)、三氯甲烷（氯仿）、四氯化碳、1,2-二氯乙烷、氯苯

苯有毒，而甲苯、二甲苯毒性相对低得多，为什么？

- **醚**：乙醚、甲基叔丁基醚 (MTBE)、四氢呋喃 (THF)、1,4-二氧六环、乙二醇二甲醚 (DME)、二乙二醇二甲醚

乙醚储存不当时容易爆炸，原理是什么？如何避免？

- **醇**：甲醇、乙醇、1-丙醇、2-丙醇（异丙醇）、1-丁醇（丁醇、正丁醇）、2-丁醇（异丁醇）、叔丁醇、乙二醇、丙三醇（甘油）、一缩二乙二醇（二甘醇）
- **酮**：丙酮、2-丁酮

为什么通常不使用醛类来做有机溶剂？

- **羧酸与羧酸衍生物**：乙酸、特戊酸、乙腈、乙酸乙酯、*N*,*N*-二甲基甲酰胺 (DMF)、*N*-甲基-2-吡咯烷酮 (NMP)
- **其他**：硝基甲烷、二甲亚砜 (DMSO)、六甲基磷酰胺 (HMPA)、三乙胺 (TEA)、吡啶等

　　总体来说，由上至下，溶剂极性增加；由左至右，溶剂分子相对分子质量增加。结构相似的溶剂分子，凡有极性更高者，相对分子质量更大者，能形成氢键者，则其或密度更大，或熔、沸点更高，或与水的混溶性更强。

二、分液操作技巧

　　分液时，如果难以区分水相和有机相，可以从分液漏斗上方竖直滴加几滴有机溶剂。如果有机溶剂液滴穿过上层沉至下层并消失，说

用水滴也可以区分这两相，请思考如何操作。

明下层是有机相；如果有机溶剂液滴直接消失在上层，说明上层是有机相，如下图所示（蓝色代表水相，无色代表有机相）：

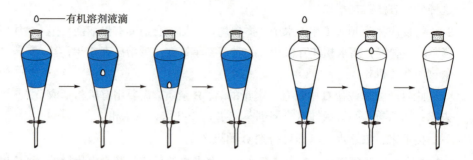

第 9 题

题目（10分）

根据文献报道，醛基可和双氧水发生如下反应：

为了合成一类新药，选择了下列合成路线：

9-1 请写出 A 的化学式，画出 B、C、D 和缩醛 G 的结构式。
9-2 由 E 生成 F 和 F 生成 G 的反应分别属于哪类基本有机反应类型。
9-3 请画出化合物 G 的所有光学异构体。

分析与解答

本题是一道中规中矩的有机推断题，需补全反应流程图中缺失的结构式和反应条件，是最常见的有机反应题型。此外，本题涉及的有机反应十分基础，比较贴近高中化学水平，难度较低。

9-1 首先，第一步反应将苯环上的甲基转化成了羧基。这是一个非常典型的氧化反应，反应条件 A 可以采用最常见的 KMnO$_4$。除此之外，

K₂Cr₂O₇ 也是一个可行的条件（但 MnO₂、PCC、PDC、Jones 试剂等不行）。

而后，连续的四步反应将羧基变成了醛基，分别是脱水、酯化、还原和氧化反应。由于羧酸上有一个活泼氢，它会和负氢还原剂 LiAlH₄ 反应，因此直接将羧基转化为醛基比较困难，常常采取分步反应。在此处 B、C、D 结构的推导过程中，可以采用倒推法。由 C 经 LiAlH₄ 还原得到 D，再氧化得到 E。结合后续的氧化得到 E，不难得出 **D 是二醇**；再看 B 到 C 的反应条件，可知 **C 是二酯**，而 **B 则是分子内酸酐**。生成酸酐后，后续的酯化反应更加容易。因此，B、C、D 结构如下：

氢化铝锂 LiAlH₄ 是常用的还原剂，其还原能力较强，其还原产物多为低氧化态的羟基、氨基。

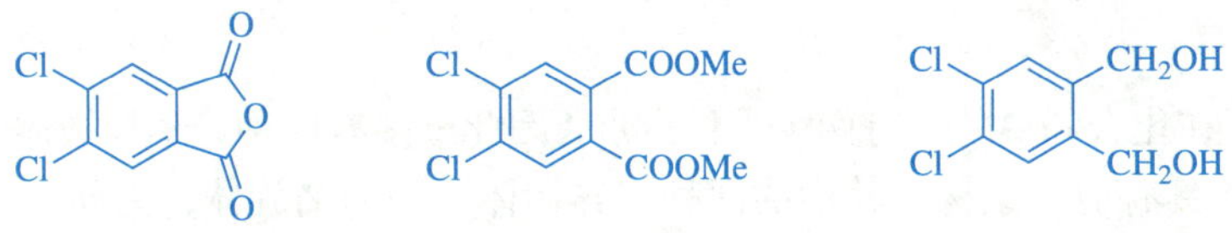

最后 F 到 G 的反应则是在酸性条件下，从半缩醛生成缩醛的反应（也可以看成酸性条件下，烷氧基对羟基的取代反应）。同时，9-1 的题干中也提示了"缩醛"二字，因此 G 的结构如下：

如果从 B 到 C 的反应条件改为 MeONa / MeOH，产物 C 的结构将会是什么（注意反应机理）？

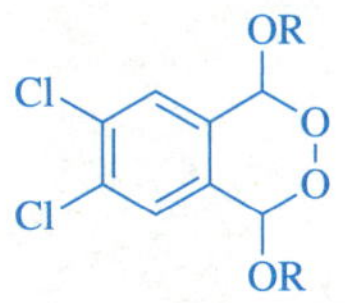

还可以通过哪些方法将羧基转化为醛基（一步反应或多步反应都可以）？

9-2 E 生成 F：**过氧化氢对醛基的加成反应**；F 生成 G：**缩合反应**。这两个反应的机理为：

有机 | 反应机理
难度 | ★
这里以酸性条件为示例。

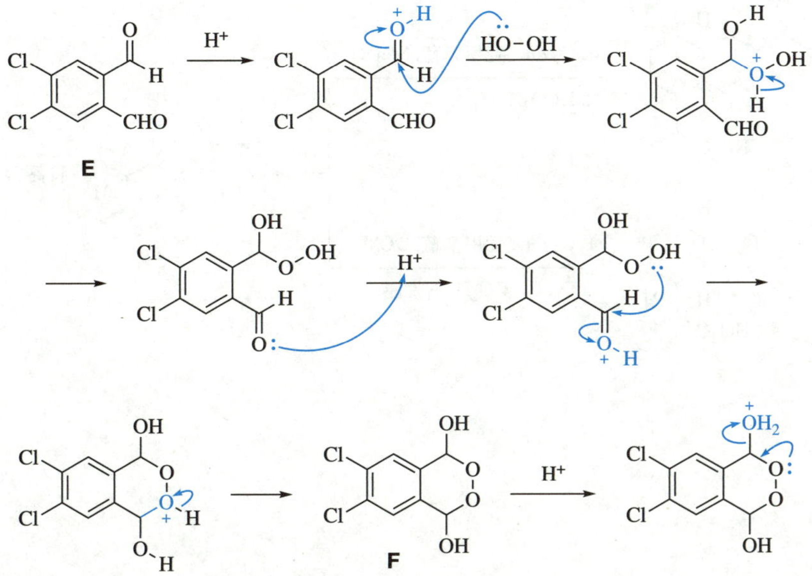

过氧化氢的氧原子亲核性比醇的氧原子更强，这是为什么？我们把这种现象称为 α **效应**（α-effect）。请同学们自行检索有关资料进行学习。

另一种在有机分子中引入过氧化物的方法是使用氧气。参见思考题 C。

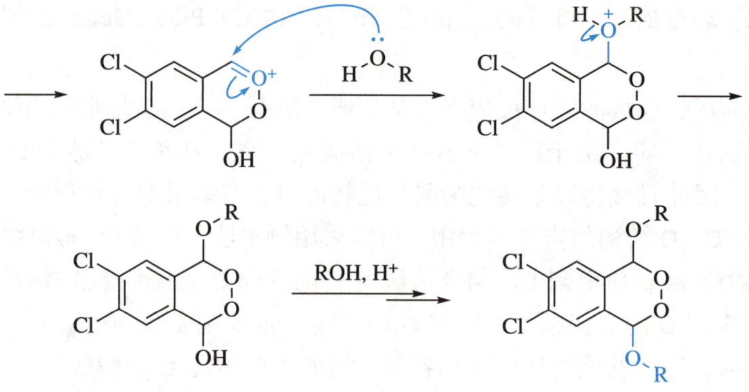

G

有机 | 立体化学
难度 | ★

9-3 在化合物 **G** 中，有两个手性位点，因此最多有四种光学异构体。然而 **G** 具有对称结构，其中的两种“异构体”为内消旋体，为同一种物质。因此 **G** 总共只有三种光学异构体，如下图所示：

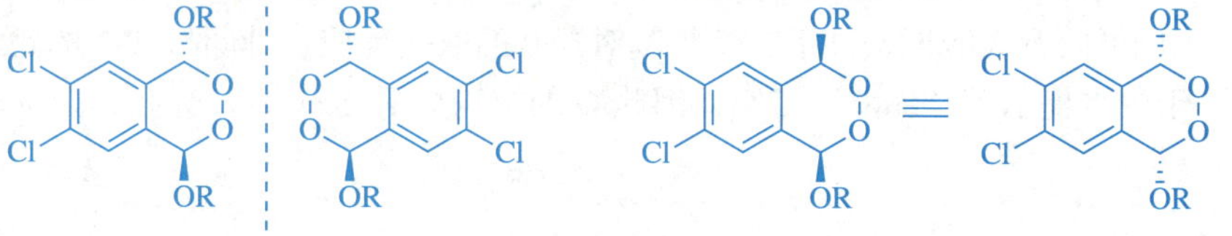

思考题 C

除了使用过氧化氢之外，另一种在有机分子中引入过氧基团的手段是使用氧气与合适的敏化剂——青蒿素的合成就使用了这个方法。写出下列两种转化的反应机理：

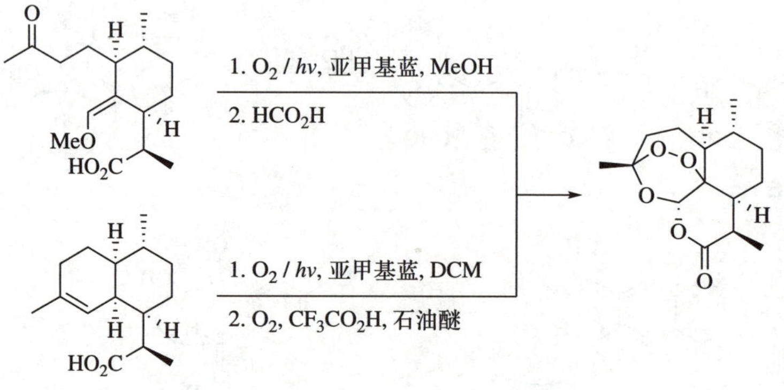

青蒿素

第 10 题

题目（12 分）

尿素受热生成的主要产物与 NaOH 反应，得到化合物 **A**（三钠盐）。**A** 与氯气反应，得到化合物 **B**，分子式 $C_3N_3O_3Cl_3$。**B** 是一种大规模生产的化工产品，全球年产达 40 万吨以上，我国年生产能力达 5 万吨以上。**B** 在水中能持续不断地产生次氯酸和化合物 **C**，因此广泛用于游泳池消毒等。

10-1 画出化合物 **A** 的阴离子的结构式。
10-2 画出化合物 **B** 的结构式并写出它与水反应的化学方程式。
10-3 化合物 **C** 有一个互变异构体，给出 **C** 及其互变异构体的结构式。
10-4 写出上述尿素受热发生反应的配平方程式。

分析与解答

此题虽然题序靠后，但其本质更偏向是一道元素题或是分子结构题，而非有机化学题。

10-1 尿素在加热条件下首先会分解生成氨气和异氰酸：

有机 | 结构推断
难度 | ★

$$CO(NH_2)_2 \longrightarrow HNCO + NH_3$$

然后异氰酸三聚得到三聚氰酸，可以用两种结构式表示，两种结构中的六元环都具有一定的芳香性：

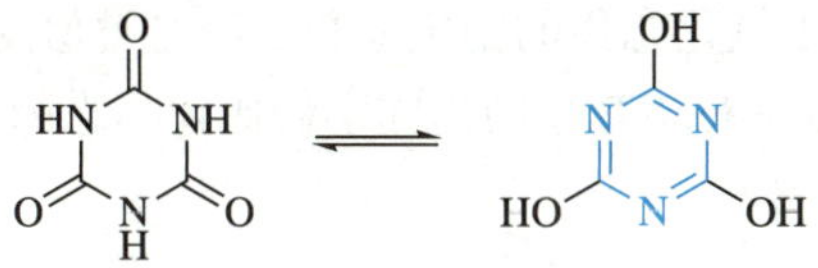

不论是以上哪个结构式，三个氢都具有一定的酸性。前者的酸性氢位于酰亚氨基的氮原子上，受到两个羰基的吸电子作用；后者可以看成是均苯三酚类似物，且其芳香环相较苯环更加缺电子，也有较强的酸性。因此和 NaOH 发生酸碱反应，得到 **A** 的三价负离子：

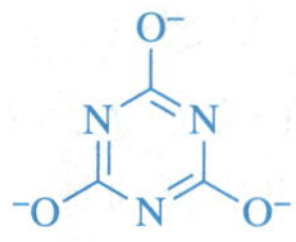

此处，由于质子离去，中间六元环芳香性增强，负电荷主要在氧上，上述共振式贡献更大。

有机 | 结构推断
难度 | ★
写出由 A 生成 B 的反应机理。

10-2 A 和氯气的反应可能发生在两个位点：羰基氧原子或者酰亚氨基氮原子。由于氮原子的亲核能力更强，且 N—Cl 键合更加稳定，因此化合物 B 的结构为：

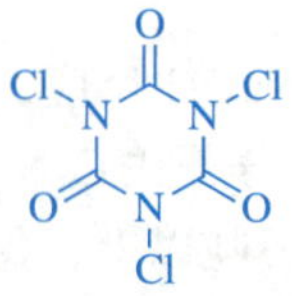

B

写出这个反应的机理。

B 在水中发生水解反应，生成次氯酸和 C，而 C 就是三聚氰酸：

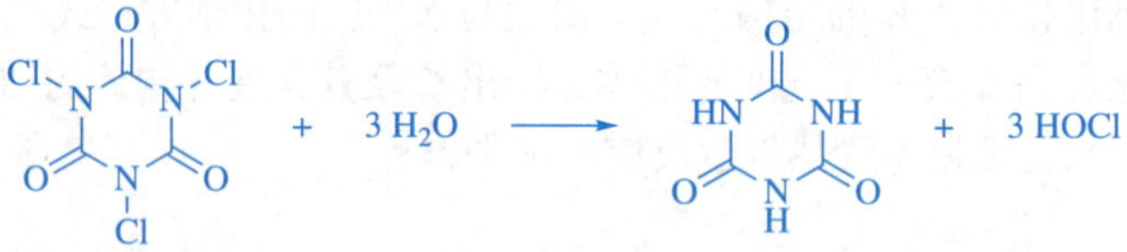

B + 3 H$_2$O ⟶ C + 3 HOCl

10-3 见 **10-1**。

无机 | 方程式书写
难度 | ★
写结构式也可以。

10-4 尿素受热发生反应的总方程式为

$$3CO(NH_2)_2 \longrightarrow C_3N_3O_3H_3 + 3NH_3$$

事实上，本题中的一系列反应都是比较常见的反应，在有机反应中也能找到对应的变化。例如：N-氯代琥珀酰亚胺 (N-chlorosuccinimide, NCS) 的制备和水解就和上述反应一模一样。NCS 是有机中常见的氯化试剂，或是提供 +1 氧化态氯的稳定原料。与之类似的 N-溴代琥珀酰亚胺 (N-bromosuccinimide, NBS) 则是同学们比较熟悉的溴化试剂了。

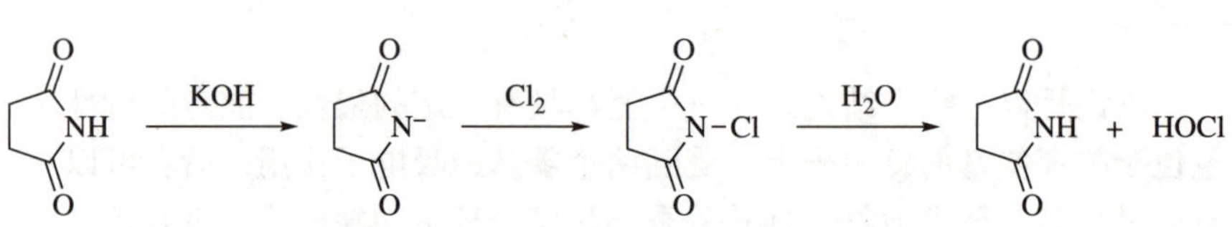

就如笔者在第 2 题中提到的那样，许多无机小分子的反应模式和有机反应十分类似。在学习无机小分子反应的同时，引入一些有机反应的思想，将之类比，可以帮助同学们更好地记忆反应，理解反应的本质，做到举一反三，融会贯通。

当然，对于本题来说，部分同学的困难可能在于不知道尿素在高温下会脱氨三聚，因而无从入手。那么可以通过题中给出的化学式，猜测其结构，再用其他条件验证其合理性。

第 11 题

题目（9 分）

石竹烯 (β-caryophyllene, $C_{15}H_{24}$) 是一种含双键的天然产物，其中一个双键的构型是反式的，丁香花气味主要是由它引起的，可从下面的反应推断石竹烯及其相关化合物的结构。

反应 1：

石竹烯 $\xrightarrow{H_2, Pd/C}$ $C_{15}H_{28}$
　　　　　　　　　　　　 A

反应 2：

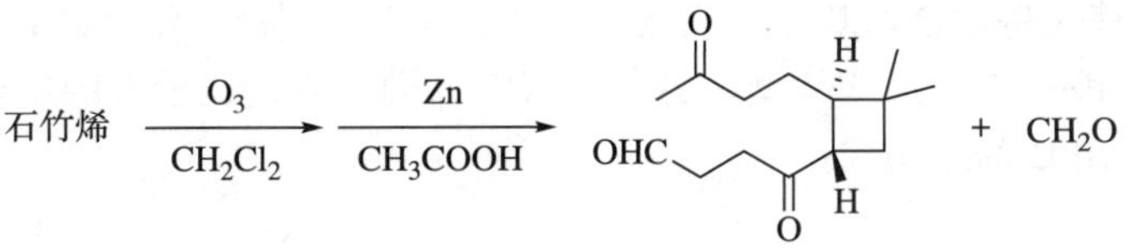

石竹烯 $\xrightarrow[CH_2Cl_2]{O_3}$ $\xrightarrow[CH_3COOH]{Zn}$ **B** + CH_2O

反应 3：

石竹烯 $\xrightarrow[THF]{等摩尔\ BH_3}$ $\xrightarrow[H_2O]{H_2O_2, NaOH}$ **C** ($C_{15}H_{26}O$)

反应 4：

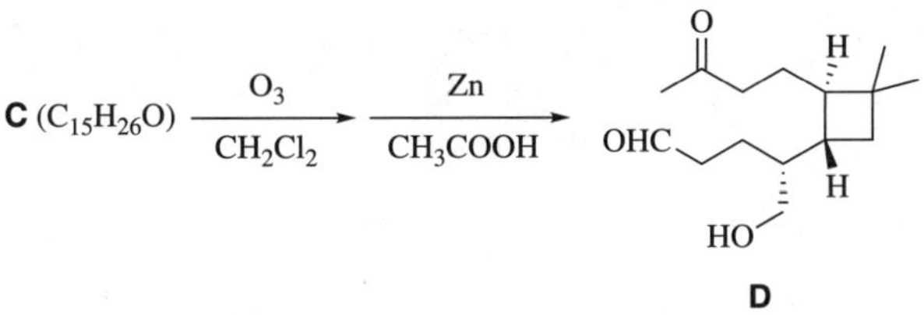

C ($C_{15}H_{26}O$) $\xrightarrow[CH_2Cl_2]{O_3}$ $\xrightarrow[CH_3COOH]{Zn}$ **D**

石竹烯异构体——异石竹烯在反应 1 和反应 2 中也分别得到产物 **A** 和 **B**，而在经过反应 3 后却得到了产物 **C** 的异构体，此异构体在经过反应 4 后仍得到了产物 **D**。

11-1 在不考虑反应生成手性中心的前提下，画出化合物 **A**、**C** 以及 **C** 的异构体的结构式；

11-2 画出石竹烯和异石竹烯的结构式；

11-3 指出石竹烯和异石竹烯的结构差别。

分析与解答

本题是一道有机物结构的推断题，并不复杂，其核心反应是臭氧化反应。O_3/Zn 是有机化学中常见的反应条件，可以将化合物结构中的碳碳双键切断，生成两个羰基。因此，我们也可以通过臭氧化反应的产物来倒推未知化合物的结构，本题便是采用了这样一种方式。

首先，从题干给出的化学式可知，石竹烯是一种不含杂原子的烃类化合物。对比化学式可知，反应 1 中发生了两倍摩尔量的氢气加成，同时反应 2 中经 O_3 / Zn 处理得到了四个羰基，可知原石竹烯中有两个碳碳双键。反应 2 生成了一个三羰基化合物和甲醛，说明一个双键位于环内，另一个双键是端位亚甲基。反应 3 是硼氢化氧化反应，是经典的反马氏加成 H_2O 的反应。反应式中说明了是等物质的量，并且从产物的分子式也可知石竹烯的一个双键发生了反马氏加成。由于其中一个双键被加成，反应 4 再用 O_3 / Zn 处理时，只有一个双键能被切断，产物 D 中只有两个羰基。

因此，不难从化合物 D 倒推出石竹烯的结构。

有机 | 反应推断
难度 | ★

11-1 首先将化合物 D 中的双羰基还原成双键，倒推至化合物 C，根据题意，该双键为反式构型（另一个双键为端位双键，没有顺反异构），可以画出 C 的结构式：

C

化合物 C 为石竹烯反马氏加成一分子水得到，则石竹烯的结构为：

石竹烯

可以通过反应 2 验证石竹烯结构的正确性。

石竹烯的加氢产物 A 为：

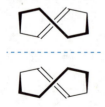

A

由于空间构型与环张力的共同影响，反式双键不能存在于五、六、七元环中。最小的含有反式双键的环烯烃为反式环辛烯，它由 A. C. Cope（1909—1966，著名美国化学家，Cope 消除与 Cope 重排反应的发现者）于 1963 年首次合成：

反式环辛烯是具有手性的，它具有什么手性（点、轴、面）？

C 和 C 的异构体通过臭氧化反应得到了相同的产物，因此 C 和 C 的异构体之间的差异仅在被切断的双键上。而前面又提到了石竹烯的双键是反式的，不难想到 C 和 C 的异构体、石竹烯和异石竹烯是两对顺反异构体。异石竹烯和 C 的异构体的结构式如下：

异石竹烯　　　C 的异构体

11-2 见 **11-1**。

11-3 顺反异构体。

有机 | 立体化学
难度 | ★

思考题 D

蛇麻烯 (humulene, $C_{15}H_{24}$)，又称 α-石竹烯或葎草烯，是一种天然的单环萜烯，是由三个异戊二烯单元组成的倍半萜类化合物，是石竹烯 (β-caryophyllene) 的同分异构体。蛇麻烯于葎草科植物蛇麻 (*Humulus lupulus*，就是酿造啤酒所用的啤酒花) 的精油中发现，故又称葎草烯。蛇麻烯是开花植物啤酒花球果提取精油中的成分之一，不同植物蛇麻烯含量不同。蛇麻烯及其反应产物在啤酒酿造过程中，使啤酒产生独特的香气。该化合物还在乌药 (*Lindera strychnifolia*) 中发现，同时也是越南香菜中的呈味化学物质之一。[1] 日本札幌医科大学研究人员发现，啤酒花中的化学物质蛇麻烯具有抗炎功效，可有效防止导致感冒、肺炎等呼吸道疾病的病毒侵入人体。啤酒富含多种自然抗氧化剂和维生素，另外黑啤酒氧化剂含量更高，可逆转人体内细胞损伤。[2]

蛇麻烯与石竹烯的生源合成路线如下：

法尼基焦磷酸 (FPP)
farnesyl diphosphate
$C_{15}H_{25}^+$
$PP_i = P_2O_7^{4-}$，焦磷酸根

D-1 给出反应中间体 **A**、**B**、**C** 及产物蛇麻烯的结构。提示：蛇麻烯的 ^{1}H NMR (300 MHz, CDCl$_3$) 为 δ = 1.06 (s, 6H), 1.79~1.80 (s, 6H), 1.88 (d, 2H), 2.00 (d, 4H), 2.63 (d, 2H), 5.10~5.20 (m, 2H), 5.40~5.50 (m, 2H)。注意：化学环境相似的氢原子，它们的核磁共振信号可能会发生重叠！

D-2 法尼基焦磷酸 (farnesyl diphosphate, FPP) 可以由二甲基烯丙基焦磷酸 (dimethylallyl diphosphate, DMAPP) 与异戊烯基焦磷酸 (isopentenyl diphosphate, IPP) 在 Mg^{2+} 催化下生源合成。画出 DMAPP 与 IPP 的结构，写出反应机理。

萜烯（terpene，简称萜，词由 turpentine 松节油而来）是一系列萜类化合物的总称，是分子式为**异戊二烯** (C_5H_8) 的整数倍的烯烃类化合物。根据萜类化合物的结构可以分为**单萜**（由 2 个异戊二烯单位组成）、**倍**

半萜（由 3 个异戊二烯单位组成）、**二萜**（由 4 个异戊二烯单位组成）、**二倍半萜**（由 5 个异戊二烯单位组成）、**三萜**（由 6 个异戊二烯单位组成）、**四萜**（由 8 个异戊二烯单位组成）、**多聚萜**（由 8 个以上异戊二烯单位组成）等。

大名鼎鼎的**青蒿素**(artemisinin, qinghaosu) 就是萜烯衍生物（倍半萜内酯）。

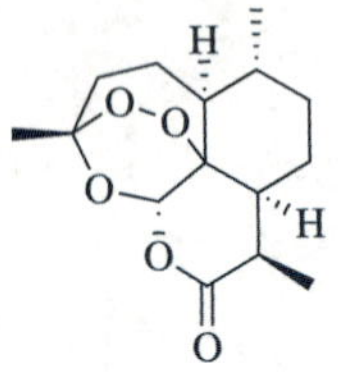

仿照生源合成路线，Corey[3] 完成了蛇麻烯的全合成 [TASF = $(Me_2N)_3S^+Me_3SiF_2^-$，一种 F^- 源]：

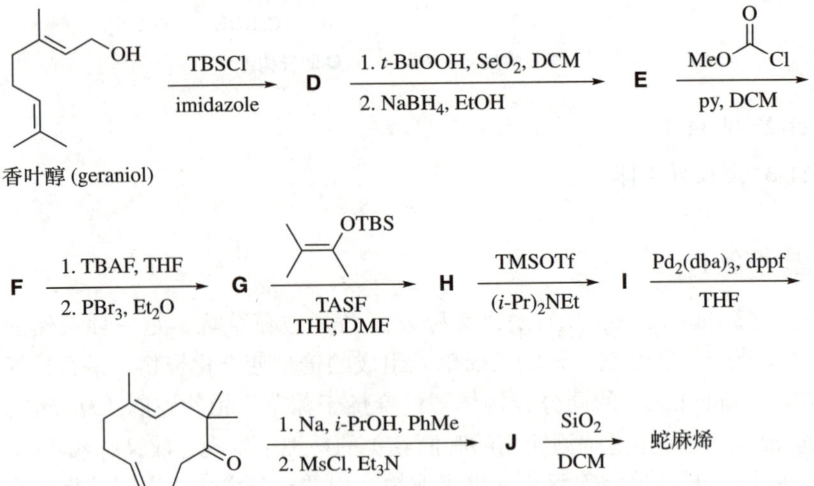

提示：$E = C_{10}H_{19}O_2TBS$，$G = C_{12}H_{19}BrO_3$，$I = C_{17}H_{27}O_4$。TMS，TMSOTf 是一种 Lewis 酸。

D-3 画出中间产物 **D ~ J** 的结构。

D-4 写出 D → E、I → J 的反应机理。

思考题解答

思考题 A

无机 | 元素化学
无机 | 分子结构
难度 | ★★

A-1 **A**：ClO_2；V 形；

$2ClO_3^- + 2H^+ + H_2C_2O_4 \rightleftharpoons 2CO_2\uparrow + 2ClO_2\uparrow + 2H_2O$

A-2 **B**：Cl_2O_4、**C**：O_2、**D**：Cl_2、**E**：Cl_2O_6；

$2Cl_2O_4 \rightleftharpoons O_2 + Cl_2 + Cl_2O_6$

E: [结构式] （写离域式不扣分）

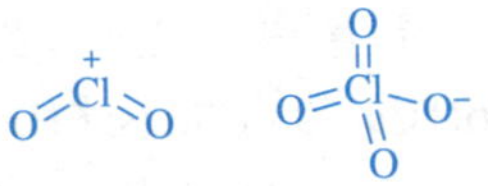

A-3 $CsClO_4 + ClSO_3F \rightleftharpoons Cl_2O_4 + CsSO_3F$；**B**: [结构式]

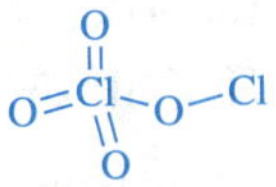

A-4 $TiCl_4 + 4ClOClO_3 \rightleftharpoons 4Cl_2 + Ti(ClO_4)_4$；

$CrO_2Cl_2 + 2ClOClO_3 \rightleftharpoons 2Cl_2 + CrO_2(ClO_4)_2$

A-5 **A**: [共振结构式] Cl: sp^2

（本题由柳晗宇提供）

思考题 B

B-1 写出体系平衡时各物种间满足的条件关系：

$$c(HF) = [HF] + [F^-] + 2[HF_2^-] \quad (F \text{ 原子物料守恒})$$

$$[F^-] + [HF_2^-] = [H^+] \quad (\text{电荷守恒})$$

无机 | 酸碱平衡
难度 | ★★

$c(X)$ 即 X 的分析浓度，[X] 即 X 的平衡浓度。

由电荷守恒式，有：

$$[F^-] = [H^+] - [HF_2^-]$$

将上式代入物料守恒式，得：

$$[HF] = c(HF) - [H^+] - [HF_2^-]$$

此式即质子守恒式。

平衡常数表达式为：

$$K_1^\ominus = \frac{[H^+][F^-]}{[HF]} = \frac{[H^+]([H^+] - [HF_2^-])}{[HF]}$$

$$K_2^\ominus = \frac{[HF_2^-]}{[HF][F^-]} = \frac{[HF_2^-]}{[HF]([H^+] - [HF_2^-])}$$

此处的平衡浓度 [X] 严格上都应为量纲为 1 的活度 $a(X) = [X]/c^\ominus$（理想溶液），$c^\ominus = 1 \text{ mol L}^{-1}$。

pH = 2.00，$[H^+] = 0.010 \text{ mol L}^{-1}$，代入，得：

$$1.1 \times 10^{-3} = \frac{0.010(0.010 - [HF_2^-])}{[HF]}$$

$$2.6 \times 10^{-1} = \frac{[HF_2^-]}{[HF](0.010 - [HF_2^-])}$$

解二元方程，得：

$$[HF] = 0.0889 \text{ mol L}^{-1}$$

$$[HF_2^-] = 0.000226 \text{ mol L}^{-1}$$

计算过程中多保留一位有效数字。

因此：

$$[F^-] = [H^+] - [HF_2^-]$$
$$= 0.010 \text{ mol L}^{-1} - 0.000226 \text{ mol L}^{-1}$$
$$= 0.00977 \text{ mol L}^{-1}$$

$$c(HF) = [HF] + [F^-] + 2[HF_2^-]$$
$$= 0.0889 \text{ mol L}^{-1} + 0.00977 \text{ mol L}^{-1} + 2 \times 0.000226 \text{ mol L}^{-1}$$
$$= 0.10 \text{ mol L}^{-1}$$

B-2 将平衡常数式 (1) 改写为 K_1 关于 $[H^+]$、$c(HF)$ 与 $[HF_2^-]$ 的函数：

无机 | 化学平衡
难度 | ★

$$K_1 = \frac{[H^+]([H^+] - [HF_2^-])}{[HF]} = \frac{[H^+]([H^+] - [HF_2^-])}{c(HF) - [H^+] - [HF_2^-]}$$

如果忽略平衡 (2)，那么上式变为：

$$K_1' = \frac{[H^+]^2}{c(HF) - [H^+]}$$

显然，只有在特殊条件下（见 **B-3** 小题），K_1 式与 K_1' 式的值才相等。由于 K_1 是一个常数，因此 K_1' 必定不是一个常数，它会随 $[H^+]$ 也就是 pH 的变化而变化。

无机 | 化学平衡
难度 | ★
注意分式中的蓝色部分，交叉相乘时这些同类项是可以快速化简的。

B-3 联立 K_1 式与 K_1' 式，有：

$$\frac{[H^+]([H^+] - [HF_2^-])}{c(HF) - [H^+] - [HF_2^-]} = \frac{[H^+]^2}{c(HF) - [H^+]}$$

$$\frac{[H^+] - [HF_2^-]}{\{c(HF) - [H^+]\} - [HF_2^-]} = \frac{[H^+]}{c(HF) - [H^+]}$$

$$[HF_2^-]\{c(HF) - [H^+]\} = [H^+][HF_2^-]$$

$$c(HF) - [H^+] = [H^+]$$

$$c(HF) = 2[H^+]$$

代入 K_1 式，有：

$$K_1 = \frac{[H^+]([H^+] - [HF_2^-])}{c(HF) - [H^+] - [HF_2^-]} = \frac{[H^+]([H^+] - [HF_2^-])}{2[H^+] - [H^+] - [HF_2^-]}$$

$$= \frac{[H^+]([H^+] - [HF_2^-])}{[H^+] - [HF_2^-]} = [H^+]$$

因此

$$c(HF) = 2[H^+] = 2K_1 = 0.0022 \text{ mol L}^{-1}$$

（本题选自"第 48 届国际化学奥林匹克竞赛预备题"第 8 题，有改动）

思考题 C

有机 | 反应机理
难度 | ★★

基态下，氧气分子以三线态形式存在，是一个双自由基。三线态氧在光照和敏化剂作用下生成闭壳层的单线态氧，没有单电子，是一个很活泼的亲电试剂。如果没有光照与敏化剂，氧气分子则以双自由基的形式参与反应：

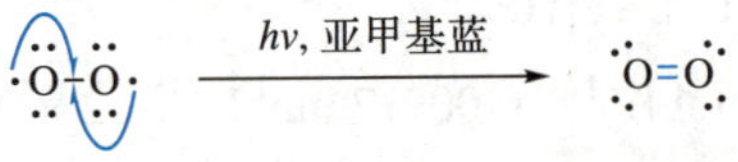

单线态氧与烯丙基（亲核试剂）发生烯反应，生成过氧化物。过氧化物在酸的催化下，过氧键异裂，乙烯基同时迁移，重排扩环（对照：硼氢化-氧化反应、Baeyer-Villiger 反应、Dakin 反应）。水解后生成酮-烯醇：

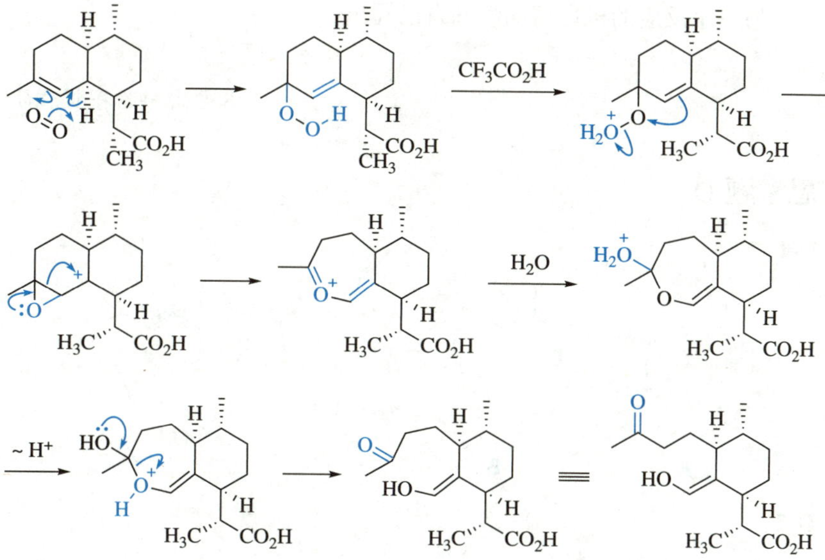

烯反应 (ene reaction)，又称 **Alder 烯反应**，是周环反应的一种，是一个带有烯丙基氢的烯烃（亲核）和一个亲烯体（亲电）之间发生的反应，产物是一个双键移动至原烯丙基位置的取代烯烃。

乙烯基的迁移既可以是协同的，又可以是分步的。

接下来，三线态氧与烯醇反应，生成过氧化物。过氧化物关环形成过氧桥：

注意：这里没有光照与敏化剂，氧气分子以双自由基的形式参与反应。这是一个链式反应，请同学们写出完整的链引发、链增长与链终止的反应式。

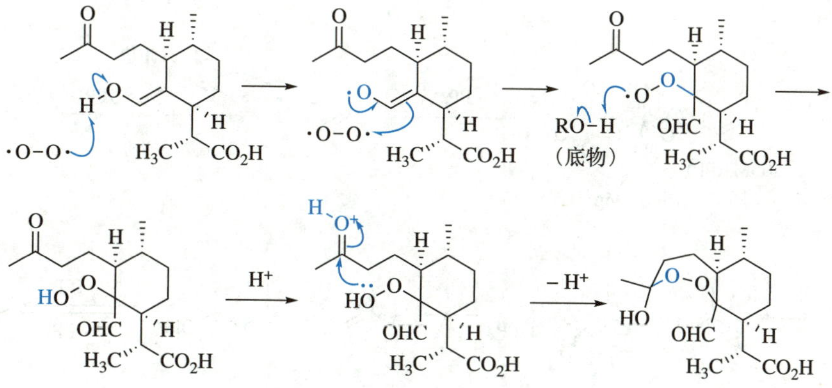

最后在酸催化下，醛基与两个分子内羟基形成缩醛，得到青蒿素：

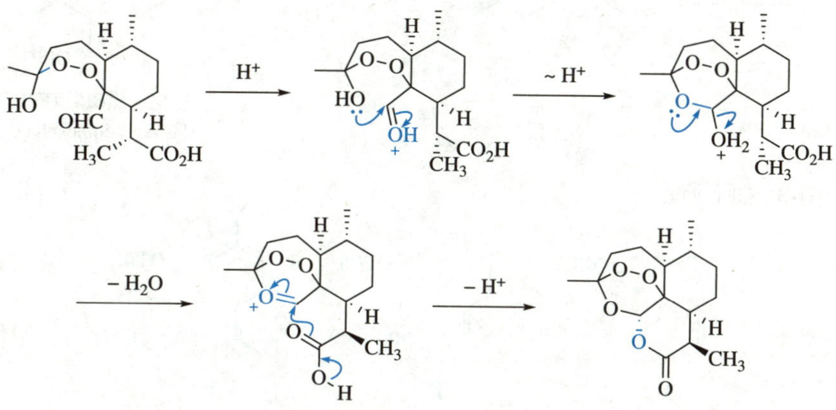

另一个反应的机理请同学们自己写出。

（本题由柳晗宇提供）

思考题 D

D-1

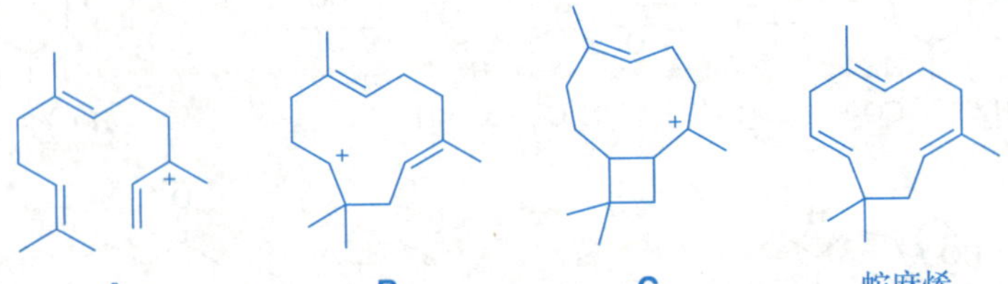

A、B、C、蛇麻烯

D-2

DMAPP

IPP

画出烯丙基正离子的另一种共振极限式，哪种极限式的贡献更大？

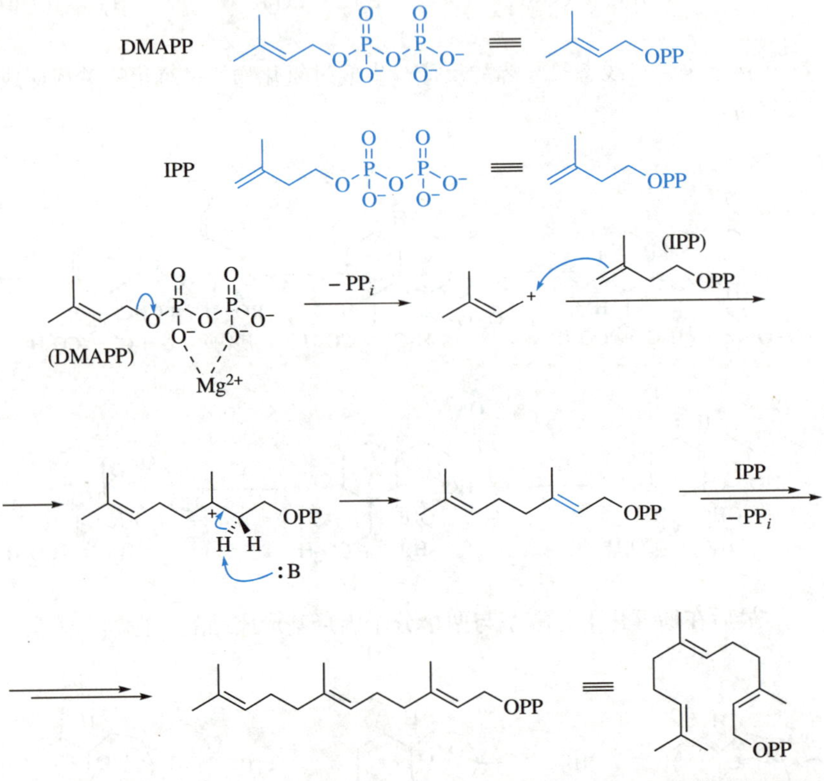

法尼基焦磷酸 (FPP)
farnesyl diphosphate

D-3 如下所示：

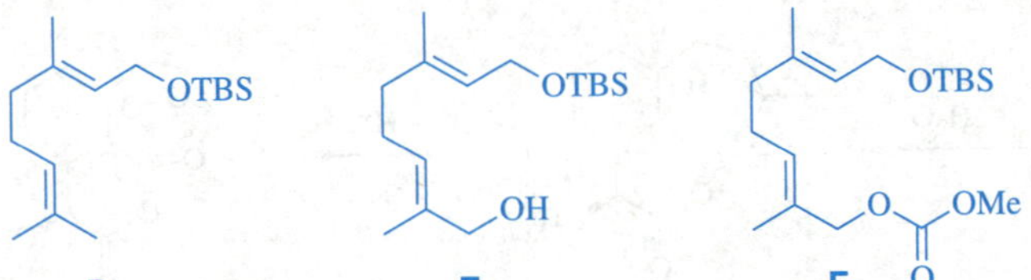

D、E、F

D-4 这两个反应机理都涉及金属元素氧化数的变化，当带有孤对电子的金属 M:进攻亲电试剂，或 M=X₁ 向 X 异裂时，M 的氧化数升高 2；反之，当亲核试剂进攻 M，或者 R—M 键向 M 异裂时，M 的氧化数降低 2。

有机 | 反应机理
难度 | ★★

D → E：SeO₂ 是温和的氧化剂，选择性氧化烯丙基。SeO₂ 首先与烯丙基发生烯反应。与思考题 C 中的单线态氧不同的是，Se=O 双键不对称，这提示我们需要考虑区域选择性的问题。显然，Se 原子的电负性小于 O 原子，因而 Se=O 双键向 O 原子极化，Se 显正电性，O 显负电性；而烯丙基中 C=C 键显负电性，H 原子显正电性，因而 Se 原子与 C 原子成键（只有一种 C 原子可以与 Se 成键），O 原子与 H 原子成键。另外也要注意到，Se 的氧化态从 +4 降低到 +2。接下来，生成的中间体发生 [2,3]-σ 迁移，双键回到最初的位置，水解后生成烯丙醇。

σ 迁移的编号：画出环状过渡态，从断键两端的原子开始向成键两端的原子依次编号 (1, 2, 3…)，两个成键原子上的编号即为 σ 迁移的编号（先小后大）。

值得注意的是，有时得到的烯丙醇会被 SeO₂ 继续氧化为醛、酮，因此第二步需要加入 NaBH₄ 对其进行还原。

I → J：Pd(0) 对 R—OCO₂Me 亲核进攻，形成 η³-配合物，同时 Pd(0) 被氧化到 Pd(Ⅱ)（氧化加成）。烯醇硅醚亲核进攻 Pd(Ⅱ)，MeOCO₂⁻ 离去。接下来 Pd(Ⅱ) 发生还原消除得到环酮。再经单分子还原、甲磺酰氯处理得到甲磺酸酯。

氧化加成反应不都是基元反应，常见的机理有：协同（小分子一步反应，如 H_2）、S_N2（极性 σ 键，如 ROTs）、自由基（常见于苄基化合物）、酸性离子型（如 HCl 的加成）。

（本题由柳晗宇提供）
（本章初稿由余子迪完成）

参考文献

[1] 龚跃法, 郑炎松, 陈东红, 张正波. 有机化学. 武汉: 华中科技大学出版社, 2012.

[2] Rogerio, A. P.; Andrade, E. L.; Leite, D. F. P.; Figueiredo, C. P.; Calixto, J. B. Preventive and therapeutic anti-inflammatory properties of the sesquiterpene α-humulene in experimental airways allergic inflammation. *Brit. J. Pharmacol.*, **2009**, *158* (4): 1074–1087.

[3] Hu, T.; Corey, E. J. Short syntheses of (±)-δ-araneosene and humulene utilizing a combination of four-component assembly and palladium-mediated cyclization. *Org. Lett.*, **2002**, *4* (14): 2441–2443.

第 21 届

中国化学奥林匹克竞赛（决赛）理论试题解析

2008 年 1 月 8～14 日·南京

第 1 题

题目

叠氮化合物不仅是重要的化工原料，也是良好的炸药和火箭推进剂，在国防和工业生产中有着广泛的应用。

1-1 HN_3 分子的几何构型如下图左所示（图中键长单位为 10×10^{-10} m）。N—N、N═N 和 N≡N 的共价键键长分别为 1.40×10^{-10}、1.20×10^{-10} 和 1.09×10^{-10} m，试画出 HN_3 分子的共轭结构式。

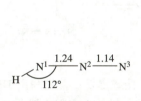

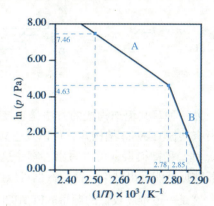

1-2 叠氮有机铝化合物是多种叠氮化反应的试剂。在室温下，将一定量 NaN_3、苯和 Et_2AlCl 混合，剧烈搅拌反应 24 h，常压蒸除溶剂，减压蒸馏得到叠氮二乙基铝（Et_2AlN_3，缩写 DEAA）。在低温下，Et_2AlCl 形成稳定的二聚体，DEAA 则形成稳定的三聚体。在上述聚合体中 Al 原子都是四配位，而且乙基的化学环境相同。试画出 Et_2AlCl 二聚体和 DEAA 三聚体的结构式。

1-3 DEAA 的饱和蒸气压与温度的关系曲线如上图右所示。试计算反应

$$\frac{1}{3}(DEAA)_3(l) \rightleftharpoons DEAA(l)$$

的摩尔焓变。

1-4 取浓度为 $0.100\ mol\ L^{-1}$ DEAA 的苯溶液，用凝固点下降法测得溶质的平均相对分子质量为 372（DEAA 三聚体的相对分子质量为 381），试计算 $(DEAA)_3$ 在该溶液中的解离率。

1-5 叠氮桥配合物表现出多样化的桥连方式和聚合结构，在分子基磁

性材料研究中极具价值。试画出叠氮桥连形成的双核配合物中叠氮根作桥连配体的各种可能方式（用 M 表示金属离子）。

分析与解答

这是一道以配位化学为背景的综合性题目，难度适中。

1-1 本题难度不大，但其中的关键是"共轭结构式"的概念。因为这个概念不太常用，因此如果在考场上紧张忘记或记混了（比如写成了虚线式或共振式），会非常麻烦。首先分析键级：根据题目给出的键长关系条件，容易判断 N^1—N^2 兼有单/双键性质，而 N^2—N^3 兼有双/叁键性质。因而 N^1—N^2 间存在一根 σ 键，N^2—N^3 间也存在一根 σ 键，N^1—N^2—N^3 间存在一根三原子离域 π 键，N^2—N^3 间存在一根双原子定域 π 键，再对照 HN_3 的 Lewis 结构式，很容易就能写出共轭结构式，如下图所示：

结构 | 分子结构
难度 | ★

一定要标出所有的成键与非键电子！

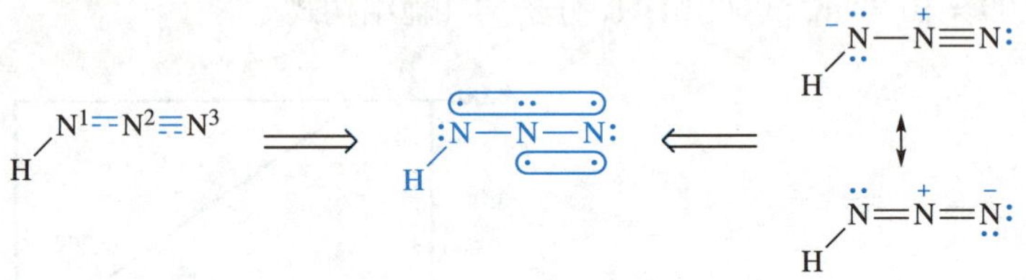

另一种写共轭结构式的方法是直接从共振式出发：首先写出 HN_3 的所有共振 (Lewis) 结构式，可以发生共振的 π 键体系之间必然存在离域 π 键，稍微摸索就可以写出答案。这种方法的好处在于甚至不需要键长数据就能推出结论，键长数据可以用来检查推理是否正确。

1-2 这是一道难度较低的题目。Et_2AlCl 的结构是容易写出的：Et_2AlCl 单体中 Al 原子与两个乙基 Et 和一个氯原子 Cl 各形成一根 σ 键，为三配位。余下的 p 轨道在形成二聚体的时候发挥 Lewis 酸的作用：它可以接受来自另一分子 Et_2AlCl 中的氯原子上的孤对电子，形成具有四配位结构的二聚体。注意，虽然乙基也可以作为桥连配体，但这里由于乙基没有孤对电子，因而其成键能力比氯原子要差得多，二聚体的结构是唯一的：

结构 | 配位结构
难度 | ★★

乙基是如何桥连成键的？形成什么性质的键？

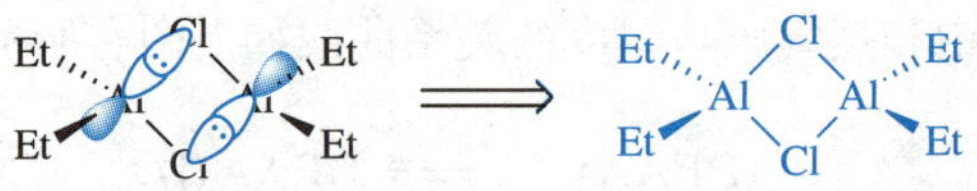

Et_2AlN_3 即 DEAA 为三聚结构。因此依题意将四元环扩为六元环，再将 Cl^- 配体换成 N_3^- 配体，很容易写出答案，如下图左所示。这里需要注意：为使桥连 N 原子配位能力最大化，应将 N_3^- 配体写为共振极限式 $N≡N^+$—N^{2-}。

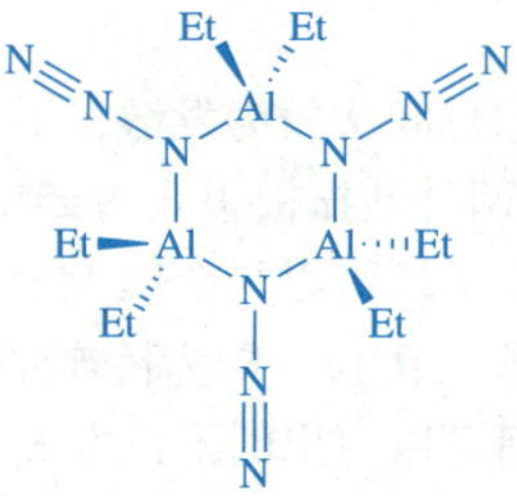

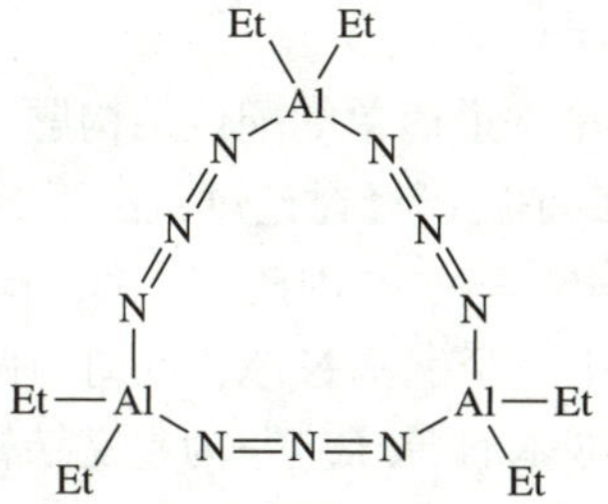

虽然如上图右所示的结构也是符合题意的，但稳定性显著次之，因而不是好的答案。

1-3 本题考查基本的相平衡与化学平衡计算。温度-饱和蒸气压图中示出两段折线，这显然对应如下两个相平衡：

$$\frac{1}{3}(DEAA)_3(l) \rightleftharpoons DEAA(g)$$

$$DEAA(l) \rightleftharpoons DEAA(g)$$

无机 | 相平衡与化学平衡
难度 | ★★

且由于 $1/3\ (DEAA)_3(l) \rightleftharpoons DEAA(l)$ 是吸热反应（破坏配位键），因而温度较高的折线左半部分对应单体-气体相平衡，温度较低的折线右半部分对应三聚体-气体相平衡。利用 Clausius-Clapeyron 方程：

注意图中横坐标为 $1/T$ 而非 T！

$$\ln\frac{p_2}{p_1} = \frac{\Delta H}{R}\left(\frac{1}{T_1} - \frac{1}{T_2}\right)$$

代入数据，可得：

$$7.46 - 4.63 = \frac{\Delta H_1}{8.314\ \text{J mol}^{-1}\ \text{K}^{-1}}(2.78 - 2.50) \times 10^{-3}\text{K}^{-1}$$

$$\Delta H_1 = 84.0\ \text{kJ mol}^{-1}$$

$$4.63 - 2.00 = \frac{\Delta H_2}{8.314\ \text{J mol}^{-1}\ \text{K}^{-1}}(2.85 - 2.78) \times 10^{-3}\text{K}^{-1}$$

$$\Delta H_2 = 312\ \text{kJ mol}^{-1}$$

注意纵坐标是对数，量纲为1。且原数相除等于对数相减，意味着数量级亦被抵消。

其中 ΔH_1 对应单体-气体相平衡，ΔH_2 对应三聚体-气体相平衡，因而反应 $1/3\ (DEAA)_3(l) \rightleftharpoons DEAA(l)$ 的摩尔焓变为：

$$\Delta H = \Delta H_2 - \Delta H_1 = 312\ \text{kJ mol}^{-1} - 84.0\ \text{kJ mol}^{-1} = 228\ \text{kJ mol}^{-1}$$

1-4 这是一道简单的化学平衡转化率计算题。设 $(DEAA)_3$ 向 DEAA 转化，平衡时解离率为 α，则有：

无机 | 化学平衡
难度 | ★

$$(DEAA)_3 \rightleftharpoons 3\ DEAA$$
$$\quad\ 1-\alpha \qquad\quad 3\alpha$$

平均相对分子质量 (372) 是三聚体相对分子质量 (381) 和单体相对分子质量 (109) 的加权平均，即：

$$\frac{3\alpha \cdot 109 + (1-\alpha) \cdot 381}{1 + 2\alpha} = 372$$

解得 $\alpha = 1.13\%$。

结构 | 配位结构
难度 | ★

1-5 这是一道简单的配位结构题，但是题目问法较为发散，不够严谨。前述 **1-2** 小题已经讨论过：由于 N_3^- 存在两种共振极限式 $N\equiv N^+—N^{2-}$ 和 $^-N=N^+=N^-$，因此 N_3^- 两个端基 N 原子均可以与金属 M 配位，但是当其中一个端基 N 原子同时与两个金属 M 配位（即为桥连原子）时，另一个端基 N 原子应写为叁键结构。因而可以写出的配位方式有：

$$
\begin{array}{c|ccc}
\overset{-}{N}=\overset{+}{N}=N &
\begin{array}{c} M \\ | \\ N=N=N \\ | \\ M \end{array} &
\begin{array}{c} N=N=N \\ | \quad\quad | \\ M \quad\quad M \end{array} &
\begin{array}{c} N=N=N \\ | \quad\quad\quad | \\ M—N=N=N—M \end{array} \\[2ex]
N\equiv\overset{+}{N}-\overset{-}{N} &
\begin{array}{c} N\equiv N-N \\ \quad\quad\;\;/\;\backslash \\ \quad\quad M \;\; M \end{array} &
\begin{array}{c} N\equiv N-N\quad\quad N-N\equiv N \\ \quad\;\;\backslash\;\;/\quad\quad\backslash\;\;/ \\ \quad\;\;M \quad\quad\quad\;\; M \end{array} &
\end{array}
$$

本题题干中并没有明说"叠氮根数目可以不唯一"，因而这容易给人造成一种误解：似乎只需答出叠氮根的两种桥连**成键**方式 M—N=N=N—M 和 N≡N—N(M)$_2$ 就可以了。题目的问法并没有完美地传达出"不仅要讨论成键方式，还要枚举多个配体存在时配合物的结构"这一要求，存在瑕疵。或许更好的问法是："……叠氮根作桥连配体可以有多种成键方式，试画出所有含有桥连叠氮配体的双核**配合物的结构**（只需画出金属离子与桥连叠氮根的部分，金属离子用 M 表示）"。

补充练习

1-6 工业上生产叠氮化钠的方式有：(1) 在 175 ℃ 时把 $NaNO_3$ 粉末加到融化的 $NaNH_2$ 中；(2) 在 190 ℃ 时将 N_2O 通入融化的 $NaNH_2$ 中；(3) 在钠/液氨中通入 N_2O。写出三个反应的方程式。方法 (3) 比 (2) 的优势在哪里？

1-7 写出 NaN_3 与下列化合物反应的产物，给出反应机理：(1) 卤代烷 R—X；(2) 取代炔烃 R—C≡C—R；(3) 腈 R—C≡N；(4) 异氰酸酯 R—N=C=O；(5) 异硫氰酸酯 R—N=C=S；(6) 酰氯 R—(C=O)Cl；(7) 酮 $R_2C=O$。

第 2 题

题目

高铁酸钾 (K_2FeO_4) 是一种新型选择性氧化剂和超铁电池的正极材料，在水处理、有机合成、电池工业等方面展现出广阔的应用前景。早在 1951 年，Thompson 等已成功地利用化学方法合成了纯度为 97% ~ 99%

的 K_2FeO_4。已知相关物质的标准电极电势如下：

$$FeO_4^{2-} + 8H^+ + 3e^- = Fe^{3+} + 4H_2O \qquad E^\ominus = 2.20 \text{ V}$$
$$FeO_4^{2-} + 4H_2O + 3e^- = Fe(OH)_3 + 5OH^- \qquad E^\ominus = 0.72 \text{ V}$$
$$2HClO + 2H^+ + 2e^- = Cl_2 + 2H_2O \qquad E^\ominus = 1.611 \text{ V}$$
$$ClO^- + H_2O + 2e^- = Cl^- + 2OH^- \qquad E^\ominus = 0.81 \text{ V}$$
$$Cl_2 + 2e^- = 2Cl^- \qquad E^\ominus = 1.358 \text{ V}$$

2-1 试写出以 $Fe(NO_3)_3$ 为铁源、$KClO$ 为氧化剂，在 KOH 溶液中制备 K_2FeO_4 的离子方程式。

2-2 研究发现，$Fe(OH)_3$ 能催化溶液中 K_2FeO_4 的分解。在相同条件下，分别以 $Fe(NO_3)_3$ 和 $K_3[FeF_6]$ 为原料制备 K_2FeO_4，哪种铁源制备 K_2FeO_4 的产率较高？简述理由。

2-3 高铁酸在水溶液中有四种型体，其酸常数为 $pK_{a_1} = 1.6$、$pK_{a_2} = 3.5$、$pK_{a_3} = 7.3$。$pH = 1.0$ 的该溶液中四种型体中哪两种是主要的？写出它们的化学式。

2-4 K_2FeO_4 在 KOH 溶液中可将甲苯氧化成苯甲醛，FeO_4^{2-} 转化为红棕色沉淀和绿色溶液（绿色是由 FeO_4^{3-} 呈现的），该绿色溶液与适量 S^{2-} 发生氧化还原反应生成深色沉淀，组成分析发现该沉淀为三种物质的混合物，写出它们的化学式。

2-5 以 K_2FeO_4 作为锂离子电池的正极材料，可嵌入/脱嵌 Li^+ 离子。1.00 g K_2FeO_4 的理论容量为 406 mAh，请通过计算写出 K_2FeO_4 可逆嵌入/脱嵌 Li^+ 的方程式。

分析与解答

本题主要考查水溶液中的酸碱平衡与电化学问题，难度较低。

2-1 这是一道简单的方程式书写问题。书写水溶液中反应的方程式时，需要注意溶液的酸碱条件会影响其中物种的主要存在形式，如在 KOH 溶液中，次氯酸（盐）的主要存在形式是 ClO^-，而 $Fe(NO_3)_3$ 则会水解生成 $Fe(OH)_3$，因而反应的离子方程式最好写为：

无机 | 氧化还原反应
难度 | ★

$$2Fe(OH)_3 + 3ClO^- + 4OH^- = 2FeO_4^{2-} + 3Cl^- + 5H_2O$$

将 $Fe(OH)_3$ 写成 Fe^{3+} 也是可以接受的，但不够好。

2-2 本题的提问方法非常直接，直接根据题目提示就可作答：$Fe(OH)_3$ 可以催化 K_2FeO_4 分解而使产率降低，因此应在制备过程中尽量减少或避免 $Fe(OH)_3$ 的生成。由于 FeF_6^{3-} 是非常稳定的配合物，而 $Fe(H_2O)_6^{3+}$ 非常容易水解为 $Fe(OH)_3$，因此以 FeF_6^{3-} 为原料制备 K_2FeO_4，产率更高。

无机 | 配位平衡
难度 | ★

2-3 本题关键在于写出高铁酸的一级电离方程。由 Henderson-

无机 | 酸碱平衡
难度 | ★

Hasselbalch 方程：

$$\text{pH} = \text{p}K_a + \lg\frac{[\text{A}^-]}{[\text{HA}]}$$

易知物种型体占比由 pH 与 pK_a 的远近程度决定。pK_{a_1} = 1.6 最接近 1.0，因此与 pH = 1.0 联系最紧密的就是高铁酸的一级电离：

$$\text{H}_3\text{FeO}_4^+ + \text{H}_2\text{O} \rightleftharpoons \text{H}_2\text{FeO}_4 + \text{H}_3\text{O}^+$$

因而最主要的两个物种是：H_3FeO_4^+ 和 H_2FeO_4。

2-4 本题考查氧化还原反应与铁、硫的元素化学。绿色 FeO_3^{2-} 溶液中 Fe 氧化数为 +4，而 S^{2-} 只能为还原剂，因此二者发生氧化还原反应后只能得到 Fe(Ⅲ)、Fe(Ⅱ) 等低氧化态的铁离子，以及深色的无定形 S(0) 单质 [不可能得到 Fe(0)，为什么？]。Fe(Ⅲ) 在碱性条件下极易水解，且为硬 Lewis 酸，因此存在形式为 Fe(OH)_3 深红棕色沉淀；而 Fe(Ⅱ) 水解倾向相对较弱，且为软 Lewis 酸，它更易与溶液中本身存在的 S^{2-} 结合生成稳定的 FeS 黑色沉淀。

标准答案中没有给出 FeS，而是写出了 Fe_2S_3。从边栏中的 K_{sp} 数据出发，似乎 Fe_2S_3 也有一定道理，但是 Fe_2S_3 实际上非常不稳定，20 °C 以上立即分解为 FeS 与 S 单质，因此 FeS 应该是更好的答案。

> 无机 | 氧化还原反应
> 难度 | ★
> $K_{sp}(\text{Fe(OH)}_2)$ = 7.9 × 10^{-15}
> $K_{sp}(\text{Fe(OH)}_3)$ = 6.3 × 10^{-38}
> $K_{sp}(\text{FeS})$ = 4.9 × 10^{-18}
> $K_{sp}(\text{Fe}_2\text{S}_3)$ = 1.4 × 10^{-88}
> 无需记住具体数据，但应对数量级有大致概念。

2-5 本题为简单的计算题。1.00 g K_2FeO_4 中 Fe 的物质的量为：

$$n(\text{Fe}) = \frac{m(\text{K}_2\text{FeO}_4)}{M(\text{K}_2\text{FeO}_4)} = \frac{1.00 \text{ g}}{198 \text{ g mol}^{-1}} = 5.05 \text{ mmol}$$

而 406 mAh 对应的 Li 的物质的量为：

$$n(\text{Li}) = \frac{Q}{F} = \frac{406 \text{ mAh} \times 3600 \text{ s h}^{-1}}{96485 \text{ C mol}^{-1}} = 15.15 \text{ mmol}$$

> 无机 | 电化学
> 难度 | ★
>
> Faraday 常数有两种常用取值：96500 或 96485 C mol^{-1}。

因此 $n(\text{Li}) = 3n(\text{Fe})$，所求方程式为：

$$\text{K}_2\text{FeO}_4 + 3\text{Li}^+ + 3\text{e}^- \rightleftharpoons \text{K}_2\text{Li}_3\text{FeO}_4$$

笔者认为，写作如下形式也是可以的：

$$2\text{K}_2\text{FeO}_4 + 6\text{Li}^+ + 6\text{e}^- \rightleftharpoons \text{Fe}_2\text{O}_3 \cdot 3\text{Li}_2\text{O} \cdot 2\text{K}_2\text{O}$$

第 3 题

题目

近年来人们开发了一种由铝合金和硼纤维组成的铝合金基-硼纤维复合材料。该材料具有比铝合金更高的比强度和比模量，可用于航空、航天飞行器。有人设计了一种分析这种复合材料中硼含量的方法：用混酸溶解 m 克样品，配成体积为 V_0 的试样溶液；通过强酸型阳离子交换树脂除尽溶液中的金属阳离子；以甲基红为指示剂，用 NaOH 溶液中和试样溶液；加入甘露醇，使硼酸 ($K_a = 5.8 \times 10^{-10}$) 定量地转变为甘露醇-硼酸配合物 ($K_a = 8.4 \times 10^{-6}$)。反应方程式为：

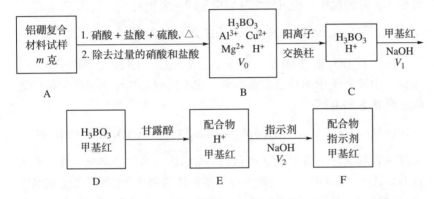

再加入适当指示剂，用 NaOH 溶液滴定到终点。主要分析流程图如下（图中只列出主要物质，其他少量物质的干扰可以不予考虑）：

```
┌─────────┐                      ┌─────────┐           ┌─────────┐
│ 铝硼复合 │ 1.硝酸+盐酸+硫酸,△  │ H₃BO₃  │           │ H₃BO₃  │ 甲基红
│ 材料试样 │ ──────────────────→ │ Al³⁺ Cu²⁺│ 阳离子     │ H⁺     │ NaOH
│  m 克   │ 2.除去过量的硝酸和盐酸│ Mg²⁺ H⁺ │ 交换柱 ──→ │        │  V₁  ──→
└─────────┘                      │   V₀   │           │        │
                                 └─────────┘           └─────────┘
    A                                B                      C

┌─────────┐           ┌─────────┐           ┌─────────┐
│ H₃BO₃  │ 甘露醇    │ 配合物  │ 指示剂    │ 配合物  │
│ 甲基红  │ ──────→  │ H⁺     │ NaOH     │ 指示剂  │
│        │           │ 甲基红  │  V₂      │ 甲基红  │
└─────────┘           └─────────┘           └─────────┘
    D                     E                      F
```

3-1 写出从 A 框到 B 框生成 H_3BO_3 的反应方程式以及 H_3BO_3 在水溶液中的电离方程式。

3-2 除去过量酸后的热溶液在冷却至室温过程中有时析出白色鳞片状晶体。写出该晶体的化学式并解释为什么晶体呈片状。

3-3 从 C 框到 D 框的滴定操作过程中，是否需要准确地中和 H^+? 简述原因。

3-4 从原理上分析 D 框到 E 框这一步操作的目的。

3-5 如果 E 框中配合物和 NaOH 滴定剂的浓度均为 $0.10\ mol\ L^{-1}$，请估算滴定到化学计量点时的 pH，并指出从 E 框到 F 框的滴定过程中，应该选用哪种指示剂？滴定终点的颜色是什么？

指示剂	变色范围 pH	颜色 酸式	颜色 碱式	pK_{HIn}
甲基橙	3.1 ~ 4.4	红	橙黄	3.4
甲基红	4.4 ~ 6.2	红	黄	5.0
酚红	6.7 ~ 8.4	黄	红	8.0
酚酞	8.2 ~ 10.0	无	紫红	9.4

3-6 V_0、V_1 和 V_2 的单位都为 mL，M_B 为硼的摩尔质量 ($g\ mol^{-1}$)，$c(NaOH)$ 为 NaOH 溶液的浓度 ($mol\ L^{-1}$)，请给出被测溶液中硼含量 ($g\ L^{-1}$) 的计算式。

分析与解答

本题考查硼的元素化学与经典的酸碱滴定分析，难度较低。

3-1 单质硼 B 在硫酸、盐酸、硝酸混合酸中被氧化、溶解得到硼酸，氧化剂显然为硝酸 HNO_3。由于盐酸中存在大量水，因此可认为硝酸为被稀释的硝酸，还原产物为 NO：

$$B + HNO_3 + H_2O \Longrightarrow H_3BO_3 + NO$$

官方答案认为还原产物为 NO_2，可能是因为浓硫酸的存在减弱了硝酸被稀释的程度。笔者认为，由于没有更多的条件，两个答案都应当是合理的。实际情况中，很可能两种反应是同时发生的：

$$B + 3HNO_3 \Longrightarrow H_3BO_3 + 3NO_2$$

虽然 H_3BO_3 或 $B(OH)_3$ 分子中有三个羟基 —OH，但硼原子电负性太低，中性分子中的羟基很难电离。硼酸的电离实际上是四配位的硼酸水合物 **X** 的电离：

$$B(OH)_3 + H-OH \Longrightarrow (HO)_3B^--O^+H_2(X) \Longrightarrow (HO)_3B^--OH + H^+$$

硼酸水合物 **X** 中存在带有正电荷的氧鎓结构，使得羟基电离能力大大提升，且产物 $B(OH)_4^-$ 为高度对称的四面体形阴离子，硼原子上的负电荷同时被四个氧原子的吸电子诱导效应稳定。就算对硼酸的元素化学完全不了解，题目中给出的甘露醇-硼酸配合物结构也足以提示了。

3-2 本题考查硼的元素化学知识，室温条件下析出的白色鳞片状晶体就是硼酸 H_3BO_3。在硼酸晶体中，硼酸分子之间以 H···O—H 氢键相连，形成<u>六边形网络状二维结构</u>，如下图所示：

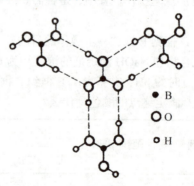

由于层与层之间<u>分子间作用力较弱</u>，层间容易发生<u>滑动</u>，因此晶体宏观呈片状。

有的同学认为白色鳞片状晶体是三氧化二硼 B_2O_3，这是没有道理的：B_2O_3 必须在硼酸固体 H_3BO_3 加强热条件下脱水生成。

$$H_3BO_3 \Longrightarrow HBO_2 + H_2O \quad T = 170\ °C$$
$$2HBO_2 \Longrightarrow B_2O_3 + H_2O \quad T = 300\ °C$$

3-3 本题较为容易，如果不能准确地中和 H^+，势必导致 D 框中或存在剩余的 H^+，或硼酸被过量滴定得到 $B(OH)_4^-$，进而导致 E → F 滴定时 V_2 测量的误差，因此必须准确中和 H^+。

<small>分析 | 酸碱滴定
难度 | ★</small>

3-4 解答本题，一方面要正确认识到硼酸电离中涉及的化学原理（**3-1** 小题），另一方面则要能下意识地往"酸碱滴定中的误差问题"这个角度分析：对于自由硼酸分子而言，其 K_a 过小，导致 $c \cdot K_a < 10^{-8}$，不能直接被 NaOH 滴定；与甘露醇形成配合物增强了硼酸的酸性（为什么？），$c \cdot K_a > 10^{-8}$，因而能准确地被 NaOH 滴定。

<small>分析 | 酸碱滴定
难度 | ★★</small>

为什么要求 $c \cdot K_a > 10^{-8}$？根据一元酸 HA 被强碱滴定的 **Ringbom 公式**：

$$E_t = \frac{10^{\Delta pH} - 10^{-\Delta pH}}{\sqrt{\dfrac{K_a}{K_w} \cdot c_{HA}^{sp}}} \times 100\%$$

<small>必须掌握各种情景中 Ringbom 公式的推导方法，包括强酸、弱酸、多元酸和混合酸的滴定（反之亦然），切忌只死记硬背公式本身。</small>

其中 E_t 是终点（相对）误差；ΔpH 是滴定终点与化学计量点 pH 之差，通常其不确定性为 0.3；c_{HA}^{sp} 是**化学计量点** (stoichiometry point, sp) 时 HA 的浓度。若要 $E_t \leqslant 0.2\%$，可解出 HA 可以被准确滴定的判据为 $c \cdot K_a \geqslant 10^{-8}$。

3-5 本题较为简单，化学计量点时硼酸根浓度为 0.050 mol L^{-1}，因而

<small>分析 | 酸碱滴定
难度 | ★</small>

$$[OH^-] = \sqrt{K_b c} = \sqrt{\frac{K_w}{K_a} c} = \sqrt{\frac{10^{-14}}{8.4 \times 10^{-6}} \times 0.050}\ \text{mol L}^{-1} = 7.7 \times 10^{-6}\ \text{mol L}^{-1}$$

pOH = 5.11

pH = 14 − pOH = 14 − 5.11 = 8.89

对照表格，应选酚酞为指示剂，终点颜色为微红色。

3-6 硼含量与 V_1 无关，简单地定量推导可得：

<small>分析 | 酸碱滴定
难度 | ★</small>

$$\text{硼含量} = \frac{c(\text{NaOH}) \cdot V_2 \cdot M_B}{V_0}\ (\text{g L}^{-1})$$

补充练习

3-7 推导强酸 (HCl) 滴定的 Ringbom 终点误差公式：

$$E_t = \frac{10^{\Delta pH} - 10^{-\Delta pH}}{\sqrt{\dfrac{1}{K_w} \cdot c_{HCl}^{ep}}} \times 100\%$$

3-8 推导弱酸 (HA) 滴定的 Ringbom 终点误差公式：

$$E_t = \frac{10^{\Delta pH} - 10^{-\Delta pH}}{\sqrt{\dfrac{K_a}{K_w} \cdot c_{HA}^{sp}}} \times 100\%$$

3-9 推导二元酸 (H_2A) 滴定的 Ringbom 终点误差公式：

$$E_t = \frac{10^{\Delta pH} - 10^{-\Delta pH}}{\sqrt{K_{a_1}/K_{a_2}}} \times 100\%$$

3-10 推导混合酸 (HA + HB, $K_{HA} > K_{HB}$) 滴定的 Ringbom 终点误差公式：

$$E_t = \frac{10^{\Delta pH} - 10^{-\Delta pH}}{\sqrt{\dfrac{K_{HA}c_{HA}}{K_{HB}c_{HB}}}} \times 100\%$$

第 4 题

题目

1967 年，C. J. Pedersen 发表了关于冠醚合成和选择性配位碱金属离子的论文，开创了超分子化学新领域。超分子主要是指分子通过非共价键完成自我识别与自我组装过程形成的具有特定结构的分子聚集体。在超分子层次上，化学与生命、环境、材料、信息等等学科相互交叉，形成超分子科学。目前，超分子科学在分子器件、基因结构、纳米材料等方面取得了巨大进展，已成为 21 世纪一个十分活跃的前沿领域。近期化学家合成了一种结构非常特殊的超分子，其设计思路是，利用分子自我识别与自我组装的能力，将三个环状化合物套入 Y 形分子的骨架上，再通过化学反应将三个环状化合物的侧链进行关环形成第四个环。如图 1 所示。

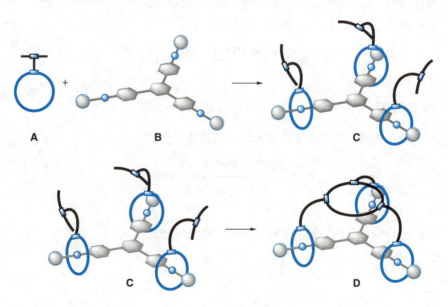

图 1

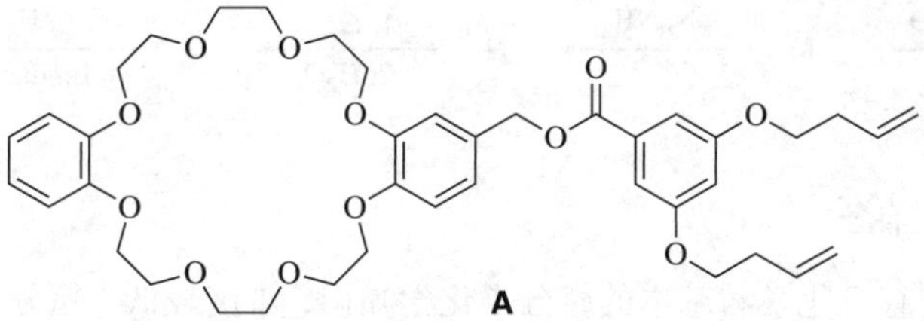

图 1（续）

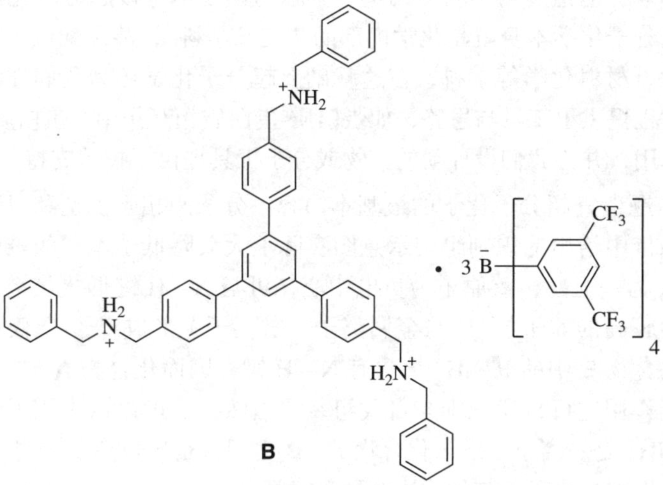

4-1 已知化合物 **A**、**B** 的结构分别如图 1 所示，试问：它们通过什么作用进行自我识别与自我组装？

4-2 在用邻苯二酚和 1,8-二氯-3,6-二氧杂辛烷进行 [2+2] 环化合成化合物 **A** 中的大环冠醚部分时，需用到两种方法以提高成环产率，即高度稀释和加入金属离子（模板离子）。试说明，为什么加入模板离子会提高产率？对 Na^+、K^+、Rb^+、Cs^+ 而言哪种离子作模板产率最高？为什么？

4-3 将超分子 **C** 转变为 **D** 时使用的化学反应通常称为烯烃复分解反应，生成 **D** 的同时，还生成另一种化合物 **E**。已知 **D** 中的第四个环为三十三元环。试问：化合物 **E** 是什么？反应过程中每生成一个 **D** 同时生成几个 **E**？

4-4 **K** 是合成化合物 **A** 的原料之一，以 **E** 为主要原料合成 **K** 的路线如下，请写出 **F**~**K** 所代表的化合物或反应条件。

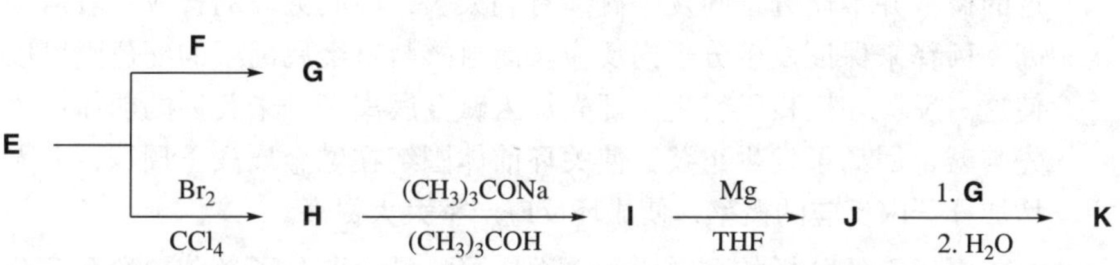

$$E \begin{array}{c} \longrightarrow F \longrightarrow G \\ \xrightarrow[CCl_4]{Br_2} H \xrightarrow[(CH_3)_3COH]{(CH_3)_3CONa} I \xrightarrow{Mg, THF} J \xrightarrow[2. H_2O]{1. G} K \end{array}$$

4-5 **K** 也可以用如下所示的路线合成，写出 **L**~**O** 所代表的化合物。

$$L \xrightarrow{H_2O} M \xrightarrow{NaNH_2} N \xrightarrow[\text{2. }H_2O]{\text{1. G}} O \xrightarrow{H_2 \atop \text{Lindlar Pd}} K$$

分析与解答

本题考查有机化学与基本的超分子化学知识，难度较低。超分子化学是 2000—2010 年化学领域最热门的研究内容之一，在本年的决赛试题中也有体现，七道题目中就有两道（本题与第 7 题）以超分子化学为背景。超分子化学本身就是化学内部的"交叉学科"，涉及配位化学、有机化学、材料化学等学科，在这基础上超分子化学还为我们理解一些生命过程提供了工具与思路，如蛋白质-蛋白质相互作用、蛋白质-DNA 相互作用，并为我们设计新的药物或分子工具提供了技术支持。

4-1 本题考查超分子化学的最基本内容：分子间相互识别和组装的机理。题目中给出的识别组装示意图实际上大大降低了本题的难度：化合物 **A** 为一冠醚，氧原子为负电中心，可与 X—H 键形成氢键（X 为电负性较高的原子），或与金属离子（氢离子）形成离子-偶极相互作用。化合物 **B** 中的 $R_2NH_2^+$ 恰含有 N—H 键，因而化合物 **A**、**B** 之间通过**氢键作用**进行自我识别与自我组装。当然，也可以认为质子化的铵盐 $R_2NH_2^+$ 是一离子，那么化合物 **A**、**B** 之间就是通过**离子-偶极作用**进行自我识别与自我组装的。这两种答案都可以。

超分子化学领域的先驱 Charles J. Pedersen 和 Donald J. Cram 在最早的冠醚研究中就描述了冠醚和有机铵正离子的相互识别作用。

总体而言，超分子化学中涉及的相互作用有以下几种：氢键、金属配位作用、离子-偶极相互作用、π-π 相互作用、疏水作用、范德华力等。在很多情况下两个分子互相识别与组装依靠不止一种相互作用（在生物大分子蛋白质、DNA 之间的相互作用和识别中也是如此）。

4-2 依靠离子模板合成大环化合物是超分子化学的典型应用之一。在大环的合成中，处在环合前体分子两端的官能团距离较远，其相互接近的概率并不比分子间发生碰撞有利太多，因此大环的合成一般需要高度稀释来保证发生分子内反应。而冠醚与碱金属离子的配位则可以使这一反应在模板下发生，即先加入碱金属离子，未关环的前体可以先与碱金属离子发生组装，使关环前体围绕在碱金属离子周围，大大增加分子内反应的概率，使成环反应产率大大提高。

更详细的分析如下图所示：大环冠醚是由两分子邻苯二酚和两分子 1,8-二氯-3,6-二氧杂辛烷发生四次 S_N2 反应得到的。过程中可能发生的副反应有：(1) 高浓度下，邻苯二酚与卤代烷发生线性的缩聚反应得到聚合物；(2) 中间体 P 自身关环得到苯并-12-冠-4（见边栏图）。为了避免聚合反应，需要高度稀释反应溶液；而为了尽量增加二苯并-24-冠-8 的产率，同时避免生成副产物苯并-12-冠-4，需要加入金属离子作为模板。离子模板利用了冠醚与金属的配位作用：在最后关环前，由于分子 (Q) 两端距离太远，相互碰撞概率很低，加入模板离子后，由于分子中的诸多氧原子能与模板离子形成离子-偶极作用（即自组装，self-assembly），围绕在模板离子周围，从而有效增加了分子两端相互碰撞的机会，使得成环反应产率提高。冠醚与尺寸匹配的阳离子互相作用时配位作用最强，因此选择 Cs^+ 做模板产率最高。

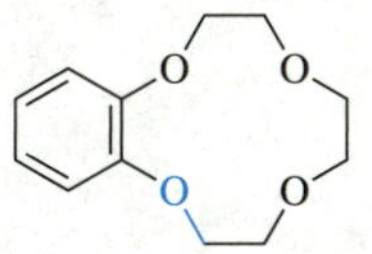

苯并-12-冠-4

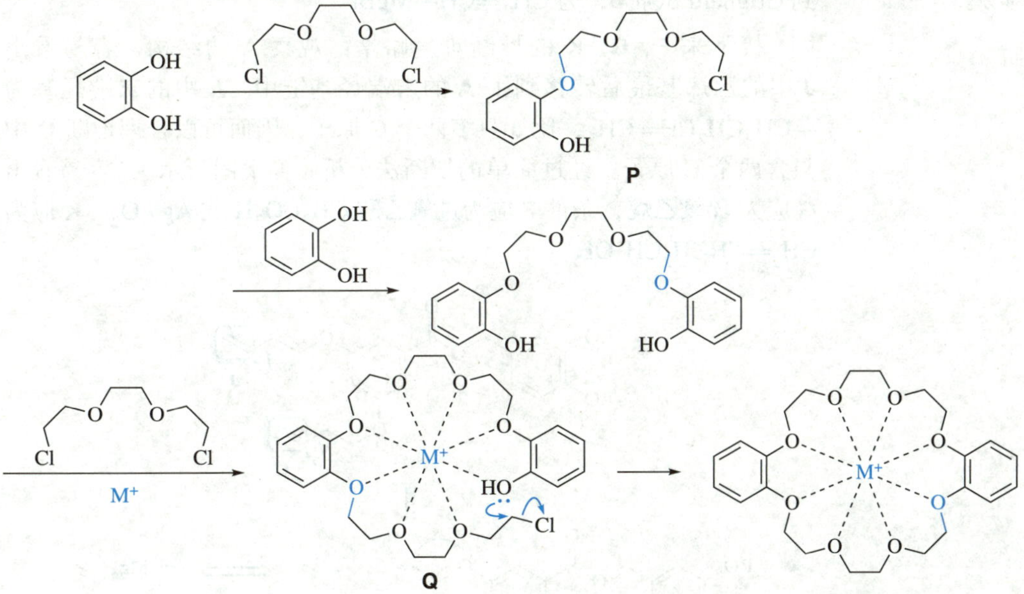

与 Li^+、Na^+、K^+、Rb^+、Cs^+ 尺寸相匹配的冠醚如下表所示：

Li^+	Na^+	K^+	Rb^+	Cs^+
12-冠-4	15-冠-5	18-冠-6	21-冠-7	24-冠-8

如欲合成四氮杂-12-冠-4（环楞胺），可以选择除 Li^+ 外的哪些离子做模板？

4-3 本题考查烯烃复分解反应的基本知识。烯烃复分解反应是一类在有机合成和材料化学领域都十分具有实际应用价值的反应，其通式为：

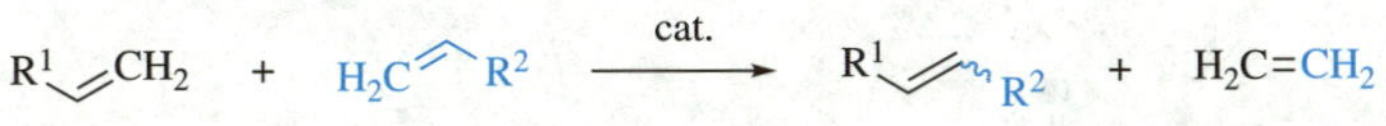

R^1CH_2 + $H_2C=R^2$ $\xrightarrow{cat.}$ $R^1{=}R^2$ + $H_2C=CH_2$

C 转变为 **D** 的反应本质上就是三分子 **A** 的关环复分解反应。**A** 中可参与环的构筑的非氢原子有 11 个（如下图蓝色部分所示），三分子 **A** 正好关环成三十三元环，同时生成的副产物 **E** 为乙烯 C_2H_4。显然，每生成一分子 **D** 就会生成三分子 **E**。

有机 | 反应推断
难度 | ★

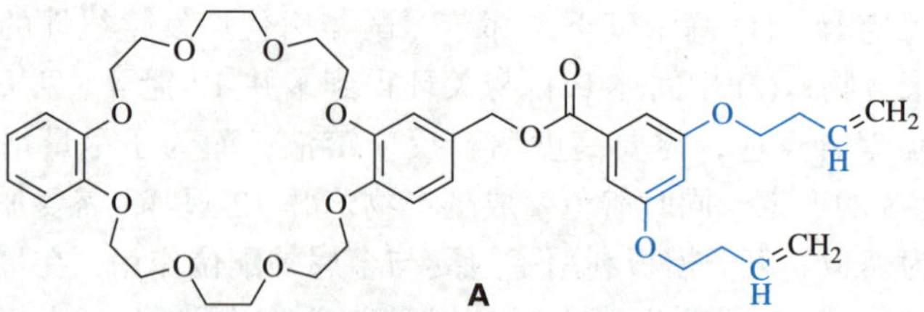

有机 | 反应推断
难度 | ★★

凭借"E 为乙烯"这一条件，从直觉上猜想 K 很可能是 A 的右半部分。

4-4 本题是一个信息极为有限的有机合成推断问题，最麻烦的一点就在于目标产物 K 的结构并未给出。由上一小题知，E 为乙烯 C_2H_4，因此乙烯加成一分子溴单质得到 H，为二溴乙烷 $BrCH_2CH_2Br$。H 在强碱条件下消除 HBr 得到 I，为 $CH_2=CH-Br$。I 与金属镁在 THF 中反应得到 Grignard 试剂 J，为 $CH_2=CH-MgBr$。

接下来 F、G、K 的推断难度略增：观察 A 的结构，容易看出 J 中的乙烯基最后转移到了 A 的末端烃基链中。A 中的末端烃基为 $-CH_2CH_2CH=CH_2$，比 J 只多两个 C 原子，因而可以合理推断 G 中只含两个 C 原子。经过简单的切断法分析（如下图所示），容易看出 G 应为环氧乙烷，条件 F 应为过氧乙酸 CH_3CO_3H 或 Ag/O_2，K 应为 $CH_2=CHCH_2CH_2OH$。

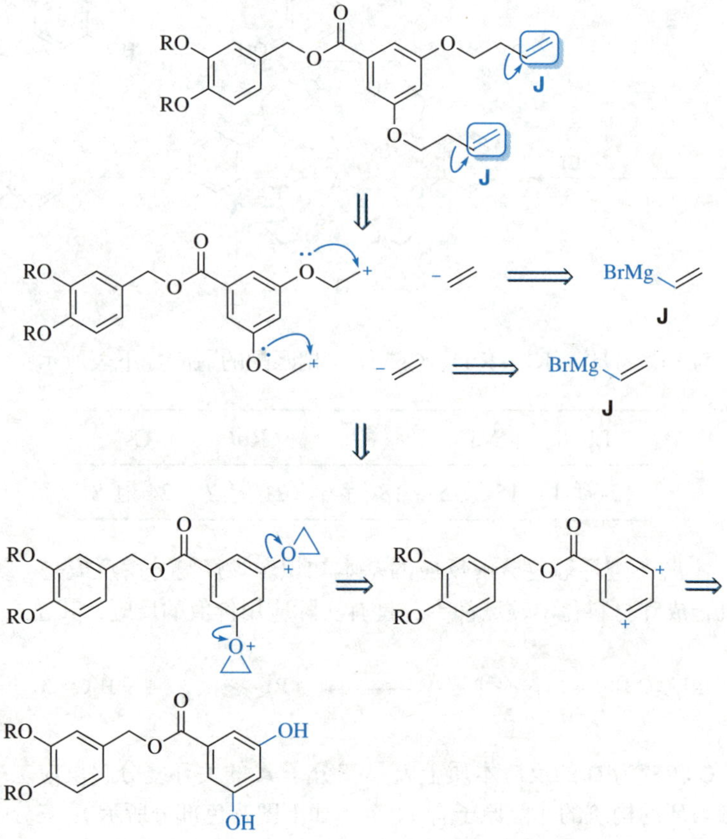

苯基正离子不是好的合成子，但将其继续逆推为酚之后，就能找到合适的合成反应：先将 K 转化为 $CH_2=CHCH_2CH_2OTs$，再由酚羟基进攻磺酸酯得到 A。逆合成分析时无需过分严谨地纠结反应机理，而应先看清关键合成子的电子性质与空间性质，再在细节处进行微调。

4-5 由上一小题知 K 为 CH₂=CHCH₂CH₂OH，而 K 又是由 O 经 Lindlar Pd / H₂ 还原而来，因而 O 为炔烃 CH≡CCH₂CH₂OH。已知 G 为环氧乙烷，因而 N 应为炔基负离子 CH≡C⁻，结合前一步条件 NaNH₂ 知 N 为炔钠 CH≡CNa。进一步逆推知 M 为乙炔 HC≡CH，L 为碳化钙 CaC₂。

有机 | 反应推断
难度 | ★

评注

本题考查的知识大多比较基础，难度不高。4-1、4-2 小题考查超分子化学领域的基本知识：非共价相互作用与模板合成。4-3 小题考查有机化学中经典的烯烃复分解反应，这也是化学竞赛中热门的考点，同学们应当掌握。4-4 小题已知信息较少，同学们面对此题时要沉着冷静，绕过未知的谜团，从已知信息和易于推断的地方入手。4-5 是同学们喜闻乐见的考研题目"以无机物为原料合成某有机化合物"，实际上，这大多只是纸上谈兵而已，无人真如此行事。

本题以加州大学洛杉矶分校 Stoddart 课题组与加州理工学院 Grubbs 课题组合作发表在《美国化学会志》上的文章"Template-Directed One-Step Synthesis of Cyclic Trimers by ADMET"为背景，考查了基础的超分子化学、有机化学和有机合成知识。该工作的亮点在于，使用化合物 B 作为模板辅助合成了 D 中的三十三元大环，从而达到了作者所描述的在化学实验室条件中模拟"自然界以非共价相互作用模板化单体之间共价键的形成（如 DNA、RNA 的合成）"的目的。大家可以此工作为例体会化学与生命科学之间的美妙结合。

Robert H. Grubbs（罗伯特·格拉布）1942 年出生于美国肯塔基州，在佛罗里达大学获得化学学士、硕士学位，而后在纽约州的哥伦比亚大学师从 Ronald Breslow，1968 年获得博士学位。Grubbs 在 1995 年发展了基于 Ru 卡宾的烯烃复分解催化剂二氯-(邻 异丙氧基苯亚甲基)-(三环己基膦) 合钌 (Ⅱ)，称第一代 Grubbs 催化剂。该催化剂容易合成，活性和稳定性都很强，不但对空气稳定，在水、酸、醇或其他溶剂存在下仍然能保持催化活性，而且对烯烃带有的官能团有很强的耐受性。它是目前应用最为广泛的烯烃复分解催化剂，在有机合成中有很广泛的应用。1999 年他又在第一代催化剂上进行改进，研发了第二代 Grubbs 催化剂。他发现 Ru 卡宾催化剂的活性与其中一个膦配体的解离有关，认为催化循环过程中经过一个高活性的单膦中间体，然后才与烯烃发生氧化加成。根据这一设计理念，Grubbs 提出了以比膦配体具有更强给电子能力和更高稳定性的 N-杂环卡宾配体代替其中一个膦配体，从而得到了第二代 Grubbs 催化剂。它具有比原催化剂更高的活性和选择性以及相似的稳定性，特别适用于低张力的环状烯烃及位阻较大的多取代烯烃的合成。因为在烯烃复分解反应方面的贡献，Grubbs 与 Richard R. Schrock（理查德·施罗克）、Yves Chauvin（伊夫·肖万）共同获得了 2005 年的诺贝尔化学奖。

《美国化学会志》（Journal of the American Chemical Society，常用缩写为 J. Am. Chem. Soc. 或 JACS）是美国化学学会发行的学术期刊，于 1879 年创刊至今。该期刊涉及化学领域的所有内容，根据《科学引文索引》(Science Citation Index, SCI) 的统计数据，《美国化学会志》是化学领域内被引最多的期刊，是化学与材料大领域杂志的龙头。

思考：Grubbs 催化剂中 Ru 的氧化数是多少？

从简单的化合物出发，合成第一代与第二代 Grubbs 催化剂。

什么是第三代 Grubbs 催化剂？它有何特点？

什么是 Hoveyda-Grubbs 催化剂？它有何特点？

J. Fraser Stoddart（弗雷泽·斯托达特）爵士1942年出生于苏格兰爱丁堡，于爱丁堡大学获得化学学士与博士学位。Stoddart教授从事超分子化学研究，他充分运用分子识别和分子自组装原理，高效地合成出一系列具有复杂拓扑结构和（或）机械互锁结构的分子，如分子Borromean（博罗米恩）环、索烃和轮烷等。进一步地，他在这些互锁分子的基础上研发出分子开关和分子马达，并将这些结构应用于纳电子学装置和纳机电系统(nanoelectromechanical systems, NEMS)的组建之中。2016年，Stoddart凭借分子机器的设计与合成，与Jean-Pierre Sauvage（让-皮埃尔·索瓦日）和Bernard L. Feringa（伯纳德·费林加）一同获得诺贝尔化学奖。

第 5 题

题目

NO 可经氮氧化物酶催化在生命过程中产生，并在此过程中起重要作用，但是，人们至今尚未探明 NO 参与代谢的细节。因此，开发能够在生物环境下实时检测 NO 的方法，成为摆在化学家、生物学家以及工程师们面前的课题。小分子荧光检测器在实时检测生物体内 NO 的领域具有良好的应用前景。

最近，化学家合成了一组荧光分子 ($FL_1 \sim FL_5$)，可用于生物体内 NO 的实时检测。先将荧光分子与 $CuCl_2$ 制成配合物，当体系中有 NO 出现时，NO 与配合物相互作用，从中置换出铜 (I)，通过对比反应前后体系荧光光谱的变化，即可检测 NO。原理示意如下（**FL** 代表荧光配体，合成的荧光配体 FL_1 见边栏图）：

$$FL + Cu(II) \rightleftharpoons [Cu(II)FL] \xrightarrow{NO} Cu(I) + FL-NO$$

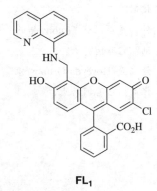

FL_1

5-1 已知 FL_1 与 $CuCl_2$ 生成的配合物分子式为 $C_{30}H_{18}N_2O_5Cl_2Cu$，其中铜为四配位，试写出该配合物的结构式。

5-2 NO 与 **5-1** 的配合物作用，生成分子式为 $C_{30}H_{18}N_3O_6Cl$ 的化合物和 CuCl，试写出该化合物最可能的结构式。

5-3 荧光分子 FL_5 ($C_{32}H_{21}N_2O_7Cl$) 的合成路线如下，请写出 A ~ E 以及 FL_5 的结构式。

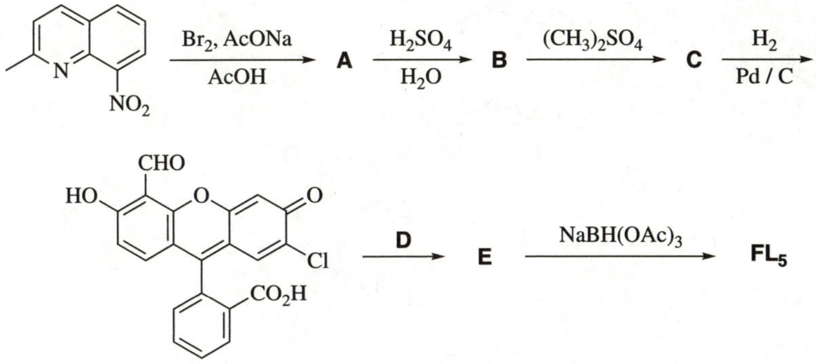

分析与解答

本题以一个检测 NO 分子的荧光探针为背景,综合考查配位化学和有机化学的相关知识。

5-1 耐心数出 **FL₁** 的分子式为 $C_{30}H_{19}ClN_2O_5$,可知形成的配合物少了一个 H,多了一个 "CuCl",即 **FL₁** 脱去一个 H 原子再与 Cu^{2+} 配位,同时还有一个 Cl^- 平衡电荷。观察 **FL₁** 的结构不难看出,左上喹啉环的结构刚好可以与铜原子螯合形成三配位,剩余一个位置与 Cl^- 配位,酚羟基的 H 脱去,配合物的结构为:

无机 | 配位化学
难度 | ★

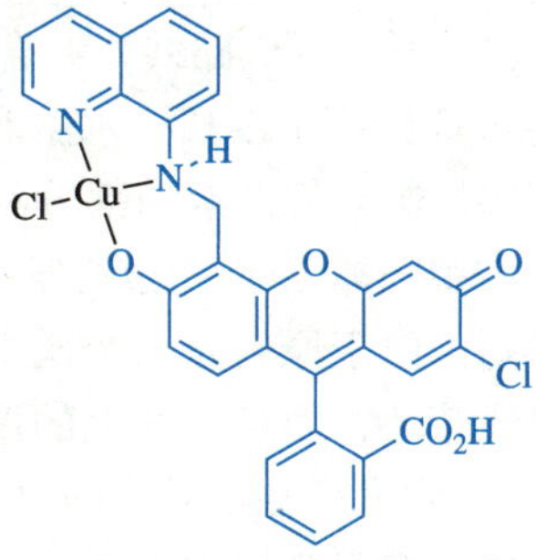

Cu(II)-**FL₁**

5-2 NO 分子与配合物作用,将 Cu(II) 还原为 Cu(I),CuCl 离去,NO 应该失去电子变为 NO^+ 的形式,将 **FL** 的某个原子亚硝化。结合基础的有机化学知识,NO 直接连接在酚羟基 O 原子上不是一个稳定结构,亚硝化应发生在 N 原子上,N 上的 H 转移给 O 原子:

无机 | 氧化还原反应
有机 | 反应推断
难度 | ★

思考：在实际的研究工作中，研究者通过什么方法可以得知 FL-NO 加合物的结构？

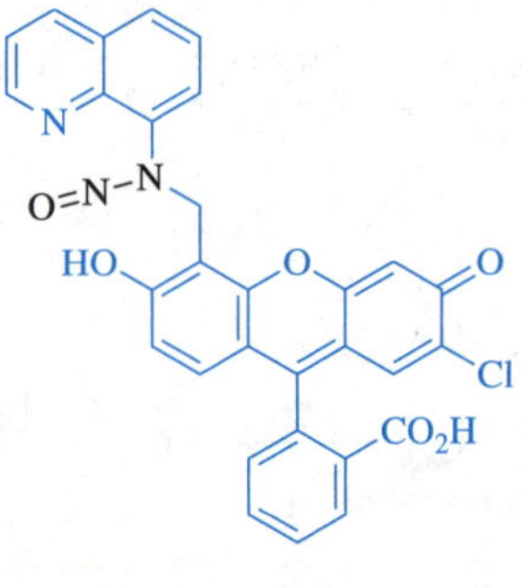

FL-NO

有机 | 反应推断
难度 | ★★

思考：对喹啉环部分的修饰可能是为了探究什么样的问题？

5-3 本题需要我们合理推断出 FL_5 分子的结构和中间的合成路线。首先统筹来看，FL_5 应该是一种与 FL_1 结构类似的分子，其发色团氯代荧光素的部分应该没有变化，而修饰了喹啉环的部分 D。通过对化学式分析可以看出，FL_5 比 FL_1 多了 $C_2H_2O_2$ 基团（算上取代的一个 H 实际上是 $C_2H_3O_2$）。对此类题目经验比较丰富的同学已经能够看出，这很有可能是一个 —$COOCH_3$ 基团，结合合成路线的原料实际上能够立刻画出 FL_5 的结构。

即使不能通过化学式想到羧甲基的结构，也可以通过反应路线来推断 FL_5 的结构：观察题干所述反应路线，结合有机合成的基础知识，我们应当能看出从原料到 C 经历了溴代、水解和甲基化的过程，然后催化氢化还原硝基得到 D，D 与荧光素的部分经由还原胺化反应得到 FL_5（E 为还原胺化的亚胺中间体）。以上过程唯一不确定的问题在于溴代反应上溴的位置和数量。由于原料是一个硝基喹啉芳环，非常缺电子，该溴代条件无法溴代芳环，而且芳环上的溴代也无法进行之后的水解和甲基化，因此溴代一定发生在 2 号位的甲基上。单溴代水解得到醇进而得到甲醚，双溴代水解得到醛进而得到缩醛，三溴代水解得到酸进而得到甲酯。与最终产物的化学式对照，只有甲酯符合。因此，合成路线和中间体如下：

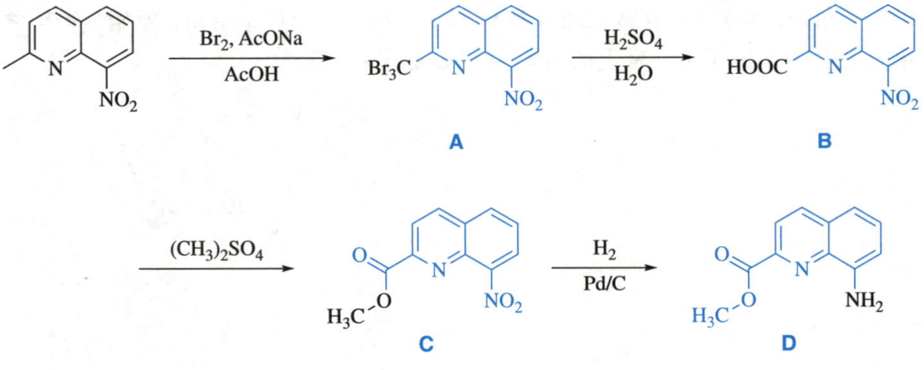

评注

有机荧光小分子一直是生物成像等领域有力的研究工具，特异性结合各种细胞器或者特异性识别各种小分子或大分子的荧光探针可以助力生物学家揭示许多生命科学问题，许多有机化学家也致力于开发新颖高效的荧光小分子探针。本题以来自麻省理工学院的 Lippard 课题组 2006 年发表在《美国化学会志》(*J. Am. Chem. Soc.*) 上 "Direct Nitric Oxide Detection in Aqueous Solution by Copper(II) Fluorescein Complexes" 一文为背景，综合考查了配位化学与有机合成的知识。

该工作中，作者开发了 **FL₁ ~ FL₅** 五个荧光探针（编号与本题不一致），首先与生物相容性较好的 Cu(II) 结合，荧光猝灭；在 NO 存在的条件下，N 被 NO 亚硝化，释放出 Cu(II)，分子荧光恢复，因而可以作为指示 NO 的荧光探针（图 2）。

另外值得一提的是，该文章的通讯作者 Stephen J. Lippard（斯蒂芬·利帕德）教授是生物无机化学领域的先驱和领导者之一，他首先阐明了著名抗癌药物顺铂 (*cis*-platin) 与 DNA 等生物大分子的作用机理，并获得了 2010 年的汤森路透公司 (Thomson Reuters) 的化学引文桂冠奖。引文桂冠奖，是汤森路透公司通过对 Web of Science 数据库平台（全球最重要的学术研究与发现平台，涵盖自然科学、社会科学和人文艺术三大领域）中科研论文及其引文进行深入分析，对遴选出的可能摘取诺贝尔奖的全球最具影响力的研究人员所颁发的奖项，是著名的诺奖风向标。这篇文章是其实验室在**金属神经化学** (metalloneurochemistry)

领域的代表工作之一。虽然其课题组已经不再招收研究生,但是年届 80 岁的 Lippard 教授仍然活跃在相关领域。

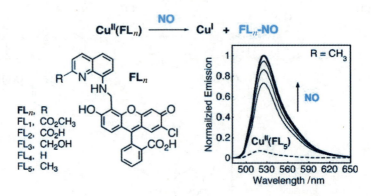

图 2　文章摘要图

补充练习

对此工作感兴趣的同学可以查阅相关资料,并思考以下问题:

5-4 荧光是什么?荧光分子发出荧光的原理是什么?

5-5 具体到本题的分子上,为何配体与 Cu(Ⅱ) 的结合会猝灭分子荧光?为什么 NO 的结合和 Cu 的释放会恢复荧光?

5-6 以金属配合物猝灭荧光,结合小分子释放金属恢复荧光可以说是一类广泛的检测特定小分子的荧光探针设计方法。如果要将此种策略真正用于细胞甚至活体内,探针需要满足什么样的条件?

第 6 题

题目

2007 年诺贝尔化学奖授予德国科学家 G. Ertl,以表彰他在"固体表面化学过程"研究中做出的贡献。化学工业中广泛使用的负载型催化剂(主要由载体和表面活性组分组成)的制备科学,就是典型的固体表面化学过程的应用。例如,NiO/γ-Al$_2$O$_3$ 催化剂由 γ-Al$_2$O$_3$ 载体和 NiO 活性组分组成。研究表明,γ-Al$_2$O$_3$ 中的 O^{2-} 具有 NaCl 晶体中 Cl$^-$ 的堆积方式,γ-Al$_2$O$_3$ 的主要暴露面为 C 层或 D 层(如图 3 所示),它们的暴露机会均等,分布在该面上的 O^{2-} 和 Al^{3+} 如图 4 所示。

6-1 在 C 层和 D 层的单位网格(即图 4 中的方框)内分别有几个处于由体相暴露出来的四面体空隙中的 Al^{3+} 和八面体空隙中的 Al^{3+}?

6-2 NiO/γ-Al$_2$O$_3$ 催化剂中分散在表面的 NiO 的 Ni^{2+} 进入能形成表面四面体配位和八面体配位的位置,且与 Ni^{2+} 相伴的 O^{2-} 按 γ-Al$_2$O$_3$ 堆

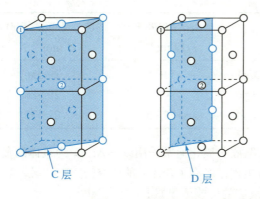

图 3 γ-Al$_2$O$_3$ 的晶胞

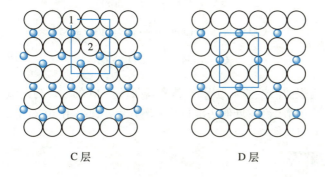

图 4 γ-Al$_2$O$_3$ 的主要暴露面，大白球为 O^{2-}，小蓝球为 Al^{3+}

积方式外延（假定只形成"单分子层"），请问在 C 层和 D 层的单位网格中各能容纳几个 Ni^{2+}？

6-3 将 NiO 换为 CuO，文献报道 Cu^{2+} 只能存在于表面的八面体空隙中，如果用氢还原不同配位环境的铜 (Cu^{2+} → Cu^0)，请估计还原温度较低的表面 Cu^{2+} 分布在 C 层还是 D 层中？简述理由。

6-4 已知 O^{2-} 离子半径为 0.140 nm，试估算 CuO/γ-Al$_2$O$_3$ 催化剂中 CuO 在 γ-Al$_2$O$_3$ 表面的最大单层分散值（以每 100 m^2 的 γ-Al$_2$O$_3$ 载体表面单层分散多少毫摩尔的 CuO 表示）。

6-5 CuO/γ-Al$_2$O$_3$ 催化剂可以用于 CO 的催化氧化：

$$2CO(g) + O_2(g) \longrightarrow 2CO_2(g)$$

若在 $p^{\ominus}$, 473 K 下，有 2 mol CO(g) 被完全催化氧化生成 CO$_2$(g)，请计算此过程中的反应焓变。已知 298 K 下的热力学数据：

	$\Delta_f H_m^\ominus$ (298 K) / (kJ mol^{-1})	$C_{p,m}$ (298 ~ 500 K) / (J mol^{-1} K^{-1})
CO(g)	−110.5	29.556
O$_2$(g)	−	29.526
CO$_2$(g)	−393.5	27.437

6-6 CO 的低温催化氧化通常采用以 γ-Al$_2$O$_3$ 为载体的负载型催化剂，人们对其反应机理已经有了较深入的研究。实验结果表明，CO 在催化剂表面与 O$_2$ 反应的可能历程如下：

$$CO + M \underset{k_{-1}}{\overset{k_1}{\rightleftharpoons}} CO(ads)$$

$$O_2 + 2M \overset{k_2}{\longrightarrow} 2O(ads)$$

$$CO(ads) + O(ads) \overset{k_3}{\longrightarrow} CO_2(ads) + M$$

$$CO_2(ads) \overset{k_4}{\longrightarrow} CO_2 + M$$

式中 M 为表面活性位（点），在该实验条件下 M 的数量为定值，ads 表示吸附态。请用稳态近似法推导其速率方程，速率用 d[CO$_2$]/dt 表示。

分析与解答

本题考查晶体学和物理化学的有关知识。

晶体 | 离子填隙
难度 | ★

6-1 同学们需要将图 4 中 C 层和 D 层的方框复原到晶胞当中，并识别出 Al 原子所占据的空隙。只要对晶胞的空间感把握得尚可，即可分辨出，C 层中上部是两个八面体空隙中的 Al，下部是两个四面体空隙中的 Al；D 层则是两个八面体空隙中的 Al（需要注意图 4 中的 D 层在图 3 中只显示出了一半）。

晶体 | 离子填隙
难度 | ★

6-2 本题需要考虑的是电荷平衡。每进入一个 Ni 都要相伴一个 O 原子，而 O 原子继续以此堆积方式外延，则形成单分子层最多引入四个 O 原子（即另外一个 C 层或 D 层），因此各可以容纳四个 Ni^{2+}。

晶体 | 离子填隙与配位数
难度 | ★★★
需要较强的空间想象能力。

6-3 C 层和 D 层中各还有两个空闲的八面体空隙，因此可以引入两个 CuO。填入 C 层中下方的两个八面体空隙需要相伴两个 O 原子，则两氧原子位于 D 层，不难看出两个氧原子的引入使得两个 Cu 都成为了六配位八面体。而填入 D 层中间和角上的八面体空隙，同样引入两个相伴的 O 原子，结合晶胞结构，两个引入的氧原子无论如何也不能被两个 Cu 的配位多面体共用，因此两个 Cu 都只能形成五配位结构。于是，C 层中的 Cu 配位环境比 D 层更稳定，D 层需要的还原温度更低。

晶体 | 晶胞参数计算
难度 | ★

6-4 本题的关键是计算单位网格的面积以及每个单位网格中 CuO 的数量。上题已经得出，每个单位网格中有两个 CuO，单位网格的面积计算如下：
$$S = \sqrt{2}a \cdot 2a = 2\sqrt{2} \cdot 8r^2(O^{2-}) = 0.443 \text{ nm}^2$$

则单层最大分散值为：
$$\frac{2 \times 1000 \times 1000}{0.443 \times 10^{-18} \times 6.023 \times 10^{23}} = 0.75 \text{ mmol}/100 \text{ m}^2$$

6-5 298 K 下的反应焓变为：

物化 | Kirchhoff 定律
难度 | ★

$$\Delta_r H^\ominus(298 \text{ K}) = 2 \text{ mol} \cdot \Delta_f H_m^\ominus(CO_2, g) - 2 \text{ mol} \cdot \Delta_f H_m^\ominus(CO, g)$$
$$= 2 \text{ mol} \times (-393.5 \text{ kJ mol}^{-1}) - 2 \text{ mol} \times (-110.5 \text{ kJ mol}^{-1})$$
$$= -566.0 \text{ kJ}$$

根据 Kirchhoff 定律，473 K 下的反应焓变为：
$$\Delta_r H^\ominus(473 \text{ K}) = \Delta_r H^\ominus(298 \text{ K}) + \Delta_r C_p \cdot \Delta T$$

由于
$$\Delta_r C_p = 2 \text{ mol} \cdot C_{p,m}(CO_2, g) - 2 \text{ mol} \cdot C_{p,m}(CO, g) - 1 \text{ mol} \cdot C_{p,m}(O_2, g)$$
$$= (2 \times 27.437 - 2 \times 29.556 - 29.526) \text{ J K}^{-1}$$
$$= -33.764 \text{ J K}^{-1}$$

故
$$\Delta_r H^\ominus(473 \text{ K}) = -566.0 \text{ kJ} + [-33.764 \text{ J K}^{-1} \times (473 \text{ K} - 298 \text{ K})]$$
$$= -571.9 \text{ kJ}$$

6-6 稳态近似法，将三种吸附物种（即反应中间体）的净生成速率均看作 0，则：

物化 | 动力学方程推导
难度 | ★★

$$\frac{d[CO_2(ads)]}{dt} = k_3[CO(ads)][O(ads)] - k_4[CO_2(ads)] = 0$$
$$\frac{d[CO(ads)]}{dt} = k_1[CO][M] - k_{-1}[CO(ads)] - k_3[CO(ads)][O(ads)] = 0$$
$$\frac{d[O(ads)]}{dt} = 2k_2[O_2][M]^2 - k_3[CO(ads)][O(ads)] = 0$$

则：
$$\frac{d[CO_2]}{dt} = k_4[CO_2(ads)]$$
$$= k_3[CO(ads)][O(ads)]$$
$$= 2k_2[O_2][M]^2$$
$$= k_{obs}[O_2]$$

第 7 题

题目

过渡金属大环配合物可以用作模拟金属酶的活性中心，其中 Cu(I) 配合物因可活化 O_2 等小分子而倍受关注。最近有人在空气中以间苯二甲醛和三 (3-氨丙基) 胺（缩写为 trpn）在 Ag^+ 离子存在下通过胺醛缩合生成 Ag(I) Schiff（席夫）碱大环配合物 **1**，并对其中氧原子的来源进行了研究，相关合成路线如图 5 所示（图中未标出银的配位键）。

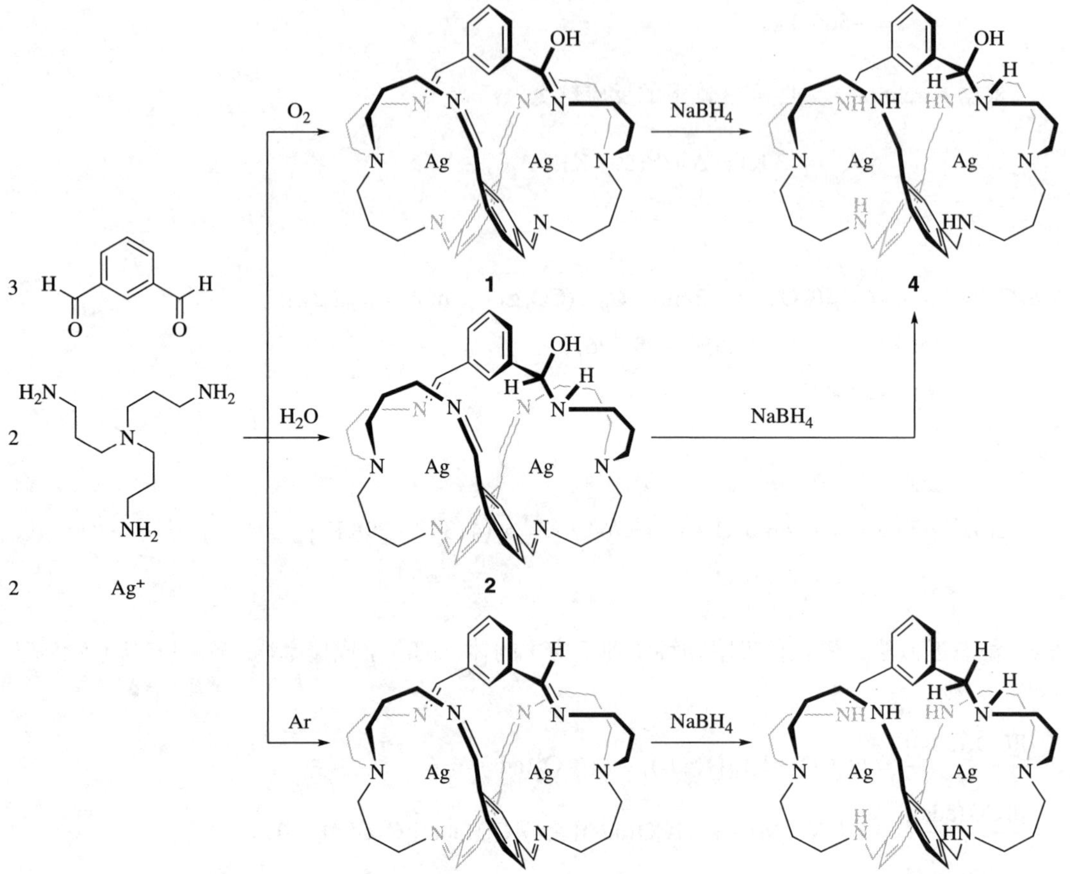

图 5　Ag(I) Schiff 碱大环配合物的合成路线

7-1　将纯化所得产物做了元素分析和红外光谱等基本表征，化合物的官能团在红外光谱上产生不同的特征吸收峰。如何利用配合物 **1** 的红外光谱判断产物中不含原料及低相对分子质量的线性聚合物类的副产物？

7-2　在氩气氛中得到了配合物 **3**，将配合物 **1** 和 **3** 在氩气氛中用足量的

NaBH₄ 还原，得到化合物 **4** 和 **5**，并进行了红外光谱研究。请推测化合物 **4** 和 **5** 红外光谱上最主要的差别是什么？

7-3 测定了配合物 **1** 和 **3** 的晶体结构，结果发现配合物 **3** 中无氧，配合物 **1** 中和 O 原子相连的 C 原子的相关结构数据为：C—O 键长为 150.0 pm，C—N 键长为 124.7 pm，N—C—O、C—C—O 和 N—C—C 的键角分别为 126.0°、112.5° 和 121.5°。如何利用这些数据说明在空气中得到的确实是配合物 **1**，而不是由于 H₂O 分子在 C=N 双键上加成所得到的配合物 **2**？

7-4 在盐酸存在下将配合物 **1** 和 **3** 水解，过滤，滤液经分离除去 trpn 后的剩余组分经高效液相色谱分析，配合物 **1** 的水解产物色谱图上显示有 **A** 和 **B** 两个组分，代表纯组分相对量的峰面积比为 33.02:66.09 (**A:B**)，而配合物 **3** 的水解产物仅有一种组分 **C**。对 **A** 和 **B** 进行了质谱表征，其电喷雾质谱图分别为 (a) 和 (b)（质谱图的纵坐标为相对丰度，横坐标为质荷比，相对丰度 100% 的峰对应的质荷比为 $M + 1$）。说明 **A**、**B** 和 **C** 各为何物。

relative abundance: 相对丰度。

图 (a) 数据：m/z = 151.1, 229.2, 301.2, 393.4, 589.1, 671.3, 788.8。

图 (b) 数据：m/z = 86.9, 90.9, 116.0, 135, 313.1, 314.8, 345.2, 373.0。

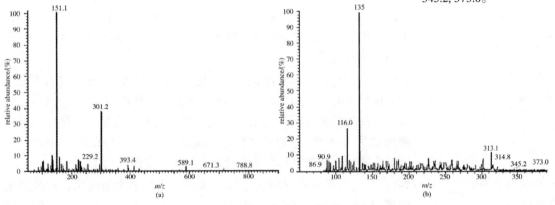

7-5 在无 trpn、其他条件和合成配合物 **1** 相同时，AgNO₃ 在空气中不能氧化间苯二甲醛。对配合物进行氢核磁共振实验，所得谱图如下（图中不同位置的信号表示氢的化学环境不同），其中 (a) 图对应配合物 **1**，(b) 图对应无氧条件下新鲜制备的配合物 **3**，(c) 图对应配合物 **3** 在空气中放置一周后所得样品。结合前面几步的实验能否判断配合物 **1** 中氧原子的来源？请简述理由。

ppm: 百万分率 (parts per million)，核磁共振谱中化学位移 (δ) 的表示方法。三张图中的横轴刻度均为：δ = 8.0, 6.0, 4.0, 2.0 ppm。

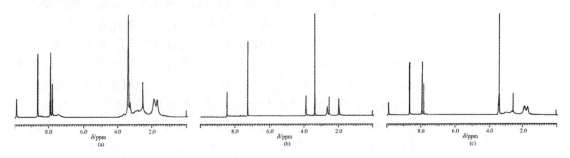

分析与解答

本题以大环配合物的合成与波谱分析为背景,综合考查有机化学、结构化学、红外光谱、质谱与核磁共振氢谱有关知识。难度适中但覆盖知识面较广。

分析|红外光谱
难度|★

7-1 本题考查有机化合物的红外光谱学知识。化学键的振动(伸缩、剪切摆动与面外摆动等)是量子化的,分子会吸收特定频率的红外线,使化学键由振动基态跃迁至激发态(通常是第一激发态),检测红外线被化合物吸收的情况,可得到其**红外(吸收)光谱**(infrared spectroscopy, IR)。对有机化合物而言,不同的官能团产生不同的振动模式与振动能级,因而在红外光谱中具有不同的**特征吸收峰**(characteristic bands/peaks);相反地,具有同种官能团的不同化合物,它们在该官能团的特征吸收区域会具有相似的红外光谱。比较大环配合物 1 与底物间苯二甲醛、trpn 的结构,可以看出大环配合物 1 不含醛羰基—CHO 或一级氨基—NH_2,而含有亚氨基(Schiff 碱)基团 C=N。因而在配合物 1 的红外光谱中,应无醛羰基或一级氨基的吸收峰,而应有亚胺吸收峰。

分析|红外光谱
难度|★

7-2 与 7-1 小题类似,配合物 4 中含有羟基—OH 而配合物 5 中没有。因此 4 的红外光谱中有羟基—OH 的特征吸收峰,而配合物 5 的红外光谱没有该吸收峰。

结构|分子结构
难度|★

7-3 观察配合物 1 和 2 的结构,发现二者的区别在于:1 中含有平面构型的烯醇式酰胺 R—C(OH)=N—R,而 2 中没有 C=N 双键,只有二级胺 R_2NH 与醇 ROH,中心 C 原子为四面体构型。由于 1 中与 O 原子相连的 C 原子周围三个键角之和为 $126.0° + 112.5° + 121.5° = 360.0°$,因此该 C 原子必为平面构型,应为配合物 1 而非配合物 2。

分析|高效液相色谱
分析|质谱
难度|★★

7-4 本题考查高效液相色谱与质谱在有机化学中的应用。**高效液相色谱**(high performance liquid chromatography, HPLC) 对于同学们来说是较为陌生的,但其原理本质上与实验考纲中的**薄层色谱**(thin layer chromatography, TLC) 是相似的——溶于**流动相**(mobile phase) 中的各组分经过**固定相**(station phase) 时,由于与固定相发生作用(吸附、分配、排阻、亲和)的大小、强弱不同,在固定相中滞留时间不同,从而从固定相中先后流出。HPLC 是在经典的液相色谱法基础上发展起来的,以液体作为流动相,并采用颗粒极细的高效固定相的柱色谱分离技术。其分离机制与常规柱色谱相同,但填料更加精细,需高压泵推动,柱效高,分析速度快。高效液相质谱可以直接与**质谱**(mass spectrometry, MS) 联用,简称液质联用 (HPLC-MS),它以 HPLC 作为分离系统,MS 为检测系统。样品与流动相在电喷雾离子化器中被离子化后,经质谱仪的质量分析器将离子碎片按质量数分开,经检测器得到质谱图。液质联用体现了色谱和质谱优势的互补,将色谱对复杂样品的高分离能力与质谱提供相对分子质量及结构信息的分析能力结合起来,在药物分析、食品分析和环境分析等许多领域得到了广泛的应用。

配合物 **1** 的水解产物有 **A**、**B** 两个组分，由于其色谱峰面积比为 $S_A : S_B = 33.02 : 66.09 \approx 1 : 2$，而题目又提示了峰面积比 $S_A : S_B$ 等于组分相对量之比 $x_A : x_B$，也即等于其物质的量之比 $n_A : n_B = 1 : 2$。观察配合物 **1** 的结构，水解可以切断的键只有亚胺键与（烯醇式的）酰胺键，得到的产物为间甲酰基苯甲酸、间苯二甲醛与 trpn，间甲酰基苯甲酸与间苯二甲醛的化学计量比恰为 $1 : 2$，且二者的相对分子质量分别为 $M(C_8H_6O_3) = 150$，$M(C_8H_6O_2) = 134$，恰好与质谱图中的**基峰**（base peak，相对丰度最强的峰）相对应：(a) $m/z = 151 = 150 + 1 = M(C_8H_6O_3) + 1$；(b) $m/z = 135 = 134 + 1 = M(C_8H_6O_2)$，因此 **A 为间甲酰基苯甲酸，B 为间苯二甲醛**。再观察配合物 **2** 的结构，容易看出它水解后只能切断唯一的亚胺键，形成间苯二甲醛与 trpn，因此在 HPLC 中只能看到唯一的组分即 **C，为间苯二甲醛**。图 (a) 中还能观察到间甲酰基苯甲酸的氢键二聚体峰 $m/z = 301 = 2M(C_8H_6O_3) + 1$（画出这个二聚体的结构）。

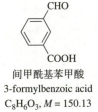

间甲酰基苯甲酸
3-formylbenzoic acid
$C_8H_6O_3$, $M = 150.13$

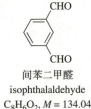

间苯二甲醛
isophthalaldehyde
$C_8H_6O_2$, $M = 134.04$

为什么基峰对应的质荷比为 $M + 1$ 而非 M？实际上，在质谱仪中飞行的是质子化的分子离子 MH^+ 而非中性分子 M，质子由与质谱仪联用的高效液相色谱中的甲醇提供。试样的甲醇溶液通过毛细管进入质谱仪的电离模块，雾化形成微小液滴。在 $2 \sim 5$ kV cm^{-1} 的强电场中，被雾化的甲醇液滴发生库仑爆炸：$M + CH_3OH \longrightarrow MH^+ + CH_3O^-$，正离子 MH^+ 沿电场方向进入质量分析器，此即**电喷雾离子化**（electrospray ionization, ESI）方法，如图 6 所示。

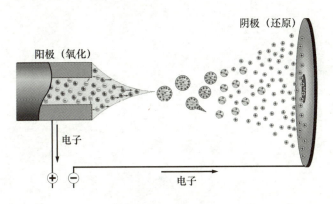

图 6　电喷雾离子化方法

7-5 核磁共振氢谱也是同学们较为陌生的内容，但好在解答本题并不需要掌握复杂的核磁共振分析知识。观察图 (c) 与图 (a) (b)，可看出图 (c) 中各峰的位置（即**化学位移**，chemical shift）及峰形与图 (a) 相似，而与图 (b) 相异。因而配合物 **3** 在空气中放置一周后所得样品与配合物 **1** 是相同的。我们可认为 **3** 在空气中放置一周后，氧原子氧化亚氨基 —CH=N— 中的 α-C 原子，氧原子插入 C—H 键得到 **1**。又因为无 trpn 的条件下间苯二甲醛不能被空气氧化，我们可确定**配合物 1 中的**

分析 | 核磁共振氢谱
难度 | ★

氧原子来自空气，且只能是在与 trpn/Ag⁺ 形成大环配合物后氧化才能发生。稳定的大环配合物的形成使得 N 原子与周围原子上的电子云密度降低，同时 C—H 键对 N—Ag 键的超共轭效应进一步削弱 C—H 键，因而 Ag(I) 可以成功活化 C—H 键，使 O 原子插入。

（本章初稿由柳晗宇、杨中天共同完成）

第 22 届

中国化学奥林匹克竞赛（初赛）试题解析

2008 年 9 月 18 日

第 1 题

题目（14 分）

1-1 EDTA 是乙二胺四乙酸的英文名称的缩写，市售试剂是其二水合二钠盐。

1-1-1 画出 EDTA 二钠盐水溶液中浓度最高的阴离子的结构简式。

1-1-2 $Ca(EDTA)^{2-}$ 溶液可用于静脉点滴以排除体内的铅。写出排铅反应的化学方程式（用 Pb^{2+} 表示铅）。

1-1-3 能否用 EDTA 二钠盐溶液代替 $Ca(EDTA)^{2-}$ 溶液排铅？为什么？

1-2 氨和三氧化硫反应得到一种晶体，熔点 205 °C，不含结晶水。晶体中的分子有一个三重旋转轴，有极性。画出这种分子的结构式，标出正负极。

1-3 配合物 $Na_2[Fe(CN)_5(NO)]$ 的磁矩为零，给出铁原子的氧化态。$Na_2[Fe(CN)_5(NO)]$ 是鉴定 S^{2-} 的试剂，二者反应得到紫色溶液，写出鉴定反应的离子方程式。

1-4 $CaSO_4 \cdot 2H_2O$ 微溶于水，但在 1 mol L^{-1} HNO_3、1 mol L^{-1} $HClO_4$ 中可溶。写出能够解释 $CaSO_4$ 在酸中溶解的反应方程式。

1-5 取质量相等的两份 $PbSO_4$（难溶物）粉末，分别加入 3 mol L^{-1} HNO_3 和 3 mol L^{-1} $HClO_4$，充分混合，$PbSO_4$ 在 HNO_3 中能全溶，而在 $HClO_4$ 中不能全溶。简要解释 $PbSO_4$ 在 HNO_3 中溶解的原因。

1-6 X 和 Y 在周期表中相邻。$CaCO_3$ 与 X 的单质高温反应，生成化合物 B 和一种气态氧化物；B 与 Y 的单质反应生成化合物 C 和 X 的单质；B 水解生成 D；C 水解生成 E，E 水解生成尿素。确定 B、C、D、E、X 和 Y。

分析与解答

1-1-1 EDTA 二钠盐（以 $Na_2H_2Y \cdot 2H_2O$ 表示）中的阴离子为 H_2Y^{2-}。与氨基酸等两性化合物类似，H_2Y^{2-} 中含有表现碱性的三级氨基和表现酸性的羧基，可以形成较为稳定的内盐结构，如下图所示：

无机 | 酸碱平衡
难度 | ★★

注意：质子必须标在氮原子上，否则不得分。

注意：乙二胺四乙酸简称 EDTA 或 EDTA 酸，用 H_4Y 表示。由于 EDTA 酸在水中的溶解度较小，因而通常将其制成二钠盐，简称 EDTA 或 EDTA 二钠盐，用 $Na_2H_2Y·2H_2O$ 表示。可见，"EDTA"这个名词总会被不加区分地混用，请同学们注意区分。

无机 | 配位平衡
难度 | ★

1-1-2 EDTA 是一种能与多种金属离子配位（络合）的螯合剂。Pb^{2+} 可以与 CaY^{2-} 发生置换反应，生成 PbY^{2-}：

$$Pb^{2+} + CaY^{2-} = Ca^{2+} + PbY^{2-}$$

无机 | 配位平衡
难度 | ★★

1-1-3 如果使用 EDTA 二钠盐作为排铅试剂，则体内发生的反应为（P 为体内的缓冲物质）：

$$Pb^{2+} + H_2Y^{2-} + 2P = 2HP^+ + PbY^{2-}$$

而 EDTA 由于配位各种金属离子的能力都很强，过量的 EDTA 二钠盐会与体内的钙离子等其他离子结合，造成钙的流失，破坏体内离子平衡。

1-2 氨和三氧化硫分别是 Lewis 碱和 Lewis 酸。二者反应时，N 的孤对电子进攻正电性的 S，形成 N—S 键，结构如下：

结构 | 分子结构，对称性
难度 | ★
必须表示出三重对称性，否则扣 1 分。硫氧键画成双键或 S→O，氮硫键画成 N→S，均不扣分。

该分子为氨基磺酸，与 1-1-1 问类似，它倾向于形成内盐。其正负电荷分离的高极性结构解释了为何其熔点高达 204 ℃。

无机 | 方程式书写
有机 | 亲核加成反应
难度 | ★★

1-3 该化合物中阴离子为 $[Fe(CN)_5(NO)]^{2-}$。CN^- 为强场配体，故 Fe 采取低自旋的电子排布。又因其自旋为 0，未成对电子数为 0，故 d 电子排布为 $(t_{2g})^6$，中心 Fe 原子为 +2 氧化态。由此可见，配离子中的 NO 应为亚硝酰正离子 NO^+。

若想判断待检测的 S^{2-} 与配离子发生了什么反应，需要先确定可能的反应位点。S^{2-} 是较强的 Brønsted 碱、还原剂和亲核试剂。对每种反应性进行检查：配离子中没有可脱去的质子；配离子中的亚铁离子和氰根均无法被还原；亚硝酰正离子是很强的亲电试剂。故这一步发生的是 S^{2-} 对 NO^+ 配体的亲核加成反应：

$$[Fe(CN)_5(NO)]^{2-} + S^{2-} = [Fe(CN)_5(NOS)]^{4-}$$

也可写成：

$$\left[\begin{array}{c}\text{O}\\ \|\|\\ \text{N}\\ \text{NC}\diagdown\Big|\diagup\text{CN}\\ \text{Fe}\\ \text{NC}\diagup\Big|\diagdown\text{CN}\\ \text{CN}\end{array}\right]^{2-} \xrightarrow{\text{S}^{2-}} \left[\begin{array}{c}\text{O}\!=\!\text{N}\!-\!\text{S}\\ \text{NC}\diagdown\Big|\diagup\text{CN}\\ \text{Fe}\\ \text{NC}\diagup\Big|\diagdown\text{CN}\\ \text{CN}\end{array}\right]^{4-}$$

1-4 硫酸是二元酸，但其二级电离不完全。故硫酸根可以表现出微弱的碱性，使硫酸钙在强酸中可以发生溶解： 无机｜酸碱平衡 难度｜★

$$CaSO_4 + H^+ \rightleftharpoons Ca^{2+} + HSO_4^-$$

由于硫酸的第一级电离完全，因此若将产物写成 H_2SO_4，不得分。

1-5 硝酸与高氯酸二者都是强酸且浓度相同，而反应结果不同。这说明，影响 $PbSO_4$ 溶解的因素不是氢离子，而是酸根离子。联想到硝酸根离子可表现出一定的配位能力而高氯酸根几乎不参与配位，易得出答案：NO_3^- 可与 Pb^{2+} 配位形成配离子，拉动溶解反应平衡向溶解方向进行。 无机｜配位平衡 难度｜★

也可写反应方程式，注意产物中的硫酸氢根：

$$PbSO_4 + H^+ + NO_3^- \rightleftharpoons HSO_4^- + Pb(NO_3)^+$$

写成 $Pb(NO_3)_2$ 或 $Pb(NO_3)_3^-$ 也得分，但方程式须配平。

1-6 本小题较为基础，具有一定元素化学知识的同学可以从前几句猜出答案。但应力图从最基础的元素化学知识，给出完整而严谨的分析思路。 无机｜元素化学 难度｜★

从"$CaCO_3$ 与 **X** 的单质高温反应，生成化合物 **B** 和一种气态氧化物"着手分析：氧化物除氧之外应该只含一种元素，故该气态氧化物必为碳或 **X** 的氧化物，而 **B** 为一种钙盐。

进而逆推：根据"**C** 水解生成 **E**，**E** 水解生成尿素"可知，**C** 中含有 C、N 两种元素，而 **E** 很可能是尿素脱水的产物 NH_2CN（氰胺）。

钙盐 **B** 与单质 **Y** 反应后生成的单质 **X** 若为 Ca，则 $CaCO_3$ 与 Ca 高温反应生成的气态氧化物为 CO 或 CO_2，只能给出 $CaCO_3$ + Ca $=$ 2CaO + CO 一种可能的情况，**B** 可能为 CaO。但这无法解释 **B** 与单质 **Y** 反应后 **C** 中 C、N 两种元素的来源，故 **X** 不可能为 Ca，Ca 元素应在化合物 **C** 中。这便能解释为何 **C** 水解生成 **E**：NH_2CN 的氨基氢原子由于氰基的吸电子效应而表现出较强的酸性，可失去质子并与 Ca^{2+} 成盐。考虑到生成 **C** 的几步反应中不会引入氢原子，故阴离子为 CN_2^{2-} 而非 $HN=C=N^-$，**C** 为 $CaCN_2$。

$CaCO_3$ 通过两步反应引入 **X** 与 **Y** 两种相邻元素后得到了 $CaCN_2$，故两种元素之一为 N，另一种为 C 或 O。$CaCO_3$ 与 N_2 无法高温反应（否则空气中无法煅烧石灰石），故 N_2 应是 **Y**。而氧的两种单质 O_2、O_3 均无法与 $CaCO_3$ 高温反应，故 **X** 应为 C。

E 答其稳定性稍差的异构体 HN=C=NH 也可。

至此便可顺序推出各物质。$CaCO_3$ 与 C 高温反应可视为以下反应的耦合：高温下 $CaCO_3$ 热分解生成 CaO；CaO 与 C 反应生成 CaC_2 与 CO；二氧化碳被 C 还原为 CO。故反应产物为 CaC_2 (**B**) 与 CO。CaC_2 水解生成 $Ca(OH)_2 + C_2H_2$ (**D**) 的混合物。

综上，本题的唯一解为：**B** = CaC_2　**C** = $CaCN_2$　**D** = C_2H_2 和/或 $Ca(OH)_2$　**E** = NH_2CN　**X** = C　**Y** = N_2。

知识拓展

很多解毒剂的原理都是与有毒性的金属离子配位，形成无毒或低毒的物质。如二巯基丙醇 (**1**)，它是一种软碱，可高效地配位 As、Hg、Cd、Sb 等重金属离子，甚至 Lewis 气 ($ClCH=CHAsCl_2$) 等物质。而体内的常量离子均为硬酸，不会与配位剂结合，故此类解毒剂可单独使用。二巯基丁二酸 (**2**) 也有类似的解毒作用。

第 2 题

题目（5 分）

化合物 **X** 是产量大、应用广泛的二元化合物，大量用作漂白剂、饮水处理剂、消毒剂等。年产量达 300 万吨的氯酸钠是生产 **X** 的原料，92% 用于生产 **X**：在酸性水溶液中用盐酸、二氧化硫或草酸还原。此外，将亚氯酸钠固体装柱，通入用空气稀释的氯气氧化，也可生产 **X**。**X** 有极性和顺磁性，不形成二聚体，在碱性溶液里可发生歧化反应。

2-1 写出 **X** 的分子式和共轭 π 键的形式 (π_n^m)。
2-2 分别写出上述用草酸还原和用氯气氧化生产 **X** 的反应方程式。
2-3 写出上述 **X** 歧化反应的化学方程式。

分析与解答

无机 | 元素化学
结构 | 分子结构
难度 | ★★

2-1 由题可知，二元化合物 **X** 中只含 Na、Cl、O 中的两种元素。无氧化性的 NaCl 和极易水解的各种钠氧化物均不符合题意，故 **X** 只能为氯氧化物。**X** 中 Cl 的氧化态比 $NaClO_3$ 低，比 $NaClO_2$ 高，故 Cl 为 +4 氧化态，**X** 为 ClO_2，符合下文极性与顺磁性的条件。

ClO_2 中含有一个大 π 键，三个原子各提供一个 p 轨道用于成键，故 $n=3$。Cl 还剩余一个 s 轨道和两个 p 轨道，可形成 sp^2 杂化轨道：其中两个与 O 形成 π 键（共 $2e^-$），一个容纳孤对电子 ($2e^-$)。Cl 最外层有七个电子，剩余的三个应均填入大 π 键。而 O 原子最外层有六个电子，一个用于形成 σ 键，两对为孤对电子，剩余一个填入大 π 键。故 ClO_2 分子中的大 π 键为 3c-5e 键，即 π_3^5。

2-2 通常草酸的氧化产物为 CO_2，氯气的还原产物为 Cl^-。故反应方程式如下：

无机 | 氧化还原反应
难度 | ★

$$2NaClO_3 + H_2C_2O_4 + H_2SO_4 =\!=\!= 2ClO_2 + 2CO_2 + Na_2SO_4 + 2H_2O$$

第一个反应也可以写成离子方程式。

$$2NaClO_2 + Cl_2 =\!=\!= 2ClO_2 + 2NaCl$$

注意：$NaClO_2$ 是固体，写成 ClO_2^-，不得分。

2-3 ClO_2 中 Cl 的氧化数为 +4。碱性溶液中氯元素可以 Cl^- (−1)、ClO^- (+1)、ClO_2^- (+3)、ClO_3^- (+5)、ClO_4^- (+7) 的形式存在，单纯通过氧化态并不能确定最终产物是哪种。此时可以利用一定的元素化学知识：二氧化氯可作为漂白剂，在碱性溶液中依然具有一定的漂白能力，所以一定会有次氯酸根或亚氯酸根这两种具有漂白能力的离子生成。通过前文的分析，二氧化氯实际上是一个自由基，很容易得失一个电子，而它得到一个电子后即为亚氯酸根，所以可以合理推断出亚氯酸根是本题中的还原产物：

无机 | 氧化还原反应
难度 | ★★

$$2ClO_2 + 2NaOH =\!=\!= NaClO_2 + NaClO_3 + H_2O$$

也可写成离子方程式。

此外有同学会置疑：从下面的 Frost 图中可以看出，亚氯酸根并不是碱性溶液中的稳定物种，会自发歧化为氯酸根和氯离子。从热力学分析的确如此，可实验证实这个歧化的速率并不快。正如图中所示，次氯酸根也会自发歧化，但它事实上在常温碱性溶液中十分稳定。这是因为简单的单电子迁移的反应 ($ClO_2 + e^- =\!=\!= ClO_2^-$) 远比得失多电子、涉及原子转移的复杂氧化还原过程 ($ClO_2 + 2H_2O + 5e^- =\!=\!= Cl^- + 4OH^-$) 更容易发生。这也是同学们在没有具体数据时，应根据仅有的信息选择亚氯酸根作为还原产物的另一点原因。

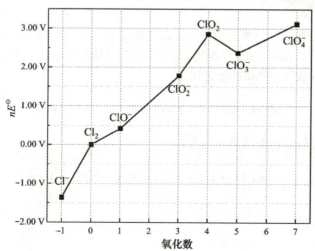

知识拓展

二氧化氯是一种黄绿色气体，沸点 11 °C，是最稳定、目前最常用的氯氧化物。它在高浓度时具有易爆的危险性，所以可以使其与过氧化氢溶液反应，制备成亚氯酸钠，在使用时再重新转化为二氧化氯，便于储存和运输。

亚氯酸钠是一种白色固体，是有机化学中 Pinnick 氧化的氧化剂，该反应可高效地将醛氧化为羧酸。该反应中产生的次氯酸也是强氧化剂，需要额外加入烯烃将其吸收，生成 α-氯代醇。

第 3 题

题目（4 分）

甲醛是一种重要的化工产品，可利用甲醇脱氢制备，反应式如下：

$$CH_3OH(g) \xrightarrow{\text{催化剂, 700 °C}} CH_2O(g) + H_2(g) \quad \Delta_r H_m^{\ominus} = 84.2 \text{ kJ mol}^{-1} \quad (1)$$

向体系中通入空气，通过以下反应，提供反应 (1) 所需热量：

$$H_2(g) + \frac{1}{2}O_2(g) \longrightarrow H_2O(g) \quad \Delta_r H_m^{\ominus} = -241.8 \text{ kJ mol}^{-1} \quad (2)$$

要使反应温度维持在 700 °C，计算进料中甲醇与空气的物质的量之比。已知空气中氧气的体积分数为 0.20。

分析与解答

无机 | 热化学
难度 | ★

反应维持在一定温度持续进行，若忽略体系与环境的热交换，可以判定总反应的 ΔH 为 0，即反应 (2) 放出的热量恰好被反应 (1) 全部吸收。则甲醇与氧气的物质的量之比为：

$$n(CH_3OH) : n(O_2) = (2 \times 241.8)/84.2 = 5.74$$

甲醇与空气的物质的量之比为：

$$n(CH_3OH) : n(\text{空气}) = 5.74 \times 0.20 = 1.1$$

第 4 题

题目（10 分）

4-1 $HgCl_2$ 和 $Hg(CN)_2$ 反应可制得 $(CN)_2$，写出反应方程式。
4-2 画出 CN^-、$(CN)_2$ 的 Lewis（路易斯）结构式。
4-3 写出 $(CN)_2(g)$ 在 $O_2(g)$ 中燃烧的反应方程式。
4-4 298 K 下，$(CN)_2(g)$ 的标准摩尔燃烧热为 $-1095\ kJ\ mol^{-1}$，$C_2H_2(g)$ 的标准摩尔燃烧热为 $-1300\ kJ\ mol^{-1}$，$C_2H_2(g)$ 的标准摩尔生成焓为 $227\ kJ\ mol^{-1}$，$H_2O(l)$ 的标准摩尔生成焓为 $-286\ kJ\ mol^{-1}$，计算 $(CN)_2(g)$ 的标准摩尔生成焓。
4-5 $(CN)_2$ 在 $300 \sim 500\ °C$ 形成具有一维双链结构的聚合物，画出该聚合物的结构。
4-6 电镀厂向含氰化物的电镀废液中加入漂白粉以消除有毒的 CN^-，写出化学方程式（漂白粉用 ClO^- 表示）。

分析与解答

4-1 分析该反应：$Hg(CN)_2$ 中 -1 氧化数的 CN^- 被氧化为 0 氧化数的 $(CN)_2$，被还原的元素只可能为 Hg。若汞被还原到 0 氧化数，则同时应该生成氯气，但是氯气与氰气或汞均不稳定共存。考虑到含 $Hg(I)$ 的甘汞 Hg_2Cl_2 是一种较为稳定的物质，可以写出反应方程式：

无机 | 氧化还原反应
难度 | ★

$$HgCl_2 + Hg(CN)_2 =\!=\!= Hg_2Cl_2 + (CN)_2$$

4-2 CN^- 中含有 $C\equiv N$ 叁键，是 N_2 的等电子体。据此可画出二者的 Lewis 结构式：

无机 | 分子结构
难度 | ★

$$:\!\overset{-}{C}\!\equiv\!N\!:\qquad :\!N\!\equiv\!C\!-\!C\!\equiv\!N\!:$$

4-3 通常来说，含 C、H、O、N、P 等元素的可燃化合物在充足的氧气中燃烧，得到的都是该元素的相对稳定的存在形式，如 CO_2、H_2O、N_2、P_2O_5 等。故本题的反应方程式如下：

无机 | 氧化还原反应
难度 | ★

$$(CN)_2 + 2O_2 =\!=\!= 2CO_2 + N_2$$

需要注意的是，氧气不足或温度较高时燃烧产物可能还有 CO，甚至 C 等。

4-4 首先列出各反应方程式：

无机 | 热化学
难度 | ★

$(CN)_2(g) + 2O_2(g) =\!=\!= 2CO_2(g) + N_2(g)$	$\Delta_rH_{m,1} = -1095\ kJ\ mol^{-1}$	(1)
$C_2H_2(g) + 5/2\,O_2(g) =\!=\!= 2CO_2(g) + H_2O(l)$	$\Delta_rH_{m,2} = -1300\ kJ\ mol^{-1}$	(2)
$2C(s) + H_2(g) =\!=\!= C_2H_2(g)$	$\Delta_rH_{m,3} = 227\ kJ\ mol^{-1}$	(3)
$H_2(g) + 1/2\,O_2(g) =\!=\!= H_2O(l)$	$\Delta_rH_{m,4} = -286\ kJ\ mol^{-1}$	(4)
$2C(s) + N_2(g) =\!=\!= (CN)_2(g)$	Δ_rH_m（待求）	(5)

观察以上各式，根据 Hess 定律，用 (1) ~ (4) 的线性组合表出 (5) 式：

$2CO_2(g) + N_2(g) \rightleftharpoons (CN)_2(g) + 2O_2(g)$ 　$-\Delta_r H_{m,1} = 1095 \text{ kJ mol}^{-1}$ 　$-(1)$

$C_2H_2(g) + 5/2 O_2(g) \rightleftharpoons 2CO_2(g) + H_2O(l)$ 　$+\Delta_r H_{m,2} = -1300 \text{ kJ mol}^{-1}$ 　$+(2)$

$2C(s) + H_2(g) \rightleftharpoons C_2H_2(g)$ 　$+\Delta_r H_{m,3} = 227 \text{ kJ mol}^{-1}$ 　$+(3)$

$H_2O(l) \rightleftharpoons H_2(g) + 1/2 O_2(g)$ 　$-\Delta_r H_{m,4} = 286 \text{ kJ mol}^{-1}$ 　$-(4)$

—————————————————————————————————————

$2C(s) + N_2(g) \rightleftharpoons (CN)_2(g)$ 　$\Delta_r H_m (\text{待求})$ 　(5)

故有：

$$\Delta_r H_m^\ominus = \left(-\Delta_r H_{m,1}^\ominus\right) + \left(+\Delta_r H_{m,2}^\ominus\right) + \left(+\Delta_r H_{m,3}^\ominus\right) + \left(-\Delta_r H_{m,4}^\ominus\right)$$

$$= 308 \text{ kJ mol}^{-1}$$

无机 | 分子结构
有机 | 反应推断
难度 | ★

4-5 刚接触竞赛的同学通常对氰气参与的反应所知甚少，所以本题解析的思路是试图将氰气与其他化合物进行类比，以找到可能的答案。

$(CN)_2$ 的成键形式类似于 1,3-共轭二炔，1,3-共轭二炔可以发生 Diels-Alder 反应。联想到 Diels-Alder 反应产物也含有双键，可以作为新的亲双烯体，猜测可能可以发生如下模式的聚合：

故可以合理地猜测，$(CN)_2$ 也可能形成该结构的聚合物，产物结构可以写作邻苯醌式结构或对苯醌式结构，如下图所示：

注：$(CN)_2$ 的聚合机理与 Diels-Alder 反应并不相同，后者要求双烯体富电子，而前者缺电子。$(CN)_2$ 的聚合机理更倾向于自由基或离子型。此外，上面所示的环己烯与丁二烯的反应也会由于熵效应而无法持续进行下去。不过此处展示的是一种解题时的思考方式，将同学们不熟悉的反应通过反应物的成键形式与我们已知的反应进行类比，不失为一种合理的解题思路。这种用已知反应类比推理未知化合物的能力，也是化学竞赛对同学们思维能力要求的体现。

无机 | 氧化还原反应
无机 | 酸碱反应
难度 | ★

4-6 该反应是一种氧化除去 CN^- 的相对清洁的方法。弱碱性条件下产物应为稳定且无毒的 N_2、Cl^- 和 HCO_3^-：

$$2CN^- + 5ClO^- + H_2O \rightleftharpoons 2HCO_3^- + N_2 + 5Cl^-$$

产物写成 CO_3^{2-} 也可以。

知识拓展

拟卤素 (pseudohalogen) 官能团是一类与卤素官能团性质相似的官能团，如 —CN（氰）、—NC（异氰）、—OCN（氧氰）、—SCN（硫氰）、—NCS（异硫氰）、—SeCN（硒氰）、—N_3（叠氮）等；从等瓣相似原理出发考虑，一些 +1 氧化态的金属化合物，如 —$Mn(CO)_5$、—$Co(CO)_4$ 等也可认为是拟卤素类似物。而更广义的定义中，硝基、羟基、巯基等一价官能团均可归为拟卤素官能团。拟卤素化合物是卤素分子中一个或两个卤素原子被拟卤素官能团取代而成的化合物，如本题的 $(CN)_2$，以及 ClCN、$Mn_2(CO)_{10}$、$Co(CO)_4I$ 及假想中可能存在的六氮杂苯（N_6，六嗪）等。

氰气是一种剧毒的无色气体，可由碳与氮气在高温条件下直接制备。氰气燃烧时产生桃红色的高温特征火焰。氰气在氧气中燃烧，可产生近 4500 °C 的高温，仅次于二氰乙炔 (5000 °C)。这两种分子结构较为简单，仅由碳、氮两种元素组成，均是宇宙中容易产生的星际分子。

氰气是最常见的拟卤素化合物之一，虽然它可以看作乙二腈，但是它在化学反应中主要表现出的是拟卤素的性质。如氰气并不容易水解为乙二酸根和氨，而很容易在碱溶液中像 Cl_2 一样发生歧化反应：

$$(CN)_2 + 2OH^- = CN^- + OCN^- + H_2O$$

此外，氰离子也具有配位能力或表现出还原性。如氰离子可以像 Cl^- 一样，与 Au^+ 形成二配位化合物 $Au(CN)_2^-$，也可像 I^- 一样被硫酸铜溶液氧化生成氰气：

$$2Cu^{2+} + 4CN^-(稀) = (CN)_2\uparrow + 2CuCN\downarrow$$
$$2Cu^{2+} + (2x+2)CN^-(浓) = (CN)_2\uparrow + 2[Cu(CN)_x]^{-(x-1)}$$

第 5 题

题目（5 分）

1963 年在格陵兰 Ika 峡湾发现一种水合碳酸钙矿物 ikaite。它形成于冷的海水中，温度达到 8 °C 即分解为方解石和水。1994 年的文献指出：该矿物晶体中的 Ca^{2+} 离子被氧原子包围，其中两个氧原子来自同一个碳酸根离子，其余六个氧原子来自六个水分子。它的单斜晶胞的参数为：$a = 887$ pm, $b = 823$ pm, $c = 1102$ pm, $\beta = 110.2°$，密度 $d = 1.83$ g cm^{-3}, $Z = 4$。

5-1 通过计算得出这种晶体的化学式。

5-2 研究了这种晶体在加压下受热膨胀体积增大的情形,并与冰及钙离子配位数也是 8 的二水合石膏晶体 (gypsum) 作了对比,结果如下图所示(纵坐标为相对体积):

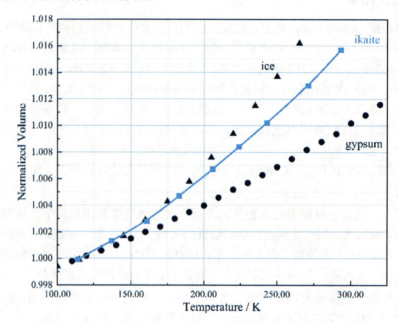

为什么选取冰和二水合石膏作对比?实验结果说明什么?

5-3 这种晶体属于哪种类型的晶体?简述理由。

分析与解答

5-1 根据密度的计算公式(以 M 代表 $CaCO_3 \cdot nH_2O$ 的相对分子质量)

$$d = \frac{m}{V} = \frac{ZM}{N_A abc \sin\beta}$$

可得:

$$M = \frac{dN_A abc \sin\beta}{Z} = 208 = M_{CaCO_3} + nM_{H_2O}$$

$$100 + 18n = 208$$

$$n = 6$$

故该晶体的化学式为 $CaCO_3 \cdot 6H_2O$。

5-2 本实验目的是研究 ikaite 晶体与何种已知结构的晶体更为相似。

如题所述,ikaite 晶体是一种含水量较高的水合物,在低温海水中形成,且分解温度接近冰的熔化温度。故 ikaite 晶体可能与冰的结构相似。

除了水分子的氢键网络结构外,钙离子的配位环境也可能形成相似的结构。故实验中选取了二水合石膏晶体,它同样是钙离子的含氧酸盐水合物，且钙的配位数也是 8。（注意原题表述为："钙离子配位数也是 8 的二水合石膏晶体"。）

5-3 通常来说，晶体可分为分子晶体、原子晶体、离子晶体、金属晶体、混合晶体几种类型。Ikaite 晶体分解温度接近冰的熔点，体积随温度的变化趋势也接近冰，可认为晶体中的化学单位是 $CaCO_3 \cdot 6H_2O$，它们以分子间作用力（氢键和范德华力）构成晶体，与冰一样都是分子晶体。

结构 | 晶体类型
难度 | ★

第 6 题

题目（11 分）

在 900°C 的空气中合成出一种含镧、钙和锰（物质的量之比 2:2:1）的复合氧化物，其中锰可能以 +2、+3、+4 或者混合氧化态存在。为确定该复合氧化物的化学式，进行如下分析：

6-1 准确移取 25.00 mL 0.05301 mol L^{-1} 的草酸钠水溶液，放入锥形瓶中，加入 25 mL 蒸馏水和 5 mL 6 mol L^{-1} 的 HNO_3 溶液，微热至 60 ~ 70 °C，用 $KMnO_4$ 溶液滴定，消耗 27.75 mL。

写出滴定过程发生的反应的方程式；计算 $KMnO_4$ 溶液的浓度。

6-2 准确称取 0.4460 g 复合氧化物样品，放入锥形瓶中，加 25.00 mL 上述草酸钠溶液和 30 mL 6 mol L^{-1} 的 HNO_3 溶液，在 60~70 °C 下充分摇动，约半小时后得到无色透明溶液。用上述 $KMnO_4$ 溶液滴定，消耗 10.02 mL。

根据实验结果推算复合氧化物中锰的氧化态，给出该复合氧化物的化学式，写出样品溶解过程的反应方程式。已知 La 的相对原子质量为 138.9。

分析与解答

6-1 这一步实验的目的是标定用来返滴定样品的高锰酸钾溶液，发生的反应如下：

$$2MnO_4^- + 5H_2C_2O_4 + 6H^+ = 2Mn^{2+} + 10CO_2 + 8H_2O$$

$KMnO_4$ 溶液浓度为：

$$2/5 \times 0.05301 \text{ mol L}^{-1} \times \frac{25.00 \text{ mL}}{27.75 \text{ mL}} = 0.01910 \text{ mol L}^{-1}$$

分析 | 滴定分析
无机 | 氧化还原反应
无机 | 酸碱反应
难度 | ★

草酸的存在形式应该写为 $H_2C_2O_4$，而非 $C_2O_4^{2-}$。

6-2 化合物中金属离子物质的量之比为：La:Ca:Mn = 2:2:1，镧和钙的氧化态分别为 +3 和 +2，锰的氧化态为 +2 ~ +4。故可以假设复合氧化物的化学式为 $La_2Ca_2MnO_{6+x}$ ($La_2O_3 \cdot 2CaO \cdot MnO_{1+x}$)，$x = 0 ~ 1$, $M = (508.9 + 16.0x)$ g mol^{-1}。

样品溶解的过程中，La 与 Ca 均不参与氧化还原反应，故可认为样品有效成分为 MnO_{1+x}。发生的反应为：

$$MnO_{1+x} + xH_2C_2O_4 + 2H^+ = Mn^{2+} + (x+1)H_2O + 2xCO_2$$

即 $MnO_{1+x} \sim xH_2C_2O_4$。被样品氧化的 $H_2C_2O_4$ 量为：

$$\begin{aligned}
n'_{H_2C_2O_4} &= n_{H_2C_2O_4} - \frac{5}{2}n_{KMnO_4} \\
&= 25.00 \text{ mL} \times 0.05301 \text{ mol L}^{-1} - \\
&\quad \frac{5}{2} \times 10.02 \text{ mL} \times 0.01910 \text{ mol L}^{-1} \\
&= 0.8468 \times 10^{-3} \text{ mol}
\end{aligned}$$

据此可列方程：

$$\frac{0.4460 \text{ g}}{(508.9 + 16.0x) \text{ g mol}^{-1}} = \frac{0.8468 \times 10^{-3} \text{ mol}}{x}$$

$$x = 0.996$$

故样品成分为 $La_2Ca_2MnO_7$，溶解方程式为：

$$La_2Ca_2MnO_7 + H_2C_2O_4 + 12H^+ = Mn^{2+} + 2La^{3+} + 2Ca^{2+} + 7H_2O + 2CO_2$$

知识拓展

本题选自王颖霞教授与林建华教授 2000 年在 *Angewandte Chemie* 上发表的工作[1]。$La_2Ca_2MnO_7$ 是一种类钙钛矿结构的超导材料，其晶体结构如下图所示。其中八面体结构的是 MnO_6 单元，形成一个密堆积层；上下方紧邻的是两层不同的 La 密堆积层。这三层可共同视为 La_2MnO_6 层，而每两层 La_2MnO_6 之间夹着一层平面 Ca_2O 层，其中 O 占据一个与上下方紧邻的 La 层相同的密堆积位点，Ca 占据其余两个密堆积位点。该晶体的密堆积层可用以下形式表示（注：A、B、C 表明金属原子占据的位置）：

$$\cdots \begin{bmatrix} A & (BC) & A & C & B & (CA) & B & A & C & (AB) & C & B \\ La & Ca_2O & La & MnO_6 & La & Ca_2O & La & MnO_6 & La & Ca_2O & La & MnO_6 \end{bmatrix} \cdots$$

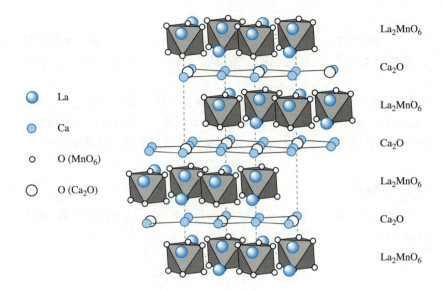

第 7 题

题目（14 分）

AX$_4$ 四面体（**A** 为中心原子，如硅、锗；**X** 为配位原子，如氧、硫）在无机化合物中很常见。四面体 **T**$_1$ 按下图所示方式相连，可形成一系列"超四面体"（**T**$_2$、**T**$_3$ …）：

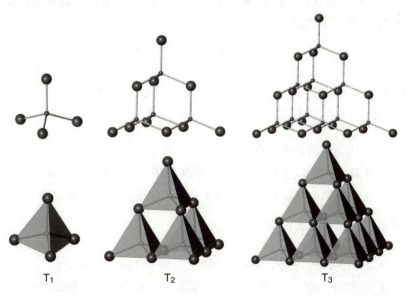

7-1 上图中 **T**$_1$、**T**$_2$ 和 **T**$_3$ 的化学式分别为 **AX**$_4$、**A**$_4$**X**$_{10}$ 和 **A**$_{10}$**X**$_{20}$，推出超四面体 **T**$_4$ 的化学式。

7-2 分别指出超四面体 **T**$_3$、**T**$_4$ 中各有几种环境不同的 **X** 原子，每种 **X** 原子各连接几个 **A** 原子？在上述两种超四面体中每种 **X** 原子的数目各是多少？

7-3 若分别以 T_1、T_2、T_3、T_4 为结构单元共顶点相连（顶点 X 原子只连接两个 A 原子），形成无限三维结构，分别写出所得三维骨架的化学式。

7-4 欲使上述 T_3 超四面体连接所得三维骨架的化学式所带电荷分别为 +4、0 和 −4，A 选 Zn^{2+}、In^{3+} 或 Ge^{4+}，X 取 S^{2-}，给出带三种不同电荷的骨架的化学式（各给出一种，结构单元中的离子数成简单整数比）。

分析与解答

无机 | 立体化学
开放 | 数学归纳
难度 | ★

7-1 观察结构可知，T_n 中有 n 层 A 原子（小球），从上向下的第 i 层的 A 原子数为：

$$1 + 2 + \cdots + i = \sum_{x=1}^{i} x = \frac{i(i+1)}{2}$$

故 T_n 中 A 原子总数为：

$$A_n = \frac{1 \cdot 2}{2} + \cdots + \frac{n(n+1)}{2} = \sum_{i=1}^{n} \frac{i(i+1)}{2} = \frac{1}{2}\sum_{i=1}^{n} i^2 + \frac{1}{2}\sum_{i=1}^{n} i$$

$$= \frac{1}{2} \cdot \frac{n(n+1)(2n+1)}{6} + \frac{1}{2} \cdot \frac{n(n+1)}{2}$$

$$= \frac{n(n+1)(n+2)}{6}$$

另外可观察到，T_n 中 X 原子的排列与 T_{n+1} 中 A 原子的排列相同。故 T_n 中 X 原子总数为：

$$X_n = A_{n+1} = \frac{(n+1)(n+2)(n+3)}{6}$$

代入 $n = 4$，可得：$A_n = 20$，$X_n = 35$。故超四面体 T_4 的化学式为 $A_{20}X_{35}$。

无机 | 分子结构
结构 | 配位环境
难度 | ★

7-2 T_3 中有三种 X 原子，共 20 个：

- 大四面体的顶点处有 4 个 X 原子，每个连接 1 个 A 原子
- 大四面体的棱上有 $6 \times 2 = 12$ 个 X 原子，每个连接 2 个 A 原子
- 大四面体的"面心"有 4 个 X 原子，每个连接 3 个 A 原子

T_4 中有五种 X 原子，共 35 个：

- 大四面体的顶点处有 4 个 X 原子，每个连接 1 个 A 原子
- 大四面体的"棱心"处有 6 个 X 原子，每个连接 2 个 A 原子
- 大四面体棱上的 1/4 处有 $6 \times 2 = 12$ 个 X 原子，每个连接 2 个 A 原子
- 大四面体的面上有 $4 \times 3 = 12$ 个 X 原子，每个连接 3 个 A 原子

- 大四面体的"体心"处有 1 个 **X** 原子，连接 4 个 **A** 原子

7-3 此题不需要了解该结构在空间中的排列方式，即可推出骨架的化学式。在每个骨架中，顶点原子被两个大四面体共用，故每个顶点原子应视为半个，即骨架结构比大四面体化学式少两个 **X** 原子，分别为 AX_2、A_4X_8、$A_{10}X_{18}$、$A_{20}X_{33}$。

无机 | 分子结构
难度 | ★

7-4 所求结构为 $[M_{10}S_{18}]^{4+}$、$M_{10}S_{18}$、$[M_{10}S_{18}]^{4-}$。故三种结构中 10 个 **M** 的氧化数之和为 32、36、40。利用枚举法进行如下分析：

无机 | 分子结构
难度 | ★

- 对于 $[M_{10}S_{18}]^{4+}$，只有一种可能的结构：$[Ge_{10}S_{18}]^{4+}$
- 对于 $M_{10}S_{18}$，可能的结构有：$Zn_2Ge_8S_{18}$、$ZnIn_2Ge_7S_{18}$、$In_4Ge_6S_{18}$
- 对于 $[M_{10}S_{18}]^{4-}$，可能的结构有：$[Zn_4Ge_6S_{18}]^{4-}$、$[Zn_3In_2Ge_5S_{18}]^{4-}$、$[Zn_2In_4Ge_4S_{18}]^{4-}$、$[ZnIn_6Ge_3S_{18}]^{4-}$、$[In_8Ge_2S_{18}]^{4-}$

知识拓展

此外，以 T_1 为例，相邻两个共顶点的四面体间键角应为 180°，且采取类"交错式"构象。故可以据此确定该立体骨架的无限三维结构，如下所示：

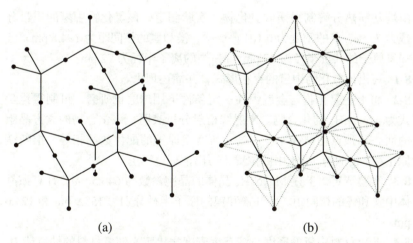

(a)   (b)

(a) 图表示出了三维骨架的成键方式，可以认为是 **A** 原子通过 **A—X—A** 键形成了类似金刚石的骨架，注意该结构内的"交错式"构象，且只有四组互相平行的键。

(b) 图标明了其中四面体的分布，注意两个四面体关于共用顶点中心对称。

(c) 图是该结构的另一种理解方式，可认为是 **X** 原子形成了粗线所示的无限二维平面，而 **A—X—A** 三个原子与平面垂直、在平面上下方交替排列，从第三维上"撑"起了这个二维平面结构，形成空间中的三维网格。

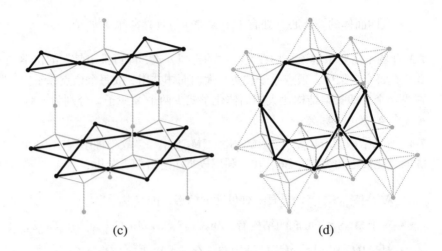

(c)   (d)

(d) 图标明了大四面体构成的切角四面体笼。同学们可据此尝试画出该结构的晶胞。

第 8 题

题目（9 分）

由烷基镁热分解制得镁的氢化物。实验测定，该氢化物中氢的质量分数为 7.6%，氢的密度为 0.101 g cm^{-3}，镁和氢的核间距为 194.8 pm。已知氢原子的共价半径为 37 pm，Mg^{2+} 的离子半径为 72 pm。

8-1 写出该氢化物中氢的存在形式，并简述理由。

8-2 将上述氢化物与金属镍在一定条件下用球磨机研磨，可制得化学式为 Mg_2NiH_4 的化合物。X 射线衍射分析表明，该化合物的立方晶胞的面心和顶点均被镍原子占据，所有镁原子的配位数都相等。推断镁原子在 Mg_2NiH_4 晶胞中的位置（写出推理过程）。

8-3 实验测定，上述 Mg_2NiH_4 晶体的晶胞参数为 646.5 pm，计算该晶体中镁和镍的核间距。已知镁和镍的原子半径分别为 159.9 pm 和 124.6 pm。

8-4 若以材料中氢的密度与液态氢密度之比定义储氢材料的储氢能力，计算 Mg_2NiH_4 的储氢能力（假定氢可全部放出，液氢的密度为 0.0708 g cm^{-3}）。

分析与解答

8-1 设该氢化物的化学式为 MgH_x，则

$$\frac{1.008x \text{ g mol}^{-1}}{(24.31 + 1.008x) \text{ g mol}^{-1}} = 7.6\%$$

解得 $x=2$。故该氢化物的化学式为 MgH_2，是典型的碱土金属氢化物，由低电负性的碱土金属正离子与氢负离子组成。

此外，Mg 与相邻的 H 距离为 194.8 pm，Mg^{2+} 半径为 72 pm，则氢的半径为：

$$194.8 \text{ pm} - 72 \text{ pm} = 123 \text{ pm}$$

此值远大于氢原子的共价半径，这也说明氢以 H^- 离子的形式存在。

注：以上为竞赛试题的原标准答案。其实，题目提供的数据并不严谨：若直接使用 Mg^{2+} 的离子半径计算 H 的半径，相当于默认了此处的 H 为 H^- 离子，计算出的数值当然符合离子化合物的结果，这种计算方式犯了循环论证的逻辑错误。更准确的判断方式为，Mg (136 pm) 与 H (37 pm) 的共价半径之和为 173 pm，的确小于 Mg 与 H 的距离 (194.8 pm)，所以不可能是共价化合物。

8-2 Mg 原子与 Ni 原子数之比为 2:1，故每个晶胞中含 8 个镁原子。所有镁原子的配位数相等，它们只能填入由镍原子形成的四面体空隙，即 $(\pm 1/4, \pm 1/4, \pm 1/4)$。

结构 | 晶体空间几何
难度 | ★

8-3 晶体中 Ni 与 Mg 的距离即为体对角线的四分之一：

$$d_{Mg-Ni} = \frac{\sqrt{3}}{4} \times 646.5 \text{ pm} = 279.9 \text{ pm}$$

结构 | 晶体空间几何
难度 | ★

有些同学直接将 Mg、Ni 半径相加得到答案，这是不对的。晶体中 Mg 和 Ni 均显正电性，它们不会直接接触，所以半径的加和并不能代表它们的距离。而 H 显负电性，Mg 和 Ni 均与 H 有键合作用，若问二者与氢的距离，则可以这样计算。

8-4 储氢能力可以理解为两种材料中氢的质量密度之比：

结构 | 晶体密度
难度 | ★

$$\eta \stackrel{\text{def}}{=} \frac{\rho_{H_2(\text{材料})}}{\rho_{H_2(l)}}$$

$$= \frac{\rho_{MgNiH_4} \omega_H}{\rho_{H_2(l)}}$$

$$= \frac{ZM_{MgNiH_4}}{N_A a^3} \frac{4M_H}{M_{MgNiH_4}} \frac{1}{\rho_{H_2(l)}}$$

$$= \frac{4ZM_H}{N_A a^3 \rho_{H_2(l)}}$$

$$= \frac{4 \times 4 \times 1.008 \text{ g mol}^{-1}}{6.022 \times 10^{23} \text{ mol}^{-1} \times (646.5 \times 10^{-10} \text{ cm})^3 \times 0.0708 \text{ g cm}^{-3}}$$

$$= 1.40$$

知识拓展

MgH_2 是一种储氢材料，其晶体为金红石型结构（如下图，深色球为 H，浅色球为 Mg）。其中 Mg 的配位数为 3，H 的配位数为 6。

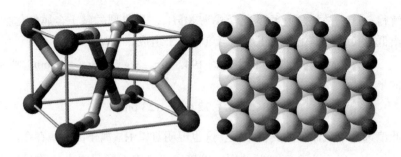

第 9 题

题目（7 分）

化合物 **A**、**B** 和 **C** 互为同分异构体，其中 C 和 H 的质量分数分别为 92.3%、7.7%。1 mol **A** 在氧气中充分燃烧产生 179.2 dm³ 二氧化碳（标准状况）。**A** 是芳香化合物，分子中所有的原子共平面；**B** 是具有两个支链的链状化合物，分子中只有两种不同化学环境的氢原子，偶极矩等于零；**C** 是烷烃，分子中碳原子的化学环境完全相同。

9-1 写出 **A**、**B** 和 **C** 的分子式。
9-2 画出 **A**、**B** 和 **C** 的结构简式。

分析与解答

有机 | 结构推断
难度 | ★

9-1 由 $pV = nRT$ 可得，1 mol **A** 燃烧生成 CO_2 的物质的量为：

$$n_{CO_2} = \frac{pV}{RT}$$
$$= \frac{101.325 \times 10^3 \text{ Pa} \times 179.2 \times 10^{-3} \text{ m}^3}{8.314 \text{ J mol}^{-1} \text{ K}^{-1} \times 273.15 \text{ K}}$$
$$= 8.00 \text{ mol}$$

注：IUPAC 对"标准压力" $p^{\ominus}$ 的新定义是 100 kPa (1 bar)，而非之前的 1 atm (101.325 kPa)。高中化学课本则以 0°C (273.15 K) 和 1 atm (101.325 kPa) 为"标准状况"，此时

$$V_m = \frac{RT}{p} = \frac{8.314 \text{ J mol}^{-1} \text{ K}^{-1} \times 273.15 \text{ K}}{101.325 \text{ kPa}} = 22.4 \text{ L mol}^{-1}$$

$$n_{CO_2} = \frac{V}{V_m} = \frac{179.2 \text{ L}}{22.4 \text{ L mol}^{-1}} = 8.00 \text{ mol}$$

与上述使用理想气体方程计算结果相同。

故 **A** 中含有 8 个 C 原子，进而推出 **A** 的相对分子质量：

$$M = 8 \times 12.01 / 92.3\% = 104.1$$

A 中氢原子数为：

$$n_H = 104.1 \times 7.7\% \div 1.008 = 8$$

故 **A**、**B**、**C** 的分子式均为 C_8H_8。

9-2 分析 **A** 的结构：由于 **A** 中所有原子共平面，故不可能存在四面体构型的碳，即所有碳原子只可能为 sp 或 sp^2 杂化的。此外 **A** 分子具有芳香性，故至少存在一个环。假设所有碳原子均为 sp^2 杂化，则八个碳原子形成四根双键。此时 **A** 分子的不饱和度为 5，结构式为 C_8H_8，满足题意。而分子中存在多个环或存在 sp 杂化的碳，均会进一步增加不饱和度，这与题意不符。故 **A** 只能是所有碳原子均为 sp^2 杂化的单环芳香性分子。

有机 | 结构推断
难度 | ★

首先考虑最常见的六元芳环（苯环），其余两个 sp^2 杂化的碳原子不能形成环状结构，只能连成乙烯基，故满足条件的分子为苯乙烯。此外，个别同学可能联想到类似䓬、环丙烯亚基环戊二烯、酚酮、方酸阴离子等电荷分离的芳香性结构，给出下图中后面几种答案。可这三个分子具有芳香性的共振式中，并没有前面几种例子中能有效稳定环外的负电荷/自由基/正电荷的结构（如芳香性环、高电负性原子等），实际上并不具备芳香性。

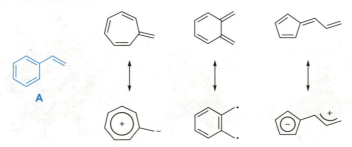

B 分子没有偶极矩，我们可猜测它具有一个对称中心（该分子式很难形成甲烷、丙二烯等结构的没有对称中心的非极性分子）；**B** 分子中不存在环状结构，故对称中心不在碳链外（如苯），而在碳链上；**B** 分子具有偶数个碳原子，故对称中心不能处于一个碳原子上（如 CO_2），而处于一根碳碳键的中点处；**B** 分子的不饱和度为 5，故对称中心两侧各有 2.5 个不饱和度，即对称中心在一根碳碳双键的中点，而双键的两侧各对称地分布着 2 个不饱和度。故 **B** 分子可记作 $trans$-RR'C=CRR'，其中 R 和 R' 为氢或烃基，共有 3 个碳原子和 2 个不饱和度。考虑到 **B** 分子有两个支链，则 R 和 R' 只可能为甲基和乙炔基。故分子结构如下：

C 分子为烷烃，八个碳原子化学环境相同，故碳原子上连接的氢的数目也相同。其结构式可记作 $(CH)_8$，且所有碳原子均为三级碳原子。

这说明该分子为高度对称的并环的结构,以至于分子中没有甲基和亚甲基。故可以联想到多面体结构的烷烃,其中每个顶点(三级碳原子)均相同且连出三条棱,显然只有立方体(立方烷)满足条件。

C

知识拓展

柏拉图烃 (Platonic hydrocarbon) 是碳骨架构成柏拉图多面体(即正多面体,各个面都是全等的正多边形,且各个多面角都是全等的多面角,共5种)的一类多环饱和烃。由于碳原子成键方式的限制,5种柏拉图多面体中,只有3种可能形成对应的柏拉图烃(如下图所示):四面体烷、立方烷和十二面体烷。此外,13 种**阿基米德多面体**(Archimedean solid,一类高度对称的半正多面体,使用两种或以上的正多边形为面,所有顶点的环境相同。所有的阿基米德多面体都可以从正多面体经过截角、截半、截边等操作构造,如立方八面体 cuboctahedron,见边栏图)中某几个对应的烷烃也可能存在,比如尚未合成的全氢富勒烯 ($C_{60}H_{60}$) 即为"十二二十面体"所对应的结构。

立方八面体

三种柏拉图烃:四面体烷、立方烷和十二面体烷

一、四面体烷

不过直到目前,科学家们还未能合成无取代的四面体烷。**四面体烷** (tetrahedrane) 中有四个张力很大的三元环。我们知道,环丙烷的环张力约为 115 kJ mol^{-1},如果将两个环丙烷合并成一个双环 [1.1.0] 丁烷,环张力则会陡然上升至 278 kJ mol^{-1},远大于两个环丙烷的张力之和,而四面体烷的理论张力更是高达 586 kJ mol^{-1}:

2×115 kJ mol^{-1} 278 kJ mol^{-1} 586 kJ mol^{-1}
$= 230$ kJ mol^{-1}

虽然四面体烷具有非常大的张力,理论计算却表明,四面体烷分子本身具有一定的动力学稳定性。1978 年,Maier 等人合成了四面体烷

的衍生物——四叔丁基四面体烷[2~4]。合成路线如下图所示：底物四叔丁基环戊二烯酮在光照下发生 [2+2] 环加成反应，再发生串联的逆螯变反应脱除一分子一氧化碳，成功得到了立体拥挤的四叔丁基四面体烷。令人惊讶的是，这个化合物在室温条件下是完全稳定的。

思考题 A：内酯的光均裂反应是有区域选择性的（即：不生成如下图所示的中间体），为什么它会有这样的选择性？

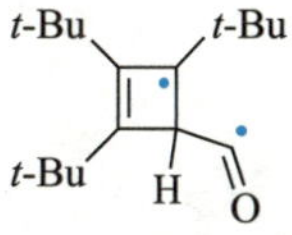

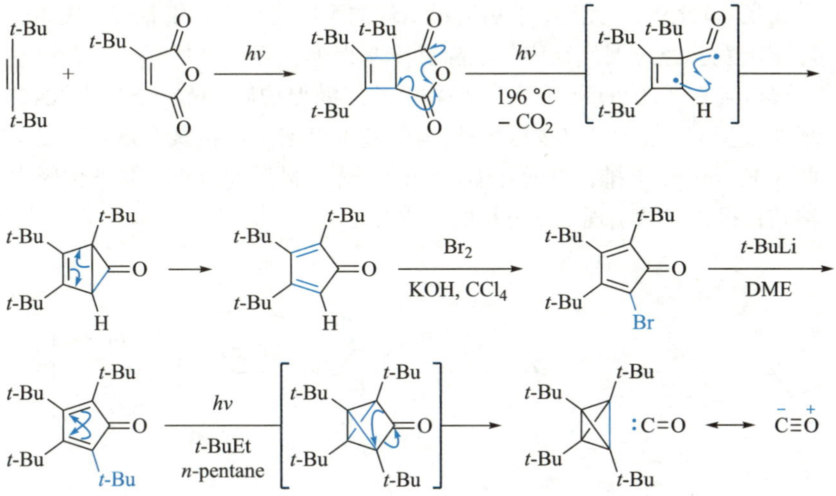

t-BuEt = 2,2-dimethylbut-ane：2,2-二甲基丁烷
n-pentane：正戊烷

四面体烷骨架由 C—C 香蕉键构成，因而 C 原子用于形成 C—X 键的杂化轨道 s 轨道成分很高，C 原子电负性较强。因而 σ-电子给体基团能够更好地稳定 C—X 键与 C—C 键。

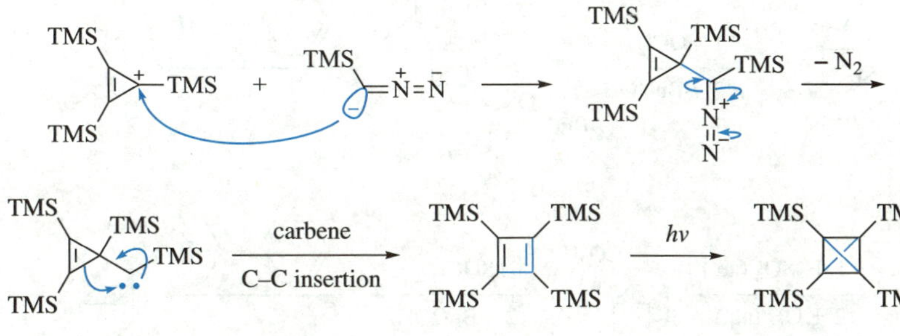

2002 年，Maier 等人又合成了四（三甲基硅基）四面体烷[5]。该化合物要比四叔丁基四面体烷稳定得多：四叔丁基四面体烷在 135 °C 时熔化并开始分解，而四（三甲基硅基）四面体烷的熔点高达 202 °C，且直到加热至 300 °C 时才开始分解。四（三甲基硅基）四面体烷热稳定性更高的原因来自两个方面：首先，C—Si 键长于 C—C 键，因此分子中的空间位阻效应大大降低；同时，三甲基硅基是一个优良的 σ-电子给体 (σ-donor)，极大地增强了中间四面体骨架的稳定性。

二、立方烷

立方烷 (cubane) 是具有环状碳骨架的碳氢化合物 C_8H_8。立方烷中的八个碳原子完全等同，相比一般 sp^3 杂化的 C—C 键有着非常大的环张力。我们知道，环丁烷的环张力约为 110 kJ mol^{-1}，而立方烷相当于六个这样的环丁烷紧密封闭起来，张力更大：6×115 kJ mol^{-1} = 695 kJ mol^{-1}。所以人们推测，这样的化合物即便可以被成功合成出来，也会自发地急剧分解。然而在 1964 年，芝加哥大学的 Philip Eaton 教授成立方烷的密度高于几乎所有烷烃。

功合成了立方烷并在室温条件下得到了其晶体。事实证明，立方烷的实际稳定性比最初预测的要高得多。立方烷晶体宏观呈现菱面体外形 (rhombic)，密度 1.29 g cm^{-3}，熔点 133.5 °C，沸点 161.6 °C，分解温度在 220 °C 以上。

Eaton 等人合成立方烷的路线如下图所示。合成的基本策略为：先合成张力较小的五元环，然后通过缩环的手段得到立方烷骨架。从环戊烯酮出发，经过溴代反应与消除反应制得溴代环戊二烯酮，后者自发二聚得到重要的桥环中间体。底物经乙二醇保护后在光照下发生 [2+2] 环加成反应，形成含有四元环结构的基本骨架。再在碱性条件下发生两次 Favorskii 重排，五元环缩环为四元环。最后通过自由基条件下脱去羧基，最终成功实现了立方烷的合成。

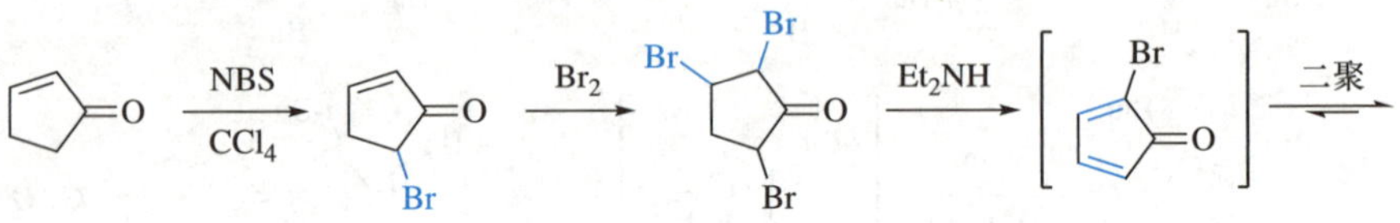

请写出蓝色箭头所示反应的机理。

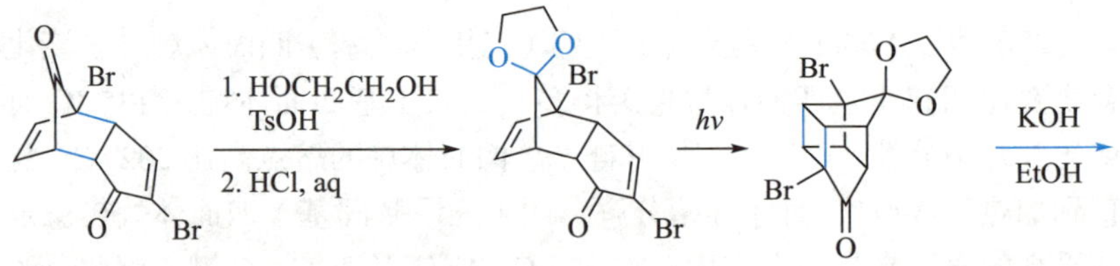

请写出蓝色箭头所示反应的机理。给出所有反应产物。

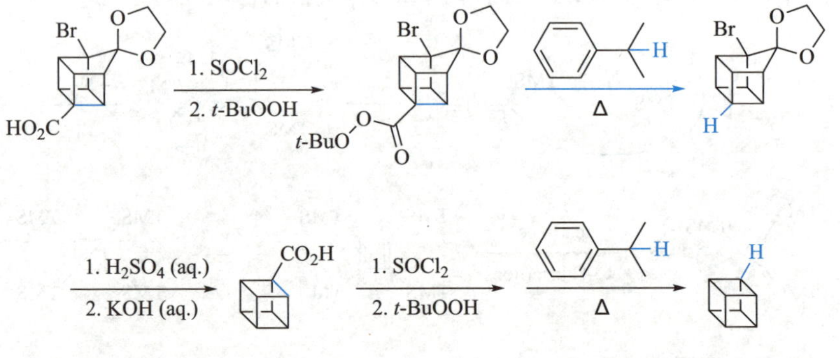

立方烷合成出来后，让人意外的是它竟然比预想的要稳定得多。这种稳定性来源于四元环的张力：如果我们均裂一根 C—C 单键，会得到一对非常不稳定的、张力极大的双自由基（二级自由基正常键角接近 120°），后者会自发重新形成 C—C 单键；同时，在非光照条件下，四元环的逆环加成反应是禁阻的。因此立方烷中存在着特殊的动力学稳定性，环张力在一般条件下不容易被释放：

人们思考：如果在立方烷中引入不稳定的化学键或官能团，是否可以为立方烷的环张力释放提供可能的途径，继而可以将其开发为含能材料？Eaton 等人带着这样的思索，在立方烷的八个顶点碳原子引入硝基取代基，于 1999 年设计并合成了八硝基立方烷 (octanitrocubane, ONC)，其结构由美国海军研究实验室的 Gilardi 用 X 射线晶体学分析获得[6]。这一分子从理论上来说是世界上最强的非核炸药，其爆炸当量高达 2.38，比 HMX（环四亚甲基四硝胺，又名奥克托今 octogen，爆炸当量 1.70）威力高 15%～30%，比 RDX（环三亚甲基三硝胺，爆炸当量 1.60）威力高 50%。从其分解反应方程式

$$C_8(NO_2)_8 \longrightarrow 8CO_2 + 4N_2$$

可以看出，一分子八硝基立方烷引爆时可以产生 12 分子气体，分解产物无毒无害且不含水，所以没有烟雾，是当之无愧的环保炸药。不过，因为八硝基立方烷的合成步骤繁琐，更是需要以昂贵的立方烷衍生物作为前体，所以很难作为实用性的炸药在现实生活中使用。

常见的含能材料与它们的爆炸当量如下，注意分子设计中硝基的大量运用：

名称	组成	爆炸当量
硝酸铵	NH_4NO_3	0.42
黑火药	75% KNO_3 + 19% C + 6% S	0.50
乌洛托品	$[(CH_2)_6N_4]$	0.60
硝化纤维		1.10
Nobel 炸药	75% 硝酸甘油 + 25% 硅藻土	1.25
硝酸甘油	$C_3H_5(ONO_2)_3$	1.54

三硝基甲苯 (TNT) 又名黄色炸药
1.0

苦味酸 (TNP)
1.17

CL-20
1.80

（乌洛托品）

（硝酸甘油）

爆炸当量又称 **TNT 当量** (TNT equivalent)，用来衡量炸药爆炸造成的威力，相当于多少质量单位的 TNT 爆炸所造成的威力。由于 TNT 每单位质量所产生的爆炸程度基本相同，所以以该种炸药作为爆炸当量的参考系。

写出硝酸铵在常温撞击下发生爆炸的反应方程式，并配平。

写出黑火药燃烧爆炸的反应方程式，并配平。

写出硝酸甘油在常温撞击下发生爆炸的反应方程式，并配平。

苦味酸的爆炸当量高于 TNT，但苦味酸可以腐蚀制作炮弹的钢铁并生成高感度、极易爆炸的苦味酸盐。导致原子弹前人类历史上最激烈、最悲惨、损失最大的 1917 年哈利法克斯 (Halifax) 大爆炸的罪魁祸首就是苦味酸盐。另一方面，日本在 1894 年甲午战争中首次使用苦味酸炸药，开始了其对东亚各国残忍的侵略史。

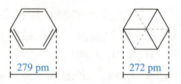

RDX 1.60 　　　HMX 1.70 　　　八硝基立方烷 (ONC) 2.38

生物电子等排原理 (bio-isosterism) 是将化合物结构中的某些原子或基团，用与其外层电子总数相等或在体积、形状、构象、电子分布、脂水分配系数、pK_a、化学反应性或氢键形成能力等参数上存在相似性的原子或基团进行替换，而产生新化合物的一种方法。产生的新化合物具有优于、近于或拮抗原来药物的特点。

除了可以用作含能材料，立方烷还存在潜在的药用价值。立方烷可以作为苯环的**生物电子等排体** (bioisosteres) 运用在医药研发中，如下图所示。如果从体对角线方向观察立方烷分子，就可以发现立方烷分子与苯分子有着类似的大小和形状。

事实上，人们已经将一些已有的医药化合物的苯环用立方烷置换，并研究对比这些药物的药理活性，结果显示多数立方烷衍生物比对应的苯基衍生物有着相同或者更高的活性。这可以通过非平面结构使药物分子溶解度增加，稳定的 sp^3 C—H 键使其在代谢中具有更好的稳定性等方面来解释。

以下为这方面的一些实例：

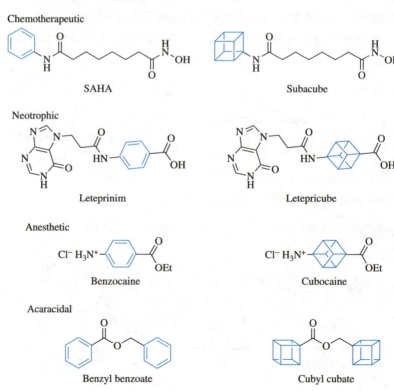

Pesticidal

Diflubenzuron

Diflucuburon

三、十二面体烷

十二面体烷 (dodecahedrane) 由 Paquette 等人于 1974 年至 1982 年期间合成，合成路线共 29 步，总产率 0.081%。

思考题 B：完成下列合成路线，给出蓝色箭头对应的反应机理 (注意立体化学)[7~12]。

Reagents and conditions:

- $MeO_2C-\equiv-CO_2Me$, THF, −78 °C to rt, 23% → **A** ($C_{16}H_{16}O_4$)
- KOH, H_2O, MeOH, reflux, 1 h, 98% → **B** ($C_{14}H_{12}O_4$)
- $NaHCO_3$, KI_3, H_2O, rt, 23 h, 96% → **C** ($C_{14}H_{10}I_2O_4$)
- NaOMe, MeOH, rt, 3 h, 96%
- CrO_3, H_2SO_4, acetone, H_2O, 5 °C, 2.5 h, 92% → **D** ($C_{16}H_{14}I_2O_6$)
- NH_4Cl, Zn-Cu, MeOH, rt, 5 h, 78% → **E** ($C_{16}H_{16}O_6$)
- cyclopropyl-SPh_2^+ BF_4^-, KOH, DMSO, rt, 30 h, 77%
- H_2O_2, NaOH, H_2O, MeOH, rt, 2.5 h, 42% → **F** ($C_{22}H_{24}O_8$)
- P_2O_5, MsOH, 50 °C, 36.5 h, 83%
- H_2, Pd/C (3 atm), EtOAc, 100 °C, 16 h, 100% → **G** ($C_{22}H_{24}O_6$)
- $NaBH_3CN$, HCl, H_2O, MeOH, rt, 8.5 h, 85% → **H** ($C_{20}H_{20}O_4$)
- HCl, MeOH, 0 °C, 26 h, 62% → **I** ($C_{22}H_{26}Cl_2O_4$)
- (1) Li; (2) $BnOCH_2Cl$, NH_3, THF, reflux, 1 h, 48%
- TsOH, PhH, 70 °C, 8 h, 93% → **J** ($C_{29}H_{32}O_3$)
- H_2O_2, NH_2NH_2, EtOH, H_2O, THF, 0 °C to rt, ON, 91%
- i-Bu_2AlH, benzene, rt, 12 h, 97%

$$\mathbf{K} \xrightarrow[\text{CH}_2\text{Cl}_2,\ \text{rt, 1.5 h, 95\%}]{\text{HCrO}_3\text{Cl·Py}} \mathbf{L} \xrightarrow[\text{MeOH, benzene},\ -78\ ^\circ\text{C to rt, 18 h, 36\%}]{h\nu} \mathbf{M} \xrightarrow[\text{EtOH, NH}_3,\ \text{THF, reflux, 1 h, 90\%}]{\text{Li}}$$
$\mathbf{K}: \text{C}_{28}\text{H}_{34}\text{O}_2$ \quad $\mathbf{L}: \text{C}_{28}\text{H}_{32}\text{O}_2$ \quad $\mathbf{M}: \text{C}_{28}\text{H}_{32}\text{O}_2$

$$\mathbf{N} \xrightarrow[\text{CH}_2\text{Cl}_2,\ \text{rt, 4 h, 97\%}]{\text{HCrO}_3\text{Cl·Py}} \text{(中间体 CHO)} \xrightarrow[\text{EtOH, THF, rt, 5 h, 48\%}]{\text{KOH}} \mathbf{O} \xrightarrow[\text{benzene, }t\text{-BuOH, rt, 10 h, 100\%}]{\text{Et}_3\text{N, }h\nu}$$
$\mathbf{N}: \text{C}_{21}\text{H}_{26}\text{O}_2$ \quad $\mathbf{O}: \text{C}_{20}\text{H}_{22}\text{O}$

$$\mathbf{P} \xrightarrow[\text{PhH, reflux, 75 min, 100\%}]{\text{TsOH}} \mathbf{Q} \xrightarrow[\text{EtOH, H}_2\text{O, THF, 0}\ ^\circ\text{C to rt, ON, 91\%}]{\text{H}_2\text{O}_2,\ \text{NH}_2\text{NH}_2} \mathbf{R} \xrightarrow[\text{250}\ ^\circ\text{C, 34\%}]{\text{Pd / C}} \text{(十二面体)}$$
$\mathbf{P}: \text{C}_{20}\text{H}_{22}\text{O}$ \quad $\mathbf{Q}: \text{C}_{20}\text{H}_{20}$ \quad $\mathbf{R}: \text{C}_{20}\text{H}_{22}$

第 10 题

题目（11 分）

化合物 **A**、**B**、**C** 和 **D** 互为同分异构体，相对分子质量为 136，分子中只含碳、氢、氧，其中氧的含量为 23.5%。实验表明：化合物 **A**、**B**、**C** 和 **D** 均是一取代芳香化合物，其中 **A**、**C** 和 **D** 的芳环侧链上只含一个官能团。四个化合物在碱性条件下可以进行如下反应：

$$\mathbf{A} \xrightarrow{\text{NaOH 溶液}} \xrightarrow{\text{酸化}} \mathbf{E}(\text{C}_7\text{H}_6\text{O}_2) + \mathbf{F}$$

$$\mathbf{B} \xrightarrow{\text{NaOH 溶液}} \xrightarrow{\text{酸化}} \mathbf{G}(\text{C}_7\text{H}_8\text{O}) + \mathbf{H}$$

$$\mathbf{C} \xrightarrow{\text{NaOH 溶液}} \xrightarrow{\text{酸化}} \mathbf{I}(\text{芳香化合物}) + \mathbf{J}$$

$$\mathbf{D} \xrightarrow{\text{NaOH 溶液}} \mathbf{K} + \text{H}_2\text{O}$$

10-1 写出 **A**、**B**、**C** 和 **D** 的分子式。

10-2 画出 **A**、**B**、**C** 和 **D** 的结构简式。

10-3 **A** 和 **D** 分别与 NaOH 溶液发生了哪类反应？

10-4 写出 **H** 分子中官能团的名称。

10-5 现有如下溶液：HCl、HNO$_3$、NH$_3$·H$_2$O、NaOH、NaHCO$_3$、饱和 Br$_2$ 水、FeCl$_3$ 和 NH$_4$Cl。从中选择合适试剂，设计一种实验方案，鉴别 **E**、**G** 和 **I**。

分析与解答

10-1 与 9-1 相似，首先计算出化合物的分子式。每个分子中氧原子数为：

$$n_\text{O} = 136\ \text{g mol}^{-1} \times 23.5\% / 16\ \text{g mol}^{-1} = 2$$

故有：

$$12 n_\text{C} + n_\text{H} = 136 - 2 \times 16 = 104$$

有机 | 结构推断
难度 | ★

解得：$n_C = 8$，$n_H = 8$。故分子式均为 $C_8H_8O_2$。

10-2 先假设四种化合物均为单取代的苯 (C_6H_5—$C_2H_3O_2$)，则侧链中一定含有一个羰基氧和一个烷基氧。不妨将该结构视为侧链 x 号位氧代、y 号位氧杂的苯（异）丙烯（详见知识拓展）。对于苯丙烯骨架，按照 $(x, y) = (1, 2); (1, 3); (2, 1); (2, 3); (3, 1); (3, 2)$ 的顺序枚举出以下六个同分异构体 **1 ~ 6**；而苯异丙烯骨架只能得到 **7**。

有机 | 结构推断
难度 | ★

根据化学式判断出 **E** 和 **G** 分别为苯甲酸与苯甲醇。**1** 和 **6** 可以在碱性条件下发生酯基的水解，生成苯甲酸盐与苯甲醇；此外 **5** 可能在碱性条件下发生羰基 α 位的 S_N2 反应，生成苯甲醇。但由于 **5** 的侧链并非只有一个官能团，故 **A 和 B 应分别为 1 和 6**。

C 的反应条件与 **A** 与 **B** 相同，故 **C 也可能是酯类，分子 3 满足条件**。

D 在碱中处理，产物之一为水。其余三个分子 **2**、**4**、**5** 在碱性条件下也均可能发生"脱水"反应：**2**、**5** 可能发生碳负离子缩合反应，**4** 会发生中和反应。但由于 **2**、**5** 的侧链并非只有一个官能团，故 **D 应为 4**。

10-3 根据上文所述，**A** 发生的是酯基的水解反应（酯基中羰基碳原子上的亲核加成-消除反应 / 亲核取代反应），**D** 发生的是羧基的酸碱中和反应。

有机 | 反应机理
难度 | ★

10-4 **H** 为甲酸苄酯的水解产物甲酸，其中含有醛基和羧基两个官能团。

10-5 由题目给出的信息可推出：**E** 是苯甲酸，**G** 是苯甲醇，**I** 是苯酚。所给试剂中，可对三种待检验物质产生不同现象的试剂见下表：

据此，可以有至少 9 种方式，仅选择两种试剂鉴别三种物质。如：

方案 1

- 取三个试管，各加 2 mL 水，分别将少许 **E**、**G**、**I** 加入试管中，再

分析 | 组分分离
开放 | 实验设计
难度 | ★★

	E（苯甲酸）	G（苯甲醇）	I（苯酚）
常温常压	固体	液体	固体
氨水	易溶解	无明显现象	较易溶解
NaOH 水溶液	易溶解	无明显现象	易溶解
NaHCO₃ 水溶液	产生气体	无明显现象	无明显现象
饱和 Br₂ 水溶液	无明显现象	无明显现象	白色沉淀
FeCl₃ 水溶液	无明显现象	无明显现象	蓝紫色

各加 1~2 滴 $FeCl_3$ 溶液，呈现蓝紫色的试管中的化合物为苯酚 I。

- 另取两个试管，各加适量 NaOH 溶液，分别将 E 和 G 加入试管中，充分振荡后，不溶于 NaOH 溶液的化合物为苯甲醇 G，溶于 NaOH 溶液的化合物为苯甲酸 E。

方案 2

- 取三个试管，各加 2 mL 水，分别将少许 E、G、I 加入试管中，再各加几滴溴水，产生白色沉淀的试管中的化合物为苯酚 I。
- 另取两个试管，各加适量 $NaHCO_3$ 溶液，分别将 E 和 G 加入试管中。微热，放出气体的试管中的化合物为苯甲酸 E，无明显现象的为苯甲醇 G。

评注

在有机化合物中，碳原子与氢原子组成了碳链骨架，而不同杂原子形成的官能团赋予了它们不同的反应性。氧原子便是其中最为常见的一种：它可以单独与碳、氢原子组成醇/酚、醚、过氧化合物、醛/酮、（半）缩醛、羧酸、酯/内酯等种类繁多的化合物。

这给查找有机物同分异构体的传统方法带来了很大的麻烦：通常的方法是先确定主碳链，然后在不同位置进行取代；然而氧原子可以成两根键，不仅可以像一价取代基那样取代碳上的氢，还可以插入碳链中两个碳原子之间形成醚键。这也就意味着，含氧有机化合物无法用这种先固定碳链的方式查找同分异构体。

通常，一些试题中给出的方法（也是最容易想到的方法）是，确定氧原子形成的官能团，然后按照酸、酯、醛、酮、醇、醚等官能团分别写出异构体。但是这种方式非常容易遗漏，同时还要不停地思考一共有哪些可能形成的官能团。笔者在此提供另一种更为适用的思路[①]。

在杂环化学中我们学过，杂原子可以取代环中碳原子，形成杂酯

[①] 笔者曾深入分析过此类问题：https://zhuanlan.zhihu.com/p/25434090，其中以 $C_3H_4O_2$ 为例，列举了这一分子式可能存在的所有异构体。

环、杂芳环。如四氢呋喃虽然是环醚，但也可视为氧杂环戊烷。这提供了一种对于碳链中间的杂原子的处理方式：将氧原子视为氧杂的碳原子，从而确定相应的"广义碳骨架"。比如乙醇的"广义碳骨架"是丙烷，可以命名为 1-氧杂丙烷；乙酸则可以命名为 2-甲基-1, 3-二氧杂-1-丙烯。此方法的优势在于，**不需要对氧原子的存在形式进行任何思考与分析**，便可以自然而然地得到不同含氧官能团的异构体，且不会有重复或遗漏。

本题中查找同分异构体就运用了这种思维，可以轻松地画出所有同分异构体，以免遗漏某个分子以致无法找到正确选项。

第 11 题

题目（10 分）

1941 年从猫薄荷植物中分离出来的荆芥内酯可用作安眠药、抗痉挛药、退热药等。通过荆芥内酯的氢化反应可以得到二氢荆芥内酯，后者是有效的驱虫剂。为研究二氢荆芥内酯的合成和性质，进行如下反应：

写出 **A**、**B**、**C**、**D** 和 **E** 的结构简式（不考虑立体异构体）。

分析与解答

该反应的第一步为较为温和的氧化反应：低温下 CrO_3 将醛基氧化为羧基。控制低温的目的是使活性稍低的双键不被氧化。

有机 | 反应推断
难度 | ★

第二步中 **A** 在酸性条件下与甲醇反应，可能有两个反应位点：羧基——被酯化；双键——被质子化为三级碳正离子，随后被甲醇进攻形成醚，生成的两种产物如下。需要结合后续步骤进行判断。

[B1 和 B2 结构图]

第三步的反应是典型的自由基加成，HBr 与双键加成生成反马氏产物。故倒推可以判断第二步反应只生成了酯 **B2**，而第三步为自由基加成反应：

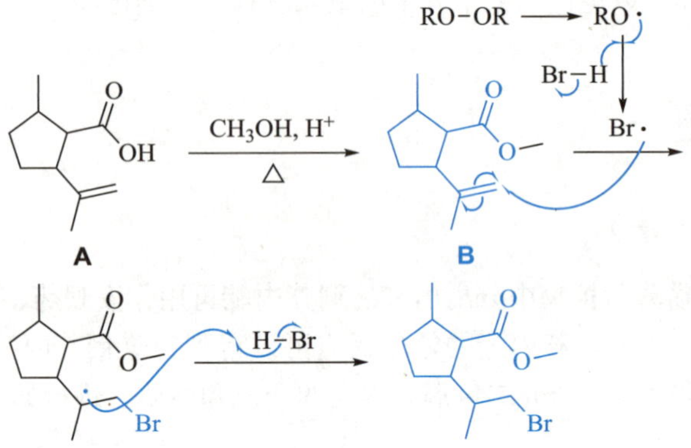

[反应式：A → B，CH₃OH, H⁺, Δ；RO-OR → RO·，Br-H，Br·]

[反应式：B 的自由基中间体 + H-Br → C]

C 在 LiOH 作用下可能有两个反应位点：卤代烃发生亲核取代反应得到醇；酯基水解生成羧基负离子。实际反应中可能其中一个位点发生反应，也可能两个位点均发生反应。但是考虑到 **A** 到 **B** 的反应是将羧酸转化为酯，若这步重新水解为羧酸，则前面的反应便没有意义了。所以 **C** 在 LiOH 作用下发生的是卤代烃的 S_N2 亲核取代反应，随后在酸性条件下发生酯交换反应，关环形成内酯 **D**，即为题中所述的二氢荆芥内酯。

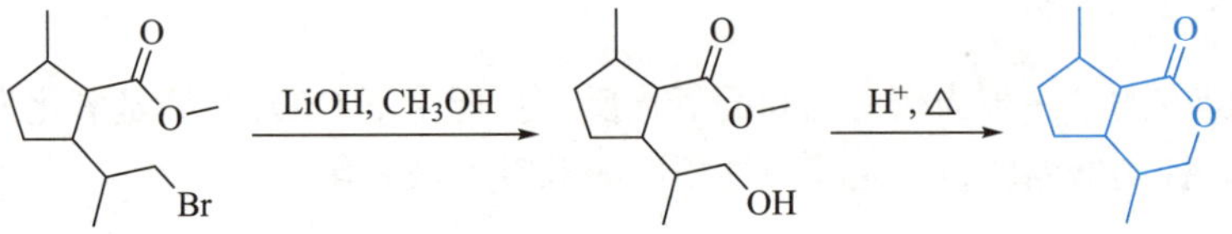

[反应式：C → 中间体 (LiOH, CH₃OH) → D (H⁺, Δ)]

随后用 LiAlH₄ 将二氢荆芥内酯还原，酯基被还原为两个羟基：

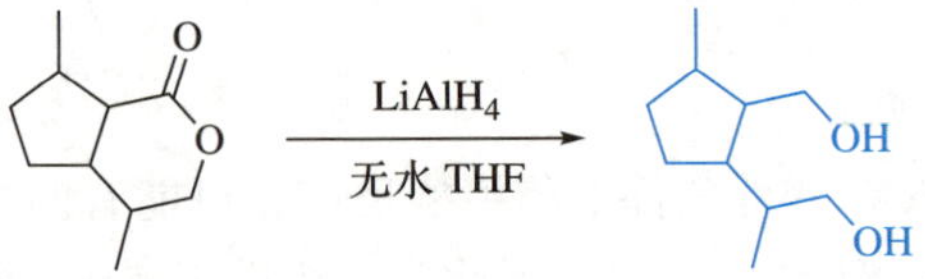

[反应式：D → E，LiAlH₄，无水 THF]

在此需要说明的是，有机反应的产物几乎都是经过后处理才能分离得到的，因此通常有机反应路线书写时会省略后处理方式。以此题为例，部分同学没有"后处理"的概念，认为答案应该是醇锂盐，或者分不清什么时候应该写最终产物、什么时候应该写盐类的形式。此时仅需注意一点：**有机反应最终选择得到什么产物，是为了实际操作的便利性而服务的。**

以下试举若干典型例子分析：

例一：胺类产物可能需要蒸馏、柱层析等方式提纯，且容易氧化变质；但是其盐酸盐易于结晶，可以直接通过反萃取、重结晶的简便方式获取，性质稳定。所以实际操作中，很多胺类化合物是以盐的形式储存、购买、使用的，这类化合物就会根据实际情况，可能在反应路线中写作盐类的形式。

例二：不稳定的物种通常是不会作为产物的，比如过量 Grignard 试剂对羰基加成产生的醇盐、过量 DIBAL 还原羰基生成的醇铝等。这些反应后处理时，会直接在冰浴下加水淬灭（同时淬灭醇盐与过量活泼试剂），所以产物只能写成后处理之后的形式，即醇而非醇盐。

例三：对于某些反应中间体，应该判断下一步是如何投料的。比如腈与过量 Grignard 试剂加成制备酮的反应中，第一步得到的是亚胺盐，随后第二步加酸水解得到最终产物酮。由于第二步反应并不需要对亚胺这种稳定性不高的化合物进行分离，因此直接在原容器中加入水与酸，淬灭亚胺盐与多余的 Grignard 试剂后，常温搅拌即可发生第二步反应得到酮。

另外，也可以从反应性角度考虑：亚胺可以被 Grignard 试剂加成，而亚胺负离子对 Grignard 反应是惰性的。因此，如果将中间体写成亚胺，那么第二分子 Grignard 试剂理应对它进一步加成生成胺盐，与事实不符。因此从这一角度出发，中间体也必须写成亚胺盐。

例四：对于某些看似"连续"的反应，比如 Grignard 试剂先对酮加成后生成二级醇，再进一步与对甲苯磺酰氯 (TsCl) 反应生成对甲苯磺酸酯 (ROTs)，则应该首先分离出比较纯净的产物醇，否则后处理时的水会将酰化试剂水解，此时中间体就应写为醇。

本题中的最终产物在后处理后只会得到二醇，而不是醇锂盐。本书中后述章节也是按照这个约定俗成的写法进行撰写，而不再赘述这一问题。

思考题解答

思考题 A

叔丁基有着很大的空间位阻，如果三个叔丁基都与四元环上的 sp^2 三角形碳原子相连，那么三个叔丁基将会被并置于同一平面上（如下图 A 所示），则会在中心四元环上产生很大的环张力，生成的双自由基中间体 A 能量过高，路径 A 很难发生；而中间体 B 中有一个叔丁基与四元环上的 sp³ 四面体碳原子相连，该叔丁基离开了四元环平面，产生的中间体张力较小，能量较低，因而路径 B 更容易发生。

思考题 B

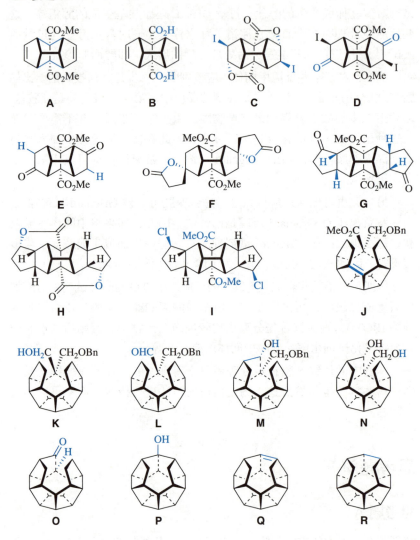

（本章初稿由常泰维完成，柳晗宇补充修改）

参考文献

[1] Wang, Y.; Lin, J; Du, Y.; et al. A hexagonal perovskite intergrowth compound: $La_2Ca_2MnO_7$. *Angew. Chem. Int. Ed.*, **2000**, *39* (15): 2730–2732.

[2] Maier, G.; Boβlet, F. *Tert*-butyl-substituierte cyclobutadiene und cyclopentadienone. *Tetrahedron Lett.*, **1972**, *13* (11): 1025–1030.

[3] Maier, G.; Boβlet, F. *Tert*-butyl-substituierte cyclobutadiene und cyclopentadienone. *Tetrahedron Lett.*, **1972**, *13* (11): 1025–1030.

[4] Maier, G.; Pfriem, S.; Schäfer, U.; et al. *Tetra*-tert-butyltetrahedrane. *Angew. Chem. Int. Ed. Engl.*, **1978**, *17* (7): 520–521.

[5] Maier, G.; Neudert, J.; Wolf, O.; et al. Tetrakis (trimethylsilyl) tetrahedrane. *J. Am. Chem. Soc.*, **2002**, *124* (46): 13819–13826.

[6] Zhang, M.-X.; Eaton, P. E.; Gilardi, R. Hepta- and octanitrocub- anes. *Angew. Chem. Int. Ed.*, **2000**, *39* (2): 401–404.

[7] Paquette, L. A.; Wyvratt, M. J. Domino Diels-Alder reactions. I. Applications to the rapid construction of polyfused cyclopentanoid systems. *J. Am. Chem. Soc.*, **1974**, *96* (14): 4671–4673.

[8] Paquette, L. A.; Wyvratt, M. J.; Schallner, O.; et al. Topologically spherical molecules. Synthesis of a pair of C_2-symmetric hexaquinane dilactones and insights into their chemical reactivity. An efficient - mediated 1,6-dicarbonyl reduction. *J. Org. Chem.*, **1979**, *44* (21): 3616–3630.

[9] Paquette, L. A.; Balogh, D. W.; Blount, J. F. Model approach to the pentagonal dodecahedrane. Synthesis and properties of a monoseco derivative. *J. Am. Chem. Soc.*, **1981**, *103* (1): 228–230.

[10] Paquette, L. A.; Ternansky, R. J.; Balogh, D. W. A strategy for the synthesis of monosubstituted dodecahedrane and the isolation of an isododecahedrane. *J. Am. Chem. Soc.*, **1982**, *104* (16): 4502–4503.

[11] Paquette, L. A.; Ternansky, R. J.; Balogh, D. W. Dodecahedrane. *J. Am. Chem. Soc.*, **1982**, *104* (16): 4503–4504.

[12] Paquette, L. A.; Ternansky, R. J.; Balogh, D. W.; et al. Total synthesis of a monosubstituted dodecahedrane. The methyl derivative. *J. Am. Chem. Soc.*, **1983**, *105* (16): 5441–5446.

第 22 届

中国化学奥林匹克竞赛（决赛）理论试题解析

2009 年 1 月 7 日 · 西安

第 1 题

题目（15 分）

金在自然界中主要以分散的单质形式存在，需要先富集再提炼。富集后的精矿用混汞法、氰化法等工艺提取金。混汞法是使矿浆中的金粒与汞生成金汞齐。然后蒸去汞得到海绵金（又称汞金）。氰化法是在氧化剂（如空气或氧气）存在下，用可溶性氰化物（如 NaCN）溶液浸出矿石中的金（浸出产物为 $[Au(CN)_2]^-$），再用置换法或电沉积法从浸出液中回收金。

1-1 写出用氰化物溶金反应和用 Zn 粉置换金的化学反应方程式。

1-2 已知 $E^{\ominus}(O_2/H_2O) = 1.229$ V、$E^{\ominus}(Au^+/Au) = 1.69$ V、$K_a^{\ominus}(HCN) = 4.93 \times 10^{-10}$、$\beta_2(Au(CN)_2^-) = 2.00 \times 10^{-38}$、$F = 96485$ J V^{-1} mol^{-1}。

设配制的 NaCN 水溶液的浓度为 1.00×10^{-3} mol L^{-1}，生成的 $[Au(CN)_2]^-$ 配离子的浓度为 1.00×10^{-4} mol L^{-1}，空气中 O_2 的体积分数为 0.210，计算 298 K 时在空气中溶金反应的自由能变。

1-3 电极反应中有 H^+ 或 OH^- 时，其电极电势 E 将受 pH 的影响，E-pH 图体现了这种影响。

E-pH 图上有三种类型的线：电极反应的 E 与 pH 有关，为有一定斜率的直线；电极反应的 E 与 pH 无关，是一条平行于横坐标的直线；非氧化还原反应，是一条平行于纵坐标的直线。电对的 E-pH 线的上方，是该电对的氧化型的稳定区，E-pH 线的下方，是还原型的稳定区；位于高位置线的氧化型易与低位置线的还原型反应；各曲线的交点处的 E 和 pH，是各电极的氧化型和还原型共存的条件。

图 1 是氰化法溶金过程的 Au-CN-H_2O 系统的 E-pH 图，试借助该图对溶金反应和溶金的工艺条件进行讨论。

分析与解答

本题以氰化法提取金单质为背景，考查了简单的元素和电化学知识。

1-1 本题考查了金单质的提炼方法与氧化还原方程式的书写。金单质十分稳定，不容易被氧化，所以人们通过形成稳定的配合物来降低 Au^+/Au 的电位，使金元素更容易被氧化进入溶液相。因此，这里单质

无机 | 氧化还原反应
难度 | ★

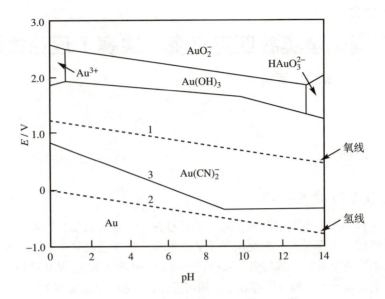

图 1 Au-CN-H$_2$O 的 E-pH 图

金的氧化产物是 Au(I)，这个结果已在题干中明确指出了。另外不难想到该反应的氧化剂就是空气中的氧气，于是第一个方程式为：

$$4Au + 8CN^- + 2H_2O + O_2 = 4[Au(CN)_2]^- + 4OH^-$$

Au(I) 会自发歧化得到 Au(Ⅲ)。

我们知道，溶液中的 Au(Ⅲ) 通常比 Au(I) 更稳定，但为什么在该溶液中不形成 Au(Ⅲ) 物种呢？这是因为软碱氰根对软酸 Au(I) 结合能力更强，从而 Au(I) 的氰配合物反而成了更优势的物种。

随后，通过第二步的置换反应，将溶液中提炼得到的金离子还原为游离态，方程式为：

$$2[Au(CN)_2]^- + Zn = 2Au + [Zn(CN)_4]^{2-}$$

该反应对 11 族的铜、银同样适用，因此以上做法也可用于提取银单质。不同的是对于铜而言，其单质在隔绝空气的条件下亦可与氰化物溶液反应，自发释放出氢气；并且在更浓的氰化物溶液中，还可能得到更高配位数的氧化产物，如 [Cu(CN)$_4$]$^{3-}$。

1-2 本题考查了 Nernst 方程的运用。首先计算体系中各物种的浓度。假设该氧化还原反应进行得十分完全，则可认为此时氰离子的分析浓度

无机 | 电化学与 Nernst 方程
难度 | ★★

$$c(CN^-) = 1.00 \times 10^{-3} \text{ mol} - 2 \times 1.00 \times 10^{-4} \text{ mol} = 8.0 \times 10^{-4} \text{ mol}$$

生成氢氧根的分析浓度 $c(OH^-) = 1.00 \times 10^{-4}$ mol。考虑水解平衡

$$CN^- + H_2O \rightleftharpoons HCN + OH^-$$

$$K_h^\ominus = \frac{K_w^\ominus}{K_a^\ominus(HCN)} = 2.03 \times 10^{-5}$$

设 [HCN] = x mol L^{-1}，则

$$K_h^\ominus = \frac{[\text{HCN}][\text{OH}^-]}{[\text{CN}^-]} = \frac{x(1.00 \times 10^{-4} + x)}{8.0 \times 10^{-4} - x} = 2.03 \times 10^{-5}$$

解得 $x = 8.07 \times 10^{-5}$，[CN$^-$] = 7.19×10^{-4} mol L^{-1}，[OH$^-$] = 1.81×10^{-4} mol L^{-1}。从而

$$[\text{Au}^+] = \frac{[\text{Au(CN)}_2^-]}{\beta_2[\text{CN}^-]^2} = 9.66 \times 10^{-37} \text{ mol L}^{-1}$$

此时根据 Nernst 方程可得：

$$E(\text{O}_2/\text{OH}^-) = E^\ominus(\text{O}_2/\text{H}_2\text{O}) + \frac{0.0592}{4} \lg \frac{p(\text{O}_2)[\text{H}^+]^4}{p^\ominus(c^\ominus)^4} = 0.612 \text{ V}$$

$$E(\text{Au}^+/\text{Au}) = E^\ominus(\text{Au}^+/\text{Au}) + 0.0592 \lg [\text{Au}^+] = -0.442 \text{ V}$$

于是

$$E = E(\text{O}_2/\text{OH}^-) - E(\text{Au}^+/\text{Au}) = 1.054 \text{ V}$$

$$\Delta_r G_m = -zFE = -4 \times 96.485 \text{ kJ V}^{-1} \text{ mol}^{-1} \times 1.054 \text{ V}^{-1}$$

$$= -407 \text{ kJ mol}^{-1}$$

由此数据可见，该反应的确进行得十分完全，因而一开始的假设完全合理。

1-3 本题考查电化学基础知识。E-pH 图，又称 **Pourbaix 图**，显示了指定 pH 和电势下的优势物种。题干中已经为我们提供了关于它的充足背景信息，只需按照这几点展开讨论即可。

无机 | 电化学与 E-pH 图
难度 | ★★

首先，[Au(CN)$_2$]$^-$ 线远低于氧线，因此仅靠空气中的氧气即可轻易氧化氰化物溶液中的金单质；而若没有氰离子的辅助，则可估算出 Au(Ⅲ) / Au(0) 的电势 [通过 Au(Ⅲ) / Au(Ⅰ) 和 Au(Ⅰ) / Au(0) 两个电对的电势加权平均得到] 高于氧线 [**1-1** 小题中提及，当不存在氰离子时，Au(Ⅲ) 才是溶液中的优势物种]。因此该氧化还原反应不会发生。

其次，pH 对该溶金反应存在较大影响。随着 pH 的增大，溶金的趋势先增大后减小，在 pH ≈ 9 时反应电动势取到最大值约 1 V（此处曲线的转折点对应的 pH 为 HCN 的 pK_a，该点右侧 CN$^-$ 取代 HCN 成为主要存在物种，因此电极电势随 pH 的变化关系也随之改变）。酸性过强，则 HCN 难以解离而与金配位，且 HCN 易挥发；碱性过强，则 O$_2$ 的氧化性变弱，也不利于反应进行。

评注

1-2 小题要做全对颇需细心。首先要注意题中给出的氰化钠浓度是反应前的浓度，因而反应过程中氰离子的分析浓度和氢氧根浓度会发生变

化，需要纳入考虑。本届决赛最初提供的参考答案中，就遗漏了对**反应中生成 OH⁻** 的考虑，导致在 [OH⁻] 的计算中引入了不可忽略的偏差（虽然最终结果非常相近）。不过当然，这里若是使用 [OH⁻] = $\sqrt{cK_h}$ 的简化式是绝对错误的。此外，题中给出的 O (0) / O (−2) 的电势是**酸性条件下**（而不是实际反应中的碱性条件）的数据，这从括号中写的是 O_2 / H_2O 而非 O_2 / OH^- 可见。也许还有人对此题的有效数字问题会提出异议，认为在计算 $c(CN^-)$ = 1.00×10^{-3} mol − $2 \times 1.00 \times 10^{-4}$ mol = 8.0×10^{-4} mol 时得到的是两位有效数字。但此处做乘除运算时，首位为 8 的数据可看作具有多一位的有效数字，所以原题答案在有效数字方面不存在上述问题。

第 2 题

题目（14 分）

液氨是一种广泛使用的类水溶剂。

2-1 作为溶剂，NH_3 分子也能发生类似于 H_2O 分子的缔合作用，说明发生这种缔合的原因和比较这种缔合作用相对于水的大小。

2-2 以液氨作为溶剂最引起化学家兴趣的是它能够溶解一些金属，如电极电势小于 −2.5 V 的碱金属、部分碱土金属及镧系元素金属可溶于液氨，形成蓝色的具有异乎寻常性质的亚稳定态溶液，这种溶液具有顺磁性和高的导电性，溶液的密度比纯溶剂的密度小。碱金属的液氨溶液是可供选择使用的强还原剂，广泛应用于合成一些非正常氧化态的金属配合物和其他化合物。研究发现在金属 Na 的液氨溶液中存在着以下反应：

$$Na(s) \xrightleftharpoons{NH_3} Na(NH_3) \quad 或 \quad Na(s) + NH_3 \rightleftharpoons Na(NH_3)$$

$$2Na(NH_3) \rightleftharpoons Na_2(NH_3) + NH_3 \quad K^\ominus \approx 5 \times 10^3$$

$$Na(NH_3) + NH_3 \rightleftharpoons Na^+(NH_3) + e^-(NH_3) \quad K^\ominus \approx 10^{-2}$$

$$Na^-(NH_3) + NH_3 \rightleftharpoons Na(NH_3) + e^-(NH_3) \quad K^\ominus \approx 10^{-3}$$

$$2e^-(NH_3) \rightleftharpoons e_2^{2-}(NH_3) + NH_3$$

金属 Na 在液 NH_3 溶剂中生成氨合金属 $Na(NH_3)$、$Na_2(NH_3)$，氨合阳离子 $Na^+(NH_3)$，氨合阴离子 $Na^-(NH_3)$ 及氨合电子 $e^-(NH_3)$、$e_2^{2-}(NH_3)$ 等物种。试根据以上信息解释碱金属液氨溶液的高导电性和顺磁性。写出 $[Pt(NH_3)_4]Br_2$ 与 K 在液氨中的反应方程式。

2-3 溶剂 NH_3 分子自动电离形成铵离子和氨基离子

$$2NH_3 \rightleftharpoons NH_4^+ + NH_2^- \quad K^\ominus = [NH_4^+][NH_2^-] = 10^{-27}$$

其离子积常数 $K^\ominus$ 虽然比 H_2O 的 $K_w^\ominus$ 小得多，但同样可以建立类似于水体系中的 pH 标度。试建立这种标度，确定酸性、中性和碱性溶液的 pH。

2-4 在液氨中的许多反应都类似于水中的反应，试写出 $TiCl_4$、Zn^{2+} 和 Li_3N 在液氨中反应的方程式。

2-5 在水体系中以标准氢电极为基准建立了标准电极电势系统，在液氨体系中同样也以标准氢电极建立类似于水体系的液氨体系中的标准电极电势系统。试写出标准氢电极的半反应方程式及标准电极电势。

2-6 在液氨体系中某些金属的标准电极电势跟这些金属在水溶液的标准电极电势十分相近。已知在液氨体系中，$6NH_4^+ + N_2 + 6e^- \rightleftharpoons 8NH_3$ 的 $E^\ominus = 0.04\ V$。试设计一个在液氨中实施用氢固氮的反应，并预计其反应条件，简述理由。

2-7 液氨作为溶剂在化学分析中广泛用于非水滴定，试述哪些不宜于在水溶液中滴定的酸碱体系可以在液氨中进行。

分析与解答

本题借非水溶液中的反应，考查了知识迁移能力。

2-1 本题考查分子间作用力的相关知识。中学化学中就有提及，氨、水、氟化氢均可凭借分子间氢键缔合，从而拥有较高的沸点。由于 N 电负性低于 O，N⋯H—N 氢键弱于 O⋯H—O 氢键，因而氨的缔合作用比水小。

无机 | 氢键
难度 | ★

2-2 本题考查信息的提取能力。题目给出的若干方程式表明，碱金属-液氨体系中存在许多带电离子，均可作为载流子；不过其中主要载流子是高迁移率的氨合电子。这使得碱金属-液氨体系具有高电导率。而由于未成对氨合电子的存在，又使得它具有明显的顺磁性，还使得该体系中很容易发生单电子转移反应，将金属配合物在不断键的情况下转化为异常低的氧化态，此处给出了几个常见的例子。而题目中还原 Pt(Ⅱ) 配合物的反应式为：

无机 | 现象解释
无机 | 方程式书写
难度 | ★

$$[Pt(NH_3)_4]Br_2 + 2K = 2KBr + [Pt(NH_3)_4]$$

2-3 本题考查知识的迁移能力。pH 的定义为溶液中氢离子浓度的负对数。水溶液中，水自耦电离产生的"溶剂酸"是 H_3O^+；而在液氨体系中，"溶剂酸"是 NH_4^+，因而"pH"理所应当定义为 $-lg[NH_4^+]$。"中性"的条件是两种离子浓度 $[NH_4^+] = [NH_2^-] = 10^{-13.5}\ mol\ L^{-1}$ (pH = 13.5)；相应地，$[NH_4^+] > [NH_2^-]$ (pH < 13.5) 为酸性，$[NH_4^+] < [NH_2^-]$ (pH > 13.5) 为碱性。

无机 | 酸碱理论
难度 | ★

2-4 本题考查知识的迁移能力和反应方程式的书写。$TiCl_4$ 是强 Lewis 酸，容易结合氨基负离子，发生溶剂解；Zn^{2+} 是两性化合物，可以与过量氨基负离子反应，先生成氨基化物，后生成四氨基合锌酸根；Li_3N

无机 | 酸碱反应
难度 | ★

是氨体系里的"超碱"，这种强 Brønsted 碱倾向于夺取溶剂中的质子形成 NH_2^-。针对 $TiCl_4$ 的反应，参考答案给出的是：

$$TiCl_4 + 6NH_3 =\!\!=\!\!= Ti(NH_2)_3Cl + 3NH_4Cl$$

但必须承认，在不知道实验事实的情况下，无法确切推断得出产物中含多少氨基，也不能排除生成亚氨基化物、惰性氮化物沉淀的可能（正如 $TiCl_4$ 水解得氧化物）。剩余两个物质对应的反应方程式容易写出：

$$Zn^{2+} + 2NH_2^- =\!\!=\!\!= Zn(NH_2)_2$$
$$Zn(NH_2)_2 + 2NH_2^- =\!\!=\!\!= Zn(NH_2)_4^{2-}$$
$$Li_3N + 2NH_3 =\!\!=\!\!= 3LiNH_2$$

2-5 本题考查知识的迁移能力。参考水中标准氢电极的半反应方程式及标准电极电势的规定：

$$2H_3O^+ + 2e^- =\!\!=\!\!= 2H_2O + H_2 \qquad E^\ominus = 0\text{ V}$$

可给出液氨体系中类似的定义：

$$2NH_4^+ + 2e^- =\!\!=\!\!= 2NH_3 + H_2 \qquad E^\ominus = 0\text{ V}$$

2-6 由于题给半反应的标准电极电势 $E^\ominus > 0$，因而 N_2 可自发氧化 H_2 生成 NH_3。该半反应与标准氢电极的半反应组合为原电池（$N_2 + 3H_2 =\!\!=\!\!= 2NH_3$），反应电动势 $E^\ominus = 0.04\text{ V} > 0$，可以自发进行。由于这是一个缩体积反应、放热反应，故应选择 高压、适当低温 的条件（热力学），同时 加入催化剂 加快反应速率（动力学）。

2-7 在非水溶液中进行酸碱滴定，需要考虑溶剂在三个方面的性质：

(1) **质子自递常数：** 质子自递是自耦电离的一种表现形式（在水、氨等质子溶剂中这两个概念是等同的），质子自递常数是这种反应的平衡常数，可粗略认为是质子化溶剂正离子与去质子溶剂负离子的浓度之积，例如水的质子自递常数 $K_s = 10^{-14.0}$。水溶液中 pH 的变化范围通常只有 14 个单位，而液氨则可扩大到 27 个单位。可见，溶剂的 K_s 越小，滴定时溶液 "pH" 的变化范围就越大。在这种情况下，不同强度的碱（或酸）混合物有可能被分别滴定。通常，同一种溶剂中两种碱（或酸）的 pK_b（或 pK_a）差值小于 5 时就不能分别滴定，只能测得总量。而在 K_s 更小的溶剂中，它们的 pK_b 差别可以被放大，同时滴定突跃增大，滴定的准确性因此也可提高。

(2) **溶剂对溶质酸碱性的影响：** 容易理解，某一种水中表现为弱酸的溶质可以在液氨中显示较强的酸性。通常 pK_a 大于 8 的弱酸无法被准确滴定，将水溶液替换为液氨可有效解决这类问题。

(3) **拉平效应和区分效应**：有些比氢氧根碱性更强的物质，如醇钠、炔基负离子等，它们在水中接收质子的能力特别强，将定量地与水作用，将其全部转化为 OH^-。于是，这些碱的强度全部被拉平到 OH^- 的碱性。总的来说，利用溶剂的拉平效应可滴定混合碱总量；利用区分效应可分别滴定。此外，有些能与水剧烈反应的强碱也适宜在液氨体系中进行滴定。

第 3 题

题目（8 分）

复方阿司匹林片是常用的解热镇痛药，其主要成分为乙酰水杨酸。我国药典采用酸碱滴定法对其含量进行测定。

乙酰水杨酸（结构式：苯环邻位带 CO_2H 和 $OCOCH_3$）

虽然乙酰水杨酸（相对分子质量 180.2）含有羧基，可用 NaOH 溶液直接滴定，但片剂中往往加入少量酒石酸或柠檬酸稳定剂，制剂工艺过程中也可能产生水解产物（水杨酸、醋酸），因此宜采用两步滴定法。即先用 NaOH 溶液滴定样品中共存的酸（此时乙酰水杨酸也生成钠盐），然后加入过量 NaOH 溶液使乙酰水杨酸钠在碱性条件下定量水解，再用 H_2SO_4 溶液返滴定过量碱。

3-1 写出定量水解和滴定过程的反应方程式。

3-2 定量水解后，若水解产物和过量碱浓度均约为 $0.10\ mol\ L^{-1}$，H_2SO_4 溶液浓度为 $0.1000\ mol\ L^{-1}$，则第二步滴定的化学计量点 pH 是多少？应选用什么指示剂？滴定终点颜色是什么？若以甲基红作指示剂，滴定终点 pH 为 4.4，则至少会有多大滴定误差？（已知水杨酸的离解常数为 $pK_{a_1} = 3.0$，$pK_{a_2} = 13.1$；醋酸的离解常数为 $K_a = 1.8 \times 10^{-5}$。）

3-3 取 10 片复方阿司匹林片，质量为 m (g)。研细后准确称取粉末 m_1 (g)，加 20 mL 水（加少量乙醇助剂），振荡溶解，用浓度为 c_1 (mmol) 的 NaOH 溶液滴定，消耗 V_1 (mL)，然后加入浓度为 c_1 的 NaOH 溶液 V_2 (mL)；再用浓度为 c_2 (mmol) 的 H_2SO_4 溶液滴定，消耗 V_3 (mL)。试计算片剂中乙酰水杨酸的含量（mg / 片）。

分析与解答

本题考查了酸碱滴定及终点误差的计算。

3-1 本题考查了酯的水解反应及相关反应方程式的书写。乙酰水杨酸在碱的作用下水解得水杨酸盐；由于水杨酸是二元酸，且 $pK_{a_2} < 14$，

因此在过量 NaOH 条件下得到的自然是二钠盐 Na_2Sal（H_2Sal 代表水杨酸，下同）：

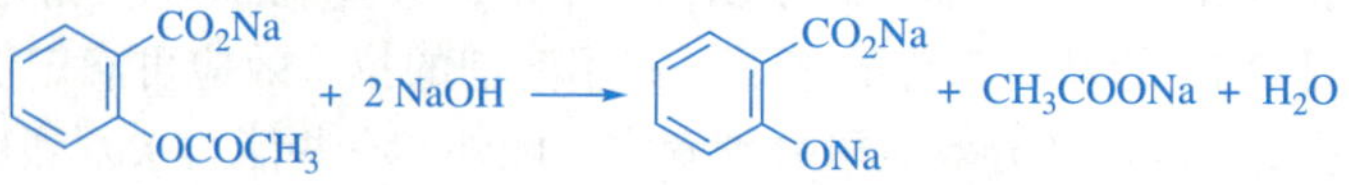

[结构式: 邻位取代苯环，CO_2Na 和 $OCOCH_3$] + 2 NaOH ⟶ [结构式: 邻位取代苯环，CO_2Na 和 ONa] + CH_3COONa + H_2O

随后返滴定过量碱：

$$H_2SO_4 + 2NaOH = Na_2SO_4 + 2H_2O$$

然而，这样的答案是不完整的。我们在第 2 题中曾提到，pK_a 大于 8 的弱酸无法被准确滴定（依靠返滴定也是无法解决这个问题的），因此这里的滴定不可能以 Na_2Sal 为终点，而是会继续进行，直至定量生成 NaHSal 才会观察到明显的 pH 突跃。所以此处还应补充一个方程式：

$$H_2SO_4 + 2Na_2Sal = 2NaHSal + Na_2SO_4$$

分析 | 酸碱滴定终点计算
难度 | ★★★

3-2 本题考查了溶液 pH 与终点误差的计算，以及酸碱指示剂的合理选用。这里特别要注意：由于滴定剂 H_2SO_4 溶液的加入，**稀释了溶液**，其中各物种浓度减小。因水解产物及过量碱均需二分之一物质的量的硫酸与之反应，故溶液被稀释了一倍。滴定终点时，$c(Ac^-) = c(HSal^-) = 0.05$ mol L^{-1}。将体系当作混合碱处理：

$$[OH^-] \approx \sqrt{K_b(Ac^-)c(Ac^-) + K_b(HSal^-)c(HSal^-)}$$
$$= \sqrt{\frac{K_w c(Ac^-)}{K_a(HAc)} + \frac{K_w c(HSal^-)}{K_{a_1}(H_2Sal)}} = 5.3 \times 10^{-6} \text{ mol L}^{-1}$$

于是 pH = 14 + lg $[OH^-]$ = 8.7。接下来，我们需要挑选在滴定突跃范围内变色的指示剂。显然，酚酞（pH 8.0~9.6）符合这一要求，滴定至红色恰好消失（无色）即为终点。

在计算返滴定的终点误差时，要特别注意计算的是在 $H_2Sal \longrightarrow HSal^-$ 的转化中，消耗 NaOH 的相对过剩（不足）量，即

$$E_t = \frac{c_{ep}(NaOH) - c_{ep}(H_2Sal)}{c_{ep}(H_2Sal)} \times 100\%$$

然后列出终点时（相当于是 NaOH、H_2Sal 和 NaAc 的混合溶液）的质子条件式 (PCE)、物料平衡式 (MBE)：

$$c_{ep}(NaOH) + [H^+]_{ep} + [HAc]_{ep} = [OH^-]_{ep} + [HSal^-]_{ep}$$

$$c_{ep}(H_2Sal) \approx [HSal^-]_{ep} + [H_2Sal]_{ep}$$

代入 E_t 计算式及 $[H^+] = 10^{-4.4}$ mol L^{-1}，$K_a(HAc) = 1.8 \times 10^{-5}$，

$K_a(H_2Sal) = 10^{-3.0}$,有:

$$E_t = -\frac{[H^+]_{ep} - [OH^-]_{ep} + [HAc]_{ep} + [H_2Sal]_{ep}}{c_{ep}(H_2Sal)} \times 100\%$$

$$\approx -\left\{\frac{[HAc]_{ep}}{c_{ep}(HAc)} + \frac{[H_2Sal]_{ep}}{c_{ep}(H_2Sal)}\right\} \times 100\% = -(\delta_{HAc} + \delta_{H_2Sal}) \times 100\%$$

$$\approx -\left\{\frac{[H^+]}{[H^+] + K_a(HAc)} + \frac{[H^+]}{[H^+] + K_a(H_2Sal)}\right\} \times 100\% = -73\%$$

注意:此滴定终点偏离计量点过远,故**不可使用 Ringbom 误差公式**。

3-3 考查化学计量关系换算,需要在众多的数据中抓住主要矛盾。在 $H_2Sal \longrightarrow HSal^-$ 的转化中,消耗 NaOH 的量为 $(c_1V_2 - 2c_2V_3)$ mmol,对应的乙酰水杨酸质量为 $180.2 \cdot (c_1V_2 - 2c_2V_3)$ mg,从而每片阿司匹林片剂中含乙酰水杨酸:

分析 | 定量计算
难度 | ★

$$180.2 \cdot (c_1V_2 - 2c_2V_3) \cdot \frac{m/10}{m_1} \text{mg}$$

评注

本题涵盖了分析化学中酸碱滴定的诸多知识点,不可否认是一道具有区分度的好题,特别是在滴定剂会稀释溶液、终点误差的概念(谁相对于谁、正负号不能混淆)等方面要求同学们了然于心。但本题的命题者却在一个基础问题上犯了错误。3-1 题的原答案为:

（structural equation image: 邻位-CO₂Na/OCOCH₃ 苯环 + NaOH → 邻位-CO₂Na/OH 苯环 + CH₃COONa）

$$H_2SO_4 + 2NaOH \Longrightarrow Na_2SO_4 + 2H_2O$$

显然没有考虑酚羟基 ($pK_a = 13.1$) 能与过量的 NaOH 反应。这一错误的产生使得部分题干的描述也变得扑朔迷离。例如"H_2SO_4 溶液返滴定过量碱"之外其实还会继续与 Na_2Sal 反应,才会到达滴定终点;而且由于水杨酸二级电离太弱,NaHSal 也不可能像题中所述那样"定量"与 NaOH 作用。其实,最严重的歧义产生于对 **3-2** 中"水解产物和过量碱浓度"的理解。参考答案的理解是 $c(NaHSal) = c(NaOH) = 0.01$ mol L^{-1} [本题解析中认为是 $c(Na_2Sal) = c(NaOH) = 0.01$ mol L^{-1}],这显然不是"过量碱"存在下的情况。因此,计算计量点 pH 时会有细微差别(参考答案结果为 8.8)。

诚然,就返滴定的整体过程而言,"把过量的碱看作与 NaHSal 不反应"这样的处理方式是可行的,一些文献中也采取了这种看法。但就严谨的科学事实而言,这是错误的,有关文献着重批判了一些教科书中这种不顾基本科学原理的说辞。

第 4 题

题目（15 分）

金属 Li 在常温常压下与 N_2 反应生成红棕色的离子化合物 α-Li_3N，该晶体有良好的导电性，具有潜在应用价值。X 射线衍射分析确定，α-Li_3N 晶体是由 Li_2N^- 平面层和非密置的 Li^+ 层交替叠加而成的，其中 Li_2N^- 平面层中的 Li^+ 如同六方石墨层中的 C 原子，N^{3-} 处在六元环的中心，N—N 间的距离为 364.8 pm。非密置层中的 Li^+ 与上下 Li_2N^- 层中的 N^{3-} 呈直线相连，N—Li—N 长度为 387.5 pm。已知 N^{3-} 和 Li^+ 离子半径分别为 146 pm 和 59 pm。请完成下列问题：（相对原子质量：Li 6.94, O 16.00, Ti 47.88）

4-1 分别画出 Li_2N^- 层的结构，最小重复单位以及 α-Li_3N 的晶胞。

4-2 确定该晶体的结构基元、点阵型式以及 N^{3-} 的 Li^+ 离子配位数。

4-3 计算 Li_2N^- 层中 Li—N 间的距离。

4-4 通过计算说明 α-Li_3N 晶体导电的原因。假如 N^{3-} 作六方最密堆积 (hcp)，指出 Li^+ 离子占据空隙类型及占据百分数，回答该结构的 Li_3N 能否导电，简述理由。

4-5 金属 Li 在高温下与 TiO_2 反应可生成多种晶型的 $LiTi_2O_4$，其中尖晶石型 $LiTi_2O_4$ 为面心立方结构。O^{2-} 作立方最密堆积 (ccp)，若 Li^+ 离子有序地占据四面体空隙，Ti^{4+} 和 Ti^{3+} 离子占据八面体空隙。已知晶胞参数 a = 840.5 pm，晶体密度 d = 3.730 g·cm^{-3}。请分别计算晶胞中所含原子数目和 O^{2-} 离子半径的最大可能值。若不计其他离子，给出以 Li^+ 离子为顶点的最小单位。

分析与解答

本题考查了晶体结构的相关知识。

4-1 本题考查了最小重复单元及晶胞的选取。根据题干的表述，不难画出 Li_2N^- 层的结构，如图 2 (a) 所示。在该层中，最小重复单位的内容是 Li_2N，故不妨把 N 原子所在位置抽象为点阵点，如图 2 (c) 所示，则平面可由图 2 (a) 中的虚线平行四边形框密铺而成。那么平行四边形框中的内容即为 Li_2N^- 层的一个最小重复单位，且容易验证它的平移对称性。根据题意，α-Li_3N 的晶胞包含了一层（上、下两个"半层"）Li_2N^- 层和一层与之重叠的 Li^+ 层，可画成图 2 (b)。

4-2 本题考查了结构基元及晶胞的相关知识。可以发现，每一个 N 原子的晶体环境都是相同的，因而结构基元（最小重复单位）的内容就是 Li_3N。不妨将 N 原子所在位置抽象为点阵点 [图 2 (d)]，则可看出这些点阵点构成了 简单六方 的点阵型式。在 α-Li_3N 中，每个 N^{3-} 不仅被层内的锂六元环所包围，还被上、下方各一个 Li^+ 配位，因此它的配

晶体 | 晶胞的选取
难度 | ★

晶体 | 点阵与结构基元
难度 | ★

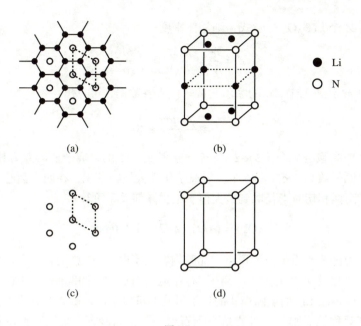

图 2

位数为 8。

4-3 本题考查了平面几何知识的运用。可以发现，Li 原子处于由三个 N 原子组成的正三角形的中心，所以 Li—N 间距离等于 N—N 间距除以 $\sqrt{3}$（如下图所示），结果为 210.6 pm。

晶体 | 几何关系
难度 | ★

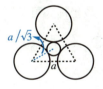

4-4 本题考查了平面几何知识的运用。快离子导体必须具备两个条件，其一是存在未填充的空隙，其二是离子可以在空隙间迁移。这里的载流子显然是半径更小的锂离子，于是我们需要考虑它能否穿过由氮原子围成的孔隙。由 **4-3** 的结果可得，氮原子围成的三角形空隙孔径（半径）为 210.6 pm – 146 pm = 65 pm > 59 pm（锂离子半径）。

晶体 | 几何关系
难度 | ★

显然，α-Li$_3$N 并不是由 N^{3-} 离子通过六方最密堆积得到的 [$2r$(N^{3-}) < d(N—N)]。第二问中，假设了一种由 N^{3-} 离子六方最密堆积得到的 Li$_3$N 结构。此时，氮原子围成的三角形空隙过于狭小，已无法容纳锂离子了，锂离子只能填于四面体空隙（N^{3-} 数量的两倍）及八面体空隙（N^{3-} 数量的一倍）中。由化学式 Li$_3$N 可知，锂离子占据了 100% 的四面体及八面体空隙。因此该类型的 Li$_3$N 由于不存在未填充空隙而无法导电。

4-5 本题考查了晶胞化学式的计算以及尖晶石结构的常识。若每个晶

晶体 | 密度计算
晶体 | 典型结构
难度 | ★

胞含 Z 个 $LiTi_2O_4$ 化学式，则晶体密度

$$d = \frac{m}{V} = \frac{ZM}{N_AV} = \frac{ZM}{N_Aa^3}$$

其中 M 代表 $LiTi_2O_4$ 的摩尔质量。代入各数据，可算出：

$$Z = \frac{N_Ada^3}{M} \approx 8$$

故每个晶胞由 8 个（$2\times2\times2$ 个）边长为 $a/2$ 的氧离子面心立方构成，所含原子数共 $8\times7 = 56$ 个。氧离子作立方最密堆积，在四个面心的氧原子两两相切时半径取到最大值。根据几何关系可算得：

$$r(O_2^-) = (a/2)/(2\sqrt{2}) = 148.6 \text{ pm}$$

无论选何原子作为顶点，晶胞内容均不变，Li^+ 总是有 8 个。根据题干描述及化学式，"Li^+ 离子'有序地'占据 1/8 的四面体空隙"，是不足以推断 Li^+ 的填隙模式的。不过我们可以猜测，由 8 个点阵点构成的高对称性晶胞，有可能是金刚石型的。可以验证，金刚石型堆积的 Li^+ 的确是占据 1/8 氧离子四面体空隙的一种填隙方式。事实上，每个氧离子面心立方中存在 8 个四面体空隙，它们构成 $2\times2\times2$ 的立方体，于是一个晶胞中所有 64 个四面体空隙构成 $4\times4\times4$ 的立方体。我们的目标就是找出其中 8 个"有序"排列的空隙供 Li^+ 填充，而"金刚石型堆积"恰好是符合要求的（如图 3 左所示，空心圆代表填隙，实心圆代表空位）。所以本小问的答案如图 3 右所示，小球代表锂离子，作金刚石型堆积（不画图而写出分数坐标亦可）。

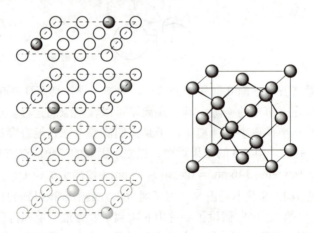

图 3

知识拓展

（正）尖晶石结构的化学通式为 AB_2O_4，其中 O^{2-} 作面心立方堆积，A 离子填充 1/8 的四面体空隙，B 离子填充 1/2 的八面体空隙。而如果

A 离子全部填充在八面体空隙，B 离子一半填充在四面体空隙，另一半填充在八面体空隙，则称为反尖晶石结构。如果以 A 离子作顶点，则正尖晶石可看作是由 4 个 I 型立方体和 4 个 II 型立方体交替排列所构成的，如图 4 所示。其实，如果掌握了尖晶石型结构，本题的最后一问即可迎刃而解。

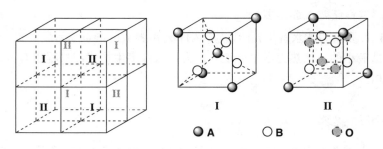

图 4 （正）尖晶石结构

第 5 题

题目（8 分）

新陈代谢不仅需要酶，而且需要能量。糖类是细胞的主要能源物质之一，脂肪是生物体内储存能量的主要物质。但是，这些有机物中的能量都不能直接被生物体利用，它们只是在细胞中随着这些有机物逐步氧化分解而释放出来，并且储存在生物活性体系中一种非常重要的高能磷酸化合物三磷酸腺苷（简称 ATP）中才能被生物体利用。ATP 是新陈代谢所需能量的直接来源，它是许多生化反应的初级能源。ATP 的水解是一个较强的放能作用，在有关酶的催化作用下，ATP 水解转化成二磷酸腺苷（简称 ADP）和磷酸盐（反应①）：

$$\text{ATP} + \text{H}_2\text{O} \longrightarrow \text{ADP} + \text{P}_i(\text{磷酸盐}) \tag{1}$$

已知 298.2 K 时该反应：$\Delta_r G_m^\ominus(①, 298.2\ \text{K}) = -30.58\ \text{kJ mol}^{-1}$，$\Delta_r H_m^\ominus(①, 298.2\ \text{K}) = -20.10\ \text{kJ mol}^{-1}$，$\Delta_r C_p \approx 0$。

310.2 K（人体温度）时反应②：

$$\text{谷氨酸盐} + \text{NH}_4^+ \longrightarrow \text{谷氨酰胺} + \text{H}_2\text{O} \tag{2}$$

$$\Delta_r G_m^\ominus(②, 310.2\ \text{K}) = 15.70\ \text{kJ mol}^{-1}$$

5-1 通过计算回答在 310.2 K、标准状态下，人体内能否由下述反应合成谷氨酰胺（反应③）?

$$\text{谷氨酸盐} + \text{NH}_4^+ + \text{ATP} \longrightarrow \text{谷氨酰胺} + \text{ADP} + \text{P}_i(\text{磷酸盐}) \tag{3}$$

5-2 计算 310.2 K 时反应③ 的标准平衡常数 $K_3^{\ominus}$。

5-3 ATP 消耗后，可通过另外的途径复生。在另一种酶的催化作用下，ADP 可以接受能量，同时与一个磷酸结合，从而转化成 ATP。例如在糖酵解反应的过程中，如果 1 mol 葡萄糖完全降解，消耗 2 mol ATP，又产生 38 mol ATP。计算在标准状态下，310.2 K 时，1 mol 葡萄糖完全降解过程储能 $\Delta_r G$ 是多少？

5-4 许多磷酸酯水解是放能反应，ATP 水解释放的能量不是最大的，也不是最小的。从热力学角度说明，为什么许多生物代谢过程中有 ATP 参加。

分析与解答

5-1 本题考查 Gibbs-Helmholtz 方程的运用。由于 310.2 K 接近于 298.2 K，且 $\Delta_r C_p \approx 0$，可认为（具体说明详见知识拓展）：

$$\Delta_r G_m^{\ominus}(①, 310.2 \text{ K}) = \Delta_r G_m^{\ominus}(①, 298.2 \text{ K}) = -20.10 \text{ kJ mol}^{-1}$$

$$\Delta_r S_m^{\ominus}(①, 310.2 \text{ K}) = \Delta_r S_m^{\ominus}(①, 298.2 \text{ K})$$
$$= \frac{\Delta_r H_m^{\ominus}(①, 298.2 \text{ K}) - \Delta_r G_m^{\ominus}(①, 298.2 \text{ K})}{298.2 \text{ K}}$$
$$= 35.14 \text{ J mol}^{-1} \text{ K}^{-1}$$

故反应①

$$\Delta_r G_m^{\ominus}(①, 310.2 \text{ K}) = \Delta_r H_m^{\ominus}(①, 310.2 \text{ K}) - 310.2 \text{ K} \cdot \Delta_r S_m^{\ominus}(①, 310.2 \text{ K})$$
$$= -31.00 \text{ kJ mol}^{-1}$$

反应③

$$\Delta_r G_m^{\ominus}(③, 310.2 \text{ K}) = \Delta_r G_m^{\ominus}(①, 310.2 \text{ K}) + \Delta_r G_m^{\ominus}(②, 310.2 \text{ K})$$
$$= -15.30 \text{ kJ mol}^{-1} < 0$$

因此人体内能由反应③ 合成谷氨酰胺。

本题还可用 van't Hoff 等温方程求解，得出的计算式与上文完全相同，同学们可自行验证：

$$\frac{\Delta_r G_m^{\ominus}(T_1)}{T_1} - \frac{\Delta_r G_m^{\ominus}(T_2)}{T_2} = \ln \frac{K_1^{\ominus}}{K_2^{\ominus}} = \frac{\Delta_r H_m^{\ominus}}{R}\left(\frac{1}{T_2} - \frac{1}{T_1}\right)$$

5-2 本题考查 Gibbs 自由能变与平衡常数的关系。由

$$\Delta_r G_m^{\ominus} = -RT \ln K^{\ominus}$$

得：

$$K^{\ominus} = \exp \frac{-\Delta_r G_m^{\ominus}}{RT}$$

代入 $\Delta_r G_m^\ominus = -15.30 \text{ kJ mol}^{-1}$，$T = 310.2$ K，得：

$$K_3^\ominus = 376.1$$

5-3 本题考查 $\Delta_r G$ 与 $\Delta_r G_m$ 间的关系。由于 1 mol 葡萄糖完全降解净生成 36 mol ATP，因此储能

$$\Delta_r G = -36 \cdot \Delta_r G_m(\text{①}, 310.2 \text{ K}) = 1.116 \times 10^3 \text{ kJ}$$

物化 | 化学热力学
难度 | ★

这里需注意正负号不可搞错。

5-4 本题考查热力学原理与实际之间的联系。这主要是因为，ATP 水解的 $\Delta_r G_m^\ominus$ 值比较适宜：若太大，则意味着合成它时需要更多的能量，不利于 ATP 再生；若太小，则不能有效驱动被耦合的反应。因此 ATP 在生物代谢循环中发挥着重要作用。

物化 | 化学热力学
难度 | ★

知识拓展

某一化学反应的反应焓随温度的变化是由于生成物与反应物的热容不同引起的。对于温度 T 高于 298.2 K 时的反应（低于 298.2 K 时同理），我们可以设计一个可逆过程：先将温度 T 下的反应物等压降温至 298.2 K，然后在 298.2 K 下反应，最后再将生成物等压加热至温度 T。该过程的摩尔焓变即温度 T 下的反应摩尔焓变。于是

$$\Delta_r H_m^\ominus(T) = \Delta_r H_m^\ominus(298.2 \text{ K}) + \int_{298.2 \text{ K}}^{T} \sum_B \nu_B C_{p,m}(B) \mathrm{d}T$$

上式中的 ν_B 代表生成物（或反应物）B 的化学计量数；如果 B 是反应物，则 ν_B 取负值。这就是 **Kirchhoff 定律**。类似地，对于反应摩尔熵变也有类似的处理方式，可得：

$$\Delta_r S_m^\ominus(T) = \Delta_r S_m^\ominus(298.2 \text{ K}) + \int_{298.2 \text{ K}}^{T} \sum_B \frac{\nu_B C_{p,m}(B)}{T} \mathrm{d}T$$

如果 T 与 298.2 K 差别不大，可认为摩尔热容 $C_{p,m}(B)$ 是常数，则两个式子可简化为：

$$\Delta_r H_m^\ominus(T) = \Delta_r H_m^\ominus(298.2 \text{ K}) + (T - 298.2 \text{ K}) \sum_B \nu_B C_{p,m}(B)$$

$$\Delta_r S_m^\ominus(T) = \Delta_r S_m^\ominus(298.2 \text{ K}) + \ln \frac{T}{298.2 \text{ K}} \sum_B \nu_B C_{p,m}(B)$$

因此，针对题目中所述的情况（T 接近于 298.2 K，且 $\Delta_r C_p \approx 0$），可认为反应的摩尔焓变、摩尔熵变在这段小的温度区间内没有变化。

第 6 题

题目（10 分）

有人用核磁共振研究卤化氢 (HX) 对烯烃的高压加成反应。反应式为：$A + B \longrightarrow AB$；A 表示 HCl，B 表示丙烯，AB 表示加成产物 2-氯丙烷。反应开始时产物的起始浓度 $c_0(AB) = 0$。

6-1 对于 A 为 m 级，B 为 n 级的反应，在较短时间间隔 Δt 内，有：

$$\frac{c(AB)}{c(A)} = kc^{m-1}(A)c^n(B)\Delta t$$

实验发现，上述加成反应的 $c(AB)/c(B)$ 与 $c(B)$ 无关，而且，在保持 $c(B)$ 不变的条件下，分别取 $p(A)$ 为 $9p^{\ominus}$、$6p^{\ominus}$、$3p^{\ominus}$（$p^{\ominus} = 100$ kPa）时，测得 $c(AB)/c(A)$ 值之比为 9:4:1。求该反应各反应物的级数和反应总级数（按理想气体处理）。

6-2 以 $dc(AB)/dt$ 表示该反应速率，写出速率方程。

6-3 设 $c(A)$ 为 a mol L^{-1} 且保持不变，$c_0(B) = 1$ mol L^{-1}，$c_0(AB) = 0$，写出 $c(B) = 0.25$ mol L^{-1} 时反应所需时间的表达式。

6-4 有人提出该反应的反应历程为：

$$HCl \underset{k_{-1}}{\overset{k_1}{\rightleftharpoons}} (HCl)_2 \qquad (1)$$

$$HCl + C_3H_6 \underset{k_{-2}}{\overset{k_2}{\rightleftharpoons}} C^* \qquad (2)$$

$$C^* + (HCl)_2 \overset{k_3}{\longrightarrow} CH_3CHClCH_3 + 2HCl \qquad (3)$$

请根据有关假设推导出该反应的速率方程，写出表观速率系数的表达式，将速率方程与 6-2 的结论进行比较，说明什么问题？

6-5 实验测得该反应在 70 °C 时的表观速率系数为 19 °C 时的 1/3，试求算该反应的表观活化能 E_a。

分析与解答

6-1 本题考查反应级数的确定。由条件可知 $c(AB)/c(B) \propto c^0(B)$，根据题干中所给的提示信息 [注意题干中给出的等式左边是 $c(AB)/c(A)$，此处为 $c(AB)/c(B)$]，可推断反应对 B（丙烯）的 级数 n 为 1；同理 $c(AB)/c(A) \propto c^2(A)$，可推断反应对 A (HCl) 的 级数 m 为 3。此反应总体是一个 四级反应。

物化 | 反应级数
难度 | ★

6-2 本题考查速率方程的书写。由 6-1 中确定的反应级数，可写出速率方程：

$$r = \frac{dc(AB)}{dt} = kc^3(A)c(B)$$

物化 | 速率方程
难度 | ★

6-3 本题考查赝（假）一级反应的相关计算。由于 $c(\mathbf{A}) = a\ \mathrm{mol\ L^{-1}}$，所以

$$r = \frac{\mathrm{d}c(\mathbf{AB})}{\mathrm{d}t} = ka^3 c(\mathbf{B})$$

是一个赝一级反应，其半衰期为 $\ln 2/(ka^3)$。当 $c(\mathbf{B}) = 0.25\ \mathrm{mol\ L^{-1}} = c_0(\mathbf{B})/4$ 时，反应经过了两个半衰期的时间，因此 $t = 2\ln 2/(ka^3)$。

物化 | 积分速率方程与半衰期
难度 | ★

6-4 本题考查由反应机理推导速率方程。题干中提示我们要合理"根据有关假设推导出该反应的速率方程"。可以认为，氯化氢分子的二聚及与丙烯的结合均是快速平衡，而最后一步反应则是决速步。因此运用平衡态，有：

$$\frac{c((\mathrm{HCl})_2)}{c^2(\mathbf{A})} = K_1 = \frac{k_1}{k_{-1}}$$

$$\frac{c(\mathbf{C}^*)}{c(\mathbf{A})c(\mathbf{B})} = K_2 = \frac{k_2}{k_{-2}}$$

$$r = \frac{\mathrm{d}c(\mathbf{AB})}{\mathrm{d}t} = k_3 c((\mathrm{HCl})_2) c(\mathbf{C}^*)$$

物化 | 速率方程推导
难度 | ★★

将以上三式联立得：

$$r = \frac{\mathrm{d}c(\mathbf{AB})}{\mathrm{d}t} = (k_3 k_1 k_2 / k_{-1} k_{-2}) c^3(\mathbf{A}) c(\mathbf{B}) = k c^3(\mathbf{A}) c(\mathbf{B})$$

式中表观速率系数 $k = k_3 k_1 k_2 / k_{-1} k_{-2}$。该速率方程与 6-2 小题的结论一致，说明该反应历程合理。不过，进一步验证该机理需要其他实验事实的支持。

此外，本题的解答也可利用稳态近似，所作的假设与上面一致。可得：

$$\frac{c((\mathrm{HCl})_2)}{\mathrm{d}t} = k_1 c^2(\mathbf{A}) - k_{-1} c((\mathrm{HCl})_2) = 0$$

$$\frac{c(\mathbf{C}^*)}{\mathrm{d}t} = k_2 c(\mathbf{A}) c(\mathbf{B}) - k_{-2} c(\mathbf{C}^*) - k_3 c((\mathrm{HCl})_2) c(\mathbf{C}^*)$$

$$= k_2 c(\mathbf{A}) c(\mathbf{B}) - k_{-2} c(\mathbf{C}^*) = 0 \quad (k_{-2} \gg k_3)$$

将此两式代入速率方程，可得到相同的结果。

6-5 本题考查 Arrhenius 方程的运用，注意摄氏温度（°C）与热力学温度（K）间的转化。由 Arrhenius 方程：

$$\ln \frac{1}{3} = \frac{E_a}{R} \left(\frac{1}{292\ \mathrm{K}} - \frac{1}{343\ \mathrm{K}} \right)$$

物化 | Arrhenius 方程
难度 | ★★

可算得 $E_a = -17.94\ \mathrm{kJ\ mol^{-1}}$。这一结果打破了我们"活化能总是正的"这一固有印象，但按照题干描述，这一反应的确存在"升高温度，反应速率反而降低"的异常现象，所以需要特别注意计算时不要搞错正负号。

知识拓展

6-1 小题题干中所给公式可用简单的微分学知识解释。由速率方程：

$$r = \frac{dc(\mathbf{AB})}{dt} = kc^m(\mathbf{A})c^n(\mathbf{B})$$

当以反应刚开始时为始态，且时间间隔 Δt 很短时，可认为 $\Delta t \approx dt$，$c(\mathbf{AB}) = \Delta c(\mathbf{AB}) \approx dc(\mathbf{AB})$，因此

$$c(\mathbf{AB}) \approx kc^m(\mathbf{A})c^n(\mathbf{B})\Delta t$$

也即

$$\frac{c(\mathbf{AB})}{c(\mathbf{A})} = kc^{m-1}(\mathbf{A})c^n(\mathbf{B})\Delta t$$

第 7 题

题目（19 分）

近年来，非平面多环芳烃由于在有机光电材料等方面的应用价值和有机结构方面的理论意义而成为国际上一个十分活跃的研究领域。心环烯 (corannulene) 和花烯 (sumanene) 是两种代表性的非平面多环芳烃，它们实际上是富勒烯 C_{60} 表面上两个典型的结构单元，也是碳纳米管封端的结构片段，具有碗状结构，被称为布基碗。

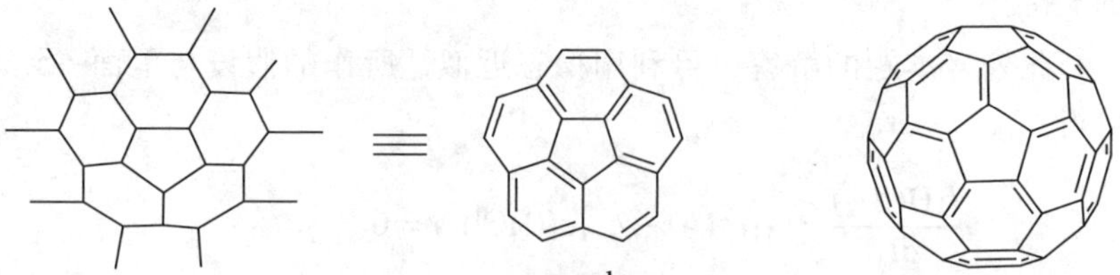

corannulene

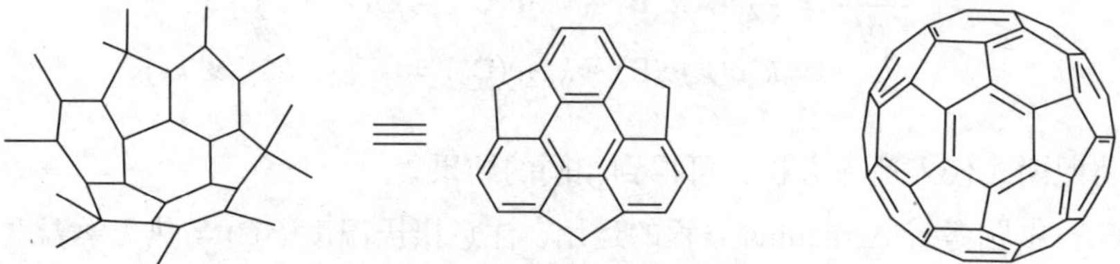

sumanene

7-1 一种合成心环烯的路线如下，请指出其中 **a~h** 代表的反应条件和/或化合物。

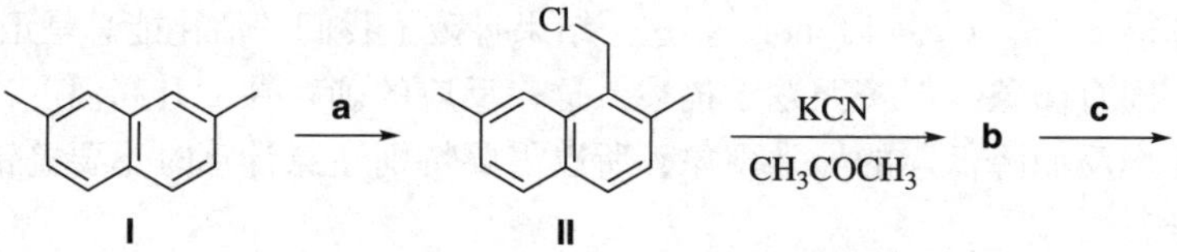

I → [a] → II → [KCN / CH₃COCH₃] → b → [c] →

7-2 写出原料 I 和第一个中间产物 II 的系统名称。

7-3 III 到 IV 的反应中，除目标分子外，还生成两种小分子副产物，写出它们的结构简式或名称。

7-4 指出最终产物心环烯 (R = H) 及其二甲基化物 (R = CH$_3$) 分子中的对称元素。

7-5 一种合成花烯的路线如下，请指出其中 i 和 j 代表的主要试剂或条件。

7-6 化合物 V 的立体异构体中，只有一种异构体能经过烯交换反应得到 VI，请指出是哪一种？简述理由。

7-7 实验中，VIII 转变为 IX 的反应只得到题给的一种立体异构体，简述理由。

7-8 花烯 VII 分子的碗-碗翻转能垒低：

但 **IX** 却难以翻转，简述理由。

7-9 最近文献报道了 **IX** 的 10,15,20-三甲基取代衍生物。请画出该衍生物的结构，并指出有无手性，简述理由。

分析与解答

7-1 本题考查有机合成的转化条件及反应产物的推断。

有机 | 合成推断
难度 | ★★

a：氯甲基化反应，常见试剂为 ZnCl$_2$ / HCl / HCHO，实际反应时多使用**固体多聚甲醛** (HCHO)$_n$ 代替普通工业甲醛水溶液。

b：S$_N$2 反应，丙酮作为极性溶剂，反应得到二甲基萘乙腈。

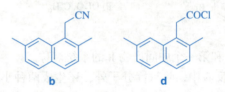

c、d、e：观察经这三步反应得到的产物，容易想到最后一步是 Friedel-Crafts 关环，所以条件 **e** 为 AlCl$_3$，**d** 为二甲基萘乙酰氯，由二甲基萘乙酸经 SOCl$_2$ 氯化得到。从而可逆推得知 **c** 为水解条件，可以是 H$_3$O$^+$（H$_2$SO$_4$ 等）或 (i) NaOH, H$_2$O; (ii) H$^+$，将二甲基萘乙腈 **b** 转化为二甲基萘乙酸。

f：氧化反应，可以有多种选择，如 O$_2$ / 催化剂 [如 Co(acac)$_3$]、*t*-BuOOH、MnO$_2$ 等，但不可使用酸性 KMnO$_4$ 等强氧化剂，否则会**过度氧化**得到羧酸，且**无法控制选择性**（会同时氧化活性较低的萘环上的甲基）；或使用卤化-水解反应，(i) Br$_2$, *hv*; (ii) NaHCO$_3$。这里参考答案所使用的氧化剂为 SeO$_2$，详见知识拓展。

g：接下来两步巧妙地构筑了一个并苯环。**g** 一步，由羰基官能团转化为碳碳双键，结合 KOH 条件，可以想到是发生了羟醛缩合反应，因此 **g** 是丙酮衍生物。

下一步是一个**串联反应** (cascade reaction)，包含了 Diels-Alder 反应（简称 D-A 反应）、逆 D-A 反应及**螯键反应** (cheletropic reaction)，机理如下：

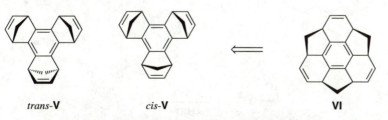

反应中，低沸点的环戊二烯及一氧化碳挥发离开回流体系，促使反应平衡正向移动。

h：溴化反应，注意溴取代在苄位上，因此条件应选取为 光照 (*hν*)；溴化试剂可选 Br$_2$ 或 NBS 等。

7-2 本题考查有机物的系统命名。萘环上编号以某一 α 位为起始位 1，而后顺时针编号。为使取代基编号最小，**I** 的命名为 2,7-二甲基萘；由于氯甲基顺序排在甲基之后，故 **II** 的命名为 2,7-二甲基-1-氯甲基萘。

有机 | 系统命名
难度 | ★

7-3 本题考查质量守恒定律。对比反应前后的分子式，容易知道两个小分子副产物为 环戊二烯 和 一氧化碳。或者可以从反应机理的角度理解，具体说明见 **7-1** 的解析。

有机 | 反应推断
难度 | ★

7-4 考查对称性及对称元素。需要注意，心环烯分子是碗状的，而非平面构型。R = H 时，分子为 C_{5v} 点群，具有 主轴 C_5，以及五个穿过 C_5 轴的对称面 $σ_v$（只要写出 $σ$ 即可，不必写出是 $σ_v$）。R = CH$_3$ 时，分子为 C_s 点群，只有一个对称面 $σ$。

结构 | 对称性
难度 | ★

7-5 本题考查有机合成的转化条件。**i**：注意 **VII** 中的三个五元环均为环戊二烯结构，具有失去质子成为芳香茂环的倾向，因此亚甲基上的氢具有一定的酸性。因此条件 **i** 只需选择含锂强碱即可，如 LDA、n-BuLi、PhLi 等。**j**：**IX** 相对于 **VIII** 在三个茂环上各多了一个 TMS（三甲基硅基，下同），是碳负离子进攻 TMSCl 得到的硅基化产物。因此 **j** 为 TMSCl。

有机 | 合成推断
难度 | ★

7-6 本题考查立体化学知识。由于 **V** 分子本身的对称性，它仅有 *cis*-**V** 和 *trans*-**V** 两个异构体。

有机 | 立体化学
难度 | ★

另外，需要理解题干中所说的"烯交换反应"其实就是烯烃复分解反应，可以认为从 **V** 到 **VI**，三个碳碳双键分别打开，又与相邻的另一个双键连接从而关上新六元环，如上图所示（反应机理详见知识拓展）。这里，题干中 **VI** 的画法相对于上图中的画法转过了一定的角度，也许会对理解该反应造成一定的困扰。

大致了解了这个反应后，容易想到其中的反式（*trans*）异构体中处于平面两侧的双键由于几何位置关系而无法靠近，导致无法关环（或者也可以说生成的产物张力太大），因此只有顺式（*cis*）异构体能发生反应。

有机 | 立体化学
难度 | ★

7-7 本题考查立体化学知识。虽然题干中未明确表示出 **VIII** 的立体构型，但仍应注意它是一个碗状的共轭体系。由于 TMS 基团位阻较大，无法从"碗"内进攻亲电位点，因此只能从"碗"的外侧接近底物。

有机 | 立体化学
难度 | ★

7-8 本题考查立体化学知识。和 7-7 类似，由于 TMS 基团位阻较大，翻转会导致它们处于碗内，张力太大而不能发生翻转。

有机 | 立体化学
难度 | ★

7-9 本题考查结构式的书写和分子手性的判断。**IX** 本身具有三个 σ_v 对称面而不存在手性，但引入三个甲基破坏了这种对称性，所得衍生物 **X** 不存在对称中心 i、对称面 σ（更严格地说，是不存在任何第二类对称元素，或者说不存在任何映轴 S_n），因此具有手性。

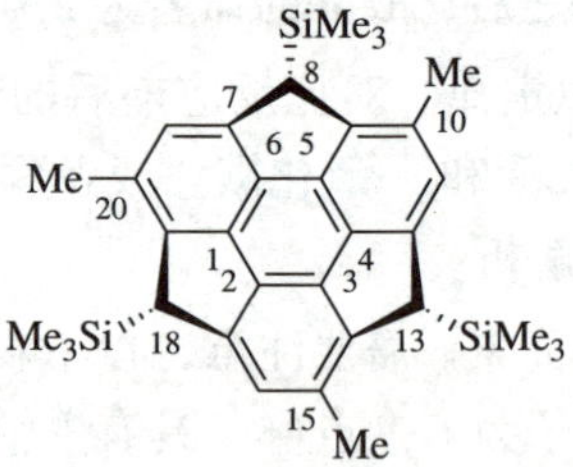

知识拓展

7-1 条件 f 对应氧化反应：SeO_2 是非常可靠、可控的将烯丙位 C—H 键氧化为醇、将羰基邻位亚甲基氧化为羰基的氧化剂。该反应称为 **Riley 反应**，可能的机理如下：

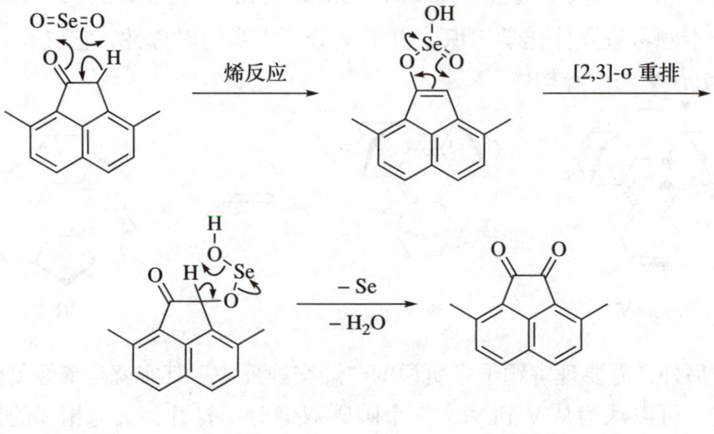

7-5 中展示的合成路线中，DDQ 代表 2,3-二氯-5,6-二氰对苯醌，是常见的氧化剂，这里用来使 **VII** 脱氢芳构化。**V** → **VII** 的转化实质上是烯烃复分解，是开环复分解 (ROM) 和关环复分解 (RCM) 的串联反应，反应试剂为乙烯 $CH_2=CH_2$，催化剂为 $(PCy_3)_2Cl_2Ru=CHPh$，溶剂为甲苯。催化剂用量 10%（摩尔分数），Cy 为环己基。反应的机理如下：

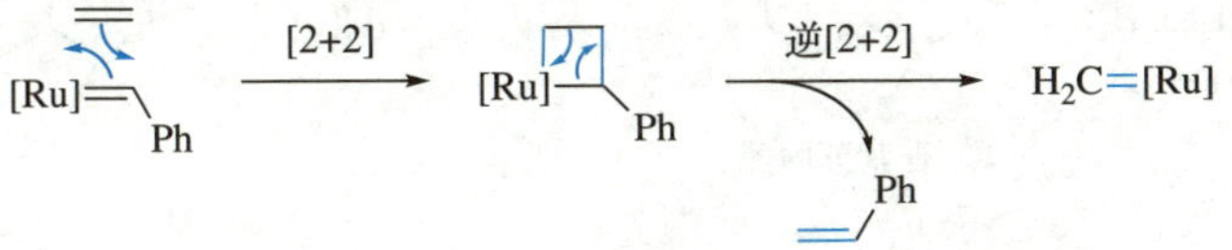

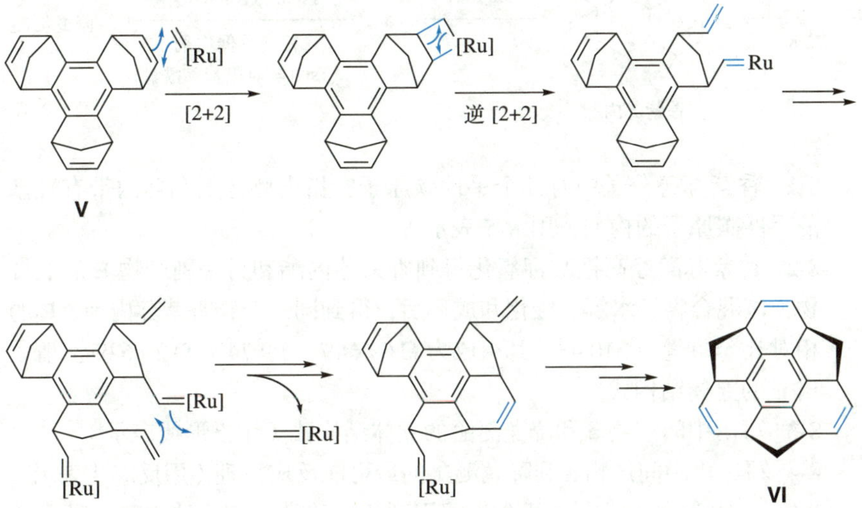

此外，本题中的心环烯是一个具有球芳香性的共轭体系。因为它具有曲面结构，因此难以用 Hückel 规则简单地解释。从它被合成的一刻算起，有关它芳香性的争论持续了 20 年之久。后来，人们从富勒烯衍生物（心环烯可视作 C_{60} 的一个片段）入手，提出了"孤立五边形规则 (isolated pentagon rule, IPR)"，预言所有五边形都被六边形（苯环）所分隔的体系比五边形直接相连的共轭体系更稳定，这类分子所具有的芳香性被称为**球面芳香性** (spherical aromaticity)。

第 8 题

题目（11 分）

龙涎香与麝香、灵猫香、海狸香并称四大动物香料，自古就是最为稀有和名贵的天然香料。天然龙涎香来自抹香鲸，由于鲸类濒临灭绝，来源极为稀少，国际市价相当于黄金。降龙涎醚是龙涎香的真正发香成分，也是公认的天然龙涎香最佳代用品，目前工业上由香紫苏醇经香紫苏内酯合成。香紫苏醇来源于芳香植物香紫苏（陕北南泥湾等地已大规模种植多年）。一种由香紫苏醇合成降龙涎醚的路线如下：

香紫苏醇 →（KMnO₄, AcOH / ClCH₂CH₂Cl, H₂O / 相转移催化剂）→ 香紫苏内酯 + E →（KOH, CH₃OH / 皂化）→ [羧酸钾中间体]

→（H₂SO₄, H₂O / 酸化）→（PhCH₃, 回流 / 脱水）→ 香紫苏内酯 →（LiAlH₄）→ **a** →（TsCl, 浓NaOH溶液 / 相转移催化剂）（TsCl = 对甲苯磺酰氯）→ 降龙涎醚

8-1 香紫苏醇分子中有几个手性碳原子？指出侧链上和环内带有羟基的手性碳原子的构型（用 R/S 表示）。

8-2 香紫苏醇经高锰酸钾氧化得到香紫苏内酯和另一副产物 **E** 的混合物，该混合物经水解、酸化和成环后，得到同一产物香紫苏内酯。**E** 的相对分子质量为 310.43，其组成为 C 69.64%, H 9.74%, O 20.62%。请写出 **E** 的立体结构式。

8-3 写出中间产物 **a** 和降龙涎醚的立体结构式（用楔形线表示）。

8-4 写出由中间产物 **a** 到降龙涎醚的最可能反应机理（用反应式表示）。

8-5 上述合成路线中有两个步骤用到相转移催化剂，请推荐一种合适的相转移催化剂（写出具体化合物，用名称或结构式表示）。

8-6 使用氢化铝锂的缺点除价格昂贵外，还有其他什么不利之处？简述理由。

分析与解答

有机 | 立体化学
难度 | ★
原参考答案中的结果是全为 R 构型，这是错误的。

8-1 本题考查手性碳原子及绝对构型的确定。观察可得香紫苏醇中有 5 个手性碳原子，构型标示如下：

[结构式：香紫苏醇，标示(S)(S)(R)(R)(R)构型]

有机 | 结构推断
难度 | ★

8-2 本题考查有机推断。根据题干所给的相对分子质量及元素分析结果，可得 **E** 的分子式为 $C_{18}H_{30}O_4$，比香紫苏内酯的分子式 ($C_{16}H_{26}O_2$)

多了 "$C_2H_4O_2$"，恰好为一分子醋酸，这与反应使用醋酸的条件相吻合。结合 E 的水解产物与香紫苏内酯相同，可推断其结构为一醋酸酯：

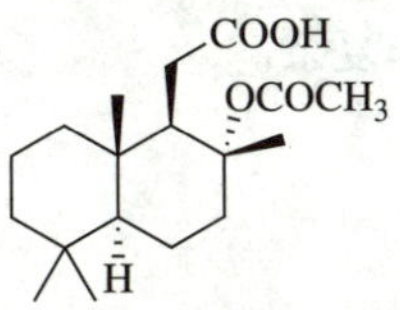

E

注意题目要求画出立体结构式。该氧化反应不会影响双环体系，因此四个不对称位点的手性均不改变。

8-3 本题考查反应产物的推断。内酯被 $LiAlH_4$ 还原可得到二醇 **a**。在最后一步反应中，起始物 **a** 为二醇，产物为醚，可以猜测中间发生了缩合反应，失去一分子水得到降龙涎醚。

有机 | 反应推断
难度 | ★

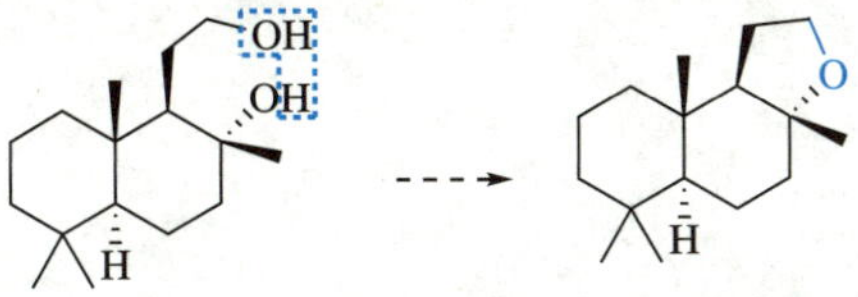

a   降龙涎醚

本题同样要求画出立体结构式。上述猜想的验证与绝对构型的确定需要从机理层面考虑，请参考 **8-4** 解析。

8-4 本题考查反应机理的书写。TsCl 的作用是将羟基转化为更易离去的基团 —OTs，NaOH 的作用是攫取羟基上的质子。反应的机理类似于 Williamson 醚合成法：

有机 | 反应机理
难度 | ★

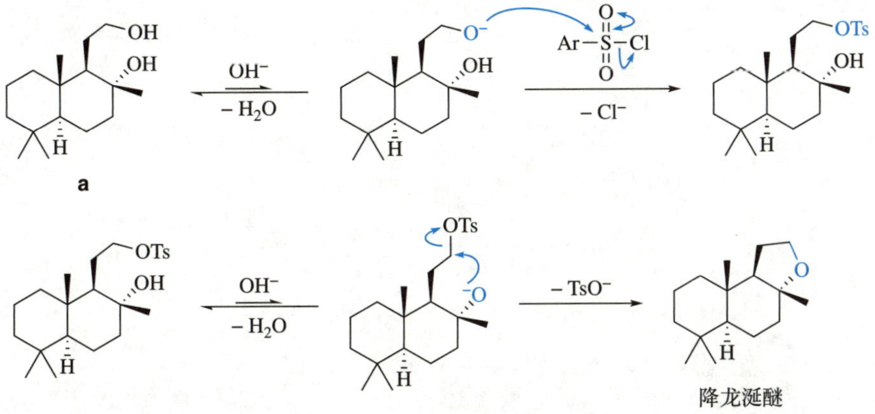

降龙涎醚

这里还存在一个细节问题：由于位阻影响，伯醇与 TsCl 的反应优先于叔醇。本题的要求是以反应式表示机理，因此不必用弯箭头示出电子转移。

8-5 本题考查相转移催化剂的相关知识。相转移催化剂的结构中需要同时具有亲水端和憎水（亲脂）端，常见的有季铵盐 [如四丁基溴化铵

物化 | 相转移
难度 | ★

有机 | 实验操作
难度 | ★

(TBAB) 等]、季鏻盐、冠醚等。

8-6 本题考查合成反应与实际的结合。$LiAlH_4$ 的反应要在无水无氧条件下使用，条件苛刻，操作复杂。

（本章初稿由孙泽昊完成）

第23届 中国化学奥林匹克竞赛（初赛）试题解析

2009年9月13日

第1题

题目（20分）

1-1 Lewis酸和Lewis碱可以形成酸碱复合物。根据下列两个反应式判断反应中所涉及Lewis酸的酸性强弱，并由强到弱排序。

$$F_4Si—N(CH_3)_3 + BF_3 \longrightarrow F_3B—N(CH_3)_3 + SiF_4$$
$$F_3B—N(CH_3)_3 + BCl_3 \longrightarrow Cl_3B—N(CH_3)_3 + BF_3$$

1-2 (1) 分别画出BF_3和$N(CH_3)_3$的分子构型，指出中心原子的杂化轨道类型。
(2) 分别画出$F_3B—N(CH_3)_3$和$F_4Si—N(CH_3)_3$的分子构型，并指出分子中Si和B的杂化轨道类型。

1-3 将BCl_3分别通入吡啶和水中，会发生两种不同类型的反应。写出这两种反应的化学方程式。

1-4 $BeCl_2$是共价分子，可以以单体、二聚体和多聚体形式存在。分别画出它们的结构简式，并指出Be的杂化轨道类型。

1-5 高氧化态Cr的过氧化物大多数不稳定，且容易分解，但化合物$Cr(O_2)_2[NH(C_2H_4NH_2)_2]$却是稳定的。这种配合物仍保持Cr的过氧化物的结构特点。画出该化合物的结构简式，并指出Cr的氧化态。

1-6 某些烷基取代的金属羰基化合物可以在其他碱性配体的作用下发生羰基插入反应，生成酰基配合物。画出$Mn(CO)_5CH_3$和PPh_3反应的产物的结构简式，并指出Mn的氧化态。

分析与解答

本题考查了分子结构与Lewis酸碱反应的基础知识，难度较低，是很好的概念巩固题。

1-1 本题考查利用反应自发进行的方向判断Lewis酸性的相对强弱，难度较低。根据Lewis酸碱理论可知，反应的基本原则为强酸置换弱酸，强碱置换弱碱。故由给出的两个反应式可以看出，Lewis酸性的大小为：$BF_3 > SiF_4$，$BCl_3 > BF_3$，故总的Lewis酸性大小顺序为：$BCl_3 > BF_3 > SiF_4$。

无机 | Lewis酸碱
难度 | ★

为何如此？请解释。

结构 | 分子结构
难度 | ★

1-2 本题考查分子立体结构的绘制，难度较低。

(1) BF_3 中，B 原子的价电子层有三个电子，而其周围有三个 F 原子，根据杂化轨道理论，B 原子取 sp^2 杂化，与三个 F 原子形成三根 σ 键，呈平面正三角形。$N(CH_3)_3$ 中，N 原子价层有五个电子，其周围有三个甲基，该化合物为 AX_3E 型结构（X 是所连的基团，E 是孤对电子），取 sp^3 杂化，结构呈三角锥形，如下图所示：

$$F\text{—}B\overset{F}{\underset{F}{\diagdown}} \qquad H_3C\text{—}N\overset{CH_3}{\underset{CH_3}{\diagdown}}$$

(2) $F_3B\text{—}N(CH_3)_3$ 中，B 原子价层有四个轨道，其中三个用于与 F 原子成键，剩余的一个空轨道可以接受 N 原子上的孤对电子形成配位键；共成四根 σ 键，取 sp^3 杂化，四面体构型。N 原子亦取 sp^3 杂化。另外需注意分子的优势构象为交叉式。$F_4Si\text{—}N(CH_3)_3$ 中，Si 原子中的 d 轨道参与成键，取 sp^3d 杂化，构型为三角双锥，形成的空轨道接受 N 原子的孤对电子，形成配位键。N 原子仍取 sp^3 杂化，构型为四面体型，如下图所示：

无机 | Lewis 酸碱
有机 | 亲核取代反应
难度 | ★★

1-3 本题考查常见溶剂的化学性质差异，本质上仍是对 Lewis 酸碱理论与酸碱反应的考查，难度一般。BCl_3 与吡啶的反应非常简单，直接发生加合反应生成 $BCl_3\cdot py$：

$$BCl_3 + C_5H_5N \longrightarrow BCl_3\text{–}NC_5H_5 \quad 或 \quad BCl_3 + py \longrightarrow BCl_3\cdot py$$

写成结构式也可以：

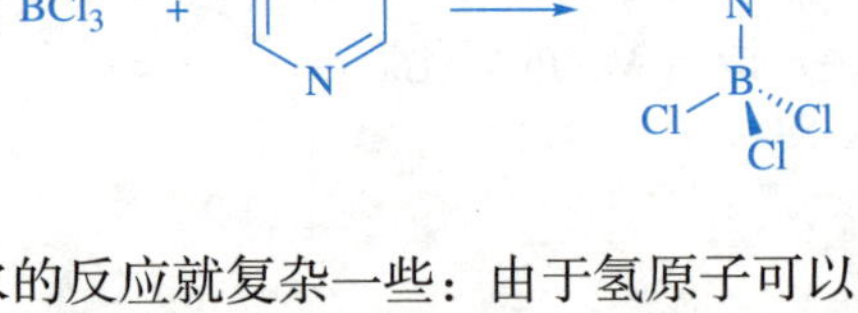

思考：为什么 C 原子上的亲核取代反应不可能为加成-消除机理？对于 Si、P 和 S 原子上的亲核取代反应，可以遵循的机理有哪些？最容易发生的机理是什么？这是由它们怎样的性质决定的？

而 BCl_3 与水的反应就复杂一些：由于氢原子可以解离，BCl_3 与水加合后，相继发生质子与氯离子的离去（谁先谁后？），生成 BCl_2OH。这事实上就是发生在 B 原子上的，OH^- 对 Cl^- 的亲核取代反应，只不过反应遵循加成-消除机理，而非常见的 C 原子上的 S_N1 或 S_N2 机理罢了。

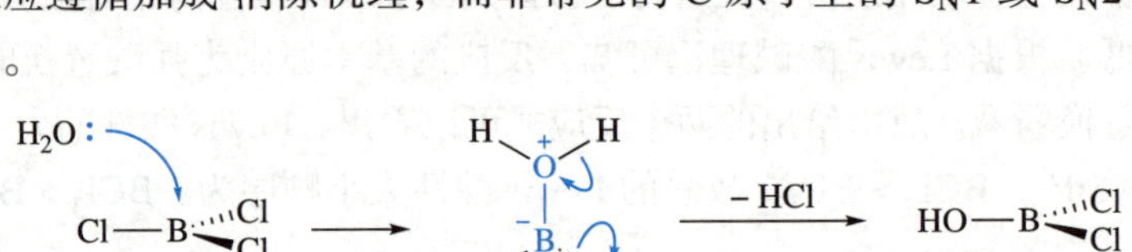

由于是将 BCl_3 通入水中，水的总量很大且浓度最高 $[c(H_2O) = 55.6\ mol\ L^{-1}]$，故所有的 Cl 原子都可以被水分子取代，最终生成稳定的产物硼酸 $B(OH)_3$：

$$BCl_3 + 3H_2O \longrightarrow B(OH)_3 + 3HCl$$

注意：由于第二个反应产生大量 HCl，体系最终显强酸性，因此硼酸不能写成水合形式 $B(OH)_3(H_2O)$，更不能写成 $H^+B(OH)_4^-$。

1-4 本题考查分子结构与配合物结构有关知识。单体 $BeCl_2$ 中 Be 有两个价电子，可以与两个 Cl 原子形成 σ 键，故由杂化轨道理论可知这是 AX_2 型分子，取 sp 杂化，分子为直线形，结构如下：

结构 | 分子与配合物结构
难度 | ★

$$Cl—Be—Cl$$

对于双聚 $BeCl_2$，在单体的基础上，由于 Be 原子有空的 2p 轨道未参与杂化，而 Cl 有孤对电子，故两个 $BeCl_2$ 分子可以互相提供 Cl 的一对孤对电子来给 Be 原子配位，此时 Be 原子的杂化形式变为了 sp^2，取三角形构型，结构如下：

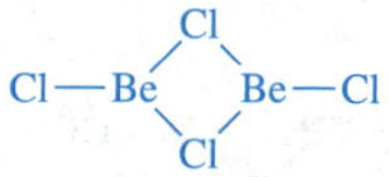

$$\text{Cl—Be}\underset{Cl}{\overset{Cl}{\diamond}}\text{Be—Cl}$$

对于多聚 $BeCl_2$，每个 $BeCl_2$ 的两个 Cl 原子均可以给相邻的 $BeCl_2$ 中的 Be 原子提供孤对电子，形成一个长链分子，且 Be 用了所有第二层的轨道成键，故取 sp^3 杂化，Be 原子为四面体构型，结构如下左图所示（注意，右图的写法是错误的，因为它不能代表一个完整的结构基元，这是答结构绘制题时常犯的小错误之一）：

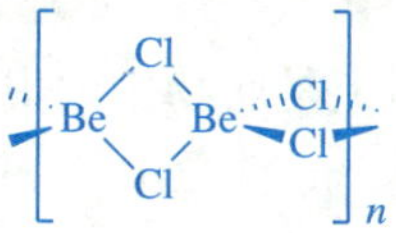

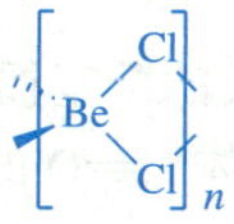

其他易犯的小错误有：忘记标注电荷，Lewis 结构式忘记标注孤对电子等，请同学们自行总结。

1-5 本题考查配合物结构的推断，比较有趣。由所给分子式可以看出，与 Cr 原子成键的有两个过氧根配体 O_2^{2-}，另外还有一个中性的二乙撑三胺分子，故 Cr 的氧化态为 +4。在这个分子中，可以和中心原子成键的有四个 O 原子以及三个 N 原子，故可以推知分子结构为五角双锥。由于过氧根 O_2^{2-} 中两个氧原子间距不能太大，必须处于五角双锥面内，故轴向只能由二乙撑三胺的三个 N 原子来进行成键，其余四个位置为 O 原子，结构如下所示（N 之间的弯键表示省略的亚乙基）：

结构 | 配合物结构
难度 | ★★

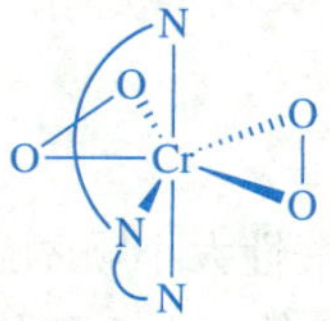

如果将过氧根看成单齿配体（这是合理的，因为 O—O 键长度远短于两个相邻配体之间的距离），那么这个配合物的结构也可以看成是三角双锥，它也是稳定的。

无机 | 配合物反应
综合 | 信息给予题
难度 | ★★

1-6 本题考查同学们对"新"信息——羰基插入反应——的分析与理解能力，对思辨性要求较前几小题略高。解题时，应将题目所给信息与已经学过的反应互相对比、结合。就算事先完全没有接触过羰基插入反应，也没有关系。读题：生成的产物中含有酰基配体，由题目条件可知，这个新生的酰基配体是由烷基转化而来的，由于底物中的烷基只有甲基 —CH_3，因此这个新生成的酰基只能为乙酰基 —$COCH_3$。显然，生成乙酰基的另一底物就是羰基 CO：

$$CH_3—[Mn]—C≡O \longrightarrow □—[Mn]—C(=O)CH_3 \quad [Mn] = Mn(CO)_4$$

由式可见，形式上，CO 配体插入了原先的 Mn—C 键，即"羰基插入"。

反应过程中，两个配体结合生成了一个新配体，留下一个空位，这个空位便由 Lewis 碱 PPh_3 来填补，形成 Mn—PPh_3，因此完整的反应方程如下：

$$(CH_3)Mn(CO)_5 + PPh_3 \longrightarrow (PPh_3)Mn(CO)_4(COCH_3)$$

产物即 $(PPh_3)Mn(CO)_4(COCH_3)$，其结构如下图所示。由于题目并未要求指明两个基团的位置关系，因此以下两种答案都是合理的。

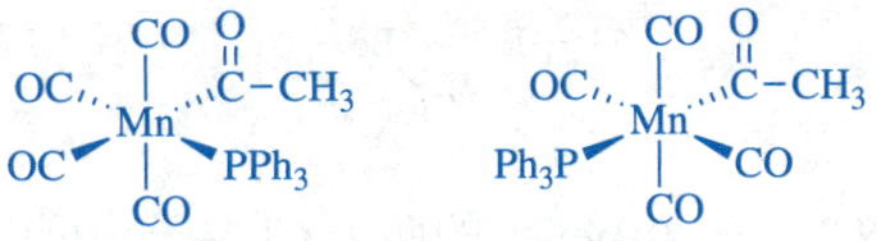

再来考虑 Mn 的氧化态：所有的配体中，只有乙酰基为 –1 氧化态，其余配体均为中性配体，故 **Mn 的氧化态为 +1**。

知识拓展

1-6 小题中涉及的羰基插入反应，本质上是底物中的甲基负离子配体 CH_3^- 对羰基配体 C≡O 的亲核加成：

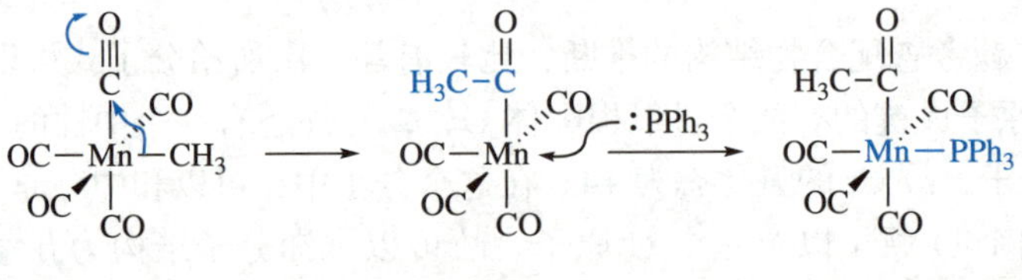

该反应遵循同面迁移机理，故实际反应中，只有一种产物能够生成。请同学们思考：如果让你来研究羰基插入反应的机理，你能提出哪几种可能的机理？如何验证哪种机理是正确的？

思考题 A

A-1 解释 1-1 小题中 Lewis 酸性大小顺序：$BCl_3 > BF_3 > SiF_4$。

A-2-1 将 H_2O_2 加入某种酸化的 Cr(VI) 酸盐溶液中，可以得到深蓝紫色的溶液，其中显色物种 **X** 中氧元素的相对含量为 60.61%。给出 **X** 的化学式，写出反应方程式。

A-2-2 **X** 在水溶液中不稳定，温度略微升高即会快速分解放出气体。**X** 只有在乙醚溶液或在乙醚-吡啶溶液中可以稳定存在，这是因为此时 **X** 可以形成某种六配位配合物，画出这种配合物的立体结构，解释为什么这种配合物的形成可以稳定 **X**。

A-3-1 铬酰氯是暗红色有刺鼻气味的液体，遇水剧烈分解，在空气中发烟。一般用重铬酸钾与浓盐酸反应，并加入硫酸作脱水剂。反应后的反应液出现分层，密度较大的铬酰氯为下层，用分液或分馏的方法即可分离出来。写出制备铬酰氯的反应方程式。

A-3-2 将 3.75 g 铬酰氯与 18.0 g t-BuNH(SiMe$_3$) 在己烷中回流 0.5 h，冷却后过滤并蒸发溶剂，得到 7.1 g 深红色产物 **Y**，**Y** 中 Cr 的相对含量为 13.95%。将 **Y** 溶解在 0 °C 二氯甲烷中，搅拌下逐滴加入 2 倍物质的量的 BCl$_3$-己烷溶液，回温并反应 2 小时。蒸发溶剂得到深红色油状浓稠液体，用己烷分批萃取至萃取液无色，合并萃取液，蒸去溶剂，真空升华得到红色晶体 **Z**，其质谱显示两个峰：m/z = 264, 249。给出 **Y**、**Z** 的化学式与立体结构，写出过程中涉及的所有反应方程式。解释质谱中 249 峰形成的原因，给出 249 峰最可能对应的结构。

A-4 回答上述知识拓展部分中的问题：(1) 写出尽可能多的合理的羰基插入反应机理；(2) 小心设计实验（如同位素标记）来区分这些机理，即进一步验证哪种机理是实际正确的。

第 2 题

题目（6 分）

下列各实验中需用浓 HCl 溶液而不能用稀 HCl 溶液，写出反应方程式并阐明理由。

2-1 配制 SnCl$_2$ 溶液时，将 SnCl$_2$ (s) 溶于浓 HCl 溶液后再加水冲稀。

2-2 加热 MnO$_2$ 的浓 HCl 溶液制取氯气。

2-3 需用浓 HCl 溶液配制王水，才能溶解金。

分析与解答

本题以"浓、稀 HCl 溶液"为背景，考查了无机化学中水解、平衡与电极电势等基础知识，难度较低，但比较有趣。

2-1 SnCl$_2$ 是一种易水解的氯化物，在水中会形成 Sn(OH)Cl 和 HCl，因此在配制溶液时使用浓 HCl 溶液能够增加水解产物 HCl 的浓度，抑制平衡移动，从而抑制水解。此外，浓 HCl 溶液中的 Cl$^-$ 可以与 SnCl$_2$ 配

无机 | 盐的水解
难度 | ★

位，进一步阻止了它的水解。过程中反应方程式如下：

$$SnCl_2 + 2Cl^- \rightleftharpoons SnCl_4^{2-}$$

无机 | 氧化还原与电化学
难度 | ★★

2-2 本反应为实验室制备氯气的常用方法，使用 MnO_2 为氧化剂氧化 Cl^- 来产生 Cl_2，MnO_2 自身被还原为 Mn^{2+}。由于 MnO_2/Mn^{2+} 电对的电极电势不够高 [标准电极电势只有 1.21 V，小于 $\varphi^\ominus(Cl_2/Cl^-)$ = 1.36 V]，因此需要使用高于 1 mol L^{-1} 浓度的 H$^+$ 以增加 MnO_2/Mn^{2+} 电对的氧化电势（写出半反应）；同时，增大 Cl^- 的浓度也降低了 Cl_2/Cl^- 电对的电极电势（写出半反应）。这样，反应才得以自发进行。另外，MnO_2 不溶于水，因此需要加热使反应较快地进行。反应方程式如下：

$$MnO_2 + 4HCl(浓) \xrightarrow{\Delta} MnCl_2 + Cl_2\uparrow + 2H_2O$$

无机 | 氧化还原与配位平衡
难度 | ★
也可以认为 $AuCl_4^-$ 的形成降低了游离 Au^{3+} 的平衡浓度，拉动反应向右进行。

2-3 金元素的还原性很差，一般的氧化性酸（如浓硝酸）不足以将其氧化为阳离子而溶解。但在加入浓 HCl 后，体系中有了大量的 Cl^-，可以和金被氧化后产生的 Au^{3+} 配位形成 $AuCl_4^-$，从而使得氧化电对由 Au^{3+}/Au 转变为 $AuCl_4^-/Au$，由于后者氧化电势比前者要小得多，故反应转变为自发进行，从而金被王水所氧化。反应方程式如下：

$$Au + NO_3^- + 4Cl^- + 4H^+ \rightleftharpoons AuCl_4^- + NO\uparrow + 2H_2O$$

第 3 题

题目（5 分）

用化学反应方程式表示：
3-1 用浓氨水检查氯气管道的漏气；
3-2 在酸性介质中用锌粒还原 $Cr_2O_7^{2-}$ 离子时，溶液颜色经绿色变成天蓝色，放置后溶液又变为绿色。

分析与解答

本题依然以书写方程式的方式考查元素化学知识，难度比上一题略有增加，趣味性不如上一题。

无机 | 氧化还原反应
难度 | ★★
为什么 N 不会被氧化到更高的氧化态？如果是 H_2S 呢？这种差异因何而来？这个"陷阱"提醒我们：一定要注意反应条件！

3-1 使用浓氨水检测氯气时，浓氨水中挥发出的 NH_3 与 Cl_2 反应，先发生氧化还原反应，N 元素被 Cl 氧化形成 N_2，Cl 元素降至 −1 氧化态。反应式为：

$$2NH_3 + 3Cl_2 \rightleftharpoons N_2 + 6HCl$$

但实际上浓氨水是过量的，HCl 会进一步与过量的 NH_3 反应，产生 NH_4Cl 白烟。故总反应式为：

$$8NH_3 + 3Cl_2 = N_2 + 6NH_4Cl$$

3-2 由给出的现象以及元素化学中 Cr 元素的性质可知，绿色溶液是 Cr(III)，天蓝色溶液是 Cr(II)。故反应为 Zn 还原 $Cr_2O_7^{2-}$ 形成 Cr^{3+}，再进一步还原形成 Cr^{2+}：

$$Cr_2O_7^{2-} + 3Zn + 14H^+ = 2Cr^{3+} + 3Zn^{2+} + 7H_2O$$
$$2Cr^{3+} + Zn = 2Cr^{2+} + Zn^{2+}$$

Cr^{2+} 有很强的还原性，在空气中放置会被 O_2 氧化，又变回 Cr^{3+}：

$$4Cr^{2+} + O_2 + 4H^+ = 4Cr^{3+} + 2H_2O$$

无机 | 氧化还原反应
难度 | ★★
实际上，$Cr(H_2O)_6^{3+}$ 是天蓝色溶液，当 Cl^- 存在时会发生配体交换，生成绿色的 $CrCl_6^{3-}$。这种颜色的差异说明 H_2O 相对于 Cl^-（在光谱化学序列中）是更强场的配体，为什么？$Cr(OH)_6^{3-}$ 也是绿色，这说明 OH^- 反而比 H_2O 场强更弱，为什么？

第 4 题

题目（4 分）

我国石油工业一般采用恒电流库仑 (Coulomb) 分析法测定汽油的溴指数。溴指数是指每 100 g 试样消耗溴的毫克数，它反映了试样中 C=C 键的数目。测定时将 V (mL) 试样加入库仑分析池中，利用电解产生的溴与不饱和烃反应。当反应完全后，过量溴在指示电极上还原而指示终点。支持电解质为 LiBr，溶剂系统仅含 5% 水，其余为甲醇、苯与醋酸。设 d 为汽油试样密度，Q (C) 为终点时库仑计指示的溴化反应消耗的电量。

4-1 导出溴指数与 V、d 和 Q 的关系式（注：关系式中只允许有一个具体的数值）。

4-2 若在溶剂体系中增加苯的比例，说明其优缺点。

分析与解答

这是一道典型的定量分析计算题，考查对实验过程的理解与数学模型的建立，难度较低。重点在于各种物理量单位的换算与约化。

4-1 由题目描述可知溴指数的定义，故要得到溴指数的关系式，须知道试样消耗的溴单质的物质的量。而由实验方案可知，溴单质的消耗量是通过电解中消耗的电量间接计算得知的。已知反应中消耗的电量为 Q，故电子的物质的量为：

分析 | 定量计算
难度 | ★

$$n(e) = \frac{Q}{e \cdot N_A} = \frac{Q}{F}$$

其中 e 为元电荷（电量 Q 与元电荷 e 均取绝对值），$F = e \cdot N_A$ 为 Faraday 常数，数值取 96500 或 96485 C mol^{-1}。电解得到溴的反应式为：

$2Br^- - 2e^- \rightleftharpoons Br_2$，故溴单质的物质的量等于反应中消耗电子的物质的量的 1/2，为：

$$n(Br_2) = \frac{Q}{2F}$$

消耗的溴单质的质量为：

$$m(Br_2)\,(mg) = n(Br_2) \cdot M(Br_2) = \frac{Q}{2F} \cdot M(Br_2)$$

其中 $M(Br_2)$ 取 159.80×10^3 mg mol^{-1}。又，总的汽油质量为：

$$m_{汽油} = V\,(mL) \cdot d$$

按照定义，可知溴指数（令其为 k）为：

$$k\,(mg\,Br_2 / 100\,g\,试样) = \frac{m_{Br_2}\,(mg)}{m_{汽油}/100\,(g)} = \frac{(Q/2F) \cdot M(Br_2)}{V\,(mL) \cdot d/100}$$

$$= \frac{100\,g \cdot Q \cdot 159.80 \times 10^3\,mg\,mol^{-1}}{V \cdot 2 \cdot 96485\,C\,mol^{-1} \cdot d}$$

$$= \frac{Q}{V \cdot d} \cdot 82.8\,mg\,C^{-1}$$

> 注意：被括号包裹的单位与不带括号的单位是不同的。不带括号的单位参与量纲运算，而带括号的单位只是一种注释，隐含意思是变量本身已经有单位了。如 $m(Br_2)\,(mg)$ 意思是 $m(Br_2)$ 是带单位的物理量，单位是 mg，如果写成 $m(Br_2)$ mg，那说明 $m(Br_2)$ 是不带单位的数字。

4-2 开放题的难度在于答题指向性有时不明确。分析体系中涉及的各物种，可知苯在此处的主要作用是溶解汽油中的烃类化合物，使其能参与电极反应，但是，苯的存在又会使得电解质 LiBr 的溶解度降低，影响电解效果。故<u>优点为促进汽油中烃的溶解；缺点为降低了电解质溶解度，使得电导率下降，电阻升高，电阻产热增加，从而使得电解耗能增加</u>。

> 分析 | 实验设计
> 难度 | ★★

第 5 题

题目（8 分）

皂化当量是指每摩尔氢氧根离子所能皂化的酯（样品）的质量 (mg)。可用如下方法测定皂化当量（适用范围：皂化当量 100~1000 mg mol^{-1}，样品量 5~100 mg）：准确称取 X (mg) 样品，置于皂化瓶中，加入适量 0.5 mol L^{-1} 氢氧化钾醇溶液，接上回流冷凝管和碱石灰管，加热回流 0.5~3 小时；皂化完成后，用 1~2 mL 乙醇淋洗冷凝管内壁，拆去冷凝管，立即加入 5 滴酚酞，用 0.5 mol L^{-1} 盐酸溶液酸化，使酸稍过量；将酸化后的溶液转移到锥形瓶中，用乙醇淋洗皂化瓶数遍，洗涤完的醇溶液也均移入锥形瓶中；向锥形瓶滴加 0.5 mol L^{-1} 氢氧化钾醇溶液，直至溶液显浅红色；然后用 0.0250 mol L^{-1} 盐酸溶液滴定至刚好无色，消耗盐酸 V_1 (mL)；再加入 3 滴溴酚蓝指示剂，溶液显蓝色，用 0.0250 mol L^{-1} 盐酸溶液滴定至刚刚呈现绿色，即为滴定终点，消耗盐酸 V_2 (mL)。

在没有酯存在下重复上述实验步骤，消耗标准盐酸溶液分别为 V_3 和 V_4 (mL)。

5-1 碱石灰管起什么作用？

5-2 写出计算皂化当量的公式。

5-3 样品中的游离羧酸将对分析结果有什么影响？如何消除影响？

分析与解答

本题以分析化学实验操作为背景材料，考查的仍然是反应当量转化与定量计算，难度较低。

5-1 在实验中采用的是加过量碱来返滴定，而且处理过程中还采用了加热条件，因此空气中的 CO_2 会极大地干扰测定，而碱石灰管可以吸收 CO_2，故碱石灰管的用途为吸收 CO_2，防止其干扰测定。

分析 | 实验设计
难度 | ★

5-2 实验采用的过程为返滴定法，使用盐酸滴定水解产生的羧酸根离子，得到羧酸根离子总量，又由水解中羧酸根的产量等于消耗的氢氧根，得出氢氧根总量，进而得出皂化当量。在本实验中，V_1 和 V_3 均为中和过量碱所消耗的盐酸量，对最后的结果没有影响，只有 V_2 和 V_4 才是滴定对应羧酸根离子的量。而 V_4 又是空白试验的滴定体积，对应的是不加样品的羧酸根离子量，也即正式滴定中被多计算的量，因此将其减去，即可得到样品水解的羧酸根离子量。

分析 | 定量计算
难度 | ★

由以上分析可知，消耗的氢氧根离子，即羧酸根离子总量为：

$$n = (V_2 - V_4) \cdot 10^{-3} \cdot 0.0250 \text{ (mol)}$$

而酯的总量为 X (mg)，故皂化当量为：

$$\frac{X}{n} = \frac{1000X}{(V_2 - V_4) \cdot 0.0250} \text{ (mg mol}^{-1}\text{)}$$

5-3 通过实验过程可以看出，游离羧酸最后也会转化为羧酸根被盐酸滴定，因此会使得计算结果中氢氧根摩尔数比实际偏高，皂化当量偏低。但是，游离的羧酸不需要加热皂化也能得到羧酸根，因此可以通过直接加碱后酸化滴定的方法得到游离羧酸根的含量，再在之后滴定的结果中减去这一部分对应的氢氧根量，即排除了误差。

分析 | 定量计算
难度 | ★

第 6 题

题目（10 分）

6-1 文献中常用下图表达方解石的晶体结构：

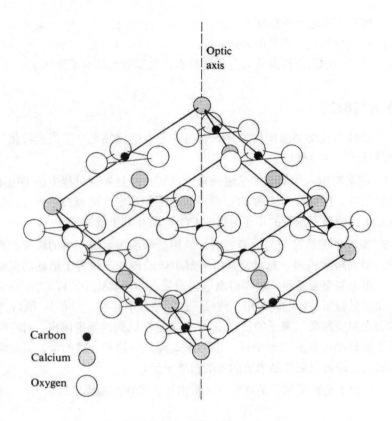

图中的平行六面体是不是方解石的一个晶胞？简述理由。

6-2 文献中常用下图表达六方晶体氟磷灰石的晶体结构：

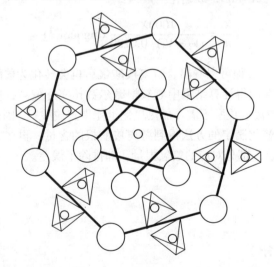

该图是 c 轴投影图，位于图中心的球是氟，大球是钙，四面体是磷酸根（氧原子未画出）。试以此图为基础用粗线画出氟磷灰石晶胞的 c 轴投影图，设晶胞顶角为氟原子，其他原子可不补全。

6-3 某晶体的晶胞参数为：$a = 250.4$ pm, $c = 666.1$ pm, $\gamma = 120°$；原子 **A** 的原子坐标为 $(0, 0, 1/2)$ 和 $(1/3, 2/3, 0)$，原子 **B** 的原子坐标为 $(1/3,$

2/3, 1/2) 和 (0, 0, 0)。

6-3-1 试画出该晶体的晶胞透视图（设晶胞底面即 ab 面垂直于纸面，**A** 原子用"○"表示，**B** 原子用"●"表示）。

6-3-2 计算上述晶体中 **A** 和 **B** 两原子间的最小核间距 $d(AB)$。

6-3-3 共价晶体的导热是共价键的振动传递的。实验证实，该晶体垂直于 c 轴的导热性比平行于 c 轴的导热性高 20 倍。用上述计算结果说明该晶体的结构与导热性的关系。

分析与解答

本题通过多个实际例子，考查了晶体结构的知识，难度适中。

6-1 由晶体结构的知识可以知道，晶胞的基本性质即有平移对称性，因此将晶胞平移时，各部分应该不变。而图示结构中对应顶角和面中碳酸根离子取向不一样，不满足晶胞的性质，因此它不是一个晶胞。

晶体 | 晶胞定义
难度 | ★★

6-2 由题可知这是六方晶体，而图中大六边形的范围内仅有一个氟原子且这个六边形范围具有平移对称性，故这个单元包含的原子和晶胞所含的相同。因此，只需要在图中画出同样包含一个氟原子的平行四边形，即可得到晶胞的投影图，如下所示：

晶体 | 晶胞绘制
难度 | ★★

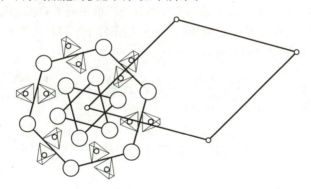

6-3-1 根据题中所给坐标，即可得到如下图所示的晶胞结构（黑白球互换也可以）：

晶体 | 晶胞绘制
难度 | ★

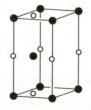

6-3-2 由上图可以看出，原子最小间距可能有两种，一种为同一个 ab 面（即底面）上相邻原子的距离，另一种为 c 轴上相邻原子的距离。由所给的晶胞参数，c 轴间距为：

晶体 | 参数计算
难度 | ★

$$d(c) = \frac{c}{2} = 333.1 \text{ pm}$$

结构 | 化学键型
难度 | ★

ab 面上相邻原子间距为：

$$d(ab) = \frac{\sqrt{3}}{3}a = 144.6 \text{ pm}$$

故可知最小核间距 $d(\mathbf{AB})$ 为 ab 面中原子间距，为 144.6 pm。

6-3-3 由上述结果可以看出，平行于 c 轴的间距距离远大于垂直于 c 轴的间距，约 333.1 pm。故平行 c 轴方向没有很强的共价作用，也就不会有很强的共价键带来的导热作用；而垂直 c 轴方向则间距较小，有较强的共价作用，故有这样的导热性比例。

第 7 题

题目（8 分）

1964 年，合成大师 Woodward 提出了利用化合物 **A** ($C_{10}H_{10}$) 作为前体合成一种特殊的化合物 **B** ($C_{10}H_6$)。化合物 **A** 有三种不同化学环境的氢，其数目比为 6:3:1；化合物 **B** 分子中所有氢的化学环境相同，**B** 在质谱仪中的自由区场中寿命约为 1 微秒，在常温下不能分离得到。30 年后化学家们终于由 **A** 合成了第一个碗形芳香二价阴离子 **C** $[C_{10}H_6]^{2-}$。化合物 **C** 中六个氢的化学环境相同，在一定条件下可以转化为 **B**。化合物 **A** 转化为 **C** 的过程如下所示：

$$C_{10}H_{10} \xrightarrow[\text{Me}_2\text{NCH}_2\text{CH}_2\text{NMe}_2]{n\text{-BuLi, }t\text{-BuOK}} [C_{10}H_6]^{2-} \cdot 2K^+ \xrightarrow[\text{hexane, Et}_2\text{O}]{\text{Me}_3\text{SnX}}$$

$$\xrightarrow[\text{MeOCH}_2\text{CH}_2\text{OMe, }-78\,°\text{C}]{\text{MeLi}} [C_{10}H_6]^{2-} \cdot 2\text{Li}^+ \equiv \mathbf{C} \cdot 2\text{Li}^+$$

7-1 **A** 的结构简式为：_____。
7-2 **B** 的结构简式为：_____。
7-3 **C** 的结构简式为：_____。
7-4 **B** 是否具有芳香性？为什么？

分析与解答

本题考查了有机化学中的结构推断与芳香性的概念，是全卷中难度最大的一题，也是历年初赛试题中难度较大、争议最多的一道题。在此，我们不仅要给出本题的解题思路，更要给出全面的背景知识与细节描述，对围绕着环戊 [c,d] 戊搭烯 (**B**) 及其双负离子的争议加以辨析。首先让我们完成题目的解答：

有机 | 结构推断
难度 | ★★★

7-1 化合物 **A** 的不饱和度为 6，是高度不饱和的化合物。我们从氢原子入手：有一个氢原子单独为一类，因此它必为次甲基 CH 基团上的氢。

有三个氢原子化学环境相同，由于 **A** 是高不饱和度的化合物，经过简单的试错可知这三个氢原子不可能同时位于同一个碳原子上（即甲基 CH_3），故这三个氢原子对应另三个次甲基 CH 基团。此时结构中余下六个氢原子（化学环境相同）和六个碳原子，它们必须只能组成六个次甲基 CH 基团，因此我们得到：

$$C_{10}H_{10}(\mathbf{A}) = CH + 3CH + 6CH$$

容易看出，**A** 必须具有 C_3 对称性。经过简单枚举，可知 **A** 可能的结构有：

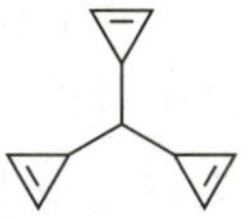

A₁　　**A₂**

由题目条件可知，**A** 是某个碗形阴离子的前体，**A₁** 在后续反应中并不能生成碗形结构，**A 应为第二个结构 A₂**。

7-2 **B** 中只有六个环境相同的氢原子，故应由 **A** 去掉四个环境不同的氢原子，即内部四个 CH 上的氢原子得到，此时的结构为一个共轭体系，应用共振式来表达其结构：

有机 | 结构推断
难度 | ★★

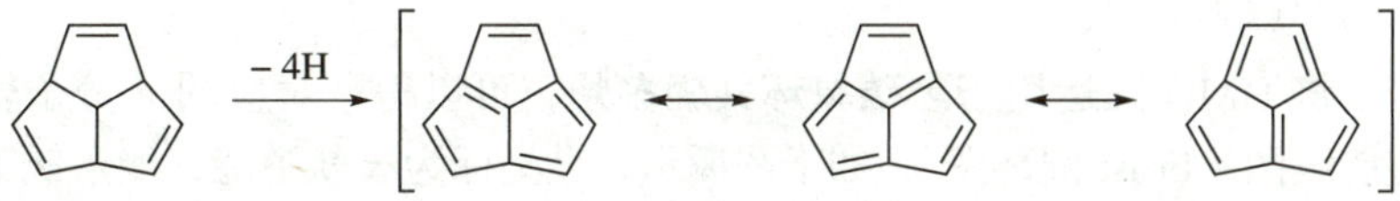

A　$\xrightarrow{-4H}$　[　↔　↔　] **B**

7-3 此题与前述题目思路类似，只需将 **A** 中四个 CH 上的氢去掉，换成一个双键和两个负电荷即可，此结构同样可以由共振式表达：

有机 | 结构推断
难度 | ★★

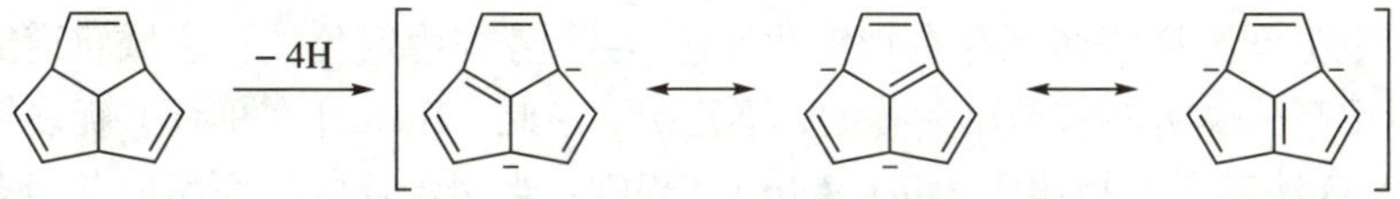

A　$\xrightarrow{-4H}$　[　↔　↔　] **C**

7-4 本题原答案"**B** 不具有芳香性，因为不符合 $4n+2$ 规则"存在较大争议。这是因为 **B** 是一稠环化合物，而 Hückel $4n+2$ 规则只能判断（全碳）**单环**共轭多烯，不能判断稠环化合物。这里笔者尝试对原答案作出一点苍白的解释：由于 **B** 中**每一个小环和整个大环**的共轭双键总电子数都不符合 $4n+2$ 规则，故该结构**不具有芳香性**：

有机 | 芳香性
难度 | ★★
有争议

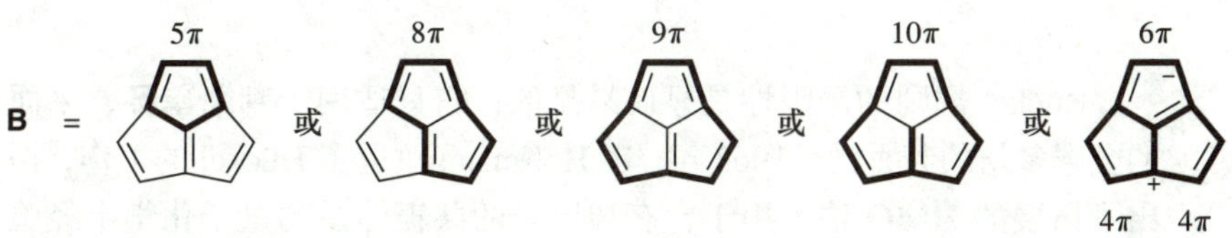

B = 5π 或 8π 或 9π 或 10π 或 6π
　　　　　　　　　　　　　　　　4π　4π

当然，这种修正仍然违背了 Hückel $4n+2$ 规则的适用范围。我们将在知识拓展中严谨地讨论 Hückel 规则的原理与其适用范围，简要介绍现代有机化学中判定芳香性的若干标准；并对 acepentalene 类化合物的研究历史与有关结论加以详细的介绍，为同学们还原出一个大致的面貌。

知识拓展

一、Hückel 分子轨道法 (HMO) 与 Hückel 规则

我们知道，共轭分子的 σ 电子与 π 电子在性质上存在很大的差异：σ 电子定域于碳原子之间，构成分子骨架；而 π 电子可在多个平行的 p 轨道中离域，形成弥散的 π 电子云。基于这两种电子间的差异，1931 年，Hückel 提出了一种计算共轭体系 π 电子能量的简单方法——Hückel 分子轨道法 (HMO)。他将共轭体系 π 电子独立于 σ 电子考虑，忽略 σ-π 电子间的直接相互作用，只研究 π 电子的分子轨道和能级。同时忽略长程 p 轨道之间的相互作用，尽可能地简化任何"过于精密"的计算，得到了处理共轭体系的最简模型（详细内容请参阅结构化学教材[1]）。HMO 方法极其粗略，但在定性和半定量解释共轭分子的结构和性质上取得了巨大的（甚至是不可思议的）成功，得到了大量的有意义的知识和成果。

将 HMO 法运用于**全碳单环共轭多烯**，可以得到对应的 π 分子轨道能级图（Frost 圆环图），如下图所示，纵坐标为 π 轨道能，能量低于零水准的轨道是成键轨道，高于零水准的是反键轨道。将 HMO 法算得的离域轨道能量与相应的孤立多烯的轨道能进行对比，发现当单环多烯中的 π 电子数可表示为 $4n+2$（n 为非负整数）时，离域轨道能量更低；而当 π 电子数可表示为 $4n$ 时，离域轨道能量反而更高。离域轨道能量更低，说明体系存在稳定化作用——芳香稳定化能；离域轨道能量更高，说明体系是反芳香的，不稳定。由此，Hückel 在单环共轭多烯 HMO 法基础上提出了 **Hückel $4n+2$ 规则**：当闭合环状平面型的共轭多烯（轮烯）π 电子数为 $4n+2$ 时，化合物具有芳香性。

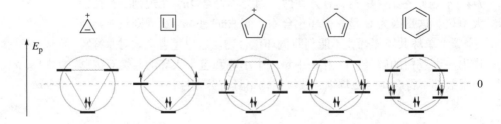

Hückel 规则的局限性是显而易见的：它只适用于判断**单环、平面的全碳多烯**的芳香性。1963 年，R. Hoffmann 改进了 Hückel 的工作，提出了**拓展的 HMO 法**，用于含有杂原子的共轭体系的量子化学半经验

计算。但改进的 Hückel 规则仍然只适用于判断单环平面杂原子体系的芳香性，不适用于稠环体系判断。

二、芳香性的判定标准

那么我们是否就不能判断稠环等复杂体系的芳香性呢？答案是否定的。事实上，HMO 法就完全可以用于平面稠环体系芳香性的粗略判断（注意，Hückel 规则与 HMO 法是不同的，Hückel 规则只是 HMO 法应用于单环平面体系所导出的特殊结论）——只要共轭体系能量低于孤立多烯的能量，我们仍然可以认为共轭体系中存在稳定化作用。当然，正如前面所说，HMO 法是一种较为粗略的计算方法。在计算水平高度发达的今天，我们完全可以在更高精度下求解各种分子的能量，进而精确计算稳定化作用的大小。这种相对能量做差的方法仍然是判定芳香性非常有效的标准之一（当然，键长平均化也是芳香性的判定标准）。然而，在许多复杂的体系中，不同的量子力学计算方法，不同的轨道函数（称作基组）得到的结果往往有不小的差异。

除了能量、键长等基本的判断标准之外，还有一类较为特殊的芳香性判断标准——分子的**抗磁环流**。在芳香化合物中，π 电子高度离域，在分子平面上方与下方形成"环电流"，如下图所示。在外加磁场的作用下，环电流会产生一个反向的磁场 B'（楞次定律），我们认为分子产生了"抗磁环流"（当然，电子的运动方向是不能确定的，更不用说"环流"，这里只是一种形象的表述）。通过现代量子力学手段，我们可以计算分子特殊位置上的反向磁场大小，进而判断分子是否具有芳香性。

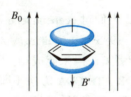

围绕芳香分子的磁性特征，科学家发展出了一系列成熟的判断指标，其中，**核独立化学位移** (nucleus-independent chemical shift, NICS) 是被使用得最广泛的衡量芳香性的指标。它的含义是：在某个人为设定的、不在原子核的位置上的磁屏蔽值的负值，负值越大（即对磁场屏蔽越强），则芳香性越强。这里不再详细展开讨论，感兴趣的同学可以参考《基础有机化学》（第 4 版）[2] 的有关内容，或者查阅相关的高等有机、物理有机化学教材[3] 或原始文献。

三、acepentalene 类化合物的研究

前文中，我们明确了两点：(1) 不能用 Hückel 规则判断 acepentalene 类（稠环）化合物的芳香性；(2) Acepentalene 类（稠环）化合物的芳香性可以用 HMO/量子力学计算手段，从键长、能量、磁学特征判断。接下来，我们将详细介绍 acepentalene 类化合物的相关研究，对三环癸三

烯 (triquinacene, **A**)、环戊 [c,d] 戊搭烯 (acepentalene, **B**) 和 acepentalene 双负离子 (**C**) 的合成、芳香性、反应性展开详细的讨论[4]。

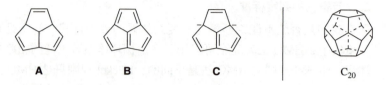

Acepentalene (**B**) 是一类具有高度不饱和度的全共轭烃,可视为富勒烯 C_{20} 的典型结构单元 [就像心环烯(碗烯)可视为富勒烯 C_{60} 表面的典型结构单元一样,参见第 22 届决赛第 7 题]。由于 acepentalene 结构的高度对称性与不稳定性,它长期困扰着理论与实验化学家们。1964 年,R. B. Woodward 从醇 **D** 出发通过 16 步合成了 acepentalene 前体三环癸三烯 (triquinacene, **A**)[5]。三环癸三烯呈碗形结构,三个烯烃之间彼此空间上接近,有 18.9 kJ mol^{-1} 的稳定化作用(通过氢化热实验测定)。[6] 传统认为,三个烯烃之间有微弱的**三同芳香性** (trishomoaromaticity)。然而,更加精确的量子力学计算表明,**A** 中的三同芳香性并不存在 —— 三个烯烃之间的距离较远,不足以形成三同芳香性结构。[7]

从三环癸三烯出发,人们对 acepentalene 及 acepentalene 双负离子的合成不断地发起挑战。1985 年,Meijere 等人采用 NBS 溴化-取代-消除的方法试图制备 **B** 或者 **C**,但未能成功。[8] 1986 年 8 月,Meijere 教授采用 n-BuLi / t-BuOK / TMEDA 方法(即题目中的路线。反应中 TMEDA 起什么作用?)成功制备了 acepentalene 双负离子[9]:

Acepentalene 双负离子的钾盐溶解性很差,无法进行提纯。故先加入亲电试剂 Me_3SnX,再消除制备成锂盐 **C**·2Li[+]。**C**·2Li[+] 在 DME 溶液中可形成形貌良好的晶体。X 射线衍射实验表明,acepentalene 双负离子形成了开口朝外的二聚体结构，这一结构与心环烯二聚体的凹凸结构有着明显的不同。计算结果表明，acepentalene 双负离子 **C** 中存在着明显的键长平均化，NICS 值为 –14.1 ppm (in)，acepentalene 双负离子是芳香性的。[10]

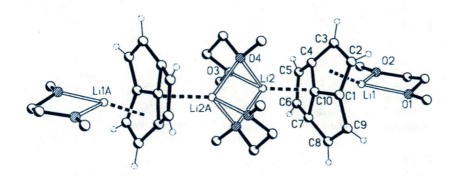

应用简单的 HMO 方法（注意：不是 Hückel 规则！），我们就可以定性判断 acepentalene **B** 的芳香性。下图左示出了 acepentalene 的 HMO 轨道能级图，可以看出，acepentalene 的 HOMO 轨道为两个单占轨道，与环丁二烯/环戊二烯正离子电子结构相同，说明 acepentalene 是反芳香性的。精确计算结果表明，acepentalene 中单双键差别明显，NICS 值为 14.0 ppm (in)，是典型的反芳香性结构。1996 年，Meijere 与 Schleyer 第一次在气相条件下得到了 acepentalene 分子，寿命值为 8 μs。[11]

左：acepentalene HMO 轨道能级图 ($\beta < 0$)；右：acepentalene 与其双负离子结构，键长单位 pm，化学位移单位 ppm

思考题 B

B-1 判断下列化合物是芳香性的、非芳香性的还是反芳香性的：

B-1-1

萘
naphthalene

[10]轮烯
[10]annulene

1,6-亚甲基[10]轮烯
1,6-methano
[10]annulene

异苯并呋喃
isobenzofuran

苯并呋喃
benzofuran

B-1-2

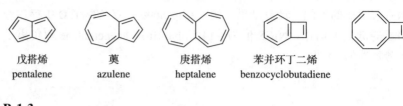

B-1-3

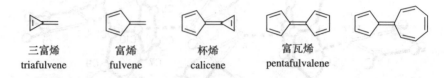

B-1-4

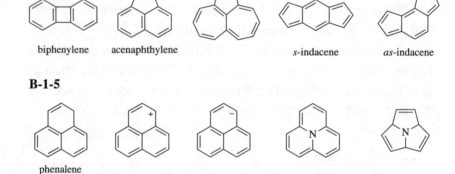

B-1-5

B-2 有人认为三环癸三烯 (triquinacene, **A**) 也具有某种芳香性。

B-2-1 这是一种怎样的芳香性？给出名词并用立体图像进行表述。

B-2-2 三环癸三烯三根双键的氢化热分别为 -115.92、-114.66 和 -112.56 kJ mol^{-1}。利用这组数据，能否判断三环癸三烯是否具有芳香性、反芳香性或不具芳香性？为什么？

B-2-3 环戊烯的氢化热为 -112.56 kJ mol^{-1}，这个数据能否进一步证实（或推翻）你在 **B-2-2** 小题中得出的结论？

B-2-4 如何解释你在 **B-2-2** 小题中得出的结论？

B-3 虽然 acepentalene (**B**) 很难合成，三环癸三烯 (triquinacene, **A**) 却有多种合成方式。1964 年，R. B. Woodward 从醇 **D** 出发通过 16 步合成了 **A**，反应式如下图所示（提示：**H**、**K** 中均存在对称面）[5]。

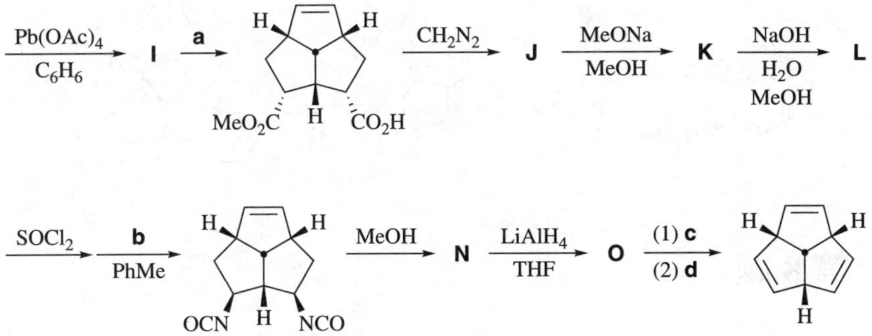

B-3-1 请补全所有缺失的中间产物与反应条件，写出合成中涉及的所有人名反应。

B-3-2 解释 E → F 的立体选择性。

B-3-3 写出 F → G、G → H、H → I 的反应机理。

B-3-4 解释 K 的立体化学。

B-4 1973 年，P. Deslongchamps 从 Thiele 酸二聚体出发合成了 A，将合成路线缩短至 6 步。反应式如下图所示（提示：Q 的相对分子质量为 164.20）[12][13]。

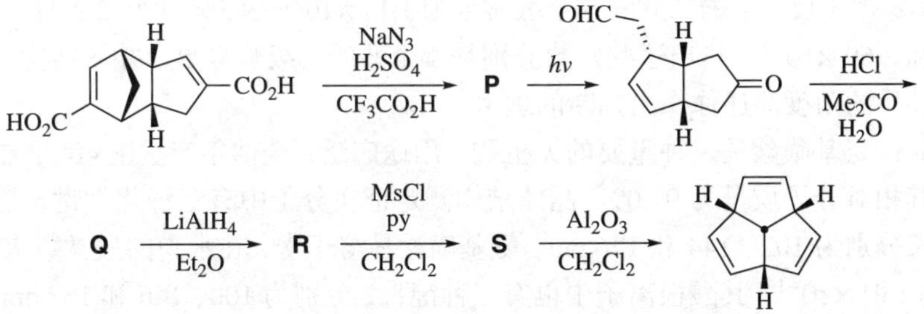

B-4-1 画出 Thiele 酸的结构，写出其系统命名，解释 Thiele 酸二聚反应的立体化学。

B-4-2 请补全所有缺失的中间产物，写出合成中涉及的所有人名反应与机理。

B-4-3 解释 P → Q、Q → R 的立体化学。

B-5 1974 年，L. A. Paquette 从环戊二烯钠出发，仅用 4 步就合成了 A，反应式如下图所示（提示：所有中间体中均存在对称面）[14]。

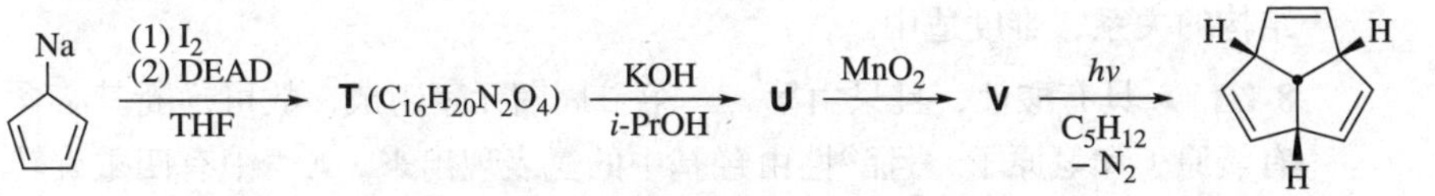

B-5-1 请补全所有缺失的中间产物。

B-5-2 写出除 U → V 外所有反应的机理。

B-6 利用苯、甲苯与四碳以下试剂，完成下列合成路线（总步数不超过 12 步）[15]：

第 8 题

题目（16 分）

8-1 化合物 **A** 是一种重要化工产品，用于生产染料、光电材料和治疗疣的药物等。**A** 由第一、二周期元素组成，白色晶体，摩尔质量 114.06 g mol^{-1}，熔点 293 °C，酸常数 pK_{a_1} = 1.5，pK_{a_2} = 3.4；酸根离子 **A**$^{2-}$ 中同种化学键是等长的，存在一根四重旋转轴。

8-1-1 画出 **A** 的结构简式。
8-1-2 为什么 **A**$^{2-}$ 离子中同种化学键是等长的？
8-1-3 **A**$^{2-}$ 离子有几个镜面？

8-2 顺（反）丁烯二酸的四个酸常数为 1.17×10^{-2}、9.3×10^{-4}、2.9×10^{-5} 和 2.60×10^{-7}。指出这些常数分别是哪个酸的几级酸常数，并从结构与性质的角度简述你作出判断的理由。

8-3 氨基磺酸是一种重要的无机酸，用途广泛，全球年产量逾 40 万吨，其相对分子质量为 97.09。晶体结构测定证实分子中有三种化学键，键长分别为 102、144 和 176 pm。氨基磺酸易溶于水，在水中的酸常数 K_a = 1.01×10^{-1}，其酸根离子中也有三种键长，分别为 100、146 和 167 pm。

8-3-1 计算 0.10 mol L^{-1} 氨基磺酸水溶液的 pH。
8-3-2 从结构与性质的关系解释为什么氨基磺酸是强酸。
8-3-3 氨基磺酸可用作游泳池消毒剂氯水的稳定剂，这是因为氨基磺酸与 Cl$_2$ 的反应产物—氯代物能缓慢释放次氯酸。写出形成一氯代物以及一氯代物与水反应的方程式。

分析与解答

本题为一道有关分子结构与性质的推断题，考查了分子的各种性质与结构的关系，难度适中。

8-1-1 **A** 具有酸性，且只由第一、第二周期元素组成，故可推断其必含有氧原子和氢原子，且酸性由羟基中的氢表现出来。**A**$^{2-}$ 中有四重旋转轴，故可得知其分子式必为某原子组合的 4 倍，此时可以将其相对分子质量除以 4 来推出这个原子组合。设这个组合相对分子质量为 M，根据计算可以得到如下结果：

$$M = (114.06 - 1.008 \times 2) \div 4 = 28.011$$

而在电离出氢离子之后离子内仍有氧原子，故减去一个氧原子的相对原子质量，可得 12.011，这个质量在第一、第二周期中和碳元素十分接近，故组合应为 CO，即 **A**$^{2-}$ 为 $C_4O_4^{2-}$。而该离子中有四重旋转轴，同种化学键等长，故碳氧键中氧只和一个碳原子成键，而碳原子之间也有成键，即为平面正方形结构，如下所示：

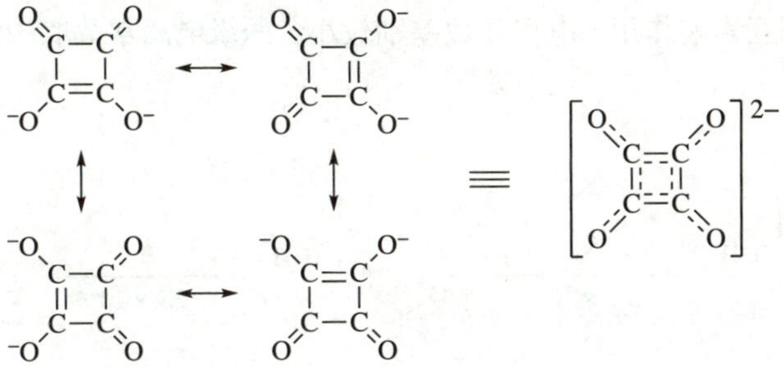

A 的结构即为上述离子得到两个氢离子的结构，很显然由这种推断过程可以得到对位和邻位两种结构。然而，题中给出 **A** 具有两个 pK_a，而在对位结构中两个氢离子的电离不会相互影响，只有在邻位结构中，第一次电离形成的氧负离子才会和邻位的羟基形成氢键抑制电离。故 **A** 的结构应为：

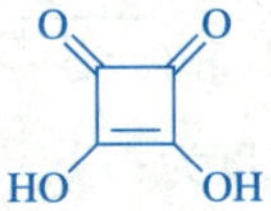

8-1-2 **A**$^{2-}$ 离子中的 π 电子数为 6，符合 $4n+2$ 规则，即离子具有芳香性，故结构中同种化学键等长。思考：方酸是严格的单环共轭体系吗？为什么它的芳香性可以用 Hückel 规则判断？

8-1-3 该负离子有四重旋转轴，为 D_{4h} 点群，不难看出 **A**$^{2-}$ 具有 5 个镜面。

8-2 这是一道比较有趣的题目，值得细细揣摩。由题目描述画出两种酸的结构如下：

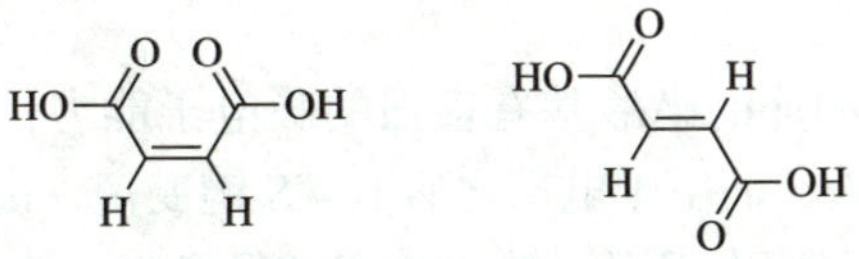

在电离的过程中，顺丁烯二酸可以形成分子内的氢键结构，即一侧的羧酸根和另一侧羧基中的羟基形成氢键，分子内的氢键的形成使得顺丁烯二酸氢根阴离子能量特别稳定，因此这个效应可以促进顺丁烯二酸的第一级电离，但是对于第二级电离却有抑制作用（从能量较低处去往能量较高处）。故顺丁烯二酸的两级电离常数为四个常数中的最大值与最小值，即有：

有机 | 芳香性
难度 | ★
结合上一题知识拓展思考
结构 | 对称性
难度 | ★
结构 | 氢键
难度 | ★★★

$$\text{顺丁烯二酸} \xrightarrow[1.17 \times 10^{-2}]{K_{a_1}} \text{中间体} \xrightarrow[2.60 \times 10^{-7}]{K_{a_2}} \text{二价阴离子}$$

而**反丁烯二酸**不能形成分子内的氢键结构，故它的两次电离之间没有额外的相互影响作用，电离常数差别较小，**两级电离常数取中间值**，即有：

$$\text{反丁烯二酸} \xrightarrow[9.3 \times 10^{-4}]{K_{a_1}} \text{中间体} \xrightarrow[2.9 \times 10^{-5}]{K_{a_2}} \text{二价阴离子}$$

8-3-1 简单的酸碱平衡计算题，根据酸浓度计算的近似判据可知：

$$\frac{c}{K} = \frac{0.10}{1.01 \times 10^{-1}} - 1 < 500$$

故该溶液采取的近似条件满足方程：

$$K = \frac{[\text{H}^+]^2}{c - [\text{H}^+]}$$

由此式可以计算得知氢离子浓度为：

$$[\text{H}^+] = 0.062 \text{ mol L}^{-1}$$

即 pH 为：

$$\text{pH} = 1.21$$

8-3-2 氨基磺酸结构如下所示：

$$\text{H}_3\overset{+}{\text{N}}-\underset{\underset{\text{O}}{\|}}{\overset{\overset{\text{O}}{\|}}{\text{S}}}-\text{O}^-$$

由于与氨基相连的磺酸基有很强的吸电子能力，使得 N—H 键极性变大，更易异裂，而由于电离之后 N—S 键变短，键能增加，以及整个离子分散负电荷能力很强，整个负离子很稳定，故电离很容易发生，该分子具有很强的酸性。

8-3-3 氨基磺酸分子中只有 N 上的 H 可以被取代，故很容易可以画出所求氯代物的结构与水解反应的方程式（思考：尝试写出氯代反应与水解反应的机理）：

有机｜结构推断
难度｜★

$$ClH_2\overset{+}{N}-\underset{\underset{O^-}{\|}}{\overset{\overset{O}{\|}}{S}}-O^- \bigg| ClH_2\overset{+}{N}-\underset{\underset{O^-}{\|}}{\overset{\overset{O}{\|}}{S}}-O^- + H_2O \longrightarrow HClO + H_3\overset{+}{N}-\underset{\underset{O^-}{\|}}{\overset{\overset{O}{\|}}{S}}-O^-$$

第 9 题

题目（8 分）

请根据以下转换填空：

$$A \xrightarrow{(1)} B \xrightarrow{(2)} C$$
$$B \xrightarrow{h\nu} D$$

9-1 上述转换中，(1) 的反应条件为 ＿＿＿，反应类别是 ＿＿＿，(2) 的反应类别是 ＿＿＿。

9-2 分子 A 中有 ＿＿＿ 个一级碳原子，有 ＿＿＿ 个二级碳原子，有 ＿＿＿ 个三级碳原子，有 ＿＿＿ 个四级碳原子，至少有 ＿＿＿ 个氢原子共平面。

9-3 B 的同分异构体 D 的结构简式是：＿＿＿。

9-4 E 是 A 的一种同分异构体，E 含有 sp、sp^2、sp^3 杂化的碳原子，分子中没有甲基，E 的结构简式是 ＿＿＿。

分析与解答

本题考查基本的有机化学反应以及有关的推断，比较简单。

9-1 通过分子式可以看出，B 是由两个 A 组成的。显然可以看出，反应 (1) 为 Diels-Alder 反应，反应的条件为 加热。对比 B 和 C 可以发现，C 中键都饱和了，故反应 (2) 为氢的 加成反应。

有机｜反应推断
难度｜★

9-2 由分子结构的基础知识可以很轻松地得到：一级碳原子有 2 个，二级有 0 个，三级有 4 个，四级有 1 个，至少有 4 个氢原子共平面。本题只需注意各级碳原子的含义，即碳原子上氢原子的个数代表了碳原子的级数。

无机｜分子结构
难度｜★

9-3 由给出的光照条件可知，该反应为 [2+2] 环化反应，得到 D 的结构如下：

有机｜反应推断
难度｜★

有机 | 结构推断
难度 | ★

9-4 **A** 的分子式为 C_7H_{10}，不饱和度为 3，因为它含有 sp 杂化的碳原子，故可能有碳碳叁键；又有 sp^2 杂化的碳原子，故可能有碳碳双键。如果这两个键均存在，那么便有了 3 个不饱和度。又分子中不含甲基，因此剩余的均为 sp^3 的 CH_2，而这两个基团在端位。可以得到 **E** 结构如下：

除此，sp 杂化可能是丙二烯型结构，它也包含了 sp^2 杂化的碳原子，故另一端除了碳碳双键外，也可以为环状化合物，即可推出下列结构：

若整个分子为一个大环，也可以得到如下结构（高度不稳定）：

以上结构均符合题目要求，只需给出一种即可。

第 10 题

题目（15 分）

高效低毒杀虫剂氯菊酯 **I** 可通过下列合成路线制备：

10-1 化合物 A 能使溴的四氯化碳溶液褪色且不存在几何异构体。则 A、B 的结构简式为：_____。

10-2 化合物 E 的系统名称是_____。化合物 I 中官能团的名称是_____。

10-3 由化合物 E 生成化合物 F 经历了_____步反应，每步反应的反应类别分别是_____。

10-4 在化合物 E 转化成化合物 F 的反应中，能否用 NaOH/C_2H_5OH 代替 C_2H_5ONa/C_2H_5OH 溶液？为什么？

10-5 化合物 G 和 H 反应生成化合物 I、N(CH$_2$CH$_3$)$_3$ 和 NaCl，由此可推断：H 的结构简式为_____；H 分子中氧原子至少与_____个原子共平面。

10-6 芳香化合物 J 比 F 少两个氢，J 中有三种不同化学环境的氢，它们的数目比是 9:2:1，则 J 可能的结构为（用结构简式表示）：_____。

分析与解答

本题考查了有机合成中的结构推断。难度较低，但涉及的反应较为有趣。

10-1 A 的不饱和度为 1，且可使溴的四氯化碳溶液褪色，故 A 中有且仅有一个碳碳双键，几个可能结构如下：

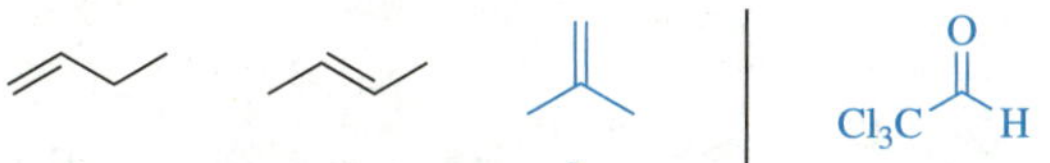

有机 | 结构推断
难度 | ★

又由题述 A 不存在几何异构体，故排除 A$_2$。根据产物 C 的结构可以看出，左侧两个碳原子的结构来自 B，右侧来自 A，故 **A 的结构为 A$_3$**。而由 C 左侧部分可以看出 B 中有三氯甲基，故易得出 **B 是三氯乙醛**（见上图）。

10-2 由结构可以看出，E 的主体是酯，根据这个以及命名法则即可得出该化合物的系统命名为：**3,3-二甲基-4,6,6-三氯-5-己烯酸乙酯**。I 中官能团名称可以很容易得到，分别为：**卤原子、碳碳双键、酯基、醚键**。

有机 | 系统命名
难度 | ★

10-3 由化合物 E 生成化合物 F 的过程中，先是在碱的作用下形成了碳负离子，随后碳负离子进攻碳原子，取代了其上的氯原子。因此**反应过程一共两步，分别为酸碱反应（攫氢反应）和亲核取代反应（烯醇负离子烷基化反应）**。

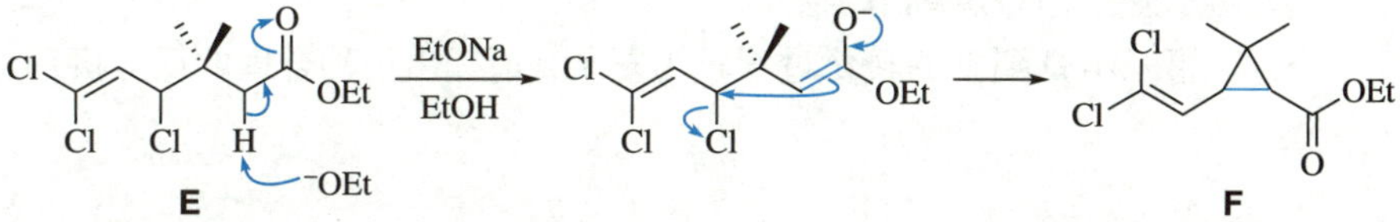

有机 | 反应机理
难度 | ★

10-4 本题考查同学们对基本反应理解的细致程度，水平较高。若使用

NaOH，可能发生氢氧根对氯原子的直接取代，也可能发生酯水解反应。此外，由于 NaOH 的碱性比醇钠弱得多，导致碳负离子更难形成，因此不能使用 NaOH。

10-5 对比 **G** 和 **I** 可以看出，**H** 中应有亚甲基二苯醚的结构，而且亚甲基上有可以被取代的基团。根据另外的产物，这个基团应有氯原子和三乙胺，故很容易可以得出这是一个季铵盐结构，即如下：

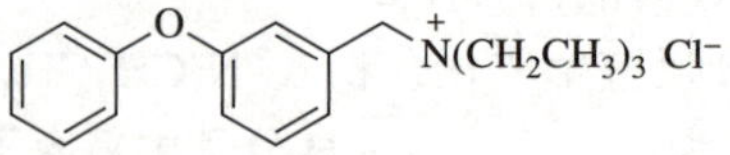

$$\text{C}_6\text{H}_5\text{-O-C}_6\text{H}_4\text{-CH}_2\text{-N}^+(\text{CH}_2\text{CH}_3)_3 \ \text{Cl}^-$$

H 中氧原子应与相连的苯环以及与苯环碳相连的第一个原子共面，但两个苯环由于原子空阻不能共面，故至少共与 11 个原子共面。

10-6 **J** 的化学式为 $C_{10}H_{12}Cl_2O_2$，不饱和度为 4，恰为一个苯环的不饱和度。题中又指出这是芳香化合物，故必含有苯环结构。题述中又指出它只有三种环境的氢原子且比例为 9:2:1，而苯环上有九个相同环境的氢原子的可能情况为均三甲基，但是这和余下的原子冲突，不能做到九个原子处于相同环境，于是只有叔丁基这一种可能。此时苯环上还有五个位置，两种氢原子，分子式中还有两个氯原子和两个氧原子，氧原子可能为羟基，也可能为过氧基团。故很容易可以得出 **J** 的可能结构为：

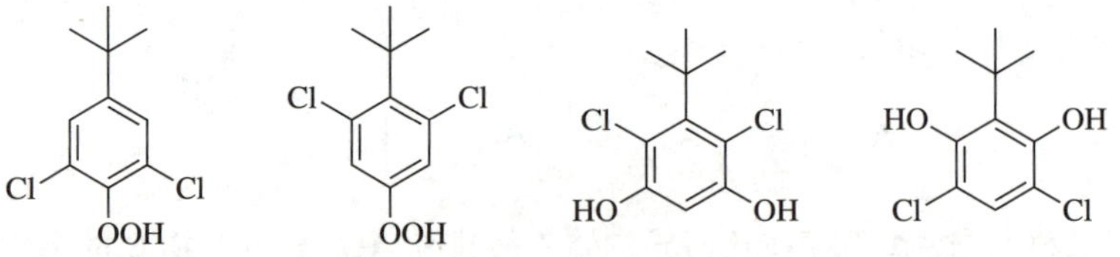

此外，还有四种叔丁基通过氧原子连接苯环的结构：

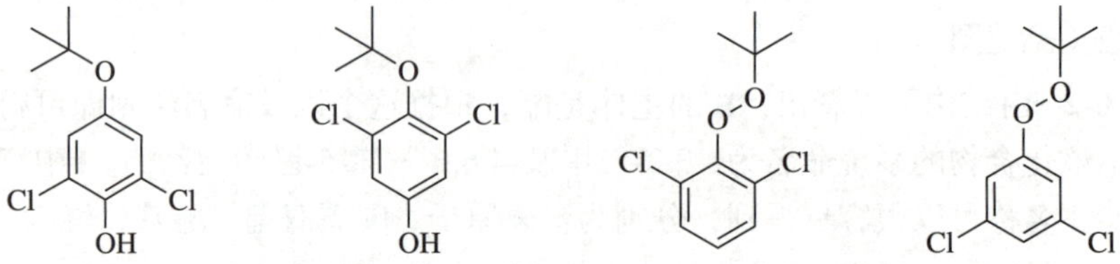

思考题 C

本题所涉及的合成路线中，有两步有趣的反应没有出题考查：

C-1 第一步 **A**、**B** 生成 **C** 的反应被称为 Prins 反应，请写出反应的机理，反应可能会生成哪些副产物？

C-2 第三步 **D** 到 **E** 的转化过程较为复杂，请提出一种合理的反应机理。

思考题解答

思考题 A

A-1 $BCl_3 > BF_3$：F 与 B 均为第二周期元素，半径匹配。BF_3 为平面三角形结构，三个 F 原子上的 2p 孤对电子都可以与 B 的 2p 空轨道有效共轭，降低中心 B 原子的缺电子程度；而 Cl 是第三周期元素，与 B 半径差异较大，Cl 的 3p 轨道与 B 的 2p 空轨道共轭程度要差得多，因此 BCl_3 中的 B 原子更加缺电子，酸性更强。

无机 | Lewis 酸碱
难度 | ★

$BF_3 > SiF_4$：BF_3 的 LUMO 主要为 B 的 2p 空轨道，SiF_4 的 LUMO 主要为 Si 的 3d 空轨道。由于 2p 空轨道的能量低于 3d，因此 BF_3 的酸性更强。

注意：以上两段陈述，严格来说仅考虑了 Lewis 酸分子本身的性质，并没有考虑 Lewis 碱的性质，这是不完备的。这样的分析其实判断的是 Lewis 酸分子（同时也是亲电试剂）的亲电性（动力学性质），而非酸性（热力学性质）。尤其对于 BF_3 与 SiF_4，更应该考虑 B—N 键与 Si—N 键的相对强度。

思考 1：在乙醚中（即让乙醚作 Lewis 碱），BF_3 与 SiF_4 何者 Lewis 酸性更强？如何通过实验验证你的结论？

思考 2：为什么我们一般在比较不同 Brønsted 酸的酸性时，通常只需考虑酸的结构，而不需要考虑碱的？哪些情况下也需要考虑碱的作用（效应）？

A-2-1 $X = CrO_5 = Cr(O)(O_2)_2$。反应方程式：

$$CrO_4^{2-} + 2H_2O_2 + 2H^+ \rightleftharpoons CrO_5 + 3H_2O$$

无机 | 配合物
难度 | ★

A-2-2 两种配合物分别为 $Cr(O)(O_2)_2(Et_2O)$ 和 $Cr(O)(O_2)_2(py)$，结构如下图所示。稳定性来源：Cr(Ⅵ) 是极度缺电子的电正性原子，因此给电子的配体可以稳定它（电子效应）；另外 $Cr(O)(O_2)_2$ 是四方锥结构，底面容易被进攻，新增的配体可以阻挡其他亲核试剂进攻中心原子，提供了动力学稳定性（空间效应）。

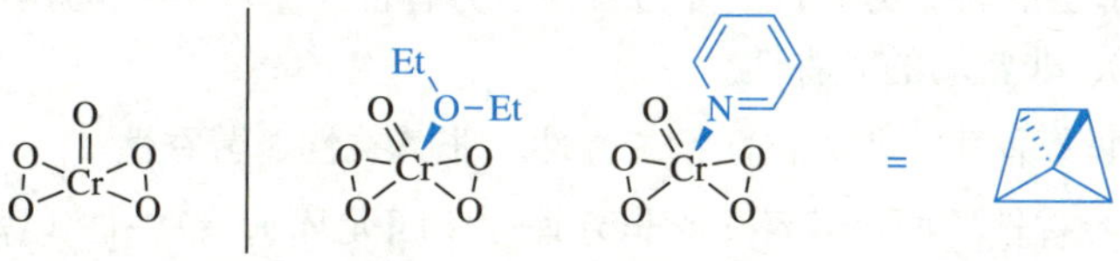

无机 | 配合物
难度 | ★★

A-3-1 铬酰氯的制备反应较为简单，这里提醒同学们注意反应的实验操作。

$$K_2Cr_2O_7 + 6HCl == 2CrO_2Cl_2 + 2KCl + 3H_2O$$

无机 | 配合物
难度 | ★

A-3-2 $Y = Cr(OTMS)_2(Nt\text{-}Bu)_2$，$Z = CrCl_2(Nt\text{-}Bu)_2$，二者均为四面体结

无机 | 配合物
难度 | ★★

构，注意这里 Cr=N 成双键。

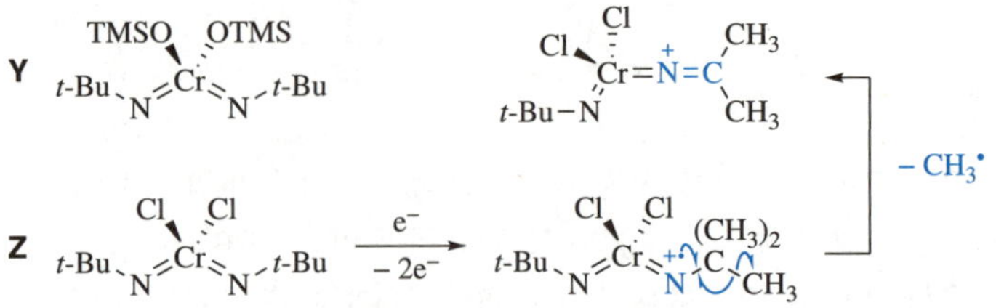

$$Y: (TMSO)(OTMS)Cr(Nt\text{-}Bu)_2$$
$$Z: Cl_2Cr(Nt\text{-}Bu)_2 \xrightarrow[-2e^-]{e^-} [Cl_2Cr(Nt\text{-}Bu)(N\text{-}C(CH_3)_2)]^+ \longrightarrow [Cl_2Cr(Nt\text{-}Bu)(N=C(CH_3))]^+ \quad -CH_3^\bullet$$

反应方程式如下：

$$CrO_2Cl_2 + 4t\text{-}BuNHTMS \longrightarrow Cr(OTMS)_2(Nt\text{-}Bu)_2 + 2t\text{-}BuNH_2TMS^+ + 2Cl^-$$

$$Cr(OTMS)_2(Nt\text{-}Bu)_2 + 2BCl_3 \longrightarrow CrCl_2(Nt\text{-}Bu)_2 + 2B(OTMS)Cl_2$$

质谱 249 峰的形成原因：$M(\mathbf{Z}) = 264 = 249 + 15$，249 峰是分子离子峰失甲基产生的，最可能的结构是亚胺正离子 $[L_nCr=N=CMe_2]^+$（见上图）。

无机 | 反应机理
难度 | ★★

A-4 可以提出的机理有：(1) CO 直接协同地插入 Mn—CH_3 键（类比：卡宾对 C—H 的插入反应）；(2) PPh_3 先对底物进行加成，得到七配位中间体，再发生羰基插入；(3) Mn—CH_3 键均裂（相当于 Mn 氧化了甲基配体），甲基自由基迁移到羰基碳上结合为酰基配体；(4) 不发生 Mn—CH_3 键断裂而发生 Mn—CO 键断裂，CO 从反方向 S_E2 进攻 CH_3 形成酰基（可以是单分子的，也可以是双分子的），等等。机理的思想实验证明部分请同学们自行完成，提示：可以使用同位素标记，动力学同位素效应，设计特殊的分子内反应前体结构，底物的交叉混合反应，等等。

思考题 B

有机 | 芳香性
难度 | ★★★

B-1 相关讨论及原始文献请参考 F. A. Carey 等著《高等有机化学（第 5 版）》[3]。

B-1-1 芳香性、非芳香性（过度扭曲）、芳香性、芳香性、芳香性（思考：**B-1-1** 中最后两个化合物何者芳香性更强？）。

由此同学们可以意识到，在复杂环系的不同部位，芳香性的强弱并不是均一一致的，甚至很可能是截然不同的。

思考：phenalene 自由基是芳香性的吗？

无机 | 热化学
难度 | ★

B-1-2 非芳香性、芳香性、非芳香性、芳香性（苯环）+ 非芳香性（环外双键）、非常弱的芳香性。

B-1-3 非芳香性、非芳香性、芳香性、非芳香性、芳香性。

B-1-4 芳香性（两个苯环）+ 非芳香性（四元环）、芳香性（萘）+ 非芳香性（环外双键）、非芳香性、芳香性、芳香性。

B-1-5 芳香性（萘）+ 非芳香性（环外双键）、芳香性、芳香性（孤对电子在非键轨道上）、芳香性（phenalene 阴离子的等电子体）、无芳香性（triquinacene 的等电子体，详见 **B-2** 小题）。

B-2 大量的氢化热数据，为芳香性的能量判据提供了有力的支持。

B-2-1 （三）同芳香性，图示见知识拓展第三部分。

B-2-2 三根双键的氢化热相当接近，如果三环癸三烯芳香性较强，那么第一氢化热的绝对值应远大于后续两个，因此可以认为三环癸三烯的芳香性极弱，或基本不具有芳香性。

思考：若三环癸三烯具有反芳香性，三个氢化热数值的绝对值相对大小应当如何？

B-2-3 环戊烯氢化热的 3 倍为

$$-112.56 \text{ kJ mol}^{-1} \times 3 = -337.68 \text{ kJ mol}^{-1}$$

而三环癸三烯三个氢化热之和为

$-115.92 \text{ kJ mol}^{-1} + (-114.66 \text{ kJ mol}^{-1}) + (-112.56 \text{ kJ mol}^{-1}) = -343.14 \text{ kJ mol}^{-1}$

两个数值非常接近，因此进一步证明三环癸三烯基本不具有芳香性。

B-2-4 三环癸三烯三根双键在空间中距离过远，无法有效重叠成强的大共轭体系，因而同芳香性极弱。

B-3 Woodward 的合成使用的基本都是经典的课本反应，推断难度较低。

B-3-1 各中间体结构如下所示：

有机｜反应推断
难度｜★

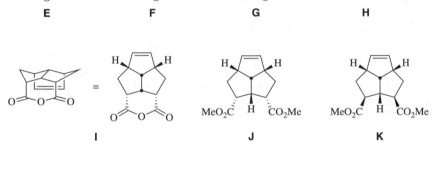

B-3-2 空间效应：过氧乙酸从双键左侧进攻时，仅有亚甲基阻挡；而从双键右侧进攻时，受到大位阻桥环阻挡，因而选择从左侧进攻。电子效应：C=C 双键的 π 成键轨道可以与 C=O 双键的 π* 反键轨道作用，使双键电子部分离域在两桥之间，当过氧乙酸从双键左侧进攻双键时，过氧原子的孤对电子填入 C=C 双键的 π* 反键轨道，同时 C=C 双键的 π 成键电子填入 σ*(O—O) 反键轨道，整个过程中，电子离域在蝶形过渡态与两桥之间，离域范围更大，过渡态更加稳定；而当过氧乙酸从双键右侧进攻时，各个分子轨道之间重叠程度不如前者，稳定作用较小。

有机｜电子与空间效应
有机｜立体电子效应
难度｜★★

有机｜反应机理	**B-3-3** 机理图示略。**F → G**：羟醛缩合；**G → H**：铬酸氧化二级醇为酮，酸性条件下水合为半缩酮；**H → I**：四醋酸铅与两个羟基之一成铅 (IV) 酸酯，另一羟基脱质子，同时发生碎裂化反应（断裂一根 O—Pb 单键与两根 C—C 单键，形成一根 C=C 与两根 C=O 双键），脱去 $Pb^{II}(OAc)_2$ 和 HOAc 即形成 **I**。
难度｜★	

有机｜立体化学	**B-3-4** 注意三环癸三烯具有碗形结构，环上取代基处于平伏位时更加稳定，因此 **J** 在碱催化下发生 4 次烯醇-酮互变异构，得到 —CO_2Me 处于平伏位的更稳定的 **K**。请同学们自己画出 **J** 与 **K** 的立体结构，有条件的可以使用分子建模软件（如 Chem 3D、Avogadro、VMD 等）。
难度｜★	

B-4 Deslongchamps 的合成较为巧妙，但使用的仍然以经典反应为主。

有机｜命名、立体化学	**B-4-1** Thiele 酸即环戊-1,3-二烯-1-羧酸（结构略），其二聚反应为 Diels-Alder 反应。由于次级轨道作用，反应选择性地生成内型异构体（动力学产物）。
难度｜★	

有机｜反应推断、反应机理	**B-4-2** 各中间体结构如下所示：
难度｜★★	

涉及的人名反应有（机理略）：Schmidt 反应、Norrish-I 型反应、羟醛缩合反应。

有机｜立体化学	**B-4-3** Norrish 反应：**P** 中酮羰基断裂 α C—C 键生成酰基自由基与烷基自由基，酰基自由基夺取烷基自由基的 β-H 生成醛与烯烃。反应并未产生新的立体中心，中间产物的立体化学直接从 **P** 继承而来。羟醛缩合：反应在酸性条件下进行，可逆程度较高，应当得到稳定的热力学产物，因此 **Q** 中羟基处于平伏位。$LiAlH_4$ 还原：$LiAlH_4$ 的亲核能力强且空阻较大，反应迅速而不可逆，因此亲核试剂从碗外围进攻羰基时，空间效应更占优势，得到羟基处于直立位的动力学产物 **R**。可以想象，如果使用 $NaBH_4$ 还原，将得到两个羟基均处于平伏键的产物。但羟基处于平伏键时，其离去能力较差（为什么？画出立体结构），实际上，合成的最后一步产率仅有 57%，就是因为其中一个 —OMs 基团处于平伏位，不利于 E2 消除导致的。
难度｜★★	

B-5 Paquette 的合成用到的反应完全不复杂，非常巧妙。

B-5-1 各中间体结构如下所示：

有机 | 反应推断
难度 | ★★

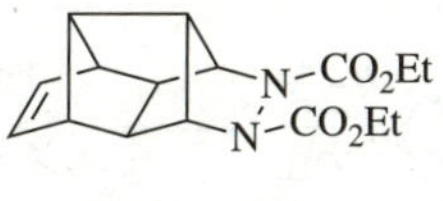

T, U, V 结构式

B-5-3 机理图示略。底物 → **T**：环戊二烯钠亲核进攻 I_2，异裂得到的环戊二烯碘再被第二分子环戊二烯钠进攻得到联环戊二烯，后者与 DEAD 发生两次 Diels-Alder 反应（第二次比第一次快得多，为什么？）得到 **T**。**T** → **U**：氢氧根亲核进攻羰基，水解得到二级胺。**V** → 产物：逆-[4+2] 反应得到产物，不排除自由基机理。

有机 | 反应机理
难度 | ★

B-6 中间产物既是提示（为切断提供了合适的原料），也是难点（底物到中间产物的转化并不显然），小心进行逆合成分析，适当添加官能团并利用极性切断 C—C 键，可以得到合理的合成路线（答案当然不唯一）：

有机 | 合成设计
难度 | ★★

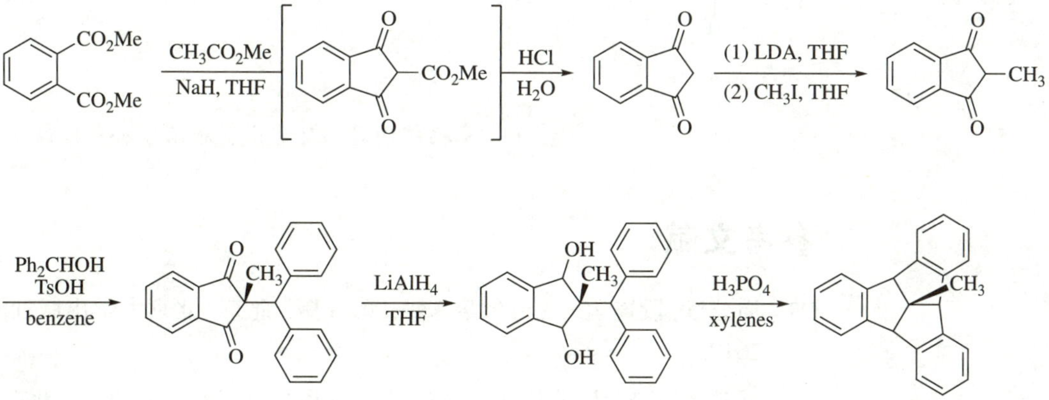

合成路线图（邻苯二甲酸二甲酯 → ... → 最终产物）

思考题 C

C-1 机理与可能的副产物如下所示：

有机 | 反应机理
难度 | ★

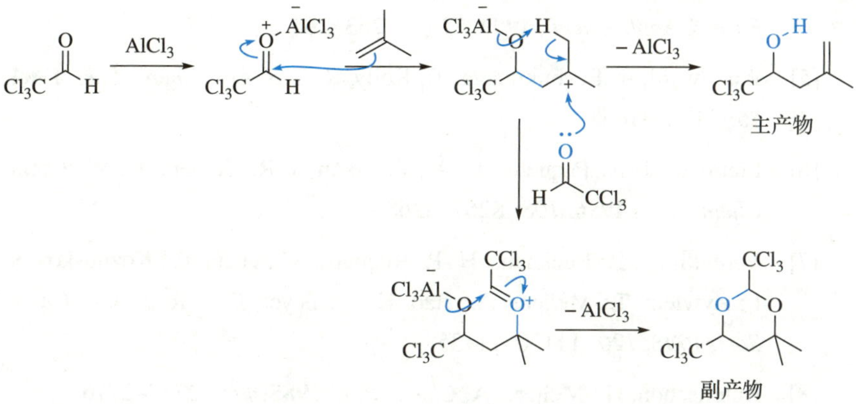

机理图示（主产物与副产物）

有机 | 反应机理
难度 | ★★

C-2 机理如下所示。思考：—CCl₃ 重排的驱动力是什么？

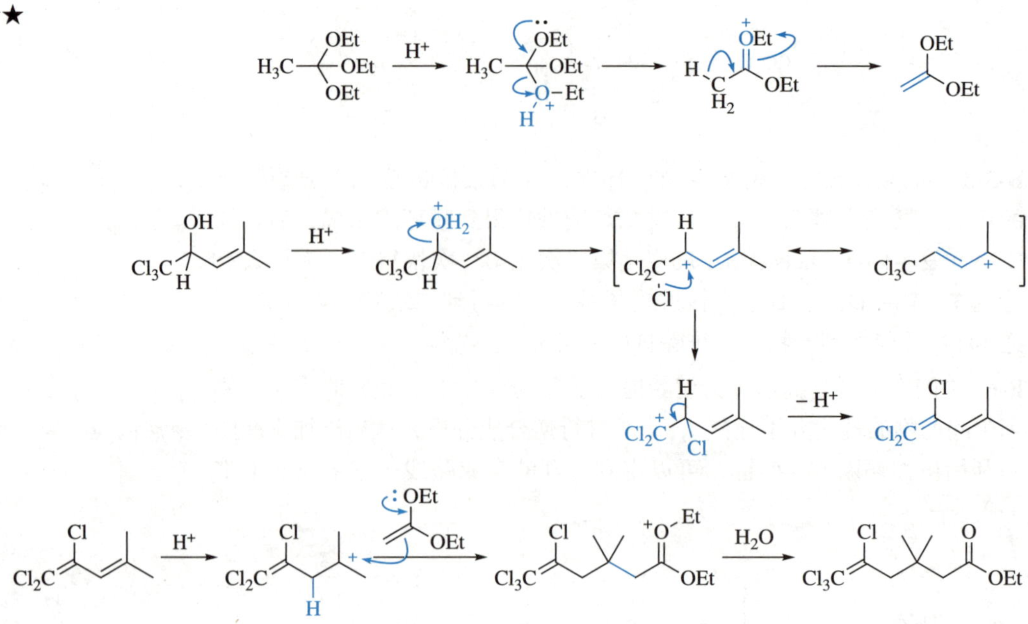

（本章初稿由潘书廷完成，柳晗宇补充修改）

参考文献

[1] 周公度, 段连运. 结构化学基础. 第 5 版. 北京: 北京大学出版社, 2017.

[2] 邢其毅, 徐瑞秋, 裴伟伟, 裴坚. 基础有机化学. 第 4 版. 北京: 北京大学出版社, 2017.

[3] Carey, F. A.; Sundberg, R. J. *Advanced Organic Chemistry*. 5th ed. Springer, 2007.

[4] Meijere, A.; Haag, R.; Schüngel, F-M.; Kozhushkov, S. I.; Emme, I. *Pure & Appl. Chem.*, **1999**, *71* (2): 253–264.

[5] Woodward, R. B.; Fukunaga, T.; Kelly, R. C. *J. Am. Chem. Soc.*, **1964**, *86*: 3162–3165.

[6] Liebman, J. F.; Paquette, L. A.; Peterson, J. R.; Rogers, D. W. *J. Am. Chem. Soc.*, **1986**, *108*: 8267–8268.

[7] Verevkin, S. P.; Beckhaus, H.-P.; Rucherdt, C.; Haag, R.; Kozhuskov, S. I.; Zywietz, T.; Meijere, A.; Jiao, H.; Schleyer, P. v. R. *J. Am. Chem. Soc.*, **1998**, *120*: 11130–11135.

[8] Butenschon, H.; Meijere, A. *Chem. Ber.*, **1985**, *118*: 2757–2776.

[9] Lendvai, T.; Friedl, T.; Butenschon, H.; Clark, T.; Meijere, A. *Angew. Chem.*, **1986**, *98*: 734–735.

[10] Zywietz, T. K.; Jiao, H.; Schleyer, P. v. R.; Meijere, A. *J. Org. Chem.*, **1998**, *63*: 3417–3422.

[11] Haag, R.; Schroder, D.; Zywietz, T.; Jiao, H.; Schwarz, H.; Schleyer, P. v. R.; Meijere, A. *Angew. Chem.*, **1996**, *108*: 1413–1415.

[12] Mercier, C.; Soucy, P.; Rosen, W.; Deslongchamps, P. *Synth. Commun.*, **1973**, *3* (2): 161–164.

[13] Deslongchamps, P.; Cheriyan, U. O.; Lambert, Y.; Mercier, J.-C.; Ruest, L.; Russo, R.; Soucy, P. *Can. J. Chem.*, **1978**, *56* (12): 1687–1704.

[14] Wyvratt, M. J.; Paquette, L. A. *Tetrahedron Lett.*, **1974**, *15* (28): 2433–2436.

[15] Prantz, K.; Mulzer, J. *Chem. Rev.*, **2010**, *110*: 3741–3766.

第 23 届

中国化学奥林匹克竞赛（决赛）理论试题解析

2010 年 1 月 6 日 · 杭州

第 1 题

题目（12 分）

用传统的工艺方法从矿物中提取锰和锌存在能耗高、三废排放量大和工艺流程长等缺点。2009 年报道，采用 1:1 硫酸溶液同槽浸出锰结核矿 [质量分数 $w(MnO_2) = 0.20$] 和锌精矿 [质量分数 $w(ZnS) = 0.70$] 的工艺方法提取锰和锌获得成功，对资源综合利用、节能减排和清洁生产都有重要的实际意义。已知 $E^{\ominus}(Fe^{3+}/Fe^{2+}) = 0.77$ V，$E^{\ominus}(Fe^{2+}/Fe) = -0.44$ V，$E^{\ominus}(MnO_2/Mn^{2+}) = 1.23$ V，$E^{\ominus}(S/ZnS) = 0.265$ V。

1-1 锰结核矿和锌精矿单独酸浸结果很不理想。请通过热力学计算，说明锰结核矿和锌精矿同槽酸浸时发生化学反应的可行性。

1-2 模拟实验发现，二氧化锰和硫化锌同槽酸浸时反应速率很慢，若在酸溶液中加入少量的铁屑，则能明显使反应速率加快。写出铁进入溶液后分别与二氧化锰和硫化锌发生化学反应的离子方程式，并简述反应速率加快的原因。

1-3 研究发现，两种矿物同槽酸浸 4 小时后，锰和锌的浸出率只有约 80%，为了提高浸出率，在实际工艺中，须将过滤后的滤渣用四氯乙烷处理后再做二次酸浸，请简要说明四氯乙烷的作用。

1-4 锌精矿中常有部分铅共生，同槽酸浸工艺回收铅的方法之一是在浸渣中加入足量的食盐水使铅溶出，写出溶出铅的化学方程式。

分析与解答

本题是一道由化工工艺改编来的普通化学题，以较为直接的方式考查知识点。

1-1 要求通过热力学计算同槽酸浸的可行性，由于题干中给了电极电势数值，很容易想到通过比较氧化电势与还原电势进行评估。考虑到二氧化锰的氧化性以及硫化物的还原性，可以写出酸浸发生的化学反应方程式：

无机 | 氧化还原与电化学
难度 | ★

$$MnO_2 + 4H^+ + ZnS =\!=\!= Mn^{2+} + 2H_2O + Zn^{2+} + S$$

将这个方程式拆分成氧化电对以及还原电对，分别为：

$$MnO_2 + 4H^+ + 2e^- =\!=\!= Mn^{2+} + 2H_2O \quad E^\ominus = 1.23 \text{ V}$$

$$Zn^{2+} + S + 2e^- =\!=\!= ZnS \quad E^\ominus = 0.265 \text{ V}$$

由于氧化电势大于还原电势，反应在标准状态下自发，利用 $K = \exp(nFE^\ominus/RT)$ 计算可知，反应的标准平衡常数为 4.22×10^{32}，因此反应进行得很完全。此外使用的是酸浸，氢离子浓度较高，效率应当比标准状态更高。

无机 | 氧化还原反应
物化 | 动力学与催化
难度 | ★★

1-2 普通化学书上提到过三价铁催化过氧化氢的分解，其中 Fe(Ⅲ) 作为氧化剂氧化过氧化氢得到 Fe(Ⅱ)，生成的 Fe(Ⅱ) 作为还原剂被氧化到 Fe(Ⅲ)，实现了催化循环。相应地，我们可以写出以下方程式：

$$MnO_2 + 2Fe^{2+} + 4H^+ =\!=\!= Mn^{2+} + 2Fe^{3+} + 2H_2O$$

$$ZnS + 2Fe^{3+} =\!=\!= Zn^{2+} + 2Fe^{2+} + S$$

原方法中的 MnO_2 以及 ZnS 都是固体，直接反应较难。加入铁离子后，反应变成固-液反应从而更容易进行。若只回答铁离子作为催化剂，则不够全面。

无机 | 相似相溶原理
化工 | 工艺设计
难度 | ★★

1-3 四氯乙烷是一种工业上常用的有机溶剂，其目的是溶解附着在矿物表面的硫，暴露包裹着的矿石以便二次浸出。而不只是为了回收硫单质。

无机 | 氧化还原与配位反应
难度 | ★★

1-4 这里的一个难点是铅的存在形式，与锌精矿共生的铅应当以硫化物的形式存在，后者被称为方铅矿。但是硫化铅过于稳定，无法溶于食盐水，因此在酸浸过程中硫化铅中的硫离子被氧化，而硫酸与铅离子形成硫酸铅沉淀：

$$PbS + 2Fe^{3+} + SO_4^{2-} =\!=\!= PbSO_4 + 2Fe^{2+} + S$$

$$PbSO_4 + 4Cl^- =\!=\!= PbCl_4^{2-} + SO_4^{2-}$$

同学们可以自行查阅数据计算上面两个反应以及硫化铅溶于食盐水的可行性。

第 2 题

题目（17 分）

我国的稀土资源约占世界总量的 80%，居世界第一位。稀土元素的化学性质极其相似，分离十分困难，仅从 1794 年发现钇到 1945 年从铀裂变产物中得到钷就花了 150 年。稀土萃取化学的研究为大规模分离和提纯稀土元素带来了新飞跃。2008 年国家最高科学技术奖授予化学家徐光宪，以表彰他在创立稀土"串级萃取理论"及其工艺方面的杰出贡献，该项成就使我国高纯稀土产品成本下降3/4，单一高纯稀土产品占世界产量的90%以上。

2-1 目前在稀土分离工业中广泛应用国产萃取剂P-507，它的化学名称为(2-乙基己基)膦酸(2-乙基己基)酯，画出其化学结构简式，写出萃取三价稀土离子的化学反应方程式（萃取剂用HA表示，稀土离子用RE^{3+}表示）。

2-2 设萃取反应平衡常数为K_{ex}，HA的解离常数为K_a，配合物在水相中的稳定常数为β_n，配合物和萃取剂在有机相和水相间的分配常数分别为D_m和P_n，试推导用诸常数表达K_{ex}的关系式。

2-3 下图是用酸性磷酸酯萃取镨离子(Pr^{3+})得到的配合物结构的一部分。

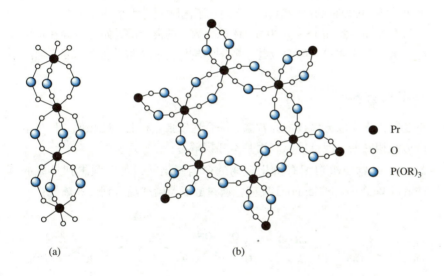

2-3-1 两图的R基不同，若R为CH_3和C_2H_5，写出(a)和(b)的化学式。

2-3-2 若烷酯基上碳链增大，萃合物将取(a)结构还是(b)结构？请简述理由。

2-3-3 在稀土分离工业中，一般应保持萃取剂与稀土的比例在6:1以上以避免乳化现象，为什么？

2-4 石油工业的副产品环烷酸是工业上分离稀土的另一重要萃取剂，其通式为RCOOH（R为环烷基）。

2-4-1 下图示出环己基乙酸煤油溶液萃取分离镧(La)和钇(Y)的选择性关系。图中$\beta_{La/Y}$为分离系数，即镧的萃取分配比和钇的萃取分配比的比值，N为平衡水相中镧和钇的物质的量之比。请回答，当N值增大或减小时何种元素容易被萃取。[注：分配比$D = c(\mathbf{B}(O))/c(\mathbf{B}(W))$，$c$为被萃取物总浓度。]

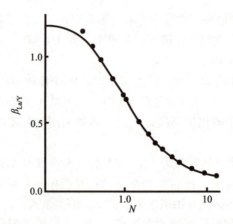

2-4-2 高纯氧化钇是彩色电视和三基色荧光灯的红色荧光粉基质材料，过去用两步萃取技术获得，后徐光宪等用环烷酸体系经一步萃取分离就可获得 99.99% 的高纯氧化钇，创立了国际领先水平的新工艺。该工艺需在煤油中添加 15%～20%（体积分数）的混合醇，如正庚醇和正癸醇，请简要说明混合醇对改善萃取剂结构性能和萃取作业所起的作用。

分析与解答

本题以稀土萃取分离技术为背景，综合性较强。和上一题相似，都与生产流程相联系，但是可以利用基本知识解答。

有机 | 系统命名
无机 | 配位反应
难度 | ★

2-1 第一题要求根据有机化合物的命名画结构，可以联想到常见的 Horner-Wadsworth-Emmons 反应，通过醛以及磷酸酯得到反式烯烃：

因此磷酸酯的通式为 $R^1P(O)(OR^2)(OH/OR^3)$，即应该写出如下的结构，需要注意区分其与亚磷酸 $P(OR)_3$、磷酸酯 $O=P(OR)_3$ 的区别。

之后要求写出萃取方程式，由于涉及两相体系，需要标注物种存在于何种相中：

$$3HA(O) + RE^{3+}(W) \rightleftharpoons REA_3(O) + 3H^+(W)$$

2-2 通过计算可以更进一步了解萃取的原理，之前写出的萃取方程式可以被分解为以下四个方程式相加：

$$3HA(O) \rightleftharpoons 3HA(W) \qquad K_1 = 1/P_n^3$$
$$3HA(W) \rightleftharpoons 3H^+(W) + 3A^-(W) \qquad K_2 = K_a^3$$
$$3A^-(W) + RE^{3+}(W) \rightleftharpoons REA_3(W) \qquad K_3 = \beta_n$$
$$REA_3(W) \rightleftharpoons REA_3(O) \qquad K_4 = D_m$$

因此萃取反应的平衡常数为四个方程式之积，即 $K = K_a^3 \beta_n D_m / P_n^3$。

2-3 观察可知一个 Pr 与六个氧相连，而一个磷酸含有两个可以配位的氧原子，因此两者比例为 1:3。由于 (b) 中的结构更为拥挤，因此其 R 基团为更小的甲基。(a) 化学式为 $\{[(C_2H_5O)_2POO]_3Pr\}_n$，同理 (b) 为 $\{[(CH_3O)_2POO]_3Pr\}_n$。后面的问题也提到烷基体积大小会改变结构，碳链增大有利于萃合物采取 (a) 的结构。

根据聚合物结构可知，末端的磷酸仅与一个稀土离子配位，因此增加磷酸酯的比例有利于减小聚合物的相对分子质量，避免乳化。

2-4 由图可知，N 值增大会使得 $\beta_{La/Y}$ 降低，即更加容易萃取出钇；反之有利于萃取镧。

题干中已经说明，要从萃取剂的结构性能以及萃取作业两个方面考虑。由于羧酸容易通过分子间氢键二聚，加入含有羟基的醇类化合物有利于破坏氢键降低二聚作用。此外萃合物在极性更大的醇中溶解性更好，有利于萃取操作。

第 3 题

题目（9 分）

钒在生物医学、机械、催化等领域具有广泛的应用。多钒酸盐阴离子具有生物活性。溶液中五价钒的存在型体与溶液酸度和浓度有关，在弱酸性溶液中易形成多钒酸根阴离子，如十钒酸根 $V_{10}O_{28}^{6-}$、$HV_{10}O_{28}^{5-}$ 和 $H_2V_{10}O_{28}^{4-}$ 等。将 NH_4VO_3 溶于弱酸性介质中，加入乙醇可以得到橙色的十钒酸铵晶体 $(NH_4)_xH_{6-x}V_{10}O_{28}\cdot nH_2O$（用 **A** 表示）。元素分析结果表明，**A** 中氢的质量分数为 3.13%。用下述实验对该化合物进行分析，以确定其组成。

实验 1 准确称取 0.9291 g **A** 于三颈瓶中，加入 100 mL 蒸馏水和 150 mL 20% NaOH 溶液，加热煮沸，生成的氨气用 50.00 mL 0.1000 mol L^{-1} HCl 标准溶液吸收。加入酸碱指示剂，用 0.1000 mol L^{-1} NaOH 标准溶液滴定剩余的 HCl 标准溶液，终点时消耗 19.88 mL NaOH 标准溶液。

实验 2 准确称取 0.3097 g **A** 于锥形瓶中，加入 40 mL 1.5 mol L^{-1} H$_2$SO$_4$ 溶液，微热使之溶解。加入 50 mL 蒸馏水和 1 g NaHSO$_3$，搅拌

5 分钟，使反应完全，五价钒被还原成四价。加热煮沸 15 分钟，然后用 0.02005 mol L^{-1} KMnO$_4$ 标准溶液滴定，终点时消耗 25.10 mL KMnO$_4$ 标准溶液。

3-1 下图为滴定曲线图，请回答哪一个图为实验 1 的滴定曲线；请根据此滴定曲线选择一种最佳酸碱指示剂，并简述作出选择的理由。有关指示剂的变色范围：甲基橙 pH 3.1～4.4、溴甲酚绿 pH 3.8～5.4、酚酞 pH 8.0～10.0。

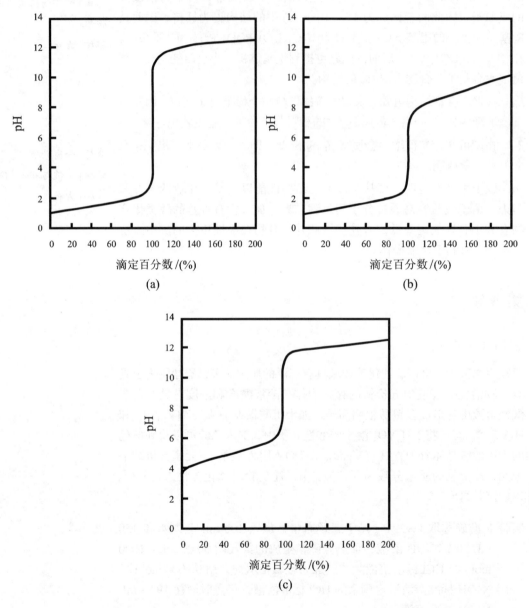

3-2 在实验 2 中，加 NaHSO$_3$ 还原 V$_{10}$O$_{28}^{6-}$，反应完全后需要加热煮沸 15 分钟。煮沸的目的是什么？写出 KMnO$_4$ 滴定反应的离子方程式。

3-3 根据实验结果，计算试样 **A** 中 NH$_4^+$ 和 V$_{10}$O$_{28}^{6-}$ 的质量分数，确定

A 的化学式（x 和 n 取整数）。

分析与解答

这是一道分析化学基础题，主要考点为分析计算。

3-1 由于实验 1 相当于中和铵盐溶液中过量的盐酸，因此起始 pH 较低，计量点为弱酸性。只有图 (b) 符合要求。指示剂应当选用变色范围与突跃范围相符合的溴甲酚绿。

分析｜酸碱滴定
难度｜★

3-2 由于加入了过量的亚硫酸盐，因此需要煮沸除去 SO_2，防止干扰之后的高锰酸钾滴定。类似地可以通过加热除去的物种还有过氧化氢、过二硫酸盐、硝酸、氯化铬酰等。滴定过程为高锰酸钾氧化 VO^{2+} 为 VO_2^+，因此可以写出：

分析｜试样处理
无机｜氧化还原反应
难度｜★

$$5VO^{2+} + MnO_4^- + H_2O = 5VO_2^+ + Mn^{2+} + 2H^+$$

3-3 实验 1 的步骤用于确定铵根离子含量，有：

分析｜定量计算
难度｜★

$$n(NH_4^+) = n(HCl) - n(NaOH)$$

$$w(NH_4^+) = \frac{[c(HCl)V(HCl) - c(NaOH)V(NaOH)]M(NH_4^+)}{m_A}$$

$$= \frac{[0.1000 \times 50.00 - 0.1000 \times 19.88] \times 18.04}{0.9291 \times 1000} = 0.05848$$

实验 2 的步骤可以确定 $V_{10}O_{28}^{6-}$ 的含量，根据反应方程式，有：

$$n(V_{10}O_{28}^{6-}) = 1/2\, c(KMnO_4^-)V(KMnO_4^-)$$

$$w(V_{10}O_{28}^{6-}) = \frac{1/2\, c(KMnO_4^-)V(KMnO_4^-)M(V_{10}O_{28}^{6-})}{m_A}$$

$$= \frac{0.5 \times 0.02005 \times 25.10 \times 957.4}{0.3097 \times 1000} = 0.7779$$

计算出两种离子的质量分数之后，可以很容易地算出：

$$n(NH_4^+) : n(V_{10}O_{28}^{6-}) = \frac{0.05848 \times 957.4}{18.07 \times 0.7779} = 3.983$$

因此 A 的化学式为 $(NH_4)_4H_2V_{10}O_{28} \cdot nH_2O$。要计算 n 值，可以利用题目中给出的 $w(H)$，也可以通过铵根或者多钒酸根质量分数计算。用三种方法计算得出的 n 值依次为：9.74、11.2、11.0。发现结果有差异需要取舍，后两者只在总相对分子质量中用到 n，误差大于第一种方法。所以第一种更可靠，应取 $n = 10$。

第4题

题目（14分）

磁性材料广泛应用于航空航天高科技领域及电视、电脑、手机等日常生活用品。据报道，苯并 18-冠-6（以 **X** 表示，下图左）与铯离子可形成一种夹心型的超分子阳离子，它与镍的配合物 [Ni(dmit)$_2$]$^-$（以 **Y** 表示，下图右）结合后可形成复合物并产生独特的晶体结构，具有优越的磁学性能，是铁磁性和反铁磁性共存于同一晶体中的成功范例。

下图展示了 **X**、**Y** 与 Cs$^+$ 形成的复合物的晶体结构。在此晶体结构图中，(a) 为沿 b 轴看晶胞，(b) 为沿 a 轴看晶胞，(c) 为在 $c = 0$ 的面上镍配合物的二维排列，(d) 为镍配合物的 π-二聚体链。

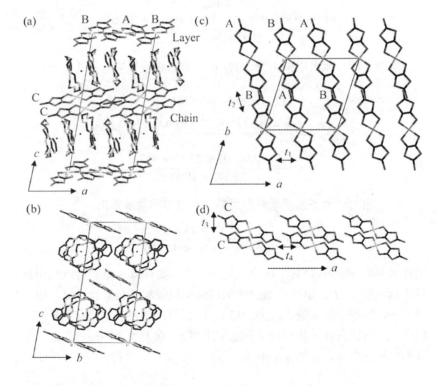

4-1 给出该晶体晶胞的组成，并写出该晶体结构基元的化学式（苯并 18-冠-6 用 **X** 表示，镍配合物用 **Y** 表示）。

4-2 指出镍离子的杂化轨道类型；下面给出了平面正方形晶体场 d 轨

道能级分裂图，把基态镍离子的 d 电子填入该图。

— $d_{x^2-y^2}$

— d_{xy}

— d_{z^2}

— — d_{xz} d_{yz}

4-3 已知该晶体的晶胞参数 a = 1278.99 pm，b = 1305.39 pm，c = 2717.03 pm，α = 78.3394°，β = 77.0109°，γ = 70.6358°，试计算该晶体的密度（g cm^{-3}）（相对分子质量：**X** 312.4、**Y** 451.4）。

4-4 写出镍配合物 **Y** 的对称元素。指出超分子阳离子中 Cs$^+$ 的配位数，解释其配位数较大的可能原因。

分析与解答

本题是一道识图类晶体题，并通过背景知识考查无机化学相关内容。

4-1 寻找晶胞组成这类题目的要点是寻找不同物种的比例信息，而不是穷举。通过多个图像找出物种之间相应的关系，即可得出正确结果。

结构 | 晶胞组成
难度 | ★

很容易通过结构式看出不同图案代表何种物种，长条形的为镍配合物 **Y**，而圆形的为冠醚 **X**。根据电荷守恒，每一个 Cs$^+$ 对应一个 **Y**，因此晶胞组成为 Cs$_a$**X**$_b$**Y**$_a$。

由图 (a) 可知，Cs$^+$ 与 **X** 的排列周期为 **X**Cs$^+$**X**Cs$^+$**X**，因此有 $3a = 2b$。此外，还可看出 c 轴上镍配合物有不同取向的两层。根据图 (c) 可知，每层镍配合物有两个，因此 $a = 4$，其晶胞组成为 Cs$_4$**X**$_6$**Y**$_4$。

4-2 由于镍采取平面正方型配位方式，且根据配合物结构以及电荷可知这里 Ni 的氧化数为 +3，因此其采取 dsp^2 杂化，有七个价电子填入 d 轨道：

结构 | 配合物电子结构
难度 | ★

— $d_{x^2-y^2}$

↑ d_{xy}

↑↓ d_{z^2}

↑↓ ↑↓ d_{xz} d_{yz}

4-3 本题是典型的密度计算题，特殊之处在于要求计算三斜晶体的密度。原答案中给的计算公式并不正确，三斜晶体的体积不是简单的 $V = abc \sin\alpha \sin\beta \sin\gamma$，而是一个较为复杂的计算式：

晶体 | 密度计算
难度 | ★★

$$V = abc\sqrt{1 - \cos^2\alpha - \cos^2\beta - \cos^2\gamma + 2\cos\alpha\cos\beta\cos\gamma}$$

可以根据两个公式计算出，原答案的结果比正确体积要偏大约 1.1%。正确的密度应该为 1.693 g cm^{-3}，而不是简化公式所给出的 1.712

结构 | 对称性与点群，配位数
难度 | ★

g cm^{-3}。当然，三斜晶胞体积的计算属于超纲内容，同学们也没有必要刻意去记忆一些特殊公式。原答案中使用的公式是三斜晶胞体积的近似算法，我们可以通过一些数据验证近似公式偏离的程度。不过显然 α、β、γ 越接近 90°，其偏离越小。

4-4 配合物属于 D_{2h} 点群，因此其具有八个对称元素，即 C_2（主轴）、$2C_2'$、σ_h、$2\sigma_v$、i、I_2。

一个 Cs$^+$ 两边都有一个冠醚，其配位数为 12。配位数较大的原因是 Cs$^+$ 较大，且配位键以偶极-电荷作用为主，不受成键数目限制。

第 5 题

题目（12 分）

水是最常用的溶剂。水分子间形成很强的氢键，与一般液体物质相比，常态水具有较大的密度、比热、蒸发热、表面张力和介电常数。水的三相点温度 0.01 °C、压强 610 Pa；临界温度 374.2 °C、临界压强 22.1 MPa。近年发现，近（超）临界水具备许多特有性质，以其为介质，可以有效实现许多重要的化学反应，应用前景广阔。

5-1 画出水的压强-温度 (p-T) 相图（示意图），标注气相、液相、固相和超临界水所在的区域。

5-2 计算液态水在 90 °C 和 0.1 MPa 时的 $pK_w^\ominus$（$\Delta_r H_m^\ominus$ 和 $\Delta_r S_m^\ominus$ 可视为常数，相关数据见表 1）。

5-3 有人研究了乙酸乙酯在 23 ~ 30 MPa、250 ~ 400 °C 和没有任何其他外加物的条件下的水解动力学，并提出两种可能的机理：

机理 1：

$$CH_3COOH \underset{k_{-1}}{\overset{k_1}{\rightleftharpoons}} CH_3COO^- + H^+ \qquad K_a$$

$$H_3C-\underset{OC_2H_5}{\overset{O}{\|}}C + H^+ \underset{k_{-2}}{\overset{k_2}{\rightleftharpoons}} \left[H_3C-\underset{OC_2H_5}{\overset{\overset{+}{O}H}{|}}C \leftrightarrow H_3C-\underset{OC_2H_5}{\overset{OH}{\underset{+}{|}}}C \right] \qquad K_2$$

$$H_3C-\underset{OC_2H_5}{\overset{OH}{\underset{+}{|}}}C + 2H_2O \xrightarrow{k_3} \left[\text{中间体} \right] \xrightarrow[\text{fast}]{k_4}$$

$$H_3C-\underset{OC_2H_5}{\overset{OH}{\underset{|}{|}}}C-OH \xrightarrow[\text{fast}]{k_5} CH_3COOH + C_2H_5OH$$

机理 2：

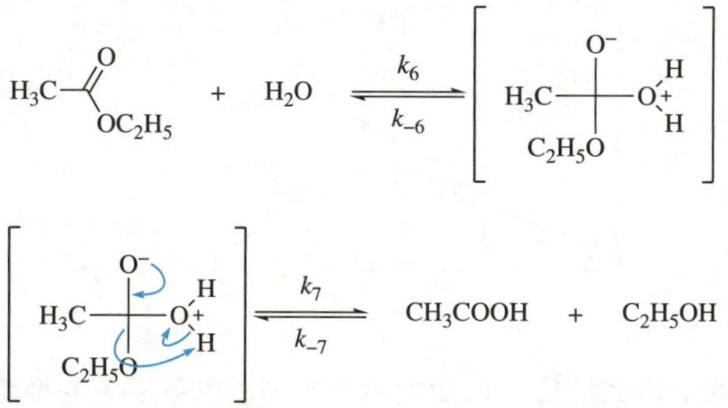

请推测乙酸乙酯在超临界温度时的水解反应按上述哪种机理进行。为什么？

相关热力学数据如下：

表 1　有关物质的标准热力学数据 (25 °C)

	$\Delta_f H_m^\ominus$ /(kJ mol^{-1})	$S_m^\ominus$ /(J mol^{-1} K^{-1})
H$_2$O	−285.830	69.91
H$^+$	0	0
OH$^-$	−229.994	−10.75

表 2　水和乙酸在 25 MPa 及不同温度下的解离常数 K_w 和 K_a

温度 / (°C)	pK_w	pK_a
250	11.05	5.95
300	11.12	6.65
350	11.55	7.90
400	16.57	11.41
450	18.13	15.48

5-4 乙酸乙酯水解反应速率可表示为：

$$r = kc(\mathrm{CH_3COOC_2H_5})\sqrt{c_0(\mathrm{CH_3COOC_2H_5}) - c(\mathrm{CH_3COOC_2H_5})}$$

其中 k 为速率常数，$c_0(\mathrm{CH_3COOC_2H_5})$ 为乙酸乙酯的初始浓度。请通过推导说明水解反应按哪种机理进行。

5-5 实验表明：近（超）临界水中酯类水解反应的表观活化能可降到常规条件下的 1/2，水解反应速率大幅度提高。请通过机理 1 分析原因。

分析与解答

本题考查热力学、动力学的有关概念以及计算，很多答案在题干中已有提示。

5-1 水的相图一直作为教科书上相平衡的实例出现。需要注意，由于冰的密度小于水，因此固液平衡曲线斜率应为负：

物化｜相图
难度｜★

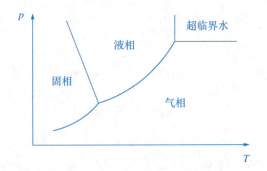

物化 | 化学热力学与化学平衡
难度 | ★

5-2 考虑水的电离反应，可知电离常数等于以下反应的平衡常数。此处不需要考虑单位体积下水的物质的量（即"摩尔浓度"），因为水在此处作为溶剂而不是溶质。

$$H_2O(l) \rightleftharpoons H^+(aq) + OH^-(aq)$$

只需计算出水在 90 °C 下电离反应的自由能变，即可得出电离常数。由于可以不考虑温度对焓变、熵变的影响，由表中数据进行加减可知：

$$\Delta_r H_m^\ominus = 55.836 \text{ kJ mol}^{-1}$$
$$\Delta_r S_m^\ominus = -80.66 \text{ J mol}^{-1} \text{ K}^{-1}$$

因此

$$\Delta_r G_m^\ominus(363.15 \text{ K}) = \Delta_r H_m^\ominus - T\Delta_r S_m^\ominus = 85.13 \text{ kJ mol}^{-1}$$
$$K_w^\ominus = \exp\frac{-\Delta_r G_m^\ominus(363.15 \text{ K})}{RT} = 6.211 \times 10^{-13}$$
$$pK_w^\ominus = 12.21$$

物化 | 反应机理
难度 | ★

5-3 由表格可知，超临界温度 (> 374.2 °C) 时，水的电离常数以及乙酸解离常数大大降低，因此按机理 2 进行，导致质子浓度下降。机理 1 依靠酸解离以及质子化，不易在这种条件下发生。

物化 | 速率方程
难度 | ★★

5-4 本题是一个速率推导题，利用平衡近似即可得出结果，按照机理 1 进行。推导如下：

$$c(\text{EAH}^+) = K_2 c(\text{EA}) c(\text{H}^+)$$

由电离方程可知：

$$c(\text{H}^+) = c(\text{A}^-) = \sqrt{K_a c(\text{HA})}$$
$$c(\text{HA}) = c_0(\text{EA}) - c(\text{EA})$$

由于第三步为决速步,有:

$$r = k_3c(\text{EAH}^+)c^2(\text{H}_2\text{O})$$
$$= k_3K_2c(\text{EA})c(\text{H}^+)c^2(\text{H}_2\text{O})$$
$$= k_3K_2\sqrt{K_a c(\text{HA})}c(\text{EA})c^2(\text{H}_2\text{O})$$
$$= k_3K_2c^2(\text{H}_2\text{O})\sqrt{K_a}\sqrt{c_0(\text{EA}) - c(\text{EA})}c(\text{EA})$$
$$= k\sqrt{c_0(\text{EA}) - c(\text{EA})}c(\text{EA})$$

而机理 2 明显无法得出此结果。利用稳态近似,有 $dc(\text{EAW}) = 0$(W 代表水),因此有:

$$k_6c(\text{EA})c(\text{W}) + k_{-7}c(\text{HA})c(\text{EA}) = (k_{-6} + k_7)c(\text{EAW})$$
$$r = k_7c(\text{EAW}) - k_{-7}c(\text{HA})c(\text{EA})$$
$$= \frac{k_7[k_6c(\text{EA})c(\text{W}) + k_{-7}c(\text{HA})c(\text{EA})]}{k_{-6} + k_7} - k_{-7}c(\text{HA})c(\text{EA})$$
$$= \frac{k_7[k_6c(\text{EA})c(\text{W}) + k_{-7}c^2(\text{HA})]}{k_{-6} + k_7} - k_{-7}c^2(\text{HA})$$

5-5 由机理 1 可知,<u>近临界状态下水的 pK_w 是较低的,所能提供的质子要远多于常态水。而水解反应产生的乙酸自身电离又可以产生质子,具有自催化功能</u>。本题中需要注意 **5-3** 中超临界以及此处的近(超)临界两个词,有一种考文字游戏的意味在其中。

物化 | 反应机理
难度 | ★

第 6 题

题目(6分)

木犀草素 (luteolin) 是有良好抗菌活性和抗氧化能力的黄酮类化合物,以从植物中提取的芦丁 (rutin) 为原料制取木犀草素是比较实用的一条工艺路线:在微波辅助下,芦丁与 $Na_2S_2O_4$ 在 NaOH 溶液中回流 1.5 小时生成木犀草素,产率 83%。

6-1 实验测得，40 °C 时木犀草素在乙醇 (EtOH) 中的溶解度（以物质的量分数 x 计）为 2.68×10^{-3}。已知 20～60 °C 木犀草素在乙醇中的溶解焓为 20.28 kJ mol^{-1}。请估算 25 °C 时木犀草素在乙醇中的溶解度。

6-2 40 °C 时，芦丁和木犀草素在乙醇-水混合溶剂中的溶解度曲线如下图左所示。根据图示，设计提纯木犀草素的具体方案。

6-3 木犀草素有 α 和 β 两种晶相，在热力学上，β 相比 α 相稳定。在恒压下，液态、α 相和 β 相的摩尔 Gibbs 自由能 G_m 随温度 T 变化的关系如下图右所示：

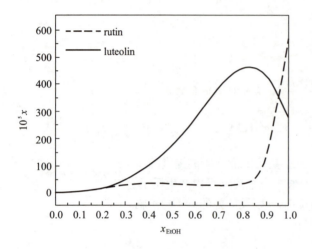 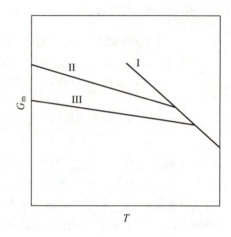

6-3-1 请回答哪条线对应 α 相、β 相，说明理由。

6-3-2 在相同温度下，α 相和 β 相哪个熵更大？简述理由。

分析与解答

虽然本题出现了有机反应方程式，但是却是一个实打实的物化题，主要考查相变的内容。

6-1 我们知道溶解度等于反应平衡常数，而反应平衡常数随温度变化的关系式为：

$$\ln \frac{k_2}{k_1} = -\frac{\Delta_{sol}H_m}{R}\left(\frac{1}{T_2} - \frac{1}{T_1}\right)$$

上面的公式即使考场上忘记了，也可以方便地由 Gibbs-Helmholtz 公式推导出。之后有：

$$\ln \frac{x_2}{2.68 \times 10^{-3}} = -\frac{20.28 \times 10^3}{8.314}\left(\frac{1}{298.15} - \frac{1}{313.15}\right)$$

$$x_2 = 1.81 \times 10^{-3}$$

6-2 由图可知，芦丁随水-醇比例的变化改变较小，而木犀草素随比例改变较大。因此可以使用体积分数 0.8 的乙醇-水混合溶剂溶解木犀草素粗产品，过滤除去不溶物。之后得到的母液加水至体积分数为 0.3，析出木犀草素而芦丁留在母液中。原理和重结晶实验一致。

6-3 我们知道，相比于固相，液相温度最高，Gibbs 自由能最大。因此 I 线表示的是液体。而热力学稳定的 β 相应当 Gibbs 自由能更低，所以 III 线表示 β 相，II 线表示 α 相。此题的自由能-温度图较为少见，但是仍然可以通过简单推理得出结论。

物化 | 相图
难度 | ★★

而熵的大小应该比较 II 线与 III 线的斜率，因为斜率（G_m 随 T 的变化）的负值即为熵，图中可以看出 II 线斜率绝对值更大，因此 α 相熵更大。此外两根线相交于右边，表明如果不液化，高温下 β 相可以转变成 α 相。同学们可以自己尝试画出熔点高于两固相转化点的情况下的 G_m-T 图。

第 7 题

题目（14 分）

2005 年诺贝尔化学奖授予在烯烃复分解反应研究方面做出杰出贡献的 Chauvin、Grubbs 和 Schrock 三位化学家。烯烃复分解反应已被广泛用于有机合成和化学工业，特别是药物和塑料的研发。最近，这一反应在天然产物 (+)-Angelmarin 的全合成中得到应用。(+)-Angelmarin 是中草药独活中的有效成分之一。1971 年 Franke 小组报道了它的关键中间体 **E** 的合成（见合成路线 1）。最近，Coster 小组用廉价易得的烯丙基溴代替 Franke 方法中较贵的 3-甲基-3-氯-1-丁炔，合成出中间体 **G**，再经过烯烃复分解反应得到 **D**，继而通过对应选择性环氧化等 4 步反应得到光学纯的 (+)-Angelmarin（见合成路线 2）。

合成路线 1：

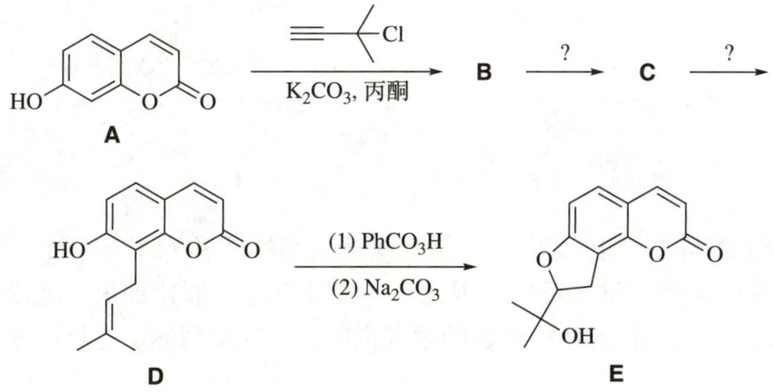

合成路线 2：

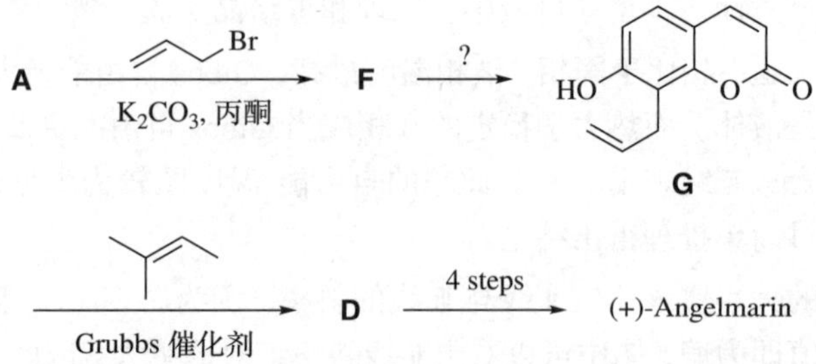

7-1 画出中间体 B、C 和 F 的结构式。

7-2 试为合成路线 1 中第二、三步反应和合成路线 2 中的第二步反应提出合理的反应条件和试剂。

7-3 试解释合成路线 1 中从 D 到 E 转化（即第四步反应）的历程（用反应式表示）。

7-4 在合成路线 2 的第二步反应（从 F 到 G 的转化）中还观察到了一种副产物，它是 G 的同分异构体，试画出这个副产物的结构式。

7-5 3-甲基-3-氯-1-丁炔是合成路线 1 中使用的原料之一。用乙炔和必要的有机或无机试剂，用不超过 3 步反应的合成路线合成该化合物，写出反应式。

分析与解答

本题是一道典型的有机合成推断题，均使用典型反应，考查点也比较基础。

有机 | 合成推断
难度 | ★

7-1 这一步要求给出中间产物的结构式。酚类化合物与卤代烃在碱性条件下会发生典型的烷基化反应，两条路线均使用碳酸钾作碱。因此产物 B 以及 F 具有如下结构：

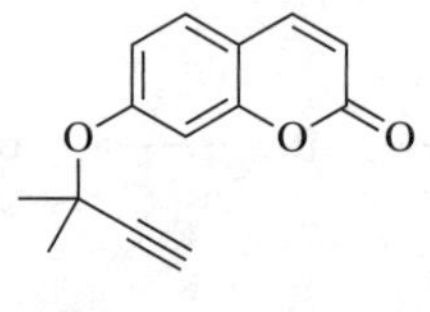

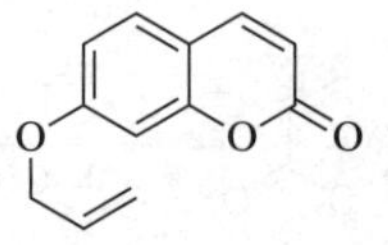

化合物 B 与 D 相比要少两个氢，此外烷基链转移到了苯环上，后者很容易让人想到重排反应。因此下一步反应应为催化加氢，随后进行 Claisen 重排，化合物 F 到 G 的过程也印证了这个猜测。这样一来化合物 C 为：

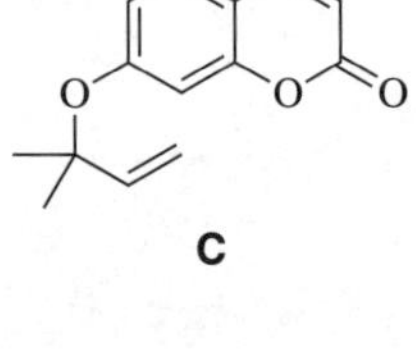

7-2 相应地，我们就可以确定反应条件。炔烃在 Lindlar 催化剂下可以加氢得到烯烃，而 Claisen 重排条件只需要加热。

有机 | 合成推断
难度 | ★

7-3 化合物 D 经过过氧酸处理后加碱即可得到 E，反应位点在烯烃上，因此第一步为环氧化，随后闭环得到产物：

有机 | 反应机理
难度 | ★

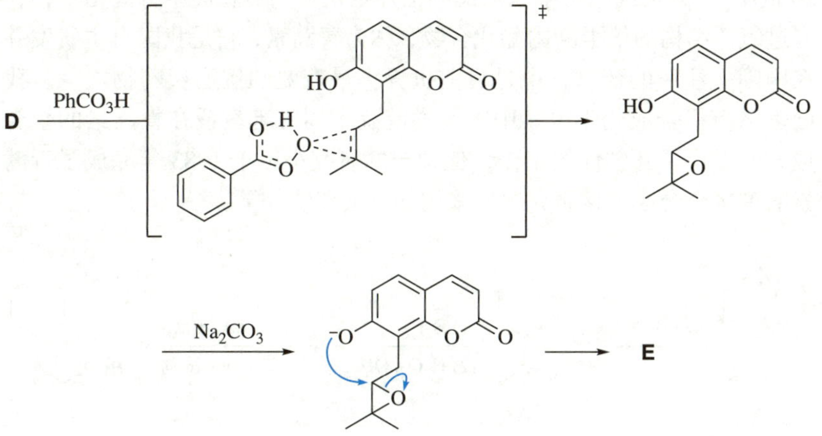

7-4 由于烷氧基的两个邻位都可反应，副反应为另一位置上的 Claisen 重排，结构为：

有机 | 反应推断
难度 | ★

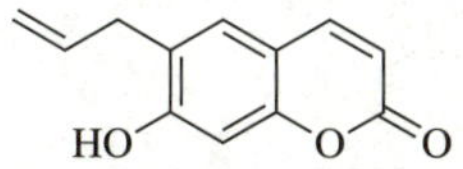

7-5 可以看出 3-甲基-3-氯-1-丁炔和乙炔都含有炔基，因此对目标分子作一个切断：

有机 | 合成设计
难度 | ★

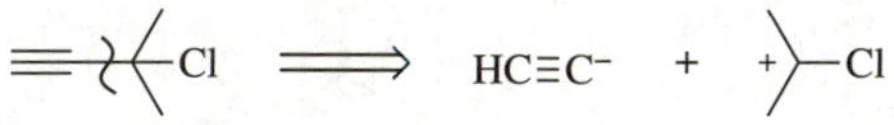

乙炔负离子的合成等价物很容易获得，炔钠以及格氏试剂都是理想的选择。而 2-氯丙基碳正离子不是一个很好的合成子。但是我们可以先将目标分子进行一次官能团转化，卤代烃可以由相应的醇获得，而 2-羟基碳正离子等价于丙酮：

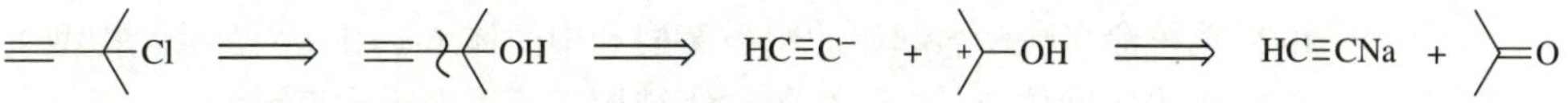

这样一来就可以得出合成路线，实际上炔钠也不是必需的：

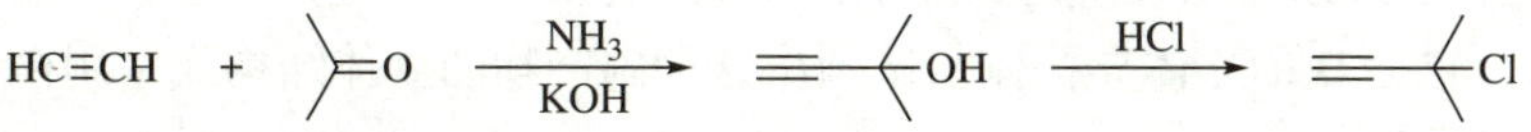

此路线适用于工业合成。

第 8 题

题目（16 分）

20 世纪 70 年代我国科学家从民间治疗疟疾草药黄花蒿中分离出一种含有过氧桥结构的倍半萜内酯化合物，称为青蒿素，它是我国自主研发并在国际上注册的药物，也是目前世界上最有效的抗疟疾药物之一。我国著名有机合成化学家、中国科学院院士周维善教授在青蒿素的全合成方面做出了开创性的工作，他领导的研究小组于 1983 年完成了青蒿素的首次全合成。该研究组所采用的合成路线如下：

提示：Bn = 苄基，LDA = [(CH$_3$)$_2$CH]$_2$NLi（二异丙基氨基锂），p-TsOH = 对甲苯磺酸。

8-1 青蒿素分子中共有几个手性碳原子？写出内酯环上 C2、C3、C4 和 C5 的构型（用 R/S 表示）。

8-2 系统命名法命名起始原料香茅醛和中间体 A（用 R/S 表示其构型）。

8-3 画出中间体 B、F 和 G 的立体结构式（用楔线式表示）。

8-4 中间体 C 在高位阻强碱 LDA 存在下与 3-三甲基硅基-3-丁烯-2-酮进行 Michael 加成反应时，除了得到中间体 D 之外，还产生了一种副产物，它是 D 的立体异构体。试画出这种副产物的立体结构式（用楔线式表示）。

8-5 写出由中间体 D 到中间体 E 转化的机理（用反应式表示）。

背景知识

青蒿素 (Artemisinin 或 Qinghaosu) 也称黄花蒿素，是提取自中医使用的复合花序植物黄花蒿 (*Artemisia annua* L.) 的无色针状晶体，是一种少见的含有过氧桥的倍半萜内酯 (sesquiterpene lactone) 类化合物。科学家们普遍认为，这种过氧基团与青蒿素的抗疟活性有关。青蒿素及其衍生物是现今所有药物中起效最快的抗恶性疟原虫疟疾药。使用包含青蒿素衍生物在内的青蒿素联合疗法是现今全球范围内治疗恶性疟原虫疟疾的标准方法。1969 — 1972 年间，中国科学家屠呦呦领导的 523 课题组发现并从黄花蒿中提取了青蒿素。屠呦呦也因此获得 2011 年拉斯克临床医学奖和 2015 年诺贝尔生理学或医学奖。

青蒿素在常温下是一种无色针状晶体，密度 1.3 g cm^{-3}，比旋光度 +66.3° (C = 1.64，溶剂氯仿)，几乎不溶于水，可溶于乙醇、乙醚、氯仿、乙酸乙酯和苯，微溶于冷石油醚；常压下熔点 156~157 °C。青蒿素的红外光谱具有 δ-内酯羰基的吸收 (1745 cm^{-1}) 和过氧键的吸收 (831, 881, 1115 cm^{-1})，其质谱具有质荷比为 250 的谱峰，对应的物种为分子脱去过氧桥后形成的离子。

青蒿素是一种倍半萜内酯类化合物，含有少见的过氧桥结构。青蒿素及其衍生物中的过氧桥基团是它们抗疟作用中最重要的结构，改变过氧桥基团，青蒿素的抗疟作用消失。青蒿素在休内活化后产生氧化性自由基，继而与疟原虫蛋白质中的活性残基（例如半胱氨酸残基中的巯基）形成共价键，使蛋白失去功能，导致疟原虫死亡。

1982 年，Hoffmann La Roche 公司的研究员 G. Schmid 和 W. Hofheinz 以 (−)-薄荷醇为原料首次完成了青蒿素全合成（13 步，总产率 5%）。1983 年，上海有机化学研究所的周维善教授以 (R)-(+)-香茅醛为原料合成了青蒿素（20 步，总产率 0.3%）。至 2003 年已有十余种青蒿素全合成路线。这些路线的起始物包括 (R)-(+)-胡薄荷酮、3-蒈烯和环己烯酮等。本题涉及的合成路线即来自 1983 年周维善教授发表的原始路线。

分析与解答

本题仍为典型的有机合成推断题，不需要太多技巧性知识。

8-1 从青蒿素的结构可以数出其一共有七个手性碳原子。青蒿素一共有 15 个碳原子，其中三个甲基，四个亚甲基，一个酯基，其余全为手

有机|立体化学

难度|★

性碳原子。内酯环上手性碳的构型为：2R,3S,4R,5S。

有机 | 系统命名
难度 | ★

8-2 香茅醛显然应该以醛作为母体，命名为：(R)-3,7-二甲基-6-辛烯醛。而化合物 **A** 含有六元环骨架，母体为环己醇，因此命名为：(1R,2S,5R)-5-甲基-2-(1-甲基乙烯基) 环己醇。其中 1-甲基乙烯基也可称为 2-丙烯基。

有机 | 反应推断
难度 | ★

8-3 这三个结构考查了三个经典的反应，化合物 **B** 对应硼氢化氧化，**F** 对应硼氢化钠还原。α,β-不饱和酮可以通过控制还原剂的量从而被选择性还原，例如在三氯化铈的存在下可以还原羰基为羟基。在这里还原后又紧接着进行 Jones 氧化，是为了选择性还原双键保留羰基。因此我们可以写出：

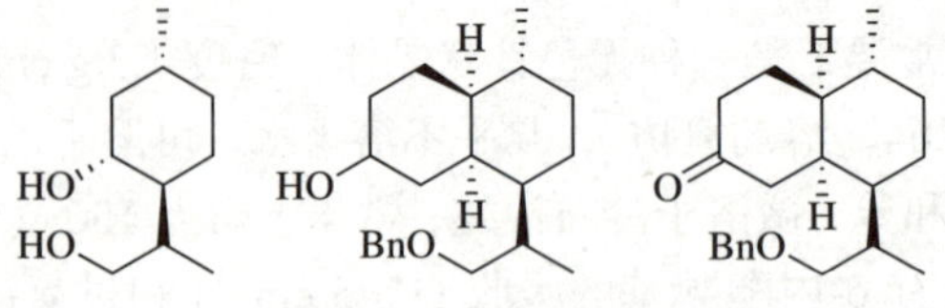

B　**F**　**G**

有机 | 反应推断
难度 | ★

8-4 由于 LDA 这种高位阻强碱优先夺取化合物 **C** 位阻小的 α-氢，因此副产物不会是位置异构体。题干中也已提到其为立体异构体，因此结构为：

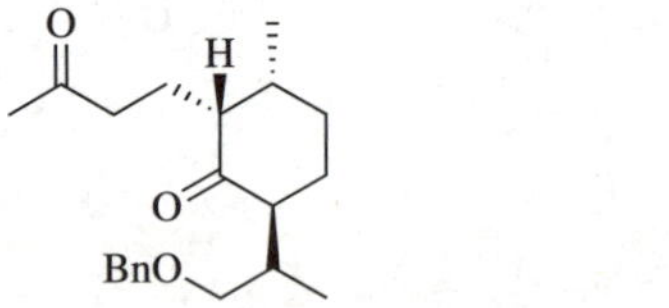

明显这是因为甲基的定位效应，R 构型的主产物引入的基团与甲基处于对位，其过渡态更加稳定。同学们可以自行查阅相关的内容进一步了解。

有机 | 反应机理
难度 | ★

8-5 这是一个典型的羟醛缩合反应，第二步草酸作为质子酸使用，因此机理为：

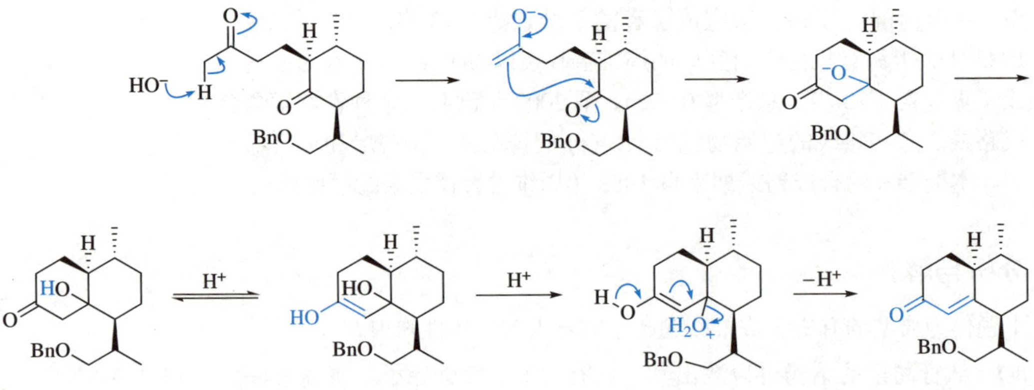

（本章初稿由彭路遥完成）

第 24 届
中国化学奥林匹克竞赛（初赛）试题解析

2010 年 9 月 12 日

第 1 题

题目（15 分）

1-1 2010 年 5 月合成了第 117 号元素，从此填满了元素周期表第七周期所有空格，是元素周期系发展的一个里程碑。117 号元素是用 ^{249}Bk 轰击 ^{48}Ca 靶合成的，总共得到 6 个 117 号元素的原子，其中 1 个原子经 p 次 α 衰变得到 ^{270}Db 后发生裂变；另 5 个原子则经 q 次 α 衰变得到 ^{281}Rg 后发生裂变。用元素周期表上的 117 号元素符号，写出得到 117 号元素的核反应方程式（在元素符号的左上角和左下角分别标出质量数和原子序数）。

1-2 写出下列结构的中心原子的杂化轨道类型：

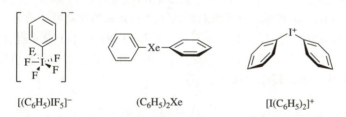

[(C$_6$H$_5$)IF$_5$]$^-$　　　(C$_6$H$_5$)$_2$Xe　　　[I(C$_6$H$_5$)$_2$]$^+$

1-3 一氯一溴二（氨基乙酸根）合钴(Ⅲ)酸根离子有多种异构体，其中之一可用如下简式表示。请依样画出其他所有八面体构型的异构体。

分析与解答

1-1 本小题考查核化学的相关知识。核化学是用化学方法或化学与物理相结合的方法研究原子核及核反应的学科，主要涉及原子核的聚变、裂变或衰变。核聚变一般用于合成重元素，重原子核的聚变便是将两个或三个原子核加速至较高速度，然后使其碰撞在一起，核力克服静电力聚变成新核。新核随后会裂分出一些小粒子（比如中子），形成一个比较稳定的核。实际合成中，为了提高产量，常常采用同时加速很多原子的策略。原子核的裂变是指由较重的（原子序数较大的）原子裂

无机 | 原子结构
无机 | 核化学
难度 | ★

变成较轻的（原子序数较小的）原子的一种核反应或放射性衰变形式。原子核的衰变一般特指原子自身在没有外界干扰的情况下自行分裂出较小的粒子的过程。根据其分裂出的粒子，我们将原子衰变主要分成三类：α 衰变、β 衰变、γ 衰变，其对应的粒子分别是 α 粒子（即 $_2^4\text{He}$）、正或负电子、γ 射线（即光子）。

α 衰变仅见于原子序数大于 52 的元素，而 β 衰变和 γ 衰变则不限于原子的质量。

$$\alpha \text{ 衰变：} _Z^A\text{X} \longrightarrow _{Z-2}^{A-4}\text{Y} + _2^4\text{He}$$
$$\beta^+ \text{ 衰变：} _Z^A\text{X} \longrightarrow _{Z-1}^{A}\text{Y} + e^+$$
$$\beta^- \text{ 衰变：} _Z^A\text{X} \longrightarrow _{Z+1}^{A}\text{Y} + e^-$$

从衰变所释放的粒子可以看出，α 衰变同时影响到原子的相对原子质量和原子序数；β 衰变只影响原子的原子序数；γ 衰变由于仅涉及核能级跃迁，所以不影响原子核。

本小题涉及的是 α 衰变。从上述例子可以看出，每次 α 衰变都会使得原子序数减少 2，相对原子质量减少 4 个原子质量单位。如果根据衰变后的结果不断逆推直至原子序数到 117，即可求得生成的 117 号元素经过了几次 α 衰变，再根据其与相对原子质量的关系，得出生成元素的相对原子质量。

Db 是第 105 号元素，117 号元素 Uus 衰变到 Db 需要经过 (117 − 105)/2 = 6 次 α 衰变，故其所对应的 117 号元素的相对原子质量为 (270 + 6 × 4) = 294。同样，对于相对原子质量为 281 的 111 号元素 Rg，其对应的 117 号元素的相对原子质量为 293。所以我们根据守恒可以得到放出的中子数，反应方程式如下：

在书写核反应方程式的时候，中间的反应符号最好使用向右的箭头而非等号或者可逆符号来表示。原参考答案中写箭头或等号都算作正确。

$$_{20}^{48}\text{Ca} + _{97}^{249}\text{Bk} \longrightarrow _{117}^{294}\text{Uus} + 3\,_0^1\text{n}$$

$$_{20}^{48}\text{Ca} + _{97}^{249}\text{Bk} \longrightarrow _{117}^{293}\text{Uus} + 4\,_0^1\text{n}$$

其中 $_0^1\text{n}$ 代表中子。

117 号元素在 2016 年 6 月 8 日被 IUPAC 建议命名为 Tennessine (Ts)，源于橡树岭国家实验室、范德堡大学和田纳西大学所在的田纳西州，此名称于 2016 年 11 月 28 日正式获得认可。其中文名称为䎶，音同"田"。

无机 | 分子结构
难度 | ★

1-2 本小题则侧重于考查杂化轨道理论。在形成多原子分子的过程中，中心原子若干能量相近的原子轨道会重新组合，形成一组新的轨道，这个过程叫作轨道的杂化。杂化产生的新轨道叫作杂化轨道。要形成杂化轨道，必须要有能量相近的未占满轨道来辅助杂化。

本小题的第一个物质 $[(C_6H_5)IF_5]^-$，中心原子是 I。从结果来看，I 一共形成了 6 个 σ 键，需要 6 个单电子轨道。而 I 总共有 7 − (−1) = 8 个价电子，剩余的两个价电子若继续成单电子排列，从结果上来看，由于不能形成化学键降低能量，所以两个价电子只能形成一对孤对电子占据一个轨道。因此，I 总共需要 7 个轨道来杂化形成 7 个杂化轨道。I

的价电子构型为 $5s^25p^5$，其 4d 电子全部填满，所以只能用外面的三个 5d 轨道来进行杂化。所以 I 为 sp^3d^3 杂化。

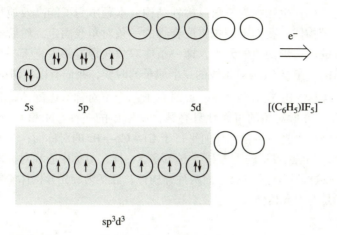

对于 $(C_6H_5)_2Xe$ 来说，中心原子为 Xe，一共形成了 2 个 σ 键，需要两个单电子轨道。中心原子还剩下 8 − 2 = 6 个价电子，故有 3 对孤对电子。因此，Xe 总共需要 5 个轨道来杂化。而此物质内层的 d 电子也已占满，所以和物质 1 类似，也为外轨型杂化（即使用了价电子轨道外面的轨道参与的杂化），为 sp^3d 杂化。

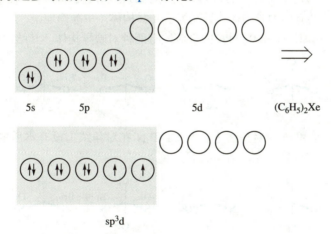

最后一种物质 $[I(C_6H_5)_2]^+$，中心原子为 I，一共形成了 2 个 σ 键，需要两个单电子轨道。中心原子还剩下 6 − 2 = 4 个价电子，故有 2 对孤对电子。综上，I 需要 4 个轨道来杂化。5s 和 5p 轨道加起来正好 4 个轨道，所以为 sp^3 杂化。

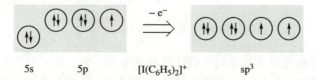

1-3 这是一道比较基础的考查配合物结构的题目。其中配合物的配体

配合物的立体异构体可以粗分为**几何异构体**和**光学异构体（旋光异构体）**。在没作特殊说明的情况下，两种异构体均要考虑。

如果某物体与其镜像不同，则被称为"手性的"或"具有手性"；如果一个物体有手性，则一定没有对称中心和对称面。

对映异构体指互为镜像的旋光异构体。不互为镜像的旋光异构体则称**非对映异构体**。

化学竞赛中一个非常常见的易错点就是**忘记写出对映异构体**，这种错误会在分子结构、配合物结构与有机结构中频繁出现。请同学们注意。

为两个不对称双齿配体(N—O)以及一个Cl，一个Br。题目中限定了配合物只能为八面体结构，八面体结构可以视为三个体对角线互相垂直形成的结构，也能视为三角反棱柱结构。本题中为了能高效地写出所有结构异构体，我们不妨先将配合物的一条对角线固定，然后不断变换中间的四边形四角的元素，即一条体对角线穿过并垂直于一个正方形的结构。在以Cl为对角线的一个原子的时候，我们有以下情况：

(1) Cl与Br在对角线上：此时剩下两个不对称双齿配体，其中N和N在正方形对角的可能性只有题目中给出的一种。N和O对角时，配合物结构中将不再存在任何平行于Cl—Co—Br的对称面；又考虑到Cl和Br使得正方形的上方和下方环境不一样，对称中心和对称面均会消失。故这种情况可以有下面两种异构体，且互为旋光异构体（更准确地说，是对映异构体）:

(2) Cl和N在对角线上：此时剩下一个不对称双齿配体，一个来自另一个双齿配体的O，以及一个Br。在N与O对角时，考虑到Cl和N使得正方形的上方和下方环境不一样，而且双齿配体不可能处于对角线上，一共有两种异构体，且互为旋光异构体（更准确地说，是对映异构体）。同理，N和Br对角的也应该有两种对映异构体。其结构如下：

(3) Cl和O在对角线上：与Cl和N在对角线上没有本质的区别，所以也有四种异构体。结构如下：

综上，一共有10种异构体（或者可以说是5对对映异构体）。

本小问虽然难度不高，但是同学们应该注意答题时的逻辑性，不能东拼西凑，想到什么异构体就写什么。如果没有明晰的思路，同学们很容易少写或错写异构体。

评注

本题综合地考查了同学们无机化学的基本功，涉及面比较广泛，但是难度不是很高。第一小问考查的核化学知识在不少化学书，甚至人教版《高中物理·选修3-5》[1]中也有提及，这体现了学科之间的交叉性。

第二小问则要求同学们对于杂化轨道理论有着一定的了解。在书籍中，杂化轨道理论常常与 VSEPR，即价层电子对互斥理论同时出现。但是两种理论有着很大的差别。VSEPR 理论通过计算中心原子的电子对数以及不同类型电子对之间的排斥来预测分子的结构，是后验的。诸如此题，我们可以通过物质的化学式来对物质的结构进行预测。以 $[(C_6H_5)IF_5]^-$ 为例，碘具有 7 个价电子，氟原子提供 5 个电子，苯基提供 1 个电子，负电荷具有 1 个电子，所以总共有 14 个电子，即 7 对电子。其中孤对电子 1 对，成键电子 6 对。母结构为五角双锥，由于孤对电子的排斥能最大（仅为假设，实际上并无理论基础），我们可以确定这个分子的构型为五角锥。整个过程更相似于价键理论。我们无法从这个理论来得到杂化轨道的信息（比如结构信息）。然而杂化轨道理论基于原子轨道以及分子轨道理论，可以做到半定量计算。它通过中心原子的价电子数和对应轨道来建立新的杂化轨道，进而描述分子的成键方式。

第三小问兼顾了立体几何和配合物的性质，同时也对同学们思维的严谨性提出了一定的要求。遇到类似于第三小问的题目，一般采取分类讨论法，即按照固定的判断标准和逻辑思路，使其能够分类为几种不同的情况，然后再针对每一种情况进行分析来避免遗漏。

第 2 题

题目（5 分）

最近我国有人报道，将 0.1 mol L^{-1} 的硫化钠溶液装进一只掏空洗净的鸡蛋壳里，将蛋壳开口朝上，部分浸入盛有 0.1 mol L^{-1} 的氯化铜溶液的烧杯中。在静置一周的过程中，蛋壳外表面逐渐出现金属铜，同时烧杯中的溶液渐渐褪色，并变得混浊。

2-1 设此装置中发生的是铜离子和硫离子直接相遇的反应，已知 $\varphi^\ominus(Cu^{2+}/Cu)$ 和 $\varphi^\ominus(S/S^{2-})$ 分别为 0.345 V 和 −0.476 V，$nFE^\ominus = RT \ln K$，$E^\ominus$ 表示反应的标准电动势，n 为该反应得失电子数。计算 25 °C 下硫离子和铜离子反应得到铜的反应平衡常数，写出平衡常数表达式。

2-2 金属铜和混浊现象均出现在蛋壳外，这意味着什么？

2-3 该报道未提及硫离子与铜离子相遇时溶液的 pH。现设 pH = 6，写出反应的离子方程式。

2-4 请对此实验结果作一简短评论。

分析与解答

此题难度不大，主要考查同学们的推理能力和计算是否仔细。具有一定的推理能力和计算功底的同学应该可以较轻松地拿下这一道题。

2-1 本题考查同学们对电化学基本公式的掌握，是一道基础的电化学题目。一般来说，此类题目应该根据标准状态下的电池电动势和 Nernst 方程，求出非标准状态下的电池电动势，进而求出平衡常数。所幸，题目中已经给出了相应的公式。根据题目给出的条件，反应的方程式为：

$$Cu^{2+} + S^{2-} \rightleftharpoons Cu + S$$

此反应可以拆分为两个半反应：

$$Cu^{2+} + 2e^- \rightleftharpoons Cu$$
$$S^{2-} - 2e^- \rightleftharpoons S$$

> 无机 | 氧化还原平衡
> 难度 | ★★

恰为题目中给出两个电动势的原反应。由题目中给出的公式：

$$nFE^\ominus = RT \ln K^\ominus$$

> 这里的平衡常数实际上就是反应的标准平衡常数 $K^\ominus$。

可以得到标准平衡常数 $K^\ominus$ 的表达式：

$$\ln K^\ominus = \frac{nFE^\ominus}{RT}$$

反应转移了 2 个电子，$n = 2$；而

$$E^\ominus = \varphi^\ominus(Cu^{2+}/Cu) - \varphi^\ominus(S/S^{2-})$$
$$= 0.345 \text{ V} - (-0.476 \text{ V})$$
$$= 0.821 \text{ V}$$

再代入 $T = 298.2$ K，$F = 96485$ C mol^{-1}，$R = 8.314$ J mol^{-1} K^{-1}，算得：

$$\ln K^\ominus = 63.9$$
$$K^\ominus = e^{63.9} = 6 \times 10^{27}$$

$K^\ominus$ 的有效数字由于经过指数运算的原因只有一位，望同学们注意。由于常数取值以及分步运算等原因，所以最后 $K^\ominus$ 的指前因子也可能为 7，此数也为正确结果。原参考答案中，取 $K = 5.82 \times 10^{27}$（$5.60 \times 10^{27} \sim 6.93 \times 10^{27}$ 内均得分），从有效数字运算规则上看，是存在问题的（另一个问题是 K 应当写作 $K^\ominus$，详见下文）。

> 指数运算的有效数字位数仅与小数点后的位数有关。

$K^\ominus$ 的表达式为：

$$K^\ominus = \frac{1}{\dfrac{[Cu^{2+}]}{c^\ominus} \dfrac{[S^{2-}]}{c^\ominus}} = \frac{(c^\ominus)^2}{[Cu^{2+}][S^{2-}]}$$

原参考答案中的平衡常数表达式为 $K = [Cu^{2+}]^{-1}[S^{2-}]^{-1}$，但同时又指出更严格的表达式为 $K = [Cu^{2+}]^{-1}[S^{2-}]^{-1}c^{\ominus 2}$，然而这个更严格的表达式中，$K$ 应写作标准平衡常数 $K^{\ominus}$。事实上，"平衡常数"这一概念在本题的题目与参考答案中并不始终严格一致，这是有瑕疵的。查阅中国化学会 2008 版《中国化学（奥林匹克）竞赛基本要求》[2]（即《大纲》），可见"标准平衡常数"这一概念是决赛要求而非初赛要求，因而这种不严格、不统一的平衡常数表述可能是命题人的无奈之举。

若参赛时遇到这种概念上的混淆，建议同学们以最高、最严格的标准来解题，并在答题过程中加以声明，以免造成误判扣分。

2-2 本题主要考查同学们的推理能力，从 **2-1** 的结果来看，此反应的平衡常数很大，只需要比较微量的铜离子和硫离子便可以反应。而反应却只在蛋壳外面发生，故我们很容易想到是<u>由于铜离子不能自由穿过蛋壳的微孔，而硫离子却能穿过蛋壳的微孔到达氯化铜溶液一侧和铜离子反应生成铜和硫</u>。更准确地说，阻挡铜离子自由进出的结构是蛋壳上的蛋壳膜结构，它对一些离子有着选择透过性。

无机 | 元素化学
开放 | 实验设计
难度 | ★

2-3 这是一道基础的按给定反应条件书写反应离子方程式的题目。本题的难度在于阐明硫离子的存在形式。而题目中给予的条件说明溶液呈弱酸性。由于氢硫酸本身酸性很弱，甚至不能将碳酸氢钠反应生成碳酸，所以推测硫离子的存在形式应该为 H_2S，故反应方程式应写作：

无机 | 氧化还原反应
难度 | ★

$$Cu^{2+} + H_2S =\!=\!= Cu + S + 2H^+$$

查阅手册 [3] 得知，pK_a (H_2S) = 7.05。所以在 pH = 6 的环境下 HS^- 仅少量存在，硫离子的主要存在形式确实是 H_2S。不过在考场上没有现成的资料可以查询，也应该将硫的主要存在形式认为是 HS^- 的答案亦作为正确答案。

原参考答案与评分标准较为严格，若将硫写为 HS^-，则方程式不得分。

2-4 这是一道开放性题目，只要言之有理即可。

评注

本题从一个利用鸡蛋壳的家庭实验展开，通过题干所提供的信息考查了同学们的电化学及酸碱平衡的相关知识，设计新颖，但考点基础。蛋壳膜的主要成分是蛋白质以及纤维素，具有选择透过性，从而能有效地阻止重金属离子的透过。在科研中，蛋壳膜一直是比较重要的材料，它能作为有效的蛋白质及 RNA 来源。而且由于蛋壳膜聚集 S 的效果比较优秀，它也被科研人员设计为 Li-S 电池中 S 极的电极材料[4]。

第 3 题

题目（7 分）

早在 19 世纪人们就用金属硼化物和碳反应得到了碳化硼。它是迄今已知的除金刚石和氮化硼外最硬的固体。1930 年确定了它的理想化学式。图 1 是 2007 年发表的一篇研究论文给出的碳化硼晶胞简图。

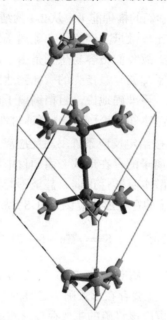

图 1　碳化硼晶胞示意图

3-1　该图给出了晶胞中的所有原子，除"三原子"（中心原子和与其相连的 2 个原子）外，晶胞的其余原子都是 B_{12} 多面体中的 1 个原子，B_{12} 多面体的其他原子都不在晶胞内，均未画出。图中原子旁的短棍表示该原子与其他原子相连。若上述"三原子"都是碳原子，写出碳化硼的化学式。

3-2　该图有什么旋转轴？有无对称中心和镜面？若有，指出个数及它们在图中的位置（未指出位置不得分）。

3-3　该晶胞的形状属于国际晶体学联合会在 1983 年定义的布拉维系 7 种晶胞中的哪一种？（注：国际晶体学联合会已于 2002 年改称 Bravais systems 为 lattice systems，后者尚无中文译名。）

分析与解答

3-1　本题的考点为晶体结构，考查了同学们对晶胞概念的理解。粗看此题的晶胞，"上"面和"下"面 6 个硼原子仿佛在晶胞的边上（"上"面和"下"面仅针对于图中的上下，不代表实际方位），从而通过晶胞边上的原子的实际占有为 1/4 而计算出 $B_{15}C_6$ 的错误答案。而实际上，此想法有两个错误：其一，如果"上"面以及"下"面的 6 个硼原子在晶胞的边上的话，由晶体的平移性可知，在其他的边上也应该有对应的硼原子，但是原图中只有"上""下"方向有三角形的硼原子；其二，根据结果，一个晶胞中有 7.5 个硼原子，不是一个整数，根据点阵的定义，此晶胞是无法作为一个点阵点存在的。

故我们断定，这 6 个硼原子必然不存在于晶胞的边上，而在晶胞内部，所以一个晶胞中一共有 12 个硼原子、3 个碳原子，一个晶胞对应的点阵点的内容是 $B_{12}C_3$（图 2）。有的同学推理至此，便将此答案写在答卷上。但是此答案也非正确答案。仔细观察晶胞，任何的碳或者硼原子都是和相邻的原子相连形成共价键，而非独立形成一个个分子，故此晶体是原子晶体而非分子晶体，其化学式也应该写最简式 B_4C 而非 $B_{12}C_3$。

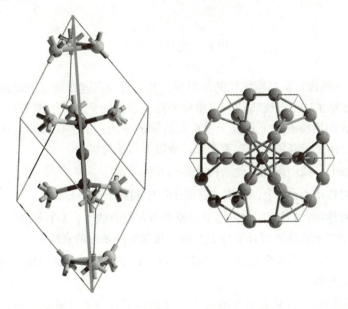

图 2　晶胞结构投影方向与投影图（蓝色或浅灰色球为硼原子，深灰色球为碳原子）

3-2 本题则侧重于考查结构的对称性。根据 2008 版《大纲》第 7 条，竞赛考查的对称性基础包括旋转和旋转轴、反映和镜面、反演和对称中心。由于晶胞具有平移性，单个晶胞的对称性便可以描述整个晶体的对称性。在假设相同的键键长相同的条件下，下面将从这三个方面分别考虑单个晶胞的对称性。

(1) 对称中心：很明显，以"三原子"的中间原子的中心作为中心作反演操作，整体不变，故此位置为此晶胞的对称中心，即 i。

(2) 旋转轴：从图 3 左的晶胞投影图中能看出，结构中存在的最高次对称轴为穿过"三原子"的三重旋转轴，即 C_3 轴。（图中的三角形均不是在一个平面上，且从"上"至"下"为小正三角形、大正三角形、

结构 | 对称性
难度 | ★★

其余对称元素及操作包括：反映轴，旋转反映以及反演轴，旋转反演。对应的符号分别为 S 和 I。

小倒三角形、大倒三角形，所以没有六重旋转轴。投影方向为"三原子"所在的直线。）然后，我们需要继续寻找**二重旋转轴**，即 C_2 轴。通过平面几何知识，若要将一个正三角形通过 C_2 变换成为倒三角形，则此 C_2 轴必然平行于三角形的一边且穿过三角形的重心（如图 3 中）。而且，此结构有对称中心。所以，此结构的 C_2 轴便位于垂直于三重轴而且平行于上面三角形的一条边的直线，一共有**三条**。

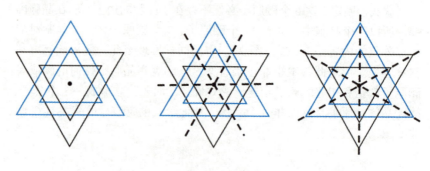

图 3　晶胞结构投影图

（3）镜面：从晶胞结构的投影图，我们可以迅速找到三个镜面，即 σ，均为穿过三重旋转轴与三角形的任一顶点的平面（如图 3 右）。最后，我们再检查一下垂直于三重旋转轴的平面：由于在此面上有对称中心，而且最高轴的轴次为奇数，所以不可能为镜面。

综上，我们得到了此结构全部的对称元素：

对称中心：1 个，位于"三原子"中间原子的中心。

对称轴：1 个 C_3 轴，位于三原子所在的直线上；3 个 C_2 轴，位于垂直于三重旋转轴而且平行于上面三角形的一条边的直线上。

镜面：存在 3 个镜面，为穿过三重旋转轴且经过上面三角形的一个顶点的平面。

我们也可以从点群方面入手。此结构拥有一个三重旋转轴，一个经过三重旋转轴的对称中心，并且存在穿过三重旋转轴的镜面，所以该结构是 D_{3d} 点群。通过点群的阶数以及子群的直积，我们可以知道此点群中有 1 个对称中心，1 个 C_3 主轴，3 个垂直于 C_3 轴的 C_2 副轴，夹在 2 个 C_2 轴之间的 3 个镜面 σ_d 和 1 个 S_6 映轴。

3-3 本题考查空间点阵的具体结构。此处需要注意点阵和晶体是两个系统。

布拉维点阵系统下 7 个晶系的特点是：

立方晶系：$a = b = c; \alpha = \beta = \gamma = 90°$；

四方晶系：$a = b \neq c; \alpha = \beta = \gamma = 90°$；

正交晶系：$a \neq b \neq c; \alpha = \beta = \gamma = 90°$；

六方晶系：$a = b \neq c; \alpha = \beta = 90°, \gamma = 120°$；

点群的知识略微超出初赛（省级赛区）的大纲，但是点群的信息一般自洽而且准确，可以用于书写完对称元素后进行验证。

结构 | 晶系、点阵型式
难度 | ★★★

三斜晶系：$a \neq b \neq c; \alpha \neq \beta \neq \gamma$；

单斜晶系：$a \neq b \neq c; \alpha = \beta = 90°, \gamma \neq 90°$；

菱方晶系：$a = b = c; \alpha = \beta = \gamma \neq 90°$；

在假设相同的键键长相同的条件下，由于整个结构可以作为一个点阵点的内容，其点阵单元一定具有与此结构相似或者全等的结构。此结构中 $a = b = c; \alpha = \beta = \gamma \neq 90°$，所以为**菱方晶格系统（菱方晶系）**抑或**三方晶系**。

原参考答案认为，标准的答案是**菱方**或**菱面体**（rhombohedral），答三方晶系"虽不符合国际晶体学联合会的推荐性规定，但考虑到国内许多教科书的现状，仍给一半分数"。

评注

本题通过一个同学们不熟悉的晶胞碳化硼入手，通过晶胞本身的平移性，推理出唯一的结构简式，这是本题最大的难点。在初赛考题中，出题人有时为了增加考试难度和技巧性，把晶体结构图画得很模糊或者不符合某些常识，甚至有时候给出的晶体结构图不是晶胞，而是晶胞的一部分。同学们应该灵活运用晶体的平移对称性做出判断。随后针对此结构，本题还考查了对称元素相关的知识。同学们在寻找结构对称性的时候一定要遵循一定的规律，即先寻找对称中心，然后寻找最高次的对称轴，随后渐次寻找低次的对称轴，最后根据对称轴，先寻找平行于轴的镜面，后寻找垂直于轴的镜面，这样可以做到不遗漏对称元素。

纵观整个题目，我们最后依然没有得到晶体的结构。题目中给予的信息过于模糊，也无法从晶胞图中看出晶体的全貌。事实上，题目中给的"晶胞"是经过特殊改造的"晶胞"：在每个硼原子应该出现的位置上（如棱上）仅仅画了一个硼原子。需要注意，此种"晶胞"仅作为对称性的示意，而不是真正意义上的晶胞。如果我们根据晶体的平移性，补齐所有的硼原子，我们可以比较容易地得到一个晶胞内原子的真实位置，如图 4 左所示。

不过我们依然看不出来 B_{12} 的结构。为了更清晰地看出堆积模式，我们进一步完善配位结构，如图 4 右所示。整个结构可以看作是 B_{12} 在晶胞的顶点、C_3 三原子在晶胞的体心堆积而成的简单堆积（图 5）。进一步去看 C_3 三原子所在的位置，恰好在六个 B_{12} 组成的三角反棱柱里面，可以近似认为是八面体空隙。整个结构类似于沿着对角线方向拉长的岩盐型（NaCl 型）结构。

在第一问中，出题人假设中心原子是三个 C 原子。但是也有研究者认为中心三个原子为 C—B—C，甚至是 B—B—C，这会使得碳化硼本身具有很大的组成变化区间。另外有学者认为碳原子本身并不全在三原子处，而是和硼一起形成了组成为 $B_{11}C$ 的正二十面体。若同学们对此问题感兴趣，可以阅读文献 [5]。

最后一问则考查晶系的概念，比较容易与晶体学中晶系概念混淆。两者的主要区别在**六方晶族**（crystal family，暂无准确译名）的划分上。

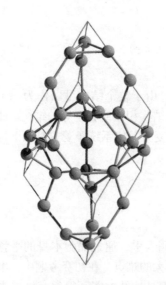
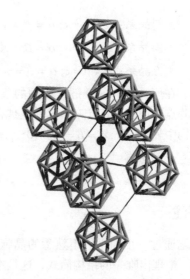

图 4 碳化硼的完整晶胞。蓝色球代表硼原子，灰色球代表碳原子，蓝色正十二面体代表 B_{12} 单元

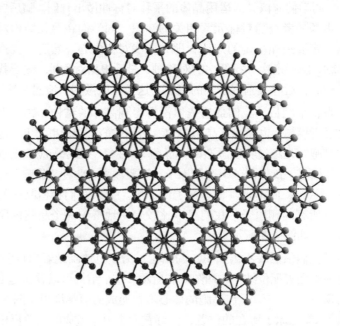

图 5 碳化硼晶体沿 C_3 三原子方向的投影图

以晶体的角度来划分，六方晶族根据是否拥有六重旋转轴划分为**六方晶系**和**三方晶系** (trigonal)。而以点阵的角度来看，如果该类点阵可以表述为菱面体点阵的型式，则为**菱方** (rhombohedral) 抑或**三方晶（格）系（统）**，其余则为六方晶系。晶体学中则按照对称性划分晶体。首先通过晶体缺失高于二重的旋转轴或反轴拆分出低级晶族；如果晶体有多个高于二重的旋转轴或反轴，则为高级晶族；余下的为中级晶族。低级晶族中，按照没有、有一个、有多个对称轴或对称面划分为三斜、单

斜、正交晶系。中级晶族按照主轴的轴次分为三方、四方和六方三种晶系。高级晶族仅有立方晶系一种。由于本题的晶体中只存在三重对称轴且只有一个，所以为三方晶系。但是此三方非彼三方，希望同学们加以注意。

知识拓展

碳化硼是一种极硬的陶瓷，作为共价材料，其维氏硬度大于 30 GPa，仅次于立方氮化硼和金刚石。它常用于坦克装甲、防弹背心、发动机破坏粉末以及众多工业应用中。碳化硼首先由 Henri Moissan 于 1899 年在合成金属硼化物时作为副产物而合成：在电弧炉中用碳或镁还原三氧化二硼。反应方程式如下：

$$2B_2O_3 + 7C = B_4C + 6CO$$

直到 20 世纪 30 年代，其化学成分才被估计为 B_4C。因为在实际合成中材料总是碳略少一些，关于材料是否具有这种精确的 4∶1 的化学计量比仍然存在争议。

碳化硼在不形成长寿命放射性核素的情况下具有很强的吸收中子的能力，这使其成为核电厂或者杀伤性中子弹中中子辐射的吸收剂。碳化硼的核应用还包括屏蔽，制作控制棒和关闭颗粒。在控制棒内，碳化硼通常是粉末状的，以增加其表面积。

作为一颗材料界的新星，碳化硼的很多应用还待进一步探索。

第 4 题

题目（8 分）

4-1 分别将 O_2、KO_2、BaO_2 和 $O_2[AsF_6]$ 填入与 O—O 键长相对应的空格中。

O—O 键长	112 pm	121 pm	128 pm	149 pm
化学式				

4-2 在配合物 **A** 和 **B** 中，O_2 为配体与中心金属离子配位。**A** 的化学式为 $[Co_2O_2(NH_3)_{10}]^{4+}$，其 O—O 的键长为 147 pm；**B** 的化学式为 $Co(bzacen)PyO_2$，其 O—O 的键长为 126 pm，Py 是吡啶 (C_5H_5N)，bzacen 是四齿配体 $[C_6H_5—C(O^-)=CH—C(CH_3)=NCH_2—]_2$。**B** 具有室温吸氧、加热脱氧的功能，可作为人工载氧体。画出 **A** 和 **B** 的结构简图（图中必须明确表明 O—O 与金属离子间的空间关系），并分别指出 **A** 和 **B** 中 Co 的氧化态。

无机 | 分子结构
难度 | ★

分析与解答

4-1 本题考查同学们对分子轨道理论的简单应用，是一道比较基础的信息给予-推断的题目。第一问中给出了四种物质的化学式。观察化学式，可以看出四种物质均为氧气或者氧气的"离子"。众所周知，相同两个原子之间的距离与它们间的键级有一定的关系——键长越短，键能越大，键级也一般越大。所以第一问可以转化为考查"O_2、O_2^-、O_2^{2-}、O_2^+四种粒子的键级哪个最大"的问题。

在竞赛中，要解释两个原子之间的键级的时候，我们首先会想到使用分子轨道(MO)理论来解释。MO理论认为，分子轨道是通过原子轨道线性组合而成，并根据电子云在两核之间的密度，划分为成键轨道以及反键轨道。一般来说，成键轨道的数目等于反键轨道的数目。键级的计算公式为：

$$键级 = \frac{成键电子数 - 反键电子数}{2}$$

对于O_2及其离子来说，其分子轨道示意图如图6所示。

示意图的纵坐标是能量。轨道之间的间距仅作为示意，不代表实际情况。

注意 **s-p 混杂** (s-p mixing) 现象。

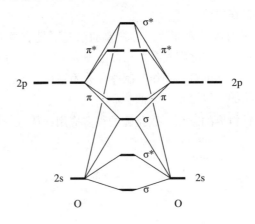

图6　O_2的分子轨道示意图

从下至上，分别是$\sigma(2s)$，$\sigma^*(2s)$，$\sigma(2p)$，$\pi(2p)$，$\pi^*(2p)$，$\sigma^*(2p)$，共8个轨道。2s与2p之间能量差距较大，即使组合形成了分子轨道，其成分差距也比较大，所以这里仅考虑对应能量的原子轨道组合形成的分子轨道。按照Hund规则和Pauli不相容原理，四种粒子的电子排布分别是：

Pauli不相容原理表明，两个全同的费米子不能处于相同的量子态。这条原理在分子轨道中依然适用。

O_2^+：一共有 6 + 6 - 1 = 11 个电子，分子的电子排布为：KK $(\sigma(2s))^2(\sigma^*(2s))^2(\sigma(2p))^2(\pi(2p))^4(\pi^*(2p))^1(\sigma^*(2p))^0$。由于键级 = (成键轨道电子数 - 反键轨道电子数) / 2，所以其键级为2.5。

O_2：一共有 6 + 6 = 12 个电子，分子的电子排布为：KK $(\sigma(2s))^2(\sigma^*(2s))^2(\sigma(2p))^2(\pi(2p))^4(\pi^*(2p))^2(\sigma^*(2p))^0$，其键级为2。

O_2^-：一共有 6 + 6 + 1 = 13 个电子，分子的电子排布为：KK $(\sigma(2s))^2(\sigma^*(2s))^2(\sigma(2p))^2(\pi(2p))^4(\pi^*(2p))^3(\sigma^*(2p))^0$，其键级为 1.5。

O_2^{2-}：一共有 6 + 6 + 2 = 14 个电子，分子的电子排布为：KK $(\sigma(2s))^2(\sigma^*(2s))^2(\sigma(2p))^2(\pi(2p))^4(\pi^*(2p))^4(\sigma^*(2p))^0$，其键级为 1。

所以就键级而言，$O_2^+ > O_2 > O_2^- > O_2^{2-}$；键长则相反，$O_2^+ < O_2 <$ $O_2^- < O_2^{2-}$。故 $O_2[AsF_6]$ 的 O—O 键长对应于 112 pm，O_2 的 O—O 键长对应于 121 pm，KO_2 的 O—O 键长对应于 128 pm，BaO_2 的 O—O 键长对应于 149 pm。

4-2 本题要求同学们能利用第一问的结论，通过 O—O 键长判断其键级。首先根据 A 中 O—O 键长为 147 pm，与 BaO_2 的 O—O 键长接近，可以断定 A 的配体为 O_2^{2-}；而 B 中 O—O 键长为 126 pm，所以 B 的配体是 O_2^-。一般而言，Co 的配合物倾向于形成六配位的结构，而 A 中的氨共有 10 个，所以很容易想到应该是 O_2^{2-} 作为"桥"连接两个金属原子来弥补剩下的配位数。根据电荷守恒，可以推得 A 中 Co 的氧化态为 +3。而 B 中有一个显 −2 价的四齿配体以及一个吡啶，所以应该是 O_2^- 作为最后的配位基团来进行配位，形成 Co—O—O 键。与 Co 直接相连的 O 根据 1-2 的方法可以判断其杂化方式为 sp^3 杂化，所以 Co—O—O 为折线，B 中 Co 的氧化态同样为 +3。

无机 | 配合物结构
难度 | ★

O_2^{2-} 除了作为桥连配体以外，本身还可以作为单中心原子的二齿配体。

O_2^- 配体在血红素中很常见。

第 5 题

题目（11 分）

把红热的玻棒插入橙红色固体 A 中，A 受热后喷射出灰绿色粉末 B 和无色无味气体 C。镁在 C 中加热生成灰色固体 D。B 在过量的 NaOH 溶液中加热溶解，得到绿色溶液 E。将适量 H_2O_2 加入 E 中，加热，得到黄色溶液 F。F 酸化后变为橙色溶液 G。向 G 中加入 $Pb(NO_3)_2$ 溶液，得到黄色沉淀 H。

5-1 写出 A、B、C、D、E、F、G 和 H 的化学式。

5-2 写出由 E 转变为 F，F 转变为 G，G 转变为 H 的离子方程式。

5-3 A 中的金属元素 M 可以形成 MO_2 和 ZnM_2O_4，它们均为磁性材料，广泛用于制作磁带和磁盘。分别写出 MO_2 和 ZnM_2O_4 中 M 的价电子组态。

5-4 A 中的金属元素 M 可以形成不同形式的羰基化合物或者羰基阴离

子，按照 18 电子规则画出 $Na_2[M_2(CO)_{10}]$ 的阴离子结构，指出 **M** 的氧化态。

分析与解答

5-1 本题是一道元素化学题。在遇到这种流程式的题目时，一般来说将其转化成流程图是一个不错的选择。本题的流程图如下所示：

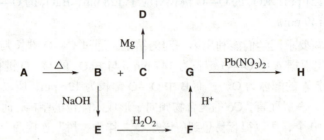

本题的第一个突破点在于气体 **C** 和 Mg 加热生成灰色的固体 **D**。常见的可以和 Mg 反应且无色无味的气体有 O_2、N_2、CO_2 三种。反应方程式分别为：

$$2Mg + O_2 = 2MgO(白色)$$

$$2Mg + CO_2 = 2MgO(白色) + C(黑色)$$

$$3Mg + N_2 = Mg_3N_2(灰色)$$

可以看到 O_2、CO_2 只能生成白色或者黑色的固体，灰色的纯净物仅有一种。故可以确定 **C** 为 N_2，**D** 为 Mg_3N_2。

然后，**F** 通过加酸生成 **G** 的颜色变化成为了本题的第二个切入点。加酸一般会发生普通酸碱反应抑或酸根的缩合反应，且常见的橙色溶液只有溴水和重铬酸盐两种。由此，**G** 为重铬酸盐，**F** 为铬酸盐。由于 **B** 到 **E** 使用的是氢氧化钠，故 **F** 为 Na_2CrO_4，**G** 为 $Na_2Cr_2O_7$。剩下的部分便可根据已知的部分和元素化学的基本知识推得结果：**H** 为 $PbCrO_4$，**E** 为 $NaCr(OH)_4$，**B** 是 Cr_2O_3。根据各种物质的颜色反推，结果没有错误。最后，只剩下 **A** 未知。**A** 中由元素守恒必含有 Cr、N、O 元素，而且由于没有 N(0) 和 Cr 的化合物，所以 **A** 加热的过程中必然发生了氧化还原反应，+3 氧化态算是 Cr 的化合价中比较低的氧化态，故应该是 **A** 中的 Cr 降价，N 升价，所以 **A** 最有可能是铬酸铵或者重铬酸铵两种固体之一。而根据反应转移的电子数来判断，**A** 为重铬酸铵。其发生的反应便是一个比较有趣的演示实验——"火山爆发"。这样，我们就顺利地解开了这道元素题：

A：$(NH_4)_2Cr_2O_7$，**B**：Cr_2O_3，**C**：N_2，**D**：Mg_3N_2，**E**：$NaCr(OH)_4$，**F**：Na_2CrO_4，**G**：$Na_2Cr_2O_7$，**H**：$PbCrO_4$。

5-2 涉及各步的化学反应方程式为：

无机 | 元素化学
难度 | ★★

E 写作 $NaCrO_2$ 也可以。

无机 | 方程式书写
难度 | ★

A → B + C	$(NH_4)_2Cr_2O_7 \xrightarrow{\Delta} N_2 + Cr_2O_3 + 4H_2O$
C + Mg → D	$3Mg + N_2 \rightleftharpoons Mg_3N_2$
B → E	$Cr_2O_3 + 2OH^- + 3H_2O \rightleftharpoons 2Cr(OH)_4^-$
E → F	$2Cr(OH)_4^- + 2OH^- + 3H_2O_2 \rightleftharpoons 2CrO_4^{2-} + 8H_2O$
F → G	$2CrO_4^{2-} + 2H^+ \rightleftharpoons Cr_2O_7^{2-} + H_2O$
G → H	$Cr_2O_7^{2-} + H_2O + 2Pb^{2+} \rightleftharpoons 2PbCrO_4\downarrow + 2H^+$

5-3 铬原子的价电子组态为 $3d^54s^1$。在所提供的两个化合物中，CrO_2 中 Cr 为 +4 氧化态，由于其能作为磁性材料，铬一定有单电子，故不能为 $4s^2$；而且铬在失电子的时候也是先失去 s 电子，后失去 d 电子，所以 CrO_2 中 Cr 的价电子组态为 $3d^2$。同理，对于 $ZnCr_2O_4$ 中的 Cr(Ⅲ)，其价电子组态为 $3d^3$。

> 未成对电子的磁矩一般被认为是磁性材料磁性的主要来源。

5-4 18 电子规则，全称有效原子序数规则（EAN 规则），是针对 CO 等强场配体配合物的一个规则。该规则表述为：形成羰基化合物的时候，中心原子的有效电子数（即配体提供的电子加上自身的电子的总数目）为 18 个的时候最为稳定。由于在 $Na_2[Cr_2(CO)_{10}]$ 中 CO 不显电性，所以 Cr 的氧化态为 –1。Cr 在计算自身电荷以及所有配体后的电子数为 $(6\times2 + 2\times10 + 2) = 34$，离 $18\times2 = 36$ 个还差一对电子，故 Cr—Cr 之间要形成一根金属-金属键。其结构如下：

> 无机 | 配合物结构
> 难度 | ★
> EAN 规则的来源与配位场理论有一定联系，而且一般仅适用于八面体场。感兴趣的同学可以自行查阅相关资料。

$$\left[\begin{array}{c}OC\quad CO\quad CO\\OC-Cr\cdots\cdots Cr-CO\\OC\quad CO\quad CO\\CO\quad CO\end{array}\right]^{2-}$$

注意，以上结构中两个 $Cr(CO)_5$ 结构采用交错式构象。这是因为两个 Cr 之间没有金属-金属多重键，不存在特殊的轨道作用，因此优势构象就是位阻最小的构象。而如 $[Re_2Cl_8]^{2-}$ 之类的配合物由于要形成 π 键和 δ 键，所以必须采用重叠式构象。

评注

元素化学一直是化学竞赛中比较重要的考点。**流程图式**，即一种物质通过几步反应最终生成另一种物质，是元素化学题的最经典的考法。遇到这种类型的题目，笔者建议同学们先写出整个反应的流程图，然后根据反应中的特征颜色变化、相对分子质量来突破，最终推理得到答案。

近年来初赛考题中类似于本题的纯元素考题逐渐减少，元素考点更加灵活，更加偏重于理解。因此同学们不应该用大量时间死记硬背无机化学课本上的元素知识，而应该在掌握基本元素知识的基础上加强对元素知识的理解，了解反应为什么会发生，总结归纳不同元素、不同反应之间的相似点。

第 6 题

题目（8 分）

在我国青海、西藏等地有许多干涸盐湖盛产一种钠盐 Q。Q 为一种易溶于水的白色固体。Q 的水溶液用硫酸酸化，得到弱酸 X。X 为无色小片状透明晶体。X 和甲醇在浓硫酸存在下生成易挥发的 E。E 在空气中点燃呈现绿色火焰。E 和 NaH 反应得到易溶于水的白色固态化合物 Z（相对分子质量 37.83）。

6-1 写出由 Q 得到 X 的离子方程式。

6-2 写出 X 在水中的电离方程式。

6-3 写出 X 和甲醇在浓硫酸存在下生成 E 的化学方程式。

6-4 写出 E 燃烧反应的化学方程式。

6-5 写出由 E 和 NaH 制备 Z 的化学反应方程式。

6-6 Z 在水溶液里的稳定性与溶液 pH 有关，pH 越大越稳定。为什么？

6-7 近年来，用 Z 和过氧化氢构建出的一种新型碱性电池已成为热门的研究课题。该电池放电时，每摩尔 Z 释放 8 mol 电子，标准电动势大于 2 V。写出这种电池放电反应的离子方程式。

分析与解答

无机 | 元素化学
难度 | ★★

本题依然是考查元素化学知识的一道题。按照第 5 题的步骤，我们先画出本题的流程图：

$$Q \xrightarrow{H_2SO_4} X \xrightarrow[H_2SO_4]{CH_3OH} E \xrightarrow{NaH} Z$$

$$E \xrightarrow{O_2} 绿色火焰$$

本道题的突破点为 Z 的相对分子质量，37.83。由于 Z 是由 E 与 NaH 反应得到，由元素守恒，我们不妨猜测 Z 是一种钠盐。Na 的相对原子质量是 22.99，故分子余下的相对质量为 14.84。在元素周期表中，相对原子质量小于 15 的元素只有 H (1.01)、Li (6.94)、Be (9.01)、B (10.81)、C (12.00)、N (14.00) 六种，而分子余下相对质量的小数点后尾数为 84，所以硼的可能性最大。减去硼的相对原子质量，相对分子质量只余 4.03，正好是 4 个 H 原子的相对原子质量。这样，我们便得到了 Z 的分子式 NaBH$_4$。

6-1 由元素守恒，而且在各步反应中均没有加入硼原子，所以 Q 中必然有硼元素。常见的硼的矿物有白硼钙石 4CaO·5B$_2$O$_3$·7H$_2$O 与硼砂 Na$_2$B$_4$O$_5$(OH)$_4$·8H$_2$O 两种。题干中说 Q 是一种钠盐，所以 Q 不能为白硼钙石，只能是硼砂 $Na_2B_4O_5(OH)_4 \cdot 8H_2O$。硼砂中的阴离子是硼酸与硼酸根的一种多聚体，由于其带有两个负电荷，故存在两个 sp^3 杂化的硼原子，剩下两个硼原子即为 sp^2 杂化。所以其结构如下：

$$\begin{array}{c} \text{OH} \\ | \\ \text{O—B—O} \\ / \quad | \quad \backslash \\ \text{HO—B} \quad \text{O} \quad \text{B—OH} \\ \backslash \quad | \quad / \\ \text{O—B—O} \\ | \\ \text{OH} \end{array}$$

> 硼酸或者硼酸根的多聚体有很多种，并且有着很漂亮的结构。感兴趣的同学可以自行查阅相关结构。

根据元素化学的相关知识，我们能推断出 **X** 是硼酸 $B(OH)_3$。由 **Q** 生成 **X** 的过程即为多聚酸根在酸的催化下变为单个酸分子，反应的离子方程式为：

$$B_4O_5(OH)_4^{2-} + 3H_2O + 2H^+ = 4H_3BO_3$$

6-2 硼酸的电离方程式如下，注意其显示酸性的机理与一般的无机酸不同：

$$B(OH)_3 + H_2O \Longleftrightarrow B(OH)_4^- + H^+$$

> 硼酸酸性来源于其中心原子硼的缺电子性。

6-3 由 **X** 变成 **E** 的条件为甲醇 + 浓硫酸。浓硫酸一般有两个效用：脱水和氧化。而 **X** 中 B 已经是最高氧化态，所以浓硫酸应该是脱水剂。浓硫酸作为脱水剂，而且还有醇的存在，我们比较容易联想到有机中的酯化反应。故 **E** 应该是硼酸的甲酯，整个反应的机理类似于普通酯化：甲醇中的氧进攻硼，后经过质子转移，脱去一个水，反应直到最后没有水可以脱去为止。故 **E** 为硼酸三甲酯 $B(OCH_3)_3$。形成 **E** 的反应方程式为：

$$B(OH)_3 + 3CH_3OH = 3H_2O + B(OCH_3)_3$$

6-4 燃烧后分析是测定未知物成分的一种比较古老的手段，此方法由盖-吕萨克和泰纳尔提出，由李比希发展并完善。一般来说，完全燃烧会使得其中的成分变成其最高氧化态的氧化物（氮则有可能变成氮气）。所以硼酸三甲酯的燃烧结果为 B_2O_3、水及二氧化碳：

$$2B(OCH_3)_3 + 9O_2 = B_2O_3 + 6CO_2 + 9H_2O$$

值得一提的是，硼酸酯燃烧产生绿色火焰是一个特征现象，也是本题的另一个突破口。

6-5 最后，由硼酸三甲酯和氢化钠直接生成 $NaBH_4$ 的反应也能比较简单地写出来：

$$B(OCH_3)_3 + 4NaH = NaBH_4 + 3NaOCH_3$$

6-6 $NaBH_4$ 为一种比较强的还原剂，其在水中的半反应方程式为：

$$BH_4^- + 7OH^- - 8e^- = B(OH)_3 + 4H_2O$$
$$8H^+ + 8e^- = 4H_2$$
$$BH_4^- + H^+ + 3H_2O = B(OH)_3 + 4H_2$$

可以看到，反应物中存在 H^+，氢离子浓度的升高不仅会使得反应变快，也会使得反应变得完全。所以水溶液的 pH 越大，$[H_3O^+]$ 越低，BH_4^- 和 H_3O^+ 的反应越难，因而 $NaBH_4$ 越稳定。

6-7 最后一问考查原电池方面的知识。根据上面我们讨论的结果，BH_4^- 是一种比较强的还原剂，所以遇上 H_2O_2，H_2O_2 只能作为氧化剂。BH_4^- 要失去 8 个电子，硼的氧化态不变，所有的 H 从 -1 氧化态变成 $+1$ 氧化态。而且题干中强调此电池在碱性条件下，所以 B 的最终产物为 $B(OH)_4^-$。故反应方程式如下：

$$BH_4^- + 4H_2O_2 = B(OH)_4^- + 4H_2O$$

评注

硼由于其丰富的成键方式和独特的成键形式经常作为竞赛的考查点出现。一般来说，B 的化合物由于 B 的价电子数只有 3 而多显缺电子性。B 的电负性小于 H，这也使得在硼氢化合物中硼显正价，氢显负价，而且在结构中经常出现三中心二电子键，使得硼烷的结构奇特而多变。同时由于氢原子的负电性，$NaBH_4$ 是一个比较温和的还原剂，在有机中经常用来还原一些基团。其乙醇溶液可以将酮或醛还原成醇，或者将酰氯还原成醇，而不涉及酸或者酯。更换溶剂，如将乙醇换成二甘醇二甲醚溶液，或者加入 $LiCl$ 或者 $AlCl_3$ 等盐也会增加其还原性。

第 7 题

题目（13 分）

分子筛是一种天然或人工合成的泡沸石型水合铝硅酸盐晶体。人工合成的分子筛有几十种，皆为骨架型结构，其中最常用的是 **A** 型、**X** 型、**Y** 型和丝光沸石型分子筛，化学组成可表示为 $M_m[Al_pSi_qO_{n(p+q)}] \cdot xH_2O$。

7-1 Si^{4+}、Al^{3+} 和 O^{2-} 的离子半径分别为 41 pm、50 pm 和 140 pm，通过计算说明在水合硅铝酸盐晶体中 Si^{4+} 和 Al^{3+} 各占据由氧构成的何种类型的多面体空隙。

7-2 上述化学式中的 n 等于多少？说明理由。若 **M** 为二价离子，写出 m 与 p 的关系式。

7-3 X 射线衍射测得 Si—O 键键长为 160 pm。此数据说明什么？如何理解？

7-4 说明以下事实的原因：

(1) 硅铝比（有时用 SiO_2/Al_2O_3 表示）越高，分子筛越稳定；

(2) 最小硅铝比不小于 1。

7-5 人工合成的 **A** 型分子筛钠盐，属于立方晶系，正当晶胞参数 $a =$

2464 pm，晶胞组成为 $Na_{96}[Al_{96}Si_{96}O_{384}] \cdot xH_2O$。将 811.5 g 该分子筛在 1.01325×10^5 Pa、700 °C 加热 6 小时将结晶水完全除去，得到 798.6 L 水蒸气（视为理想气体）。计算该分子筛的密度。

分析与解答

7-1 本题考查 Pauling 提出的适用于简单离子晶体的半径比规则。同学们应能通过比较阴阳离子半径，计算出阳离子配位数。在晶体中，密堆积层以及层间的空隙主要有三角形空隙、四面体空隙、八面体空隙三种。三种空隙内切球的半径最小值分别是（R 是密堆积球的半径）：

结构 | 晶体立体几何
难度 | ★
除以上三种以外，还有立方体空隙以及二十面体空隙。不过立方体空隙一般不适用于密堆积体系，而二十面体空隙则相当于参与了密堆积。

$$三角形空隙：r = \left(\frac{2\sqrt{3}}{3} - 1\right)R = 0.155R$$

$$四面体空隙：r = \left(\frac{\sqrt{6}}{2} - 1\right)R = 0.225R$$

$$八面体空隙：r = \left(\sqrt{2} - 1\right)R = 0.414R$$

在填隙原子的半径介于 0.155 ~ 0.225 倍密堆积球半径的时候，填充三角形空隙；在填隙原子的半径介于 0.225 ~ 0.414 倍密堆积球半径的时候，填充四面体空隙；在填隙原子的半径大于 0.414 倍密堆积球半径且不影响密堆积层的堆积时，填充八面体空隙。所以我们只要计算一下填隙原子和密堆积层原子的半径比，即可知道是填充什么空隙。

题目中氧离子的半径显著大于硅和铝的半径，所以氧离子在这里作为密堆积层原子，硅和铝离子去填隙。很容易算出硅和铝离子与氧离子的半径比分别是 0.29 和 0.36，均介于 0.225 和 0.414 之间，所以<u>硅和铝离子均填充在四面体空隙中</u>。实际上，在无限大的三维结构的硅铝酸盐中，Si 和 Al 都是四配位四面体结构，也正是因此，才使得硅铝酸盐骨架能够在三维空间中延伸。分子筛骨架中硅氧四面体为电中性，被三价铝离子取代后，铝氧四面体带有一个负电荷。因此整个硅铝酸盐分子筛具有阴离子骨架结构，骨架负电荷由额外的阳离子进行平衡。平衡骨架负电荷的阳离子位于分子筛的孔道和笼中，与结构之间的作用基本是离子性的，因此可以自由移动，也可以被其他离子交换。如果被质子交换，沸石就具有了相当可观的 Brønsted 酸性，可被视为固体酸。阳离子的数目及位置，都对分子筛的离子交换性能及催化性能具有直接的影响。

7-2 由上一小题的结论，硅和铝离子均填充在四面体空隙中，所以其配位数为 4；而氧原子连接两个原子，配位数为 2。即 <u>Si(Al)O$_4$ 为骨架型结构，氧原子被两个四面体共用</u>，所以一个硅或者铝离子对应两个氧原子，$n = 2$。再根据电荷守恒，有下式：

结构 | Pauling 规则
难度 | ★

$$2m + 3p + 4q = 2 \times 2 \times (p + q)$$

整理得 $p = 2m$。

无机 | 离子极化
难度 | ★

7-3 题干提到 Si—O 键的键长只有 160 pm，小于第一问中硅和氧离子半径之和 181 pm。这表明，Si—O 键的键型已经从单纯的离子键转变成共价键（因为要形成共价键，需要两个原子之间的电子云重叠，需要更近的距离）。从软硬酸碱的角度来看，电荷高、半径小的 Si^{4+} 离子，显然是一个非常硬的酸；而电负性高的 O 也应该是一个比较硬的碱，两者相遇，极化性高的 Si 会吸引可极化性不弱的 O 的电子云产生变形，从而形成部分共价键。

结构 | Pauling 规则
难度 | ★
此规则即为 **Lowenstein 规则**，即四面体位置上的两个铝原子不能直接相连。

7-4 本题是一个考查结构的题目。在分子筛中，硅离子的半径小于铝离子，而且其电荷也高于铝离子的电荷，所以，从离子键的角度而言，Si—O 键的强度要大于 Al—O 键的强度。所以分子筛中，掺杂的铝的比例越高，沸石的结构就越不稳定。由于铝的实际氧化态是 +3，所以铝氧四面体其实是显负价的，为了使结构更稳定，需要使铝氧四面体的间距越大越好。但是如果硅离子的数目小于铝离子的数目，则势必会使得铝氧四面体彼此之间接触。两个负价基团距离过近，使得整体结构不稳定，所以要保证最小硅铝比不小于 1。

结构 | 晶体密度
难度 | ★

7-5 本题主要考查晶体密度的计算，由公式：

$$\rho = \frac{ZM}{N_A V}$$

其中 $Z = 1$，$N_A = 6.022 \times 10^{23}$ mol^{-1}，由于晶胞是立方晶胞，所以 $V = a^3$。至此，只有 M 的量依然未知，而

$$M = 96 \cdot M_{Na} + 96 \cdot M_{Al} + 96 \cdot M_{Si} + 384 \cdot M_O + x(2 \cdot M_H + M_O)$$
$$= 1.364 \times 10^4 + 18.02x$$

此式两端单位 g mol^{-1} 略去。

所以我们需要将 x 的值求出来。由题意，811.5 g 该分子筛在 1.01325×10^5 Pa、700 °C 加热将结晶水完全除去，得到 798.6 L 水蒸气，由理想气体方程以及化学式：

$$n = \frac{pV}{RT} = \frac{1.01325 \times 10^5 \text{ Pa} \times 798.6 \times 10^{-3} \text{ m}^3}{8.314 \text{ J K}^{-1} \text{ mol}^{-1} \times (273.15 + 700) \text{ K}} = 10.00 \text{ mol}$$

$$\frac{811.5 \text{ g}}{M} = \frac{811.5 \text{ g}}{1.364 \times 10^4 + 18.02x} = \frac{10.00 \text{ mol}}{x}$$

解得 $x = 216$ g mol^{-1}，所以 $M = 1.753 \times 10^4$ g mol^{-1}，代入得：

$$\rho = \frac{ZM}{N_A V} = \frac{ZM}{N_A a^3} = \frac{1.753 \times 10^4 \text{ g mol}^{-1}}{6.022 \times 10^{23} \text{ mol}^{-1} \times (2464 \times 10^{-10} \text{ cm})^3}$$
$$= 1.946 \text{ g cm}^{-3}$$

评注

传统意义上的沸石是由硅氧四面体与铝氧四面体两种四面体通过共顶点连接得到的具有孔状结构的微孔晶体材料。截至 2018 年，国际分子筛协会数据库共有 232 种分子筛结构类型被收录。每种结构类型根据 IUPAC 命名规则以三个大写字母并按字母排列顺序形成编码来表示。编码多根据典型材料的名字衍生而来，用于描述和定义共享顶点的 [TO$_4$] 四面体形成的骨架。一般情况下，T 原子指 Si、Al 或 P 原子，少数情况下也代指 Ge、B、Ga、Be 等杂原子。

离子晶体中密堆积和填隙一直是竞赛中的热门考点。本题目从分子筛着手，通过计算得到了硅在氧密堆积中的空隙种类，与以前所学形成对照，达到了"学以致用"的目的。此后通过键长的变化考查了键型变异以及软硬酸碱理论等考点。第四问考查了晶体缺陷的相关知识，解决了实际问题，达到了用理论来解释现象的目的。整个题目难度中等，考点覆盖广泛。

第 8 题

题目（6 分）

在 25 °C 和 101.325 kPa 下，向电解池通入 0.04193 A 的恒定电流，阴极 (Pt, 0.1 mol L^{-1} HNO$_3$) 放出氢气，阳极 (Cu, 0.1 mol L^{-1} NaCl) 得到 Cu^{2+}。用 0.05115 mol L^{-1} 的 EDTA 标准溶液滴定产生的 Cu^{2+}，消耗了 53.12 mL。

8-1 计算从阴极放出的氢气的体积。

8-2 计算电解所需的时间（以小时为单位）。

分析与解答

8-1 本题为一道比较简单的电化学问题，难度与高考化学水平相当。根据所学的高中知识，阳极失去的电子等于阴极所得到的电子。所以，如果知道生成的 Cu^{2+} 的量，便知道了电子的量，也就知道了所放出氢气的量，即计量关系：

$$1Cu^{2+} \sim 2e^- \sim 1H_2$$

氨羧配位剂由于分子中含有配位能力很强的氨氮和羧氧配位原子，几乎能与所有金属离子配位，被广泛用作配位滴定剂。其中应用最广的是乙二胺四乙酸（EDTA），EDTA 基本能与所有金属原子以一个较大的配位常数形成 1:1 的配合物。一般而言，Cu^{2+} 的滴定除了配位滴定法，还有碘量法，即利用 Cu^{2+} 的氧化性氧化还原性比较强的 I$^-$，然后滴定生成的 I$_2$ 来间接测得 Cu^{2+} 的含量。本题中使用的是配位滴定法测

无机 | 电化学
分析 | 滴定分析
难度 | ★

铜的滴定多用 EDTA 的二钠盐于酸性条件下以 PAN 作指示剂滴定。

量 Cu^{2+} 的量。滴定的反应方程式为（EDTA 为四元酸，故写成 H_4Y）：

$$Cu^{2+} + Na_2H_2Y \Longrightarrow CuY^{2-} + 2Na^+ + 2H^+$$

所以生成的 Cu 的物质的量：

$$n_{Cu} = V_{EDTA} \cdot c_{EDTA}$$
$$= 0.05115 \text{ mol L}^{-1} \times 53.12 \times 10^{-3} \text{ L} = 2.717 \text{ mmol}$$

随后，根据上述的计量关系以及理想气体方程 $pV = nRT$，计算得氢气的体积：

$$V_{H_2} = \frac{nRT}{p}$$
$$= \frac{2.717 \times 10^{-3} \times 8.314 \times (273.15 + 25)}{101.325} \text{L}$$
$$= 6.648 \times 10^{-2} \text{ L} = 66.48 \text{ mL}$$

8-2 本题则考查电化学知识。电流的定义是单位时间里通过导体任一横截面的电量，所以在电流恒定的情况下，总电量与通电时间成正比，即：

无机 | 电化学
分析 | 滴定分析
难度 | ★

$$Q = It$$

通过总电子数为 2.717 mmol。我们可以直接用 Faraday 常数联系电荷量和物质的量的式子来计算通过的总电量：

$$Q = nF = 2 \times 2.717 \times 10^{-3} \text{ mol} \times 96485 \text{ C/mol} = 524.3 \text{ C}$$

所用时间即为：

事实上，第一次测得 Faraday 常数也使用了类似的方法——电解 AgCl。

$$t = Q/I = 524.3 \text{ C}/0.04193 \text{ A} = 1.250 \times 10^4 \text{ s} = 3.472 \text{ h}$$

如果同学们不知道 Faraday 常数的用处，我们也可以使用 Avogadro 常数乘上一个电子的电量，来计算 1 mol 电子的电量——在历史上，第一次测得 Avogadro 常数便用了这个方法。

第 9 题

题目（11 分）

9-1 画出下列转换中 **A**、**B**、**C** 和 **D** 的结构简式（不要求标出手性）：

$$\mathbf{A}\ (C_{14}H_{26}O_4) \xrightarrow[\text{回流}]{\text{Mg / 苯}} \xrightarrow{H_2O} \mathbf{B}\ (C_{12}H_{22}O_2) \xrightarrow[\text{无水醚}]{\text{LiAlH}_4} \xrightarrow{H_2O}$$

$$\mathbf{C}\ (C_{12}H_{24}O_4) \longrightarrow \mathbf{D}\ (C_{12}H_{22}Br_2) \longrightarrow$$

9-2 画出下列两个转换中产物 **1**、**2** 和 **3** 的结构简式，并简述在相同条件下反应，对羟基苯甲醛只得到一种产物，而间羟基苯甲醛却得到两种产物的原因。

对羟基苯甲醛 $\xrightarrow[\text{丙酮，回流}]{CH_3(CH_2)_{11}Br,\ K_2CO_3}$ **1**

间羟基苯甲醛 $\xrightarrow[\text{丙酮，回流}]{CH_3(CH_2)_{11}Br,\ K_2CO_3}$ **2** + **3**

分析与解答

9-1 本题是一道基础的流程式有机化学题，题目中给出了生成物的结构。首先计算 **A～D** 以及产物五种化合物的不饱和度。根据不饱和度计算公式：

$$\Omega = c + 1 - h/2 + n$$

其中 c 代表碳原子（或其他四价原子）的数目，h 代表氢原子（或其他一价原子，如卤素）的数目，n 代表氮原子（或其他三价原子）的数目，氧原子以及其他二价原子（如硫原子）的数目不参与运算（为什么？）。五种化合物的不饱和度分别为：Ω (**A**) = 2，Ω (**B**) = 2，Ω (**C**) = 1，Ω (**D**) = 1，Ω (产物) = 2。

接下来，从产物开始逆推：由 **D** 到产物，不饱和度增加 1，总体减少了两个溴原子，很容易想到是在金属 Mg 或 Zn 的作用下发生的 E1cb 反应：

D ($C_{12}H_{22}Br_2$) $\xrightarrow[-MBr_2]{M = Mg\ 或\ Zn,\ E1cb}$ $C_{12}H_{22}$

从 **C** 到 **D**，从化学式上看，少了 H_2O_2 而多了 Br_2，且不饱和度不变，说明发生了溴离子对羟基的亲核取代反应：

C ($C_{12}H_{24}O_2$) $\xrightarrow[-2H_2O]{HBr\ (2\ eq)}$ **D** ($C_{12}H_{22}Br_2$)

而从 **B** 到 **C**，不饱和度减少了 1，从化学式来看多了两个氢原子。反应条件中的氢化铝锂是一种比较强的还原剂，主要用于酯、羧酸和

有机 | 反应推断
难度 | ★

不饱和度的符号用 Ω 或 BDE（double bond equivalent，等价双键数目）表示，后者常见于英美国家的有机化学教科书。

这个反应最有可能发生的副反应是什么？写出它的产物和机理。

酰胺的还原，而对于双键没有还原性。所以应该是 **B** 中的一个羰基经还原成为了 **C** 中的一个羟基。由于整个大环的对称性，两个羟基的化学环境一样，所以 **B** 只有一种：

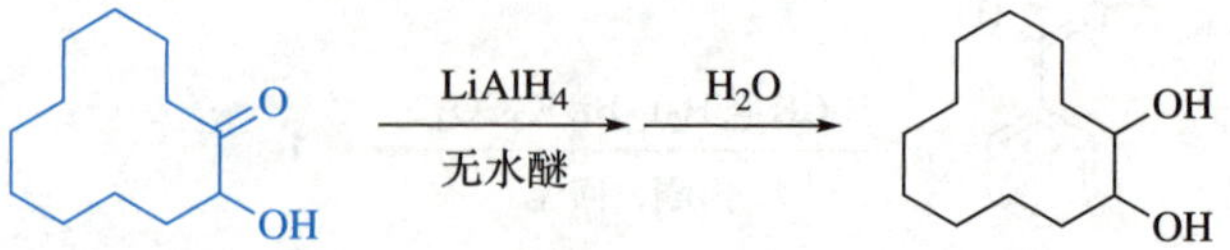
O
OH
$LiAlH_4$
无水醚
H_2O
OH
OH

B ($C_{12}H_{22}O_2$)　　**C** ($C_{12}H_{24}O_2$)

α-羟基酮是非常典型的结构，可以由酯的双分子还原后直接得到。金属镁在有机反应中经常作为还原剂出现，分为单分子还原和双分子还原两种。在 **A** 到 **B** 的反应中，虽然发生了还原反应，但不饱和度没有发生变化，所以反应应该是酯基或者羧基的还原。由于少了两个碳，故反应应该是两个甲酯偶联，这使得我们联想到了金属钠的酮醇缩合反应，所以 **A** 的结构应该是：

写出此反应的机理。使用金属镁而非金属钠的原因可能有哪些？

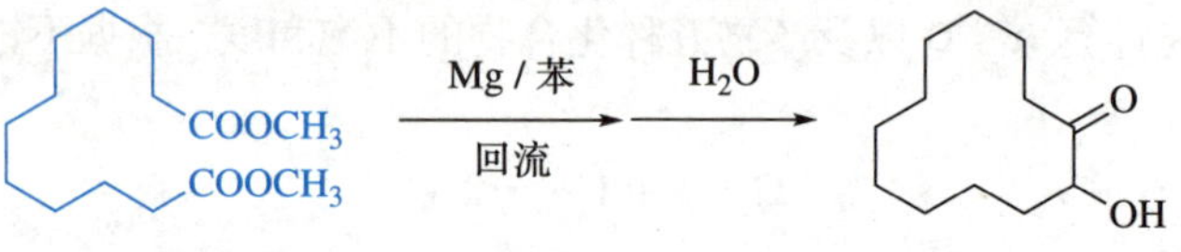
$COOCH_3$
$COOCH_3$
Mg / 苯
回流
H_2O
O
OH

A ($C_{14}H_{26}O_4$)　　**B** ($C_{12}H_{22}O_2$)

有机 | 反应机理
开放 | 理论实验结合
难度 | ★★★

9-2 本题的考法比较新颖，难度较高，需要同学们对参与反应的各个化合物的反应性具有很好的认识和理解，大胆推测，小心求证。

比较两个类似的结构：对甲酰基苯酚只生成单一产物 **1**，而间甲酰基苯酚能生成两种产物 **2** 和 **3**，这使得我们不禁思考起其背后的原因。首先，按照一般思路考虑：两种反应物中均含有酚羟基。在碱性环境下，酚羟基脱去质子，形成亲核性很强的酚负离子。酚负离子与 1-溴十二烷发生亲核取代反应，生成“正常”产物十二烷基芳基醚 **1**、**2**：

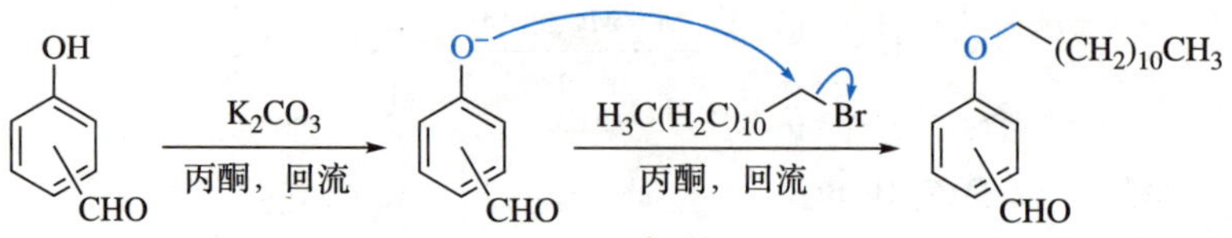
OH
CHO
K_2CO_3
丙酮，回流
O^-
CHO
$H_3C(H_2C)_{10}$
Br
丙酮，回流
O
$(CH_2)_{10}CH_3$
CHO

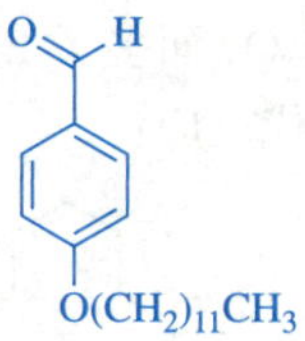
O
H
$O(CH_2)_{11}CH_3$

1

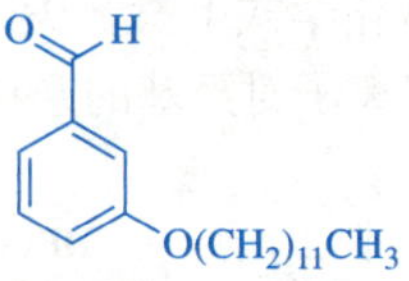
O
H
$O(CH_2)_{11}CH_3$

2

反之亦然：羟基的相对位置也会对醛基的反应性造成影响，这种影响的后果请同学们自己分析。

产物 **3** 是如何生成的？如果没有第一个反应式，这个问题或许很难解答，然而题干已经给出了提示：**3** 的生成必然与两种反应物结构的差异有关。对比两种反应物，它们都有着相同的官能团醛基和酚羟基（广义地看，还有苯环），唯一不同的是这两个官能团的相对位置：一个互为间位，一个互为对位。因而羟基的相对位置会对醛基的反应性造成**影响**：羟基是邻/对位定位基，氧原子可以通过给电子共轭效应影响醛羰基的电性，如以下共振式所示：

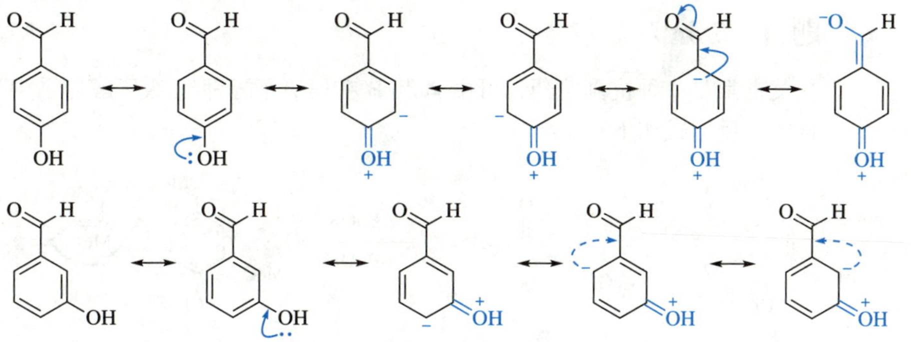

因而，连在苯环上的烷氧基（为什么是烷氧基？）对苯环的对位比对苯环的间位有更强的给电子共轭效应和更弱的吸电子诱导效应，致使烷氧基间位的醛基比烷氧基对位的醛基有更强的亲电性。这种醛基亲电性的差异会带来什么**后果**？这提示我们寻找一个反应体系中的亲核试剂。很多同学因此写出了羰基被另一分子酚羟基进攻形成半缩醛的答案，这显然是错误的：半缩醛非常不稳定，甚至不能在碱性条件下生成。

吸电子诱导效应的影响相较共轭效应小很多。但是原参考答案中仍然包含了吸电子诱导效应这一采分点。这考验同学们的细致程度。

我们不妨将眼界拓宽，思考一下反应体系中还应该有什么物质：在体系中除了 1-溴十二烷和羟基苯甲醛以外，还有作为溶剂的丙酮可以提供亲核位点。所以第二种产物是间位羟基苯甲醛与丙酮发生羟醛缩合反应后的产物：

为什么是醚而非酚作为反应物？请给出至少两条理由。

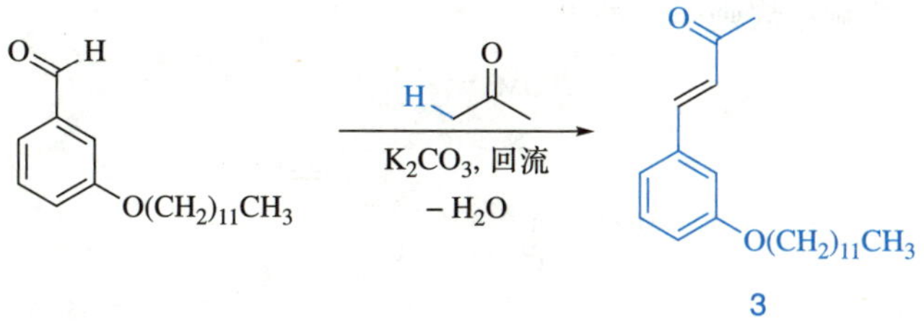

丙酮自身也可以发生羟醛缩合，回答丙酮自身缩合的产物好不好？为什么？

评注

本题目考查基本的有机化学反应。第一问是一道流程式的有机合成题目。一般来说，同学们可以根据生成物的结构与反应条件逆推出反应物，这一流程类似于有机合成中的逆合成分析，体现了化学竞赛基础知识与科研技巧并重的趋势。第二问**非常巧妙**，对同学们思维的灵活性与严谨性要求较高。在有机化学的学习中，我们一直在淡化溶剂在反应过程中的作用，甚至认为溶剂在反应中是惰性的。此题挑战了这个惯性思维，把第二种产物的反应物隐藏在溶剂中。在科研中，合适的溶剂不仅仅能影响反应的产率，甚至有可能影响产物的结构。

"大胆假设，小心求证"。

第 10 题

题目（7分）

灰黄霉素是一种抗真菌药，可由 **A** 和 **B** 在三级丁醇钾/三级丁醇体系中合成，反应式如下：

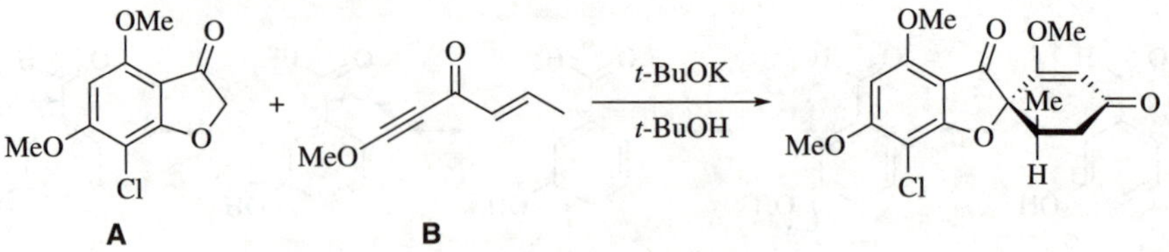

[反应式图：A + B $\xrightarrow[t\text{-BuOH}]{t\text{-BuOK}}$ 灰黄霉素]

10-1 在灰黄霉素结构式中标出不对称碳原子的构型。

10-2 写出所有符合下列两个条件的 **B** 的同分异构体的结构简式：

(1) 苯环上只有两种化学环境不同的氢；

(2) 分子中只有一种官能团。

10-3 写出由 **A** 和 **B** 生成灰黄霉素的反应名称。

分析与解答

这道题考查同学们对旋光性和有机物的同分异构体方面的基本功以及对简单人名反应的掌握程度。

有机 | 立体化学
难度 | ★

10-1 本题是一道与旋光性有关的题。此类题目直接通过手性的判断规则辅以基团顺序规则即可做出：

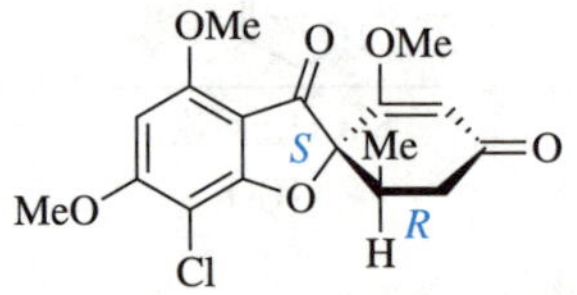

[结构图：标注 S 和 R 构型的灰黄霉素结构]

有机 | 同分异构体
难度 | ★★

10-2 本题考查同分异构体的相关知识。有机物的同分异构体一直是高中有机化学学习中的重点。在寻找有机化合物的同分异构体时，我们要按照一定的顺序：先通过不饱和度和化学式确定可能的官能团，然后分情况寻找其他结构异构体。本题中 **B** 的不饱和度为 4，恰好满足一个苯环的不饱和度，所以官能团不能为带有双键的结构。再由题目的限制 (2) "分子中只有一种官能团"，**B** 的化学式为 $C_7H_8O_2$，由于氧原子必然在官能团中，所以官能团只能是两个羟基或是一个过氧基。我们不妨分以下几种情况进行讨论：

(1) 两个羟基——两个酚羟基：两个酚羟基的位置有邻、间、对三种，我们不妨将符合要求的所有 **B** 的异构体全部写出。

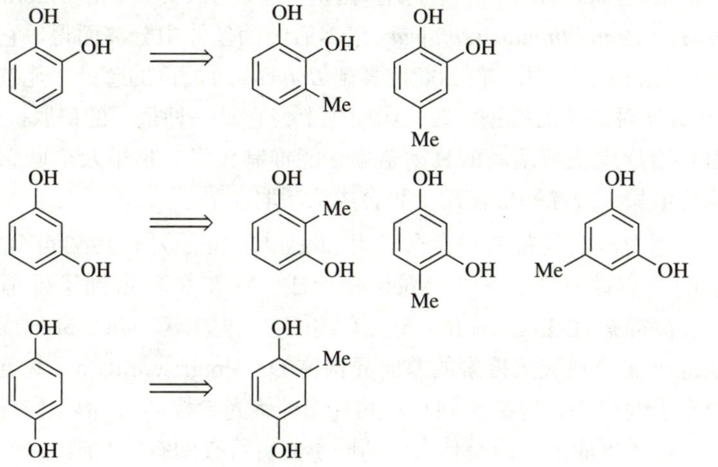

其中只有间二酚的第一种和第三种符合题目要求。

(2) 两个羟基——一个酚羟基一个醇羟基：当羟基有一个作为醇羟基时，苯环上只能连接一个羟甲基和一个酚羟基，有邻、间、对三种。其中只有两个基团对位的时候，才符合题目要求。

(3) 一个过氧基——直接连接苯环：则苯环上有两个基团，即一个甲基和一个过氧基，同上一种情况，只有对位满足题目要求。

(4) 一个过氧基——不连接苯环：此时，苯环上只有一个基团，无论如何都不能使苯环上的氢只有一种，故此情况不成立。

综上，一共有四种结构符合要求：

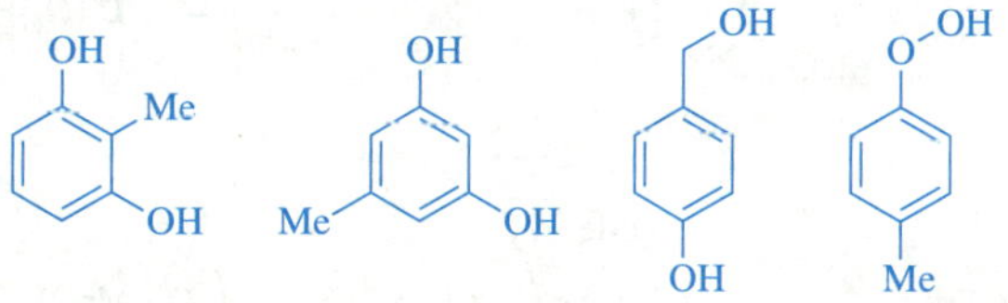

10-3 考查同学们对基本人名反应的掌握程度。同学们在面对灰黄霉素这种比较复杂的结构时常常不知道从何下手，分不清在哪个位点发生了反应。这时，我们不妨将两种结构重画为如下形式，就很容易看出它们的关系了：

有机 | 人名反应
难度 | ★

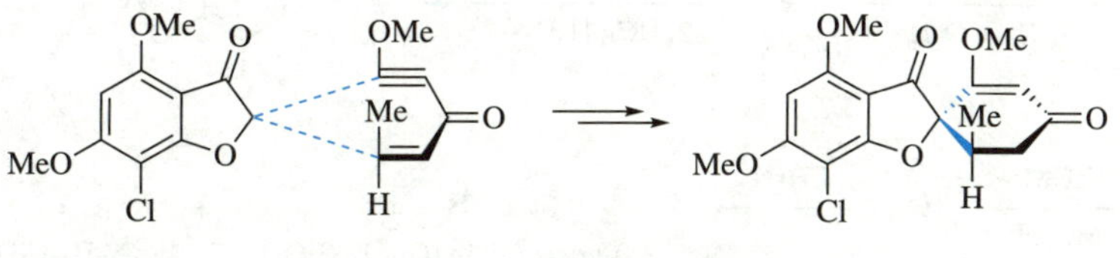

从结果来看，此反应是对于双键以及叁键的加成反应。由于在 **B** 中双键与叁键均与羰基共轭，而且在碱性条件下反应，所以反应应该是 α,β-不饱和酮的 1,4-共轭加成反应，即 Michael 加成反应。

写出这个 Michael 加成反应的机理。烯醇负离子先与哪个 α,β-不饱和酮发生共轭加成？为什么？

背景

灰黄霉素 (griseofulvin) 是一种抗真菌抗生素，于 1939 年由 Oxford 等人从青霉菌 *Penicillium griseofulvum* 培养后的菌丝体中分离而得。它有抗植物真菌病害的作用，例如能抗真菌 *Botrytis* 对莴苣的感染；能抗真菌 *Alternaria* 对烟草的感染。在临床应用上，它是一种重要的口服抗生素，被用来治疗皮肤癣菌属的真菌感染，能抑制头发、指甲及皮肤感染的真菌的生长。现在一般使用生物合成法制取。[6]

本题中涉及的灰黄霉素合成由 Stork 与 Tomasz 于 1963 年完成[7]，合成的亮点就在于这步双 Michael 加成，一步关环得到了外消旋的 D,L-灰黄霉素 (D,L-griseofulvin)。有趣的是，这步双 Michael 加成反应本来也可能得到灰黄霉素的差向异构体 D,L-epigriseofulvin（灰黄霉素有两个手性中心，容易想到它一共有四种旋光异构体），但差向异构体没有生成（可能的原因是什么？请同学们自行查阅有关文献）。

> 画出灰黄霉素的四种旋光异构体，区分出对映异构体与非对映异构体。（在这里同时也是差向异构体）。什么是差向异构体？

思考题 A

灰黄霉素的另一条合成路线由 Pirrung 等人在 1991 年完成。[8] 这条合成路线得到了光学纯的 (+)-griseofulvin：

[合成路线图：起始物为 3,5-二甲氧基苯酚，经过 1. SO_2Cl_2; 2. Ac_2O, Py 得到 A，经 $AlCl_3$ 得到 B，与手性烯丙醇在 PPh_3, DIAD 条件下得到 C；再经 1. LiHMDS (2 equiv.) 2. NC-CO-OMe 得到中间体，再经 MsN_3/NEt_3 得到 D ($C_{17}H_{19}ClN_2O_6$)；经 $Rh_2(OPiv)_4$ 得到苯并呋喃酮中间体，经 1. O_3, MeOH 2. Me_2S 得到 E；经 1. $Ph_3P=C(Me)CO_2t$-Bu 2. CF_3CO_2H 得到 F ((E)-烯烃)；经 1. $P(=O)(OPh)_2N_3$, NEt_3 2. HCl, H_2O 得到中间体；经 NaOMe/MeOH 得到 G，经 CH_2N_2 得到 H ((+)-griseofulvin, $C_{17}H_{17}ClO_6$) + I ($C_{17}H_{17}ClO_6$)]

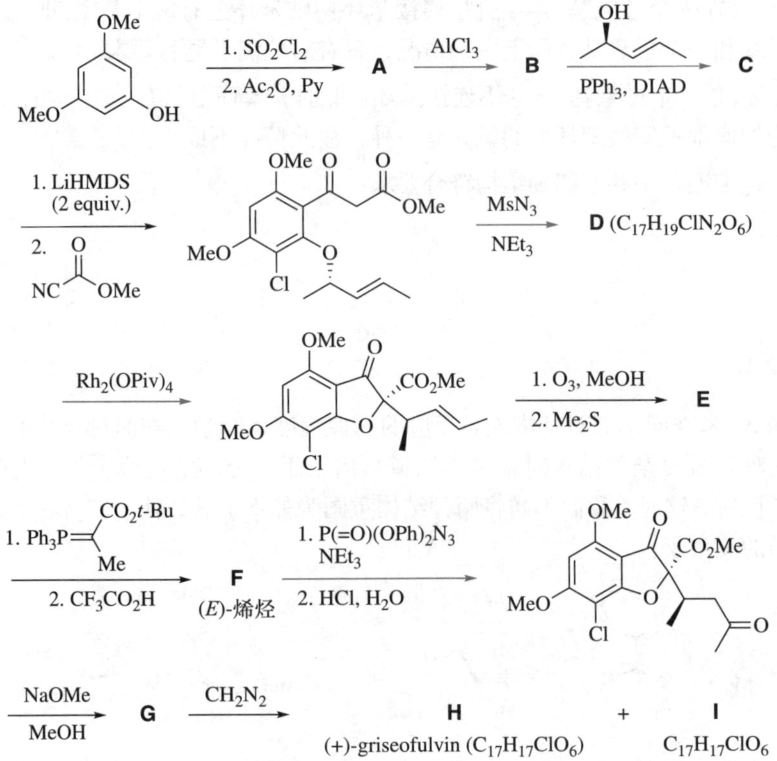

A-1 补全上述合成路线，给出 **A ~ I** 的结构。

A-2 写出蓝色箭头所代表的反应机理，对于人名反应，给出反应的名

A-3 解释为什么第 8 步生成了 E 式烯烃。

第 11 题

题目（9 分）

化合物 **A** 由碳、氢、氧三种元素组成，相对分子质量 72，碳的质量分数大于 60%。**A** 分子中的碳原子均为 sp^3 杂化。**A** 与 2-苯基乙基溴化镁在适当条件下反应后经水解生成 **B**。**B** 在质子酸的催化作用下生成 **C**。经测定 **B** 分子只含 1 个不对称碳原子，其构型为 R。请根据上述信息回答下列问题：

11-1 写出 **A** 的分子式。

11-2 画出 **A**、**B** 和 **C** 的结构简式（列出所有可能的答案）。

11-3 简述由手性化合物 **B** 合成 **C** 时手性能否被保留下来的理由。

分析与解答

11-1 本题是一道简单的元素分析题。**A** 的相对分子质量为 72，且碳的质量分数大于 60%，所以碳占有的相对分子质量大于 43.2。碳的相对原子质量为 12.00，所以碳在此分子中的个数为 4、5 或 6 个。而碳原子的个数为 5 或 6 个时，剩余的相对分子质量小于氧的相对原子质量 16。故 **A** 的分子式为 C_4H_8O。

有机 | 反应推断
无机 | 元素分析
难度 | ★
$\Omega = 4 + 1 - 8/2 = 1$

11-2 & 11-3 **A** 的不饱和度为 1，而题目中说 **A** 分子中的碳原子均为 sp^3 杂化，所以不饱和度只能是形成环所带来的。而母环一共有五种可能：三元环、四元环、氧杂三元环、氧杂四元环、氧杂五元环。而全碳三元环和四元环不能和 Grignard 试剂（格氏试剂，2-苯基乙基溴化镁）发生反应，所以母环只可能是氧杂三元环、氧杂四元环或氧杂五元环。

Grignard 试剂进攻环氧化合物时，会进攻与氧直接连接的碳，发生亲核取代反应。而反应的区域选择性则取决于反应机理——碱性条件下，环氧化合物中空阻小的碳更容易被 Grignard 试剂进攻，发生 S_N2 反应，构型翻转，而另一个与氧相连的碳则构型保持：

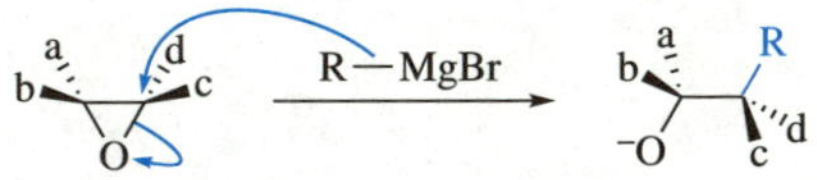

环氧乙烷在酸性条件下的开环反应也是 S_N2 机理。如何解释酸性开环的区域选择性（亲核试剂进攻多取代的碳原子）？

所以，如果与氧连接的碳有手性，而且不被 Grignard 试剂进攻，则手性会在后续反应中得到保留。且生成物有手性，需要一开始的环氧化合物有手性。所以氧杂五元环也不能作为母环（实际上，THF 也不与 Grignard 试剂反应）。因此分子中只有一个手性碳，且母环为氧杂三元环或氧杂四元环：

波浪线代表手性中心构型不能确定。

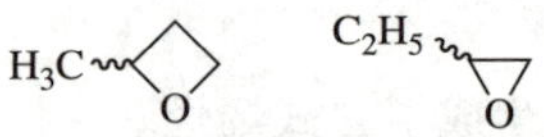

可以看出，甲基和乙基所连接的碳都是空阻比较大的碳，即不被 Grignard 试剂进攻的碳。所以在与 Grignard 试剂反应后，构型保留依然为 R，故对应的 **A**、**B** 分别为：

这里省去了反应溶剂和后续的酸性水解后处理步骤。可以使用的溶剂有哪些？后处理提纯产物的实际操作方法是什么？

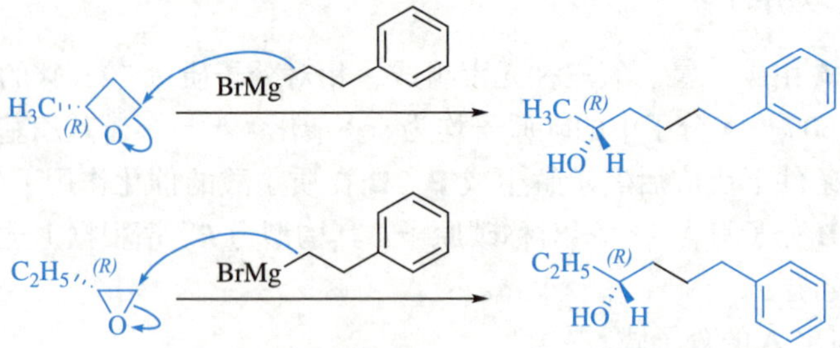

芳香亲电取代反应中决速步为苯环进攻碳正离子一步，而羟基质子化脱水后形成的平面型碳正离子，它的两侧均可与苯环反应，从而生成一对外消旋体，手性不能被完全保留下来：

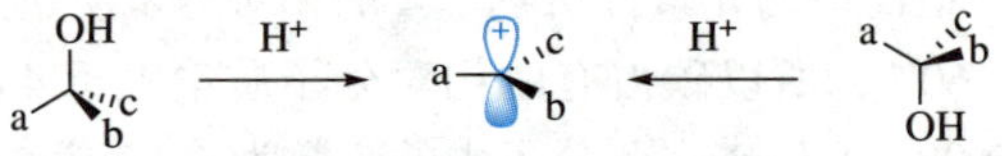

这里省去了质子化一步。

B 到 **C** 发生在质子酸的催化下，**B** 中只有羟基一个官能团，而且在 **B** 中还有一个苯环，所以应该发生芳香亲电取代反应。根据上文的讨论，**C** 为一组外消旋体，结构如下：

注意：(±) 符号代表一对 50:50 的外消旋体混合物，而波浪线键只代表手性碳的绝对构型不确定或为两种外消旋体按照某种比例混合。这里必须写外消旋体符号 (±)。

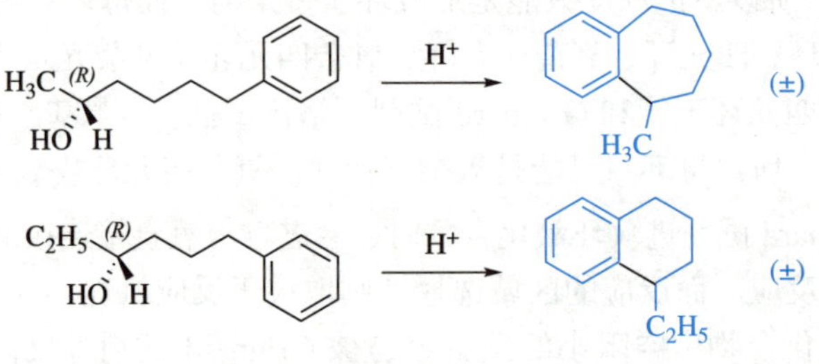

思考题解答

思考题 A

有机 | 反应推断、反应机理
难度 | ★★★

A-1

A-2 蓝色箭头代表的反应按顺序分别是：Fries 重排、Mitsunobu 反应、Regitz 重氮化反应、氧叶立德的 [2,3]-σ 迁移、Curtius 重排。

A-3 稳定的磷叶立德发生 Wittig 反应时，先形成稳定的开链两性离子中间体，再关成四元环，开链中间体的单键可以自由旋转，大基团在形成四元环时相互排斥处于环的反式位置，消除后只能生成 E 式烯烃。

（本章初稿由陈胤霖完成）

参考文献

[1] 人民教育出版社 课程教材研究所 物理课程教材研究开发中心. 物理·选修 3–5. 北京：人民教育出版社，2010.

[2] 中国化学会. 全国高中学生化学（奥林匹克）竞赛基本要求, 2008.

[3] Lide, D. R, ed. *CRC Handbook of Chemistry and Physics*, 90th ed., CD-ROM version. Boca Raton: CRC Press/Taylor and Francis, 2010.

[4] Chung, S-H.; Manthiram, A. Carbonized eggshell membrane as a natural polysulfide reservoir for highly reversible Li-S batteries. *Adv. Mater.*, **2014**, *26* (9): 1360–1365.

[5] 刘立强, 陈蕴博. B_4C 晶体的结构与 C 原子占位研究. 功能材料, **2008**, *39* (10): 1628–1631.

[6] 范成典. 灰黄霉素的生物合成. 药学学报, **1963**, *10* (8): 514–518.

[7] Stork, G.; Tomasz, M. A new synthesis of cyclohexenones: The double Michael addition of vinyl ethynyl ketones to active methylene compounds. Application to the total synthesis of DL-griseofulvin. *J. Am. Chem. Soc.*, **1964**, *86* (3): 471–478.

[8] Pirrung, M. C.; Brown, W. L.; Rege, S.; Laughton, P. Total synthesis of (+)-griseofulvin. *J. Am. Chem. Soc.*, **1991**, *113* (22): 8561–8562.

第 24 届
中国化学奥林匹克竞赛（决赛）理论试题解析

2011 年 1 月 7 日 · 厦门

第 1 题

题目（17 分）

钒是人体不可缺少的元素，Heyliger 等首次报道了偏钒酸钠显著降低糖尿病大鼠血糖的作用后，钒化学的研究得到了很大发展。[1] 钒及其化合物也广泛应用于特种钢、催化剂、颜料、染料、电子材料及防腐剂等等领域。

1-1 钒酸盐与磷酸盐结构相似。请画出 VO_4^{3-}、$H_2VO_4^-$、$VO_2(H_2O)_4^+$ 和 $V_2O_7^{4-}$ 的空间构型。

1-2 生理条件下的钒以多种氧化态存在，各种氧化态可以相互转化。通常细胞外的钒是 V(V)，而细胞内的钒是 V(IV)。研究表明，钒酸二氢根离子可与亚铁血红素 (Mtrc-Fe^{2+}) 反应，写出该反应的离子方程式。[2]

1-3 已知钒配合物 $[VON(CH_2COO)_3]$：

1-3-1 该配合物在水溶液中的几何构型是唯一的，画出它的空间构型图。

1-3-2 理论推测该配合物分子在晶体中是有手性的，指出产生手性的原因。

1-4 钒酸钇晶体是近年来新开发出的优良双折射光学晶体，在光电产业中得到广泛应用。可以在弱碱性溶液中用偏钒酸铵和硝酸钇合成。写出以 Y_2O_3 与 V_2O_5 为主要原料合成钒酸钇的化学方程式。

1-5 若以市售分析纯偏钒酸铵为原料制备高纯钒酸钇单晶，需将杂质铁离子含量降至一定数量级。设每升偏钒酸铵溶液中含三价铁离子为 5.0×10^{-5} mol，用 0.01 mol L^{-1} 的螯合剂除铁。

1-5-1 说明不采取使铁离子水解析出沉淀的方法除铁的理由。

1-5-2 通过计算说明如何选择螯合剂使偏钒酸铵含铁量降至 10^{-30} mol L^{-1} 以下。

配离子	$K^{\ominus}$
[Fe(EDTA)]$^{2-}$	2.1×10^{14}
[Fe(EDTA)]$^{-}$	1.7×10^{24}
[Fe(Phen)$_3$]$^{2+}$	2.0×10^{21}
[Fe(Phen)$_3$]$^{3+}$	1.3×10^{14}

沉淀	$K_{sp}^{\ominus}$
Fe(OH)$_2$	8.0×10^{-16}
Fe(OH)$_3$	4.0×10^{-38}

分析与解答

本题以钒元素的元素化学知识为基础，涉及分子结构、配合物、氧化还原反应、配位平衡等知识，具有极强的综合性。总体来说题目难度较高，对同学们的各种思维能力有较高要求，可以较全面地检测同学们的能力。

无机 | 元素化学
难度 | ★

1-1 本题考查分子结构的书写。出题人考虑到同学们可能对 V 元素化学不太熟悉，给出了解题的提示：钒酸盐与磷酸盐结构相似。因此，我们首先考虑与题干中给出的钒酸盐类似的磷酸盐 PO_4^{3-}、$H_2PO_4^-$、$P_2O_7^{4-}$，并由所学知识绘出其结构，再把磷换成钒即可得到答案：

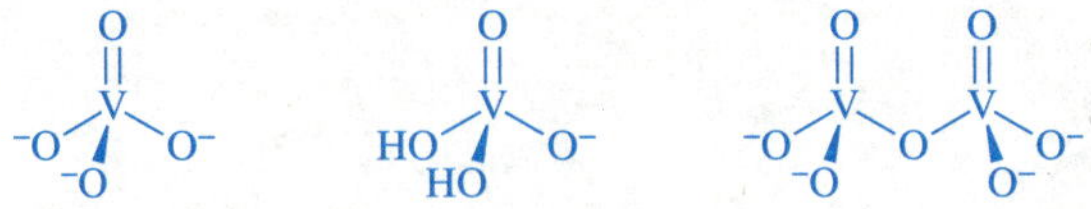

而对于最后的 $VO_2(H_2O)_4^+$，联想到 VO_2^+ 的结构，即钒分别与两个氧形成双键；再考虑这个结构中恰可以形成六配位体系，可能有顺反异构体，所以容易写出答案：

无机 | 元素化学, 方程式书写
难度 | ★★

1-2 本题考查氧化还原反应方程式的书写。由钒元素化学知识：五价钒 (VO_2^+) 酸性下可以氧化二价铁 (Fe^{2+})，生成四价钒 (VO^{2+}) 和三价铁 (Fe^{3+})。对比本题，可以发现两者实质一样。由此写出反应方程式：

$$Mtrc–Fe^{2+} + H_2VO_4^- + 4H^+ =\!=\!= Mtrc–Fe^{3+} + VO^{2+} + 3H_2O$$

结构 | 结构绘制
难度 | ★

1-3-1 本题考查配合物结构的绘制。首先由分子式可以发现配位的原子或分子（离子）有 O 和 $N(CH_3CO_2)_3^{3-}$，后者可以配位的原子有羧酸根的 O 原子和氨基上的 N 原子；再考查空间结构，这两种原子都参与配位可形成五元环，因此四个原子都参与配位。综合起来形成五配位结构，由此可以画出这个结构：

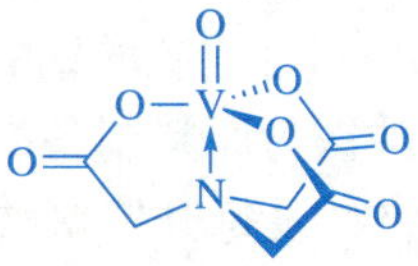

有机 | 立体化学
难度 | ★

1-3-2 本题对同学们的思考分析能力有较高要求。观察上述分子结构，可以发现在理想情况下它存在镜面，因而应该没有手性。但题述其有手性，则表明它的镜面遭到了破坏。需要找出破坏其镜面的结构畸变的位置。

观察到配位后形成了三个五元环，如果存在镜面，则 V—O 键和 N—C 键应该在同一平面，且螯合后形成的五元环也应在这个平面内；但结合立体化学知识，五元环优势构象并不是平面构象，所以五元环的非平面性导致了螯环的扭曲，从而破坏了镜面，使得分子具有手性。观察下述投影图可以清楚地看到螯环的扭曲：

1-4 本题难度不大，解题的关键在于根据"钒酸钇"这个命名正确写出其化学式。钒酸根离子是：VO_4^{3-}，而钇是第三副族元素，可以形成三价离子，即 Y^{3+}，将两者结合即得"钒酸钇"：YVO_4，那么本题迎刃而解。

无机 | 方程式书写
难度 | ★

按题干暗示，先形成"偏钒酸铵和硝酸钇"：

$$Y_2O_3 + 6HNO_3 = 2Y(NO_3)_3 + 3H_2O$$

$$V_2O_5 + 2NH_3 \cdot H_2O = 2NH_4VO_3 + H_2O$$

需要注意这里生成的是"偏钒酸铵"而不是"钒酸铵"，这里对同学们的细心程度要求较高。

最后将两者合一，即得"钒酸钇"：

$$Y(NO_3)_3 + NH_4VO_3 + 2NH_3 \cdot H_2O = YVO_4 + 3NH_4NO_3 + H_2O$$

1-5-1 本题考查阳离子的水解条件和共沉淀问题。同学们需要写出用沉淀法除铁的弊端。即使不结合具体题目也容易猜到，此类问题的答案无非有两个角度：原理上难以除干净；操作上比较复杂。

物化 | 化学平衡、胶体化学
难度 | ★

由 $Fe(OH)_3$ 的 K_{sp} 可以推算得使其完全沉淀的 pH：

假设完全沉淀时铁离子浓度为 1.0×10^{-5} mol L^{-1}，根据 K_{sp} = [Fe^{3+}][OH^-]^3，代入数据，可以算得此时 [OH^-] = 1.6×10^{-11} mol L^{-1}，即 pH = 3.2。此时酸性已较强，所以在题述的弱酸性条件下 $Fe(OH)_3$ 难以沉淀完全；而且 $Fe(OH)_3$ 具有胶体的性质，过滤十分困难，难以除尽。另外，注意到偏钒酸根也是一价离子，它可能代替氢氧根进入沉淀晶格中；或者在弱酸性下偏钒酸根会聚合成多聚钒酸根，而被吸附在胶体上。这种共沉淀效应使得原料损失，从而降低产率。

综上，不能用水解法除去铁离子。

1-5-2 本题对同学们的思考分析能力以及创新能力有一定的要求。常规思维的解题方法是从题干中给出的几个配体离子中选择出最优的一个来配位掉铁离子，首先遵循这个常规想法来解题。注意到 EDTA 的配离子的配位常数更大，因而我们首选 EDTA 配体，进行计算：

物化 | 化学平衡
难度 | ★★

设残余的 Fe^{3+} 的浓度为 x，则

$$Fe^{3+} + EDTA^{4-} = Fe(EDTA)^-$$

$$\frac{5.0 \times 10^{-5} - x}{(0.01 - 5.0 \times 10^{-5} + x)x} = 1.7 \times 10^{24}$$

解得：$x = 2.9 \times 10^{-27}$ mol L^{-1}。

题目要求 x 要小于 10^{-30} mol L^{-1}，说明找到一个最优配体并不能达到要求。重新审题发现题目没有限制如何使用配体，只是要求提出解决方案。因此，在上述解题基础上，可以再加入邻二氮菲，计算二次配位能否达到目的。

设残余的铁离子浓度为 y，则

$$\text{Fe}^{3+} + 3\text{Phen} \Longrightarrow \text{Fe(Phen)}_3^{3+}$$

$$\frac{2.9 \times 10^{-27} - y}{(0.01 - 3 \times 2.9 \times 10^{-27} + 3y)^3 y} = 1.3 \times 10^{14}$$

解得：$y = 2.2 \times 10^{-35}$ mol L^{-1}，可以发现此时的解已经满足条件。

类似地，先用邻二氮菲再用 EDTA 也可达到类似的效果。

本题要求同学们能够脱离思维定式，意识到一种配体不能解决问题，并迅速提出新的解决方案，对同学们的理性思维能力和考场应变能力有较高的要求。

思考题 A

钒酸盐在水中很容易水解、聚合：正钒酸根 VO_4^{3-} 在 pH = 14 时可以稳定地以单体形式存在；随着体系 pH 降低，正钒酸根首先水解聚合为 $\text{V}_2\text{O}_7^{4-}$，结构如 **1-1** 小题解析所示；pH 进一步降低，同多酸盐的主要存在形式为 $\text{V}_4\text{O}_{12}^{n-}$；pH = 6 时进一步转化为某十聚酸根 V_{10}；但当 pH 再降低时，聚合度反而下降，pH = 0 时主要存在形式为 VO_2^+。

A-1 确定 $\text{V}_4\text{O}_{12}^{n-}$ 中 n 的值，画出该离子最稳定的立体结构，它的点群是什么？

V_{10} 可看成六配位钒氧八面体共棱、共面连接而成。已知 V_{10} 多酸根点群为 D_{2h}，有 8 个端基氧原子、4 个三配位氧原子和 2 个六配位氧原子，其余氧原子配位数未知。

A-2 确定 V_{10} 多酸根中的氧原子数目与配位情况，写出其完整离子式。

A-3 画出 V_{10} 的立体结构。

第 2 题

题目（11 分）

通常认为固态格氏试剂 RMgX 中 Mg 的配位数为 4，五配位的 $[\text{CH}_3\text{MgBr(THF)}_3]$（THF 为四氢呋喃）为其特例。近年的研究发现，在一些双齿配位的溶剂（如 1,2-二甲氧基乙烷，简记为 DME）中，固态格氏试剂可以六配位的形式存在，形成通式为 $[\text{RMgA(DME)}_2]$（R = Me, p-$\text{CH}_3\text{C}_6\text{H}_4$; A = X$^-$, THF) 的八面体配合物，此固态配合物低温下在某些溶剂中仍保持八面体构型，它与醛的加成反应中，有手性醇生成。[3]

2-1 写出当 R = Me，A = THF 时，在低温下 CH_3MgI 从 DME 中沉淀出来的固态格氏试剂的化学式。

2-2 画出 **2-1** 中固态格氏试剂的所有可能存在的异构体，并用 *cis-*、*trans-* 标记几何异构体。

2-3 已知加成反应产物的对映体过量百分率为 22%，指出固态格氏试剂中哪种几何异构体是主要的，简述理由。

分析与解答

本题难度适中，以格氏试剂为背景考查配位化学中的异构等基础知识，还考查了手性诱导等较为高阶的知识。

2-1 考虑题干中的提示："在一些双齿配位的溶剂中，固态格氏试剂可以六配位的形式存在，形成通式为 $[RMgA(DME)_2]$ 的八面体配合物"。首先需要确定 A 是什么：考虑到 Mg^{2+} 是硬酸，而氧是硬碱，碘离子是软碱，按软硬酸碱规则，软亲软、硬亲硬，镁离子和氧的亲和性比和碘离子的亲和性大，因此 A 是四氢呋喃在此处更合理。所以，依样画葫芦，把 R = Me，A = THF 代入上述通式中，得到 $[(CH_3)Mg(THF)(DME)_2]$。注意到这个化学式中电荷为：$(-1)+2+0+0 = +1$，因而还需一个中和电荷的阴离子，应为格氏试剂中的碘离子，最后得到 $[(CH_3)Mg(THF)(DME)_2]I$ 即为本题答案。

无机 | 配合物结构
难度 | ★

2-2 本题要求绘出上述结构的立体异构体。可以先绘出几何异构体，再分别考查每个几何异构体的旋光性。考虑到配离子中的甲基和四氢呋喃只有顺式 (*cis-*) 和反式 (*trans-*) 两种空间形式，因而此配离子也只有这两种几何异构体，绘出如下：

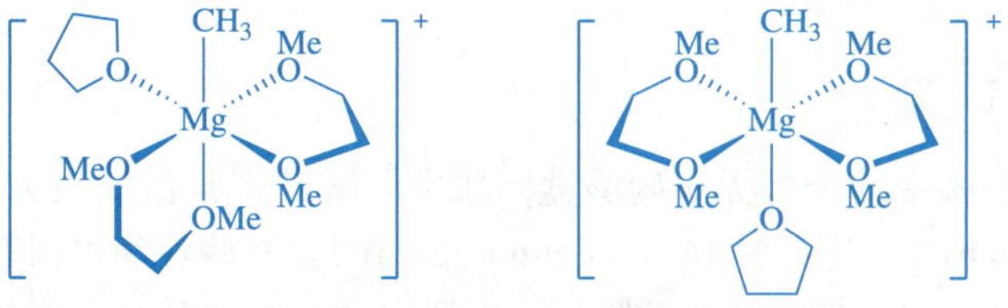

结构 | 同分异构体
难度 | ★

cis-   *trans-*

运用判断旋光活性的判据：存在镜面或对称中心的分子没有旋光性，可以发现 *trans-* 结构中有镜面存在，因而它没有旋光性；而 *cis-* 结构中两种对称元素都没有，因而具有旋光性。可绘出一对旋光异构体：

结构 | 立体化学
难度 | ★

所以当 $e.e. = 22\%$ 时，主要对映体的相对含量是多少？90% 呢？99% 呢？

2-3 对映体过剩率 (enantiomeric excess) 是表征光活性化合物旋光性的物理量。它表示一种对映体对另一种对映体超过部分的百分率，又称 $e.e.$ 值。设一组对映异构体，一个含量为 a，另一个含量为 b（物质的量或者质量），那么

$$e.e. = \frac{a-b}{a+b} \times 100\%$$

对映体过剩率用来表示一种手性化合物的光学纯度。$e.e.$ 值越高，光学纯度也越高。对映体过剩率产生于核磁共振技术以前。当时人们无法测量对映体的绝对含量，只能通过旋光仪测量对映体的相对含量（如何测定？复习《立体化学》相关知识[4]），于是就用对映体过剩率来表示光学纯度。而现在人们可以做到测量对映体的绝对含量，所以有人建议逐渐废除对映体过剩率这个概念。

当与醛羰基相邻的 α-碳是非手性碳时，非手性的格氏试剂从上面或下面进攻羰基时位阻一样，理论上应该得到等量的对映体，即外消旋体；但本题并未得到外消旋体，不为 0 的 $e.e.$ 值显然是由于手性诱导造成的。没有旋光性的 *trans-* 结构不能造成此影响，而具有旋光性的 *cis-* 结构的手性诱导使得从羰基平面的上面或下面进攻时位阻不同，从而加成得到的两种对映体的含量不同，故仍具有旋光性。所以，主要的几何异构体应该是 *cis-* 的两种旋光异构体中的一种。

显然不能是两种 *cis* 异构体的外消旋混合物，否则 $e.e. = 0$。

第 3 题

题目（11 分）

尿磷是指尿中的全部无机磷酸盐，尿中尿磷的正常值成人为 22～48 mmol (24 h)$^{-1}$，儿童为 16～48 mmol (24 h)$^{-1}$。某些疾病可引起尿磷升高，而另一些疾病会使尿磷降低。在测定磷酸盐的分光光度法中，大多是利用在酸性介质中磷酸盐与钼酸盐形成磷钼杂多酸的反应，反应产物是黄色的，又称磷钼黄。为提高灵敏度，一般采用钼蓝法：在温和条件下将磷钼黄还原为磷钼蓝 $(MoO_2 \cdot 4MoO_3)_2 \cdot H_3PO_4 \cdot 4H_2O$，然后进行测定。一种测定尿磷（相对原子质量 30.97）的方法如下：尿液用钼(VI)处理，生成磷钼复合物，然后用 4-氨基-3-羟基-1-萘磺酸还原，形成磷钼蓝，其最大吸收波长为 690 nm。某患者 24 小时排尿总量 1270 mL，今移取该尿液 1.00 mL 用钼试剂和 4-氨基-3-羟基-1-萘磺酸处理并

稀释至 50.0 mL，同法处理磷酸盐标准溶液系列，以试剂空白溶液作参比，在 690 nm 波长处测定吸光度，结果如下所示。

测试溶液	吸光度
1.00 ppm P	0.205
2.00 ppm P	0.410
3.00 ppm P	0.615
4.00 ppm P	0.820
尿样	0.625

3-1 该组测定数据符合一元线性回归方程 $y = bx + a$，计算该患者每天排出的磷有多少克。

3-2 计算该尿液中磷酸盐的浓度 (mmol L^{-1})。

3-3 写出在酸性介质中磷酸盐与钼酸铵生成磷钼黄的离子反应方程式。

3-4 写出用 4-氨基-3-羟基-1-萘磺酸将磷钼黄还原为磷钼蓝的反应式（有机物用结构式表示）。

分析与解答

本题以较新颖的尿液中磷含量的测定为背景，主要考查分析化学中的回归运算和磷元素的元素化学知识。

3-1 本题可以用回归方程进行线性拟合，有公式：

分析｜线性回归
难度｜★★

如对此方程不熟悉，请复习高中数学教材中的有关内容。这个回归方程是如何推导出来的？

$$y = bx + a$$

$$b = \frac{\sum(x_i - \bar{x})(y_i - \bar{y})}{\sum(x_i - \bar{x})^2} \tag{1}$$

$$a = \bar{y} - b\bar{x} \tag{2}$$

代入题目给出的数据得：

$$\bar{x} = 2.50$$

$$\bar{y} = \frac{0.205 + 0.410 + 0.615 + 0.820}{4} = 0.5125$$

$$\sum(x_i - \bar{x})(y_i - \bar{y}) = 1.025$$

$$\sum(x_i - \bar{x})^2 = 5.00$$

$$b = \frac{1.025}{5.00} = 0.205$$

$$a = 0.5125 - 0.205 \times 2.50 = 0$$

故回归方程为 $y = 0.205x$。以 $y = 0.625$ 代入求得：$x = 3.05$ ppm P。

由于患者尿样稀释了 50.0 倍进行测试，故计算最终结果时不要忘记乘以 50.0：

1 ppm 表示 1 g 溶质溶解在 1 t 水中，即溶质质量为溶液质量的 $1/10^6$，考虑到水的密度约为 1 g cm^{-3}，则可以大致认为 1 ppm 表示 $1 \times 10^{-6} \text{ g mL}^{-1}$。

$$3.05 \times 10^{-6} \text{ g mL}^{-1} \times 50.0 \times 1270 \text{ mL d}^{-1} = 0.194 \text{ g d}^{-1}$$

因此每天排出磷有 0.194 g。

本题除了使用标准公式计算外，由于考试准许（要求）使用科学计算器，同学们也可以使用计算器上的统计 (STAT) 功能进行回归运算，具体操作方法请查阅各计算器的使用说明书。这是一个有用的计算器使用技法，请同学们多加练习，熟悉并掌握之。其他有用的功能包括：高次方程的 Newton 求解功能、迭代收敛法解方程功能（在酸碱平衡计算中极其有用）、定积分功能等。

分析 | 定量计算
难度 | ★

3-2 由上一题得到的质量浓度算出 1 mL 尿液中含有的磷的物质的量，进而根据 $c = n/V$ 求出尿液中磷的浓度：

$$c = \frac{3.05 \times 10^{-6} \text{ g mL}^{-1} \times 50.0 \text{ mL}}{30.97 \text{ g mol}^{-1} \times 1.00 \times 10^{-3} \text{ L}}$$
$$= 4.92 \times 10^{-3} \text{ mol L}^{-1} = 4.92 \text{ mmol L}^{-1}$$

无机 | 磷的元素化学
难度 | ★

3-3 本题考查学生对磷元素的元素化学基础知识的掌握程度，同学们必须知道磷钼黄的化学式 $(NH_4)_3PMo_{12}O_{40}$，才能顺利解出本题。磷钼黄即**磷钼酸铵**，是十二钼磷杂多酸 [简称磷钼酸 PMA，是化学式为 $H_3PMo_{12}O_{40}$ 即 $H_3PO_4 \cdot (MO_3)_{12}$ 的黄绿色固体] 的铵盐。磷钼酸阴离子 $[PMo_{12}O_{40}]^{3-}$ 是一种 1:12 型杂多酸阴离子，1826 年首先由瑞典化学家 Berzelius 发现，而其 1:12 型结构则首先由 Keggin 测得，因此常称为 **Keggin 结构**。Keggin 结构的基本单元是 4 组 Mo_3O_{13} 三聚体，每个 Mo_3O_{13} 由 3 个 MoO_6 八面体共用顶角上的 O 原子结合而成。[5][6] 4 个 Mo_3O_{13} 单元两两共顶点（2 个 O 原子）连接，在空间中呈四面体形分布。它们的 4 个中心 O 原子（边栏蓝色渐变小球）因而也恰好构成了一个正四面体穴，而 P 原子位于四面体穴的中心（根据这段描述，自行推导出磷钼酸根的化学式，画出立体结构）。

3 个 O 被 2 个八面体共用，1 个 O 被 3 个八面体共用，故 $6 \times 3 - 3 \times (2-1) - 1 \times (3-1) = 13$。

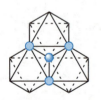

○ 被 2 个八面体共用
○ 被 3 个八面体共用

由磷钼黄的化学式，可以写出并配平此反应的方程式：

$$PO_4^{3-} + 12MoO_4^{2-} + 24H^+ + 3NH_4^+ = (NH_4)_3PMo_{12}O_{40} + 12H_2O$$

实际上，这个反应是在中性偏酸的条件下进行的，写下列方程式更好：

$$H_2PO_4^- + 12MoO_4^{2-} + 22H^+ + 3NH_4^+ = (NH_4)_3PMo_{12}O_{40} + 12H_2O$$

历史的注记

J. J. Berzelius（贝采里乌斯，1779 年 8 月 20 日—1848 年 8 月 7 日）发现了铈、硒、硅和钍这四种化学元素，成功测定几乎所有已知化学元素的相对原子质量，提出了同分异构体、聚合物、同素异形体和催化等重要化学术语，提出了近似现制的元素符号系统，还在化学教育、学术机构管理、矿物学、分析化学中作出贡献。然而，他生前所主张的电化二元论和活力论后来被确认是错误的。[7]

3-4 本题考查有机氧化还原方程式的书写。酚在空气中不稳定，容易氧化形成醌，而且苯环上羟基越多，越易被氧化。观察题目中给出的有机物：氨基和羟基都是很强的给电子基团，它们对苯环的活化使得这个分子很容易被氧化为醌式结构，不过此处醌中的一个 =O 被 =NH 取代了，即得到：

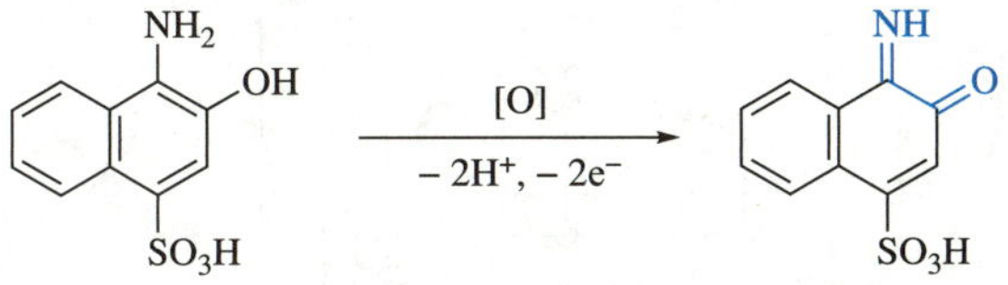

无机 | 磷的元素化学
有机 | 氧化还原反应
难度 | ★

由于是在水溶液中反应，笔者认为写出亚胺被水解的产物（即邻萘醌）也可以：

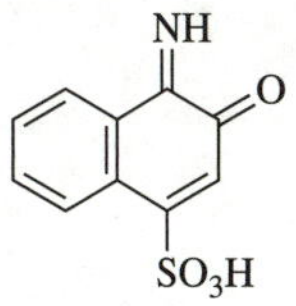

题目并没有要求配平这个有机反应，因此很容易写出反应方程式：

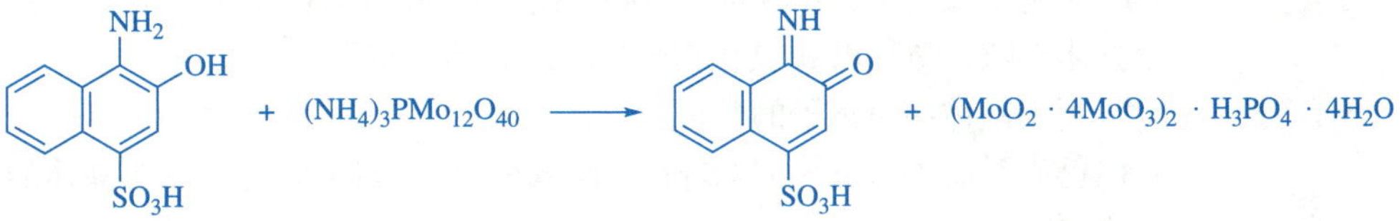

思考题 B

B-1 推导 3-1 线性回归方程（1）（2）。

B-2 根据 3-3 中对 Keggin 结构的描述，写出磷钼酸根的化学式，画出立体结构，描述 O 原子的共用情况。Keggin 结构存在稳定的异构体，它们可以看成将 Mo_3O_{13} 旋转 60° 得到的。那么共可形成多少种异构体？

B-3 硅酸与钼酸也可以形成 Keggin 结构的杂多酸，写出酸性条件下硅酸盐与钼酸铵反应的离子方程式。

B-4 Dawson 结构可看作两个 Keggin 结构缩合而成，过程中失去 6 个钼氧八面体，新连接处的钼氧八面体两两共顶点相连（而没有共棱或共面）。写出硫钼酸根的 Dawson 结构式（附加题：画出立体结构）。

B-5 为什么（磷）钼蓝具有很深的颜色？请解释。根据你的解释，推出它还可能具有哪些性质？

B-6 写出 DDQ（2,3-二氯-5,6-二氰对苯醌）氧化脱除醇上 PMB（对甲氧基苯基，$p\text{-MeOC}_6H_4$—）保护基的全部反应产物与反应机理。DDQ 可以脱除苄基保护基吗？为什么？

$$ROH \xrightarrow[\text{then PMB-Cl}]{\text{NaH, THF;}} RO\text{-}PMB \xrightarrow[H_2O]{DDQ} ?$$

第 4 题

题目（12 分）

我国是世界稀土资源大国，徐光宪等提出的串级萃取理论，使我国稀土分离技术与生产工艺达到世界先进水平，稀土分离产品在世界市场的份额占 90%。[8] 下图为某稀土 **A** 氧化物晶体的立方晶胞。

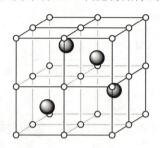

4-1 晶胞中氧离子占据顶点、面心、棱心和体心位置，**A** 离子占据半数立方体空隙，请写出 **A** 氧化物的化学式和结构基元。

4-2 写出晶体中氧离子的配位数。

4-3 已知晶胞参数 $a = 545.5$ pm，设 **A** 的摩尔质量为 M_A，计算晶体的理论密度。

4-4 计算 **A**—**A** 和 **A**—**O** 的间距。

4-5 若晶胞中一半 **A** 离子被 **B** 离子取代，请指出：

4-5-1 当两种离子统计分布时，晶体所属的点阵类型；

4-5-2 当两种离子有序分布（**A** 的 $z = 3/4$，**B** 的 $z = 1/4$）时，晶体所属的点阵类型。

4-6 若将 **A** 离子选为晶胞顶点，写出 **A** 氧化物晶胞中正负离子的分数坐标。

分析与解答

本题考查晶体结构的基础知识，要求同学们对晶体结构的基本概念掌握扎实，难度不大。

4-1 本题考查晶胞中原子数的判断以及晶胞、点阵、结构基元三者的关系。首先判断原子个数，众所周知，顶点上的原子占其本身的 1/8，棱上的原子占 1/4，面上的占 1/2，晶胞内的原子则占 1/1，即完全属于这个晶胞。据此，这个晶胞中的氧原子分布为：顶点上有 8 个氧，棱上有 12 个，面上有 6 个，晶胞内有 1 个。故：

$$8 \times \frac{1}{8} + 12 \times \frac{1}{4} + 6 \times \frac{1}{2} + 1 = 8$$

晶胞中有 8 个氧原子。再看 **A** 原子：4 个均在晶胞内，故晶胞中有 4 个 **A** 原子。故 $N_A : N_O = 4 : 8 = 1 : 2$，从而化学式为 AO_2。

晶体 | 晶胞与结构基元
难度 | ★

然后需要判断晶体的结构基元。晶体结构中，晶体 = 点阵 + 结构基元，所以要求得结构基元，先要知道该晶胞的点阵型式，得知每个点阵点的内容即为结构基元。

已知晶胞为立方晶胞，其点阵型式有可能为简单立方、体心立方和面心立方，最直接的判断方法是通过能否进行平移操作判断。若能进行体心平移 (+1/2, +1/2, +1/2) 复原，则是体心立方点阵；若能进行面心平移 (+1/2, +1/2, +0) (+1/2, +0, +1/2) (+0, +1/2, +1/2) 复原，则是面心立方点阵；都不满足，则是简单立方。观察此晶胞发现可以进行面心平移，故它是面心立方点阵，晶胞中有四个点阵点，每个点阵点代表一个 AO_2。

4-2 本题有两种解答方法。第一种是观察法：直接观察晶胞，可以发现每个氧都被四个 **A** 以四面体形式配位，所以氧离子的配位数是 4。

晶体 | 配位数
难度 | ★

第二种是计算法：对 A_mB_n，令 CN(**X**) 为 **X** 元素的配位数，则

$$CN(\mathbf{A}) \cdot m = CN(\mathbf{B}) \cdot n$$

因而对 AO_2，**A** 的配位数为 8，这很容易从图中看出来，从而 CN(**A**) = 8，则 CN(**O**) = 8/2 = 4。故氧离子的配位数为 4。

4-3 本题直接套用晶体密度的计算公式即可解决：

$$\rho = \frac{Z \cdot M}{N_A \cdot V}$$

晶体 | 密度计算
难度 | ★

该晶胞为立方面心晶胞，故 $V = a^3$，代入上式，可以得到：

$$\rho = \frac{Z \cdot M}{N_A \cdot V} = \frac{Z \cdot M}{a^3 \cdot N_A} = \frac{4 \cdot (M_A + 16.00 \times 2)}{(5.455 \times 10^{-8})^3 \times 6.022 \times 10^{23}}$$

4-4 本题要计算晶胞中特定原子间间距，首先要知道原子间的位置关系。观察晶胞，可以发现 **A**—**A** 键长相当于面对角线的一半，而 **A**—**O** 键长为小立方体中体对角线的一半，且小立方体的体对角线为晶胞体对角线的一半，故 **A**—**O** 键长为晶胞体对角线的四分之一。从而：

晶体 | 距离计算
难度 | ★

$$d(\mathbf{A}\text{—}\mathbf{A}) = \frac{\sqrt{2}}{2}a = 385.7 \text{ pm}$$

$$d(\mathbf{A}\text{—}\mathbf{O}) = \frac{\sqrt{3}}{4}a = 236.2 \text{ pm}$$

这类题除了上述的观察法外，还有一种通法——向量计算法：在晶胞中构建坐标系，写出两个原子在晶胞中的坐标，运用向量知识计算两点间的距离。通常可以根据晶体对称性简化运算，以快速求解。

4-5 本题继续考查晶体点阵型式的判定。

4-5-1 当 **A**、**B** 统计分布时，每个金属原子相当于 $A_{1/2}B_{1/2}$，晶胞中所有金属原子仍然相同，故它实质上与替换之前的 AO_2 一致，只是把 **A** 换成了 $A_{1/2}B_{1/2}$，所以仍然是面心立方点阵。

晶体 | 点阵型式
难度 | ★★

4-5-2 当 **A**、**B** 如题干所述有序分布时，用第一问的方法，可以发现该晶胞只能进行体底心平移，即顶点上的氧原子和上下面心上的氧原子环境一样，所以此时得到一个底心立方型式的点阵。由于底心立方点阵不满足立方的对称性要求"四个三重轴"，却满足四方晶胞的对称性"一个四重轴"，故此时晶胞由立方晶系退化为四方晶系。考虑到四方晶系的底心晶胞可以在保留对称性的基础上取一半晶胞绘成简单四方晶胞，故晶体所属的是 简单四方点阵。

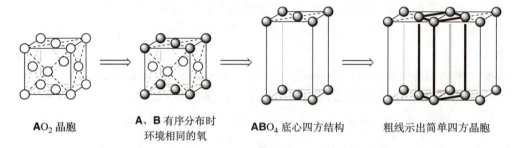

AO$_2$ 晶胞   A、B 有序分布时环境相同的氧   ABO$_4$ 底心四方结构   粗线示出简单四方晶胞

晶体 | 分数坐标
难度 | ★

4-6 本题考查分数坐标的平移。首先可以写出所有晶胞内原子的坐标：

A$_1$ (3/4, 1/4, 1/4)	A$_2$ (1/4, 3/4, 1/4)	A$_3$ (1/4, 1/4, 3/4)	A$_4$ (3/4, 3/4, 3/4)
O$_1$ (0, 0, 0)	O$_2$ (1/2, 0, 0)	O$_3$ (0, 1/2, 0)	O$_4$ (0, 0, 1/2)
O$_5$ (1/2, 1/2, 0)	O$_6$ (1/2, 0, 1/2)	O$_7$ (0, 1/2, 1/2)	O$_8$ (1/2, 1/2, 1/2)

然后假定 **A**$_1$ 做晶体的顶点，则要使 **A**$_1$ 变为 (0, 0, 0)，则 x, y, z 三个坐标要分别减去 3/4, 1/4, 1/4。注意到做减法时如果出现负数是不合理的，这时由于晶体的周期性，将该原子沿正方向平移一个周期，即将负数加 1 即可得到合理的正数，由此可得：

A$_1$ (0, 0, 0)	A$_2$ (1/2, 1/2, 0)	A$_3$ (1/2, 0, 1/2)	A$_4$ (0, 1/2, 1/2)
O$_1$ (1/4, 3/4, 3/4)	O$_2$ (3/4, 3/4, 3/4)	O$_3$ (1/4, 1/4, 3/4)	O$_4$ (1/4, 3/4, 1/4)
O$_5$ (3/4, 1/4, 3/4)	O$_6$ (3/4, 3/4, 1/4)	O$_7$ (1/4, 1/4, 1/4)	O$_8$ (3/4, 1/4, 1/4)

第 5 题

题目（19 分）

血红蛋白（Hb，相对分子质量 64000）是运输 O$_2$ (g) 的载体。每个血红蛋白分子含 4 个血红素亚基，血红蛋白与氧结合后，便成为氧合血红蛋白 Hb(O$_2$)$_x$ (x = 1, 2, 3, 4)。实验表明，1 个血红蛋白分子可结合 4 个氧分子，其结合常数差别很大，结合第一个氧分子的结合常数最小，结合常数

$$K_c(293.15\ \text{K}) = \frac{[\text{HbO}_2]}{[\text{Hb}][\text{O}_2]} = 6.750 \times 10^4\ \text{kg mol}^{-1}$$

而结合第四个氧分子的结合常数最大。

293.15 K 下：O_2(g) 在血液中溶解的亨利常数 $k = 8.000 \times 10^4$ kPa kg mol^{-1}，氧气的摩尔熵 $S_m^\ominus = 204.6$ J mol^{-1} K^{-1}。

$$CO_2(aq) + H_2O(l) \rightleftharpoons HCO_3^-(aq) + H^+(aq) \quad \Delta_r H_m^\ominus = 7.50 \text{ kJ mol}^{-1}$$

$$CO_2(aq) \rightleftharpoons CO_2(g) \quad \Delta_v H_m^\ominus = 19.40 \text{ kJ mol}^{-1}$$

$\Delta_r H_m^\ominus$ 和 $\Delta_v H_m^\ominus$ 不随温度变化。

5-1 在 293.15 K 下，将含有 1.000 g Hb 的溶液放入一总热容 (C_p) 为 93.70 J K^{-1} 的等压绝热微量量热计中，当充入足够的氧气后，Hb 全部氧合成 Hb(O$_2$)$_4$，测得体系温度升高 0.028 °C。计算每摩尔氧的平均结合焓。

5-2 估算 Hb(aq) + O_2(g) $\rightleftharpoons$ HbO$_2$(aq) 在 293.15 K 时的 $S_m^\ominus$(HbO$_2$) $-$ $S_m^\ominus$(Hb)，简要说明估算误差的来源。

5-3 为研制一种临床用的二氧化碳气敏电极（由透气膜、1.0×10^{-2} mol kg^{-1} 的 NaHCO$_3$ 溶液、pH 电极和外参比电极组成），某研究人员从理论上探讨了二氧化碳的分压及温度变化对溶液 pH 的影响。

5-3-1 计算 298.15 K 下，CO_2 平衡压力为 6.00 kPa 和 6.66 kPa 的电势差值；

5-3-2 保持 CO_2 的分压不变，温度升高，写出有关公式并据此说明溶液 pH 如何变化。

5-4 在肺部的呼吸作用中，氧合血红蛋白的生成速率为 $r = k[Hb][O_2]$。

5-4-1 计算在海拔 6000 m 的高山上人体血液中氧合血红蛋白的生成速率与海平面上的生成速率之比。设体温为 310.15 K，气体均为理想气体。

5-4-2 有人提出了氧合反应的两个机理，请证明下述反应机理何者更合理[9]：

A	B
Hb(aq) + O_2(aq) $\underset{k_{-1}}{\overset{k_1}{\rightleftharpoons}}$ HbO$_2$(aq) 瞬间达平衡	Hb(aq) + O_2(aq) $\xrightarrow{k_1}$ HbO$_2$(aq)
HbO$_2$(aq) + O_2(aq) $\underset{k_{-2}}{\overset{k_2}{\rightleftharpoons}}$ HbO$_4$(aq) 瞬间达平衡	HbO$_2$(aq) + O_2(aq) $\xrightarrow{k_2}$ HbO$_4$(aq)
HbO$_4$(aq) + O_2(aq) $\underset{k_{-3}}{\overset{k_3}{\rightleftharpoons}}$ HbO$_6$(aq) 瞬间达平衡	HbO$_4$(aq) + O_2(aq) $\xrightarrow{k_3}$ HbO$_6$(aq)
HbO$_6$(aq) + O_2(aq) $\xrightarrow{k_4}$ HbO$_8$(aq)	HbO$_6$(aq) + O_2(aq) $\xrightarrow{k_4}$ HbO$_8$(aq)

分析与解答

本题是一道较综合的计算题，主要考查化学热力学、电化学与化学动力学知识，对同学们的能力提出了较高的要求。

无机 | 热与热容
难度 | ★
这里多保留了一位有效数字。

5-1 本题考查量热弹中热量的计算，利用热容的定义式 $Q_p = C_p \cdot \Delta T$，可以计算出体系的等压热效应为：

$$Q_p = C_p \cdot \Delta T = (-93.70 \times 0.028) \text{J} = -2.62 \text{ J}$$

要计算每摩尔氧的平均结合焓，则要先算出 1.000 g Hb 的物质的量：

$$n = \frac{m}{M} = \frac{1.000 \text{ g}}{64\,000 \text{ g mol}^{-1}} = 1.56 \times 10^{-5} \text{ mol}$$

注意到 1 分子 Hb 可以结合 4 分子氧气，故每摩尔氧的平均结合焓为：

$$\Delta_r H_m^\ominus = \frac{Q_p}{4n} = \frac{-2.62}{4 \times 1.56 \times 10^{-5}} \text{ J mol}^{-1} = -42 \text{ kJ mol}^{-1}$$

无机 | 化学平衡
无机 | Gibbs-Helmholtz 公式
难度 | ★★
Henry 定律不需要刻意记忆，它就是一个气体溶解的平衡而已。

5-2 本题通过熵的计算，间接考查 Gibbs 自由能的计算、Gibbs-Helmholtz 公式（简化公式）、Henry 定律的应用等，考查得比较综合。

同学们需要知道 Henry 定律：在等温等压下，某种挥发性溶质（一般为气体）在溶液中的溶解度与液面上该溶质的平衡压力成正比。公式表述为 $p = K_H \cdot c$，K_H 为亨利系数。那么由上一题结论：

$$\text{Hb(aq)} + \text{O}_2(\text{g}) \rightleftharpoons \text{HbO}_2(\text{aq}) \qquad \Delta_r H_m^\ominus = -42 \text{ kJ mol}^{-1}$$

那么只要算出这个反应的 Gibbs 自由能变，由 Gibbs-Helmholtz 公式 $\Delta G = \Delta H - T\Delta S$，求出 ΔS，再结合氧分子的摩尔熵即可得解。

要求出反应的 Gibbs 自由能变，应利用题目中给的平衡常数，通过 $\Delta G = -RT \ln K^\ominus$ 来计算。需要将题目中给出的

$$K_c(293.15 \text{ K}) = \frac{[\text{HbO}_2]}{[\text{Hb}][\text{O}_2]} = 6.750 \times 10^4 \text{ kJ mol}^{-1}$$

通过计算转化为标准平衡常数：

$$K^\ominus = \frac{[\text{HbO}_2]/c^\ominus}{([\text{Hb}]/c^\ominus) \cdot [p(\text{O}_2)/p^\ominus]}$$

$$= p^\ominus \cdot \frac{[\text{HbO}_2] \cdot [\text{O}_2]}{[\text{Hb}] \cdot p(\text{O}_2) \cdot [\text{O}_2]} = p^\ominus \cdot \frac{K_c}{K_H} = 85.49$$

代入 $\Delta G = -RT \ln K^\ominus$，有：

$$\Delta_r G_m^\ominus = -10.84 \text{ kJ mol}^{-1}$$

代入 $\Delta G = \Delta H - T\Delta S$，有：

$$\Delta_r S_m^\ominus = \frac{\Delta_r H_m^\ominus - \Delta_r G_m^\ominus}{T}$$

$$= \frac{(-42 + 10.84)}{293.15} \times 10^3 \text{ J mol}^{-1} \text{ K}^{-1} = -106 \text{ J mol}^{-1} \text{ K}^{-1}$$

对于上述反应，由 $\Delta_r S_m^\ominus = S_m^\ominus(\text{HbO}_2) - S_m^\ominus(\text{Hb}) - S_m^\ominus(\text{O}_2)$ 得：

$$S_m^\ominus(\text{HbO}_2) - S_m^\ominus(\text{Hb}) = S_m^\ominus(\text{O}_2) + \Delta_r S_m^\ominus$$
$$= (-106 + 204.6) \text{ J mol}^{-1} \text{ K}^{-1}$$
$$= 99 \text{ J mol}^{-1} \text{ K}^{-1}$$

误差分析：本题计算的反应实际上是下列两个反应的耦合。

$$\text{Hb (aq)} + \text{O}_2\text{(aq)} \rightleftharpoons \text{HbO}_2\text{(aq)}$$
$$\text{O}_2\text{(g)} \rightleftharpoons \text{O}_2\text{(aq)}$$

上述计算 $K^\ominus$ 的本质就是这两个反应 $K^\ominus$ 的积。考虑到计算中用的是平均结合焓，这本身就是误差，而且测量这个焓变时的温度变化区间（即 ΔT）比较小，温度测量时的误差也不可忽略，因此会引入误差。

5-3-1 先根据题目给出信息，分析题目的本质模型，再进行解答。本题的气敏电极实质上是一种 pH 电极，$\text{NaHCO}_3/\text{CO}_2$ 溶液的 pH 影响着氢电极的电极电势，进而表现在与参比电极形成的电池的电动势的变化上。其中膜处的电极电势表达式为：

无机|电化学与 Nernst 方程
难度|★★

$$E_{\text{膜}} = E^\ominus(\text{H}^+/\text{H}_2) + \frac{0.0592}{1}\lg \frac{[\text{H}^+]/c^\ominus}{\sqrt{p_{\text{H}_2}/p^\ominus}} = 0.0592\lg \frac{[\text{H}^+]/c^\ominus}{\sqrt{p_{\text{H}_2}/p^\ominus}} \text{(V)}$$

而溶液 pH 受下述反应影响：

$$\text{CO}_2\text{(aq)} + \text{H}_2\text{O (l)} \rightleftharpoons \text{HCO}_3^-\text{(aq)} + \text{H}^+\text{(aq)}$$

$\text{CO}_2\text{(aq)}$ 又受 Henry 定律控制：

$$\text{CO}_2\text{(aq)} \rightleftharpoons \text{CO}_2\text{(g)} \qquad K_\text{H}$$

因而可以由上述两个平衡常数表达式，写出含有氢离子浓度 $[\text{H}^+]$ 的平衡表达式：

$$K = \frac{[\text{H}^+][\text{HCO}_3^-]}{[\text{CO}_2]} = \frac{[\text{H}^+][\text{HCO}_3^-]}{p(\text{CO}_2)/K_\text{H}} = \frac{[\text{H}^+][\text{HCO}_3^-]}{p(\text{CO}_2)} \cdot K_\text{H}$$

故：

$$[\text{H}^+] = \frac{K \cdot p(\text{CO}_2)}{K_\text{H} \cdot [\text{HCO}_3^-]}$$

因为此小题中温度 T 不变，故两个平衡常数 K 均为定值。又因为碳酸氢根的浓度 $[\text{HCO}_3^-]$ 也是定值，所以氢离子浓度 $[\text{H}^+]$ 仅与二氧化碳的分压 $p(\text{CO}_2)$ 成正比。

考虑两个不同二氧化碳压强下的压强差：假设 $\text{CO}_2\text{(g)}$ 平衡压力为 6.00 kPa 时体系的氢离子浓度为 $[\text{H}^+]_1$，$\text{CO}_2\text{(g)}$ 平衡压力为 6.66 kPa 时

体系的氢离子浓度为 $[H^+]_2$，电极中其他因素均不发生改变，则电势差值为：

$$\Delta E = E_2(\text{膜}) - E_1(\text{膜})$$
$$= \frac{0.0592}{1} \lg \frac{[H^+]_2/c^\ominus}{\sqrt{p(H_2)/p^\ominus}} - \frac{0.0592}{1} \lg \frac{[H^+]_1/c^\ominus}{\sqrt{p(H_2)/p^\ominus}}$$
$$= 0.0592 \lg \frac{[H^+]_2}{[H^+]_1} = 0.0592 \lg \frac{p_2(CO_2)}{p_1(CO_2)} (V)$$

将 $p_1 = 6.00$ kPa 和 $p_2 = 6.66$ kPa 代入，可得：

$$\Delta E = 0.0592 \lg \frac{6.66}{6.00} \text{mV} = 2.68 \text{ mV}$$

5-3-2 本题可根据题意逐步推导：假设 T_1 下 pH 为 pH_1，T_2 下 pH 为 pH_2，且 $T_1 > T_2$。则：

$$pH_1 - pH_2 = -\lg[H^+]_1 + \lg[H^+]_2 = \lg \frac{[H^+]_2}{[H^+]_1}$$

将上述的

$$[H^+] = \frac{K \cdot p(CO_2)}{K_H \cdot [HCO_3^-]}$$

代入，由条件知 $CO_2(g)$ 的分压不变且碳酸氢根浓度一定，故：

$$pH_1 - pH_2 = \lg \frac{[H^+]_2}{[H^+]_1} = \lg \frac{K_2}{K_1} - \lg \frac{K_{H_2}}{K_{H_1}}$$

考虑到化学平衡受温度的影响，当温度变化不大时，将 $\Delta_r H_m^\ominus$ 视为与温度无关的常数，有：

$$\ln \frac{K^\ominus(T_2)}{K^\ominus(T_1)} = \frac{\Delta_r H_m^\ominus}{R} \left(\frac{1}{T_1} - \frac{1}{T_2} \right) \quad \text{或} \quad \lg \frac{K^\ominus(T_2)}{K^\ominus(T_1)} = \frac{\Delta_r H_m^\ominus}{2.303R} \left(\frac{1}{T_1} - \frac{1}{T_2} \right)$$

在题设条件下：

$$\frac{K_2}{K_1} = \frac{K_2^\ominus}{K_1^\ominus}, \quad \frac{K_{H_2}}{K_{H_1}} = \frac{K_{H_2}^\ominus}{K_{H_1}^\ominus}$$

且 K、K_H 对应的反应焓题目中已给出。则可应用以上公式：

$$pH_1 - pH_2 = \lg \frac{K_2}{K_1} - \lg \frac{K_{H_2}}{K_{H_1}}$$
$$= \frac{\Delta_r H_m^\ominus}{2.303R} \left(\frac{1}{T_1} - \frac{1}{T_2} \right) - \frac{\Delta_v H_m^\ominus}{2.303R} \left(\frac{1}{T_1} - \frac{1}{T_2} \right)$$
$$= \frac{(\Delta_r H_m^\ominus - \Delta_v H_m^\ominus)(T_2 - T_1)}{2.303RT_1T_2}$$

因为 $\Delta_r H_m^\ominus < \Delta_v H_m^\ominus$，$T_2 < T_1$，故 $pH_1 - pH_2 > 0$，即 $pH_1 > pH_2$。所以压力不变、温度升高时，pH 增加。

解答此类计算推断题在一开始没有足够思路时，不妨根据条件一步一步推导，往往随着推导的进行思路就逐渐明朗，解题方法也跃然纸上了。

无机 | 化学平衡与 Gibbs-Helmholtz 公式

难度 | ★★

5-4-1 本题考查气体分子在重力场中的分布规律。解本题时，可能一开始没有思路，那么就先逐步推导。 物化 | Boltzmann 分布公式
难度 | ★★

设 r_2 是 6000 m 高山上氧合血红蛋白生成速率，而 r_1 是海平面氧合血红蛋白生成速率，则依题意：

$$\frac{r_2}{r_1} = \frac{k[\text{Hb}][\text{O}_2(\text{aq})]_2}{k[\text{Hb}][\text{O}_2(\text{aq})]_1} = \frac{[\text{O}_2(\text{aq})]_2}{[\text{O}_2(\text{aq})]_1}$$

考虑到 Henry 定律 $p = K_H \cdot c$，上式可化为：

$$\frac{r_2}{r_1} = \frac{[\text{O}_2(\text{aq})]_2}{[\text{O}_2(\text{aq})]_1} = \frac{p_2(\text{O}_2)}{p_1(\text{O}_2)}$$

则需求氧气的分压之比。根据气体分子在重力场中的分布公式，并设在 $0 \sim h$ 的高度范围内温度不变，有：

$$\ln \frac{p}{p_0} = -\frac{Mgh}{RT}$$

参照题中条件，恰好完全符合。故将分布公式代入上式，有：

$$\frac{r_2}{r_1} = \frac{p_2(\text{O}_2)}{p_1(\text{O}_2)} = \exp\left(-\frac{Mgh}{RT}\right) = \exp\left(-\frac{0.0320 \times 9.81 \times 6000}{8.314 \times 310.2}\right) = 0.482$$

本题计算时需注意单位，必须都用国际标准单位才行。

5-4-2 本题考查从动力学机理推导总速率方程。题干中 A、B 两种机理分别满足两种机理推导条件：平衡态近似和稳态近似，由此来展开推导。 物化 | 速率方程与反应机理
难度 | ★★

对于机理 A，首先写出速率表达式：

$$r = k_4[\text{Hb}(\text{O}_2)_3][\text{O}_2]$$

可见要推出 $[\text{Hb}(\text{O}_2)_3]$ 的表达式，可由机理中三个快速平衡表出。根据平衡态近似，可列出以下三个平衡表达式：

$$K_1 = \frac{k_1}{k_{-1}} = \frac{[\text{HbO}_2]}{[\text{Hb}][\text{O}_2]}$$

$$K_2 = \frac{k_2}{k_{-2}} = \frac{[\text{Hb}(\text{O}_2)_2]}{[\text{HbO}_2][\text{O}_2]}$$

$$K_3 = \frac{k_3}{k_{-3}} = \frac{[\text{Hb}(\text{O}_2)_3]}{[\text{Hb}(\text{O}_2)_2][\text{O}_2]}$$

由这三个式子可推出：

$$[\text{Hb}(\text{O}_2)_3] = K_1 \cdot K_2 \cdot K_3 \cdot [\text{Hb}][\text{O}_2]^3$$
$$r = k_4[\text{Hb}(\text{O}_2)_3][\text{O}_2] = k_4 \cdot K_1 \cdot K_2 \cdot K_3 \cdot [\text{Hb}][\text{O}_2]^4$$

可见其与题给条件不符，且无法通过约化得到题给速率方程，所以 A 机理不符。

对于机理 B，同理先写出速率表达式。假设第四步是决速步，则

$$r = k_4[Hb(O_2)_3][O_2]$$

因而同样要先推出 $[Hb(O_2)_3]$。设 $HbO_2(aq)$、$Hb(O_2)_2(aq)$、$Hb(O_2)_3(aq)$ 均为不稳定的中间产物，则用稳态近似法得：

$$\frac{d[HbO_2]}{dt} = k_1[Hb][O_2] - k_2[HbO_2][O_2] = 0$$

$$\frac{d[Hb(O_2)_2]}{dt} = k_2[HbO_2][O_2] - k_3[Hb(O_2)_2][O_2] = 0$$

$$\frac{d[Hb(O_2)_3]}{dt} = k_3[Hb(O_2)_2][O_2] - k_4[Hb(O_2)_3][O_2] = 0$$

将上述三个公式相加，得：

$$k_1[Hb][O_2] - k_4[Hb(O_2)_3][O_2] = 0$$

故

$$[Hb(O_2)_3] = \frac{k_1}{k_4}[Hb]$$

将它代入总速率表达式，得：

$$r = k_4[Hb(O_2)_3][O_2] = k_1[Hb][O_2]$$

与题给条件一致，故机理 B 更合理。

知识拓展

一、pH 电极

典型的 pH 玻璃电极是用对氢离子活度有选择性电势响应的玻璃薄膜制成的膜电极，是常用的氢离子指示电极。它通常为圆球形，内置 pH 7 的缓冲溶液和氯化银电极或甘汞电极（内参比电极），如边栏图所示。[10]

使用前浸在纯水中使玻璃膜表面形成一薄层溶胀层，使用时将它和另一参比电极（外参比电极）放入待测溶液中组成电池，电池电动势和溶液 pH 直接相关。考虑到不对称电势（即如果电极膜两侧溶液 pH 相同，则膜电势应等于零，但实际上仍有一微小的电势差存在，这个电势差即不对称电势）。这个电池的电动势为：

$$\varphi = \varphi_{外参比} - (E_{内参比} + E_{不对称} + E_{膜})$$

二氧化碳气敏电极利用上述膜电极对 pH 的响应，由二氧化碳的渗透来改变体系 pH 的变化，从而改变电极电势，可以说实质上和玻璃电极无异。

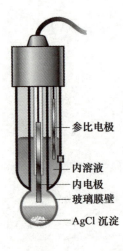

参比电极
内溶液
内电极
玻璃膜壁
AgCl 沉淀

二、血红蛋白

哺乳动物体内，氧气在血液中由血红蛋白携带，而在组织中储存在肌红蛋白中。这两种蛋白均为含铁血红素类蛋白质。肌红蛋白相对分子质量约为 17000，它是一个包含 153 个氨基酸残基的蛋白质单链；而血红蛋白相对分子质量约为 64500，它是四聚体。肌红蛋白以及血红蛋白中任意一个蛋白质链都有一个含铁的原卟啉基团，可见下图，它可以结合氧气。当氧气参与配位时，环中心的铁进入卟啉环平面，并且对和铁配位的组氨酸 (histidine, His) 残基产生影响。氧气的这一配位不仅会扰动到 His 残基连接的蛋白质链，而且会波及其他的三条链，从而产生一个协同的过程，使得另外几个血红素单元可以更活跃地结合氧气。当氧气从血红蛋白转移到肌红蛋白时，第一个氧气的转移导致剩余氧气的释放，而肌红蛋白只有一个蛋白质链，所以它不会产生这种协同效应。[5]

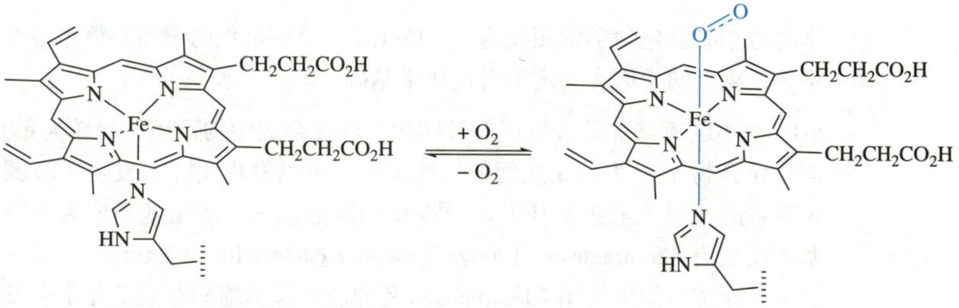

第 6 题

题目（13 分）

Pallescensin A ($C_{15}H_{22}O$) 是从海产海绵中分离得到的一种天然有机化合物，Smith 和 Mewshaw 报道了如下全合成方法[11]：

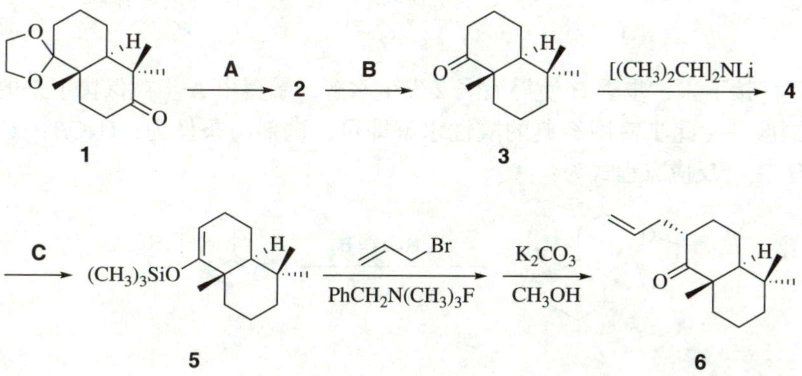

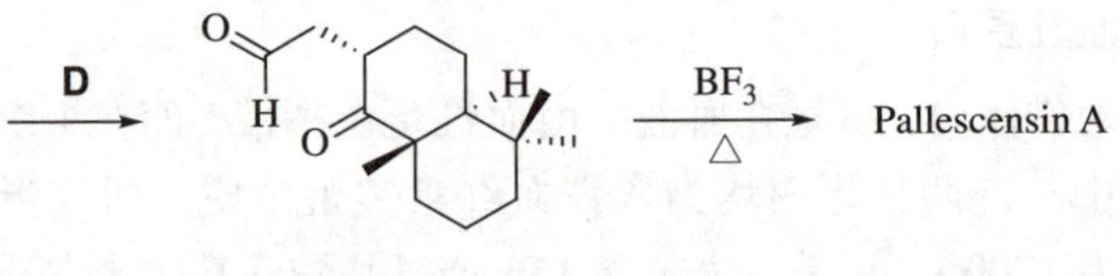

$\xrightarrow{D}$ **7** $\xrightarrow{BF_3, \triangle}$ Pallescensin A

6-1 请写出步骤 A ~ D 所需的试剂及必要的反应条件。
6-2 画出化合物 **2** 和 **4** 的立体结构式（用上图所示的虚线-楔线式表示）。
6-3 化合物 **7** 分子中含有几个不对称碳原子？画出 **7** 的椅式构象表达式并标出各不对称碳原子的构型（用 R/S 标记）。
6-4 Pallescensin A 的红外光谱表明没有羰基的吸收峰，请画出 Pallescensin A 的立体结构式（用虚线-楔线式表示）并用反应机理解释由 **7** 转化为 Pallescensin A 的反应（写出两个关键中间体）。

分析与解答

本题考查有机化学中常用反应、立体化学、反应机理的书写，整体难度不大，需要同学们有一定的有机化学基础。

有机 | 反应推断
难度 | ★

6-1 本小题考查常见有机试剂及转化条件在合成中的运用，比较简单。观察化合物 **1** → **2** → **3** 之间的结构关系，可以发现实际上发生了步骤 A 羰基的还原（至亚甲基）和步骤 B 缩酮的水解。使羰基还原为亚甲基的反应有 Clemmensen 还原法与 Wolff-Kishner-Huang Minlong（黄鸣龙）还原法。如果使用 Clemmensen 还原法，那么缩酮在酸催化下会发生水解，暴露原本被保护的酮羰基，继而这个被暴露出来的酮羰基就会同样被原位还原为亚甲基。由于 **3** 中的酮羰基是被保留下来的，说明缩酮官能团在 A 步没有被破坏，羰基还原必是在碱性条件下完成的。因此，步骤 A 只能是碱性的 Wolff-Kishner-Huang Minlong 还原，具体试剂与条件为：NH_2NH_2, KOH, 二甘醇, △。反应方程式为：

二甘醇是必需的，因为它沸点高，可以使反应不必用封管，从而使操作变得简单。

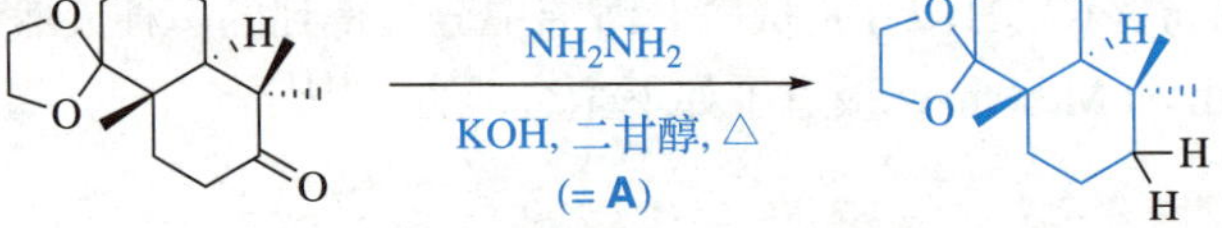

1 $\xrightarrow[\text{KOH, 二甘醇, } \triangle]{NH_2NH_2}$ (= A) **2**

接下来，步骤 B 使得缩酮 **2** 发生水解，暴露出 A 步被保留下来的酮羰基。此步使用经典的酸性水解即可，试剂与条件为：H_2O/H^+ 或 H_3O^+。反应方程式为：

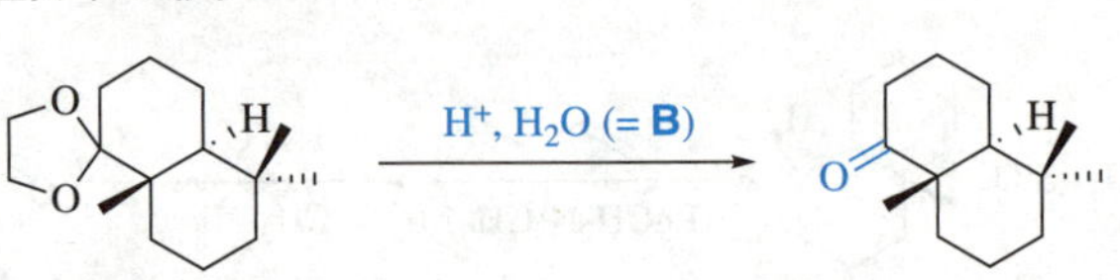

2 $\xrightarrow{H^+, H_2O \,(= B)}$ **3**

3 和 (Me₂CH)₂NLi (LDA) 反应，LDA 是大位阻非亲核性强碱，它攫取羰基 α-H 得到烯醇盐 **4**。接下来，步骤 **C** 使得烯醇盐 **4** 转化成了烯醇硅醚 **5**，所以应使用一含 Si 的亲电试剂与烯醇负离子反应。观察 **5** 的结构，容易得知 **C** 应该是：Me₃SiCl 即 TMSCl（写 TMSBr 也可以）。反应方程式为：

思考：为什么 TMSCl 与烯醇负离子中的 O 原子发生反应，而 CH₃I 则与 C 原子发生反应？如果亲电试剂是 PhSeCl 呢？PdCl₂ 呢？ClB(OR)₂ 呢？

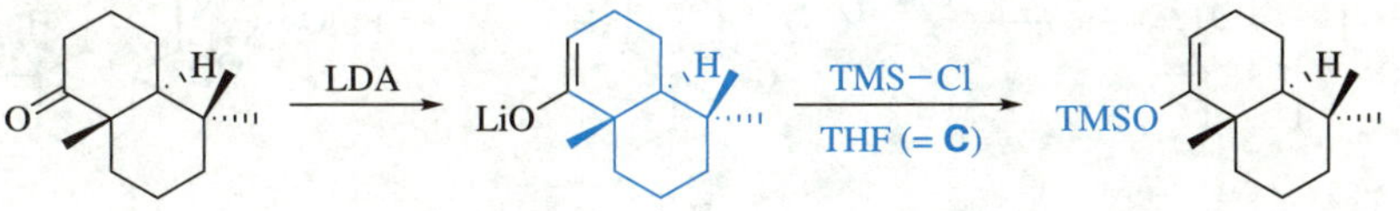

观察 **6 → 7**：双键发生断裂，得到产物为一醛羰基。显然这里发生了双键的氧化断裂，由于反应产物为醛羰基，因此不能使用过于强烈的氧化条件（如浓的酸性 KMnO₄ 等），而臭氧化-分解反应是一个好的选择，因此 **D** 可以是：(1) O₃; (2) Zn/H₂O 或 Me₂S。反应方程式为：

这里只给出了一种答案，试写出至少两种其他合理的转化方式。

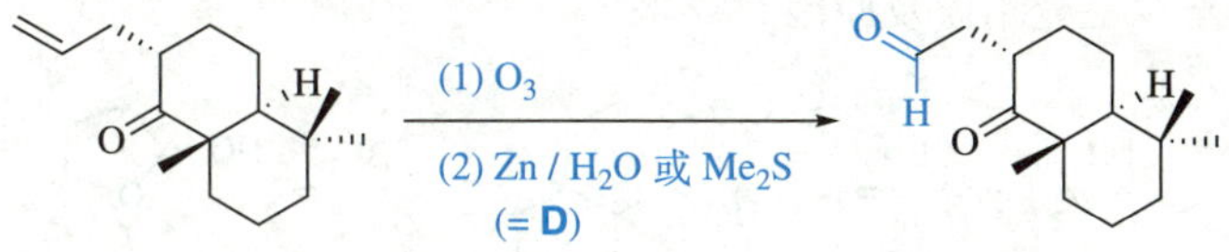

6-2 由上题分析知，**2** 是由 **1** 发生羰基还原得到的，而 **4** 是 **3** 的烯醇锂盐，结构已经在上文示出了。

有机 | 反应推断
难度 | ★

6-3 本题考查立体化学的基本知识，难度较低。观察 **7** 的结构，容易看出其有 3 个不对称碳原子。然后画出其椅式构象。注意这是反式的十氢化萘构象，该构象不发生构型翻转，所以只有一种骨架。根据题中绝对构型可唯一地确定最后的构象：

有机 | 立体化学
难度 | ★

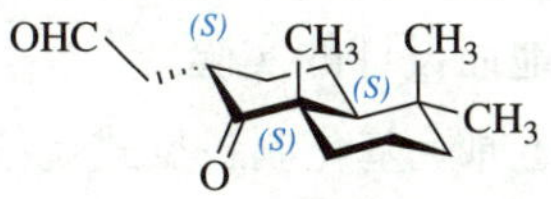

6-4 从 **7** 到 Pallescensin A 的转化使用了 Lewis 酸三氟化硼为催化剂，此条件下 **7** 中最可能参与反应的基团是酮羰基和醛羰基，最可能发生的反应就是羰基的缩合反应。由于题目条件提示产物 Pallescensin A 中没有羰基，再次观察 **7** 的结构：两个羰基构成 1,4 关系。酸性条件下，1,4-二羰基体系多次缩合、脱水，得到最稳定的热力学产物——呋喃，它恰恰不含羰基：

有机 | 反应推断
有机 | 反应机理
难度 | ★★

各种羰基的红外吸收峰，其波数大致是多少？峰形具有什么特征？
写出这个反应的机理。

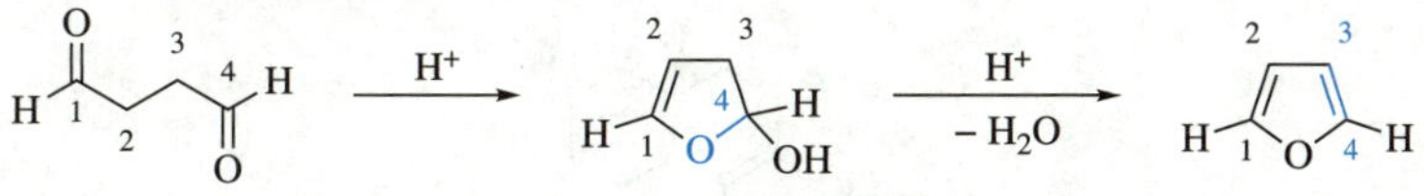

因此我们可以推测，Pallescensin A 中也必含有呋喃环。反应机理为：首先 **7** 的醛羰基氧与三氟化硼配位，活化的醛基被酮羰基进攻，生成半缩醛/酮，然后酸性下脱水即可得到 Pallescensin A：

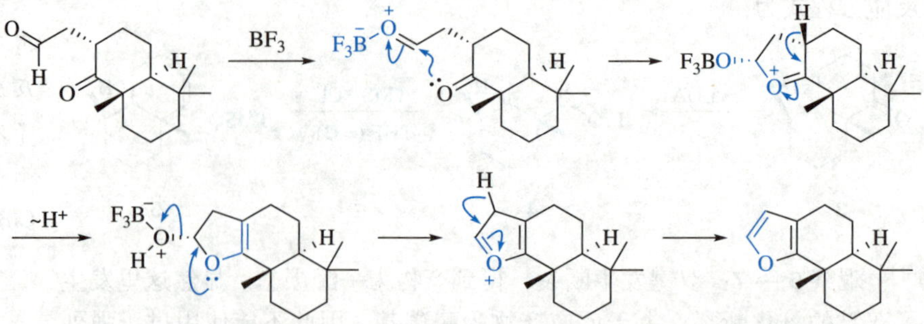

本题原答案的机理为：酮羰基首先异构化为烯醇，烯醇羟基进攻醛羰基生成半缩醛/酮（如下图所示）。这个机理显然是错的。请同学们找出至少三处错误及原因。

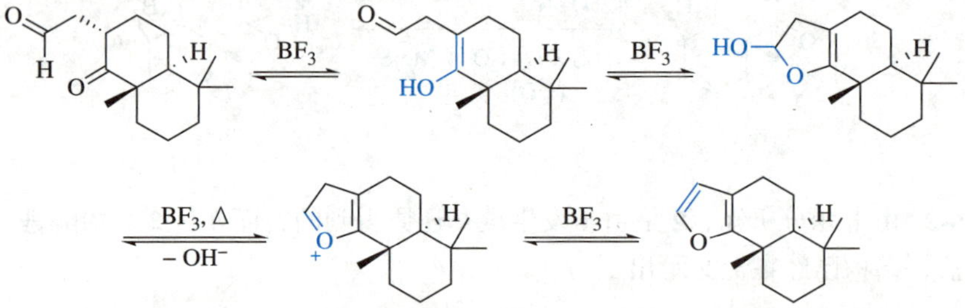

知识拓展

本题中涉及的 Pallescensin A 的合成，是 Smith 和 Mewshaw 为了验证他们利用还原烷基化得到的反式烷萘酮具有光学活性，可以在天然产物的全合成中占有一席之地而设计的实验。

在 Smith 等开发出还原烷基化制备反式烷萘酮之前，并没有简便的方法获得以下手性、非外消旋的化合物：

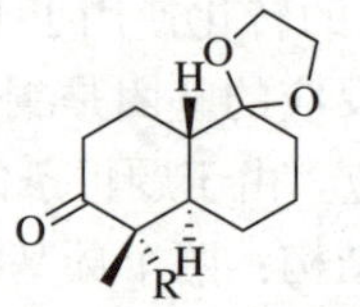

而它可以由以下化合物通过烷基化得到：

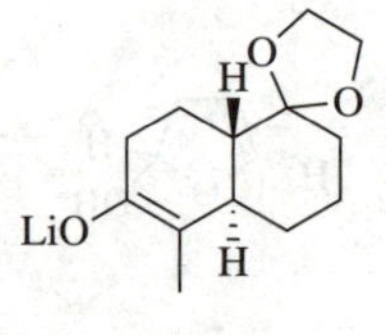

因而制备手性且非外消旋的该烯醇就显得非常重要。Smith 等人利用下述还原烷基化实现手性、非外消旋的该烯醇的制备：

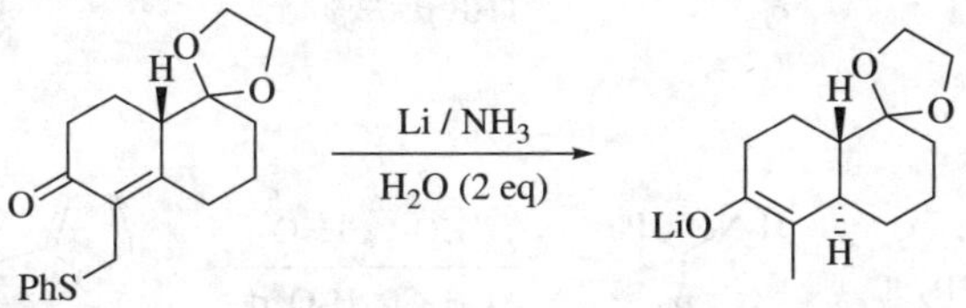

Smith 等人注意到底物硫醚可以由光活性的 Wieland-Miescher 酮获得，故底物的光活性是可以保证的。最终完美地制得 Pallescensin A 表明他们开发的这个方案非常完美。

同学们不妨思考一下：上述还原烷基化反应的机理是怎样的呢？

思考题 C

C-1 写出上文中还原烷基化反应的机理。

本题中的 Pallescensin A 具有一个很重要的呋喃环结构。呋喃 (furan) 是一种含有一个氧原子的五元芳杂环有机物，是一种无色、可燃、易挥发的液体，沸点接近于室温，可由松木蒸馏得到，可溶于多种常见的有机溶剂，包括丙酮、醇、醚等，微溶于水。呋喃不仅是多种重要的工业化学品的前驱体，还是许多天然产物、药物和生物活性分子的核心结构，更是重要的有机合成中间体，具有广泛的应用价值。因此，呋喃及其衍生物的反应与合成在有机合成与杂环化学中占有很重要的地位。

C-2 呋喃在酸性、氧化等条件下很容易开环。写出下列呋喃开环反应的产物与机理：

C-2-1

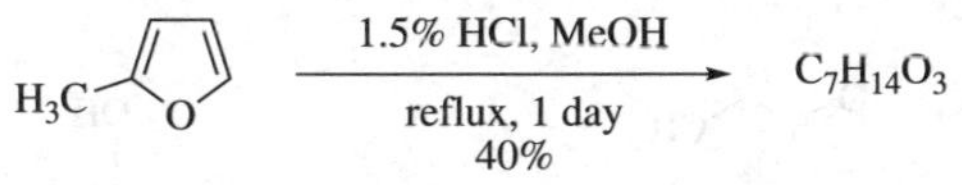

C-2-2

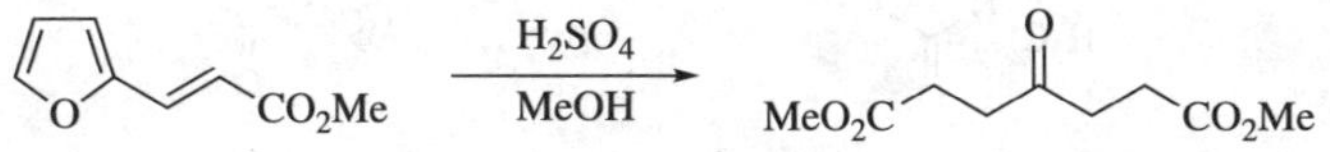

C-2-3

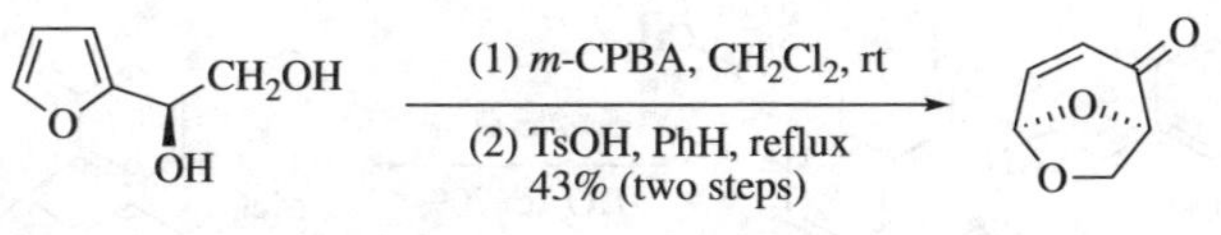

C-3 写出下列呋喃缩合反应的机理：

C-3-1

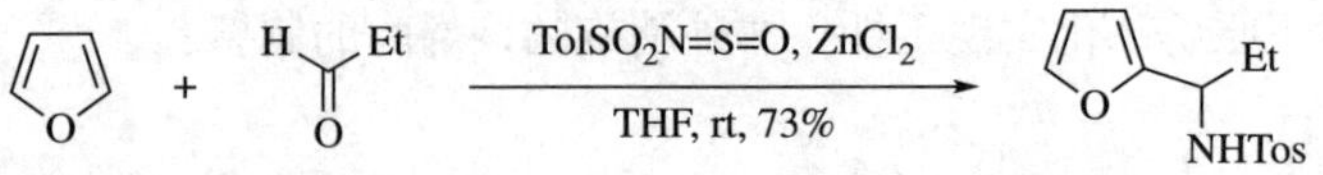

呋喃 + EtCH(=O)H →[TolSO₂N=S=O, ZnCl₂ / THF, rt, 73%]→ 2-(1-(NHTos)propyl)furan

C-3-2

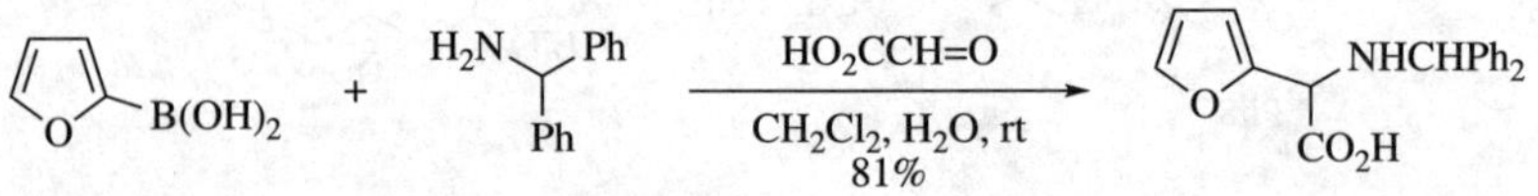

2-furyl-B(OH)₂ + H₂N-CHPh₂ + HO₂CCH=O →[CH₂Cl₂, H₂O, rt, 81%]→ furan-2-yl-CH(NHCHPh₂)-CO₂H

C-3-3

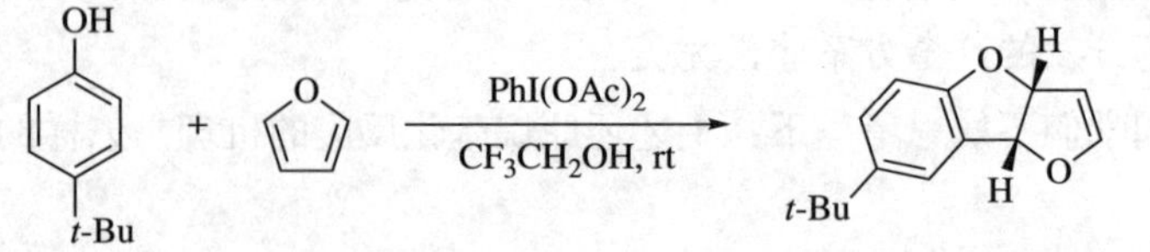

4-t-Bu-phenol + furan →[PhI(OAc)₂ / CF₃CH₂OH, rt]→ 稠合呋喃并苯并呋喃产物 (t-Bu取代)

C-4 写出下列反应的机理：

C-4-1

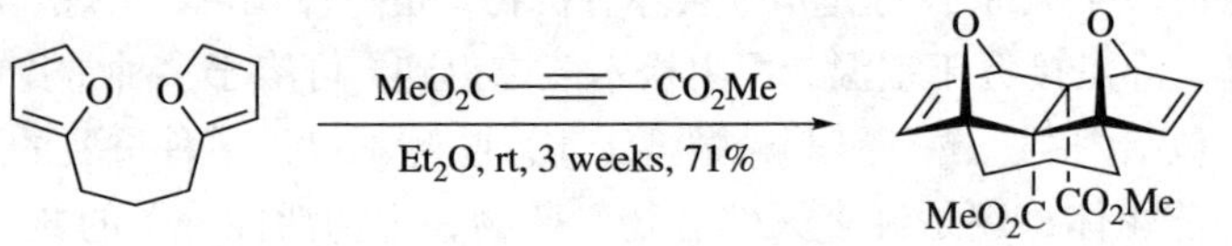

1,4-bis(2-furyl)butane + MeO₂C-C≡C-CO₂Me →[Et₂O, rt, 3 weeks, 71%]→ 双Diels-Alder加成产物

C-4-2

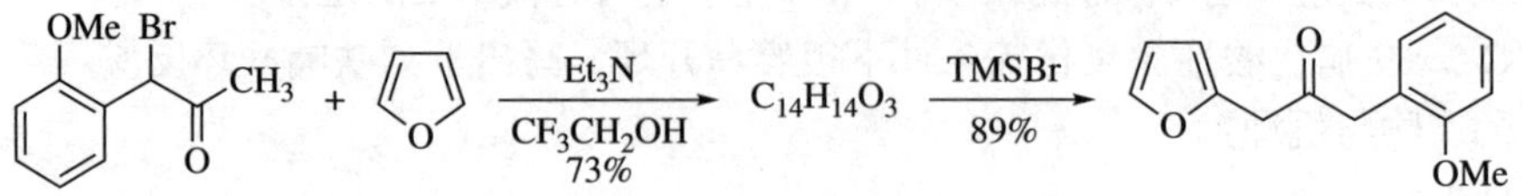

2-MeO-C₆H₄-CHBr-COCH₃ + furan →[Et₃N / CF₃CH₂OH, 73%]→ C₁₄H₁₄O₃ →[TMSBr, 89%]→ furan-2-yl-CH₂-CO-CH₂-C₆H₄-2-OMe

C-4-3

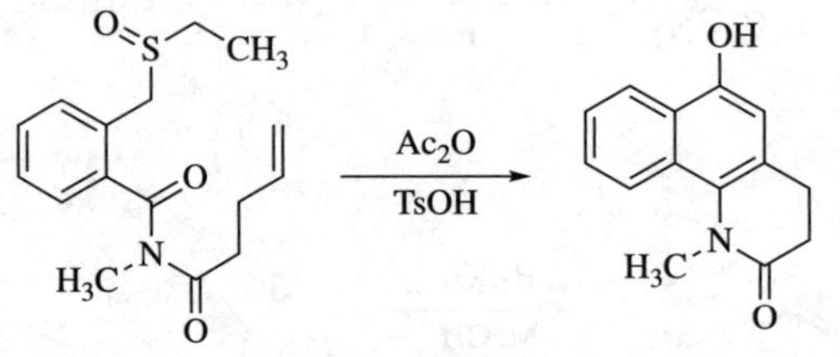

邻-(乙亚磺酰甲基)-N-甲基-N-(4-戊烯酰基)苯甲酰胺 →[Ac₂O / TsOH]→ 6-羟基-1-甲基-3,4-二氢苯并[h]喹啉-2(1H)-酮

C-4-4

3,4-二甲氧基苯乙基-N-(邻-(乙亚磺酰甲基)苯甲酰基)-N-(2-(甲氧羰基)丙烯酰基)胺 →[Ac₂O / HOAc, 70%]→ 螺环产物 (含CO₂Me, MeO, MeO, N, 酮羰基)

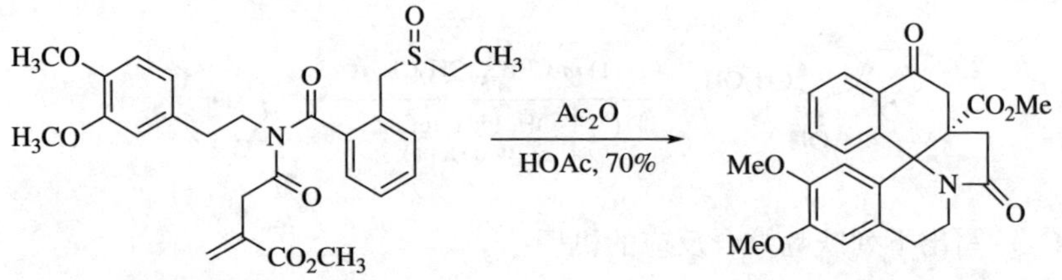

C-5 写出下列呋喃合成反应的产物与机理：

C-5-1

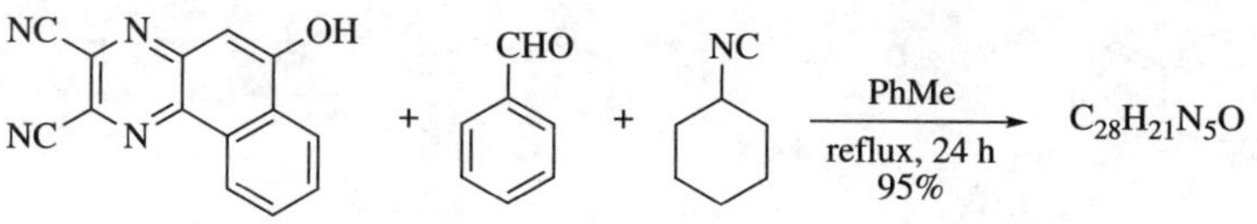
NC
N
OH
NC
N
+
CHO
+
NC
PhMe
reflux, 24 h
95%
C28H21N5O

C-5-2

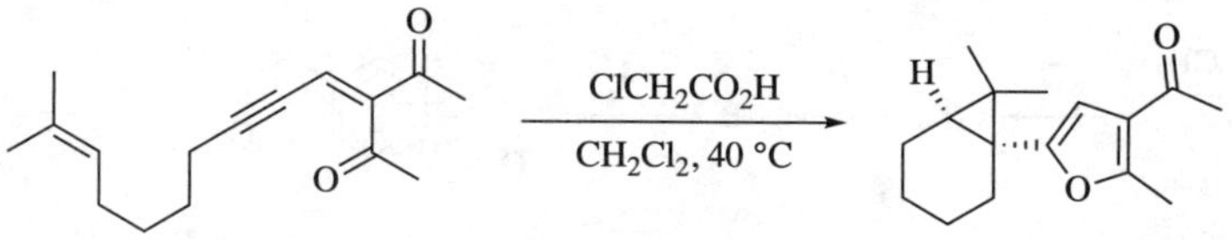
O
O
ClCH2CO2H
CH2Cl2, 40 °C
H
O
O

C-5-3

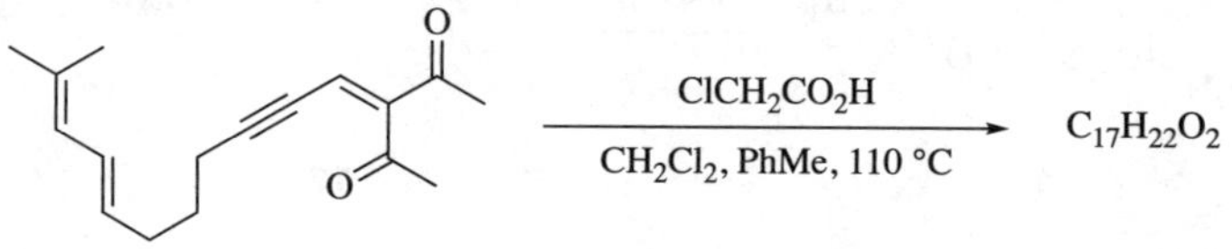
O
O
ClCH2CO2H
CH2Cl2, PhMe, 110 °C
C17H22O2

第 7 题

题目（17 分）

Dofetilide 是一种新的抗心律失常药物，自 2000 年上市以来，其合成一直受到人们的重视。在已报道的诸多合成路线中，大多是经过化合物 **1** 进一步转化得到的：

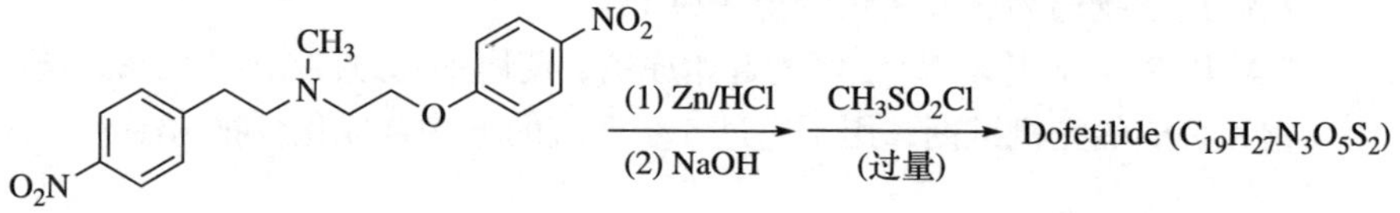
NO2
CH3
N
O
O2N
(1) Zn/HCl
(2) NaOH
CH3SO2Cl
(过量)
Dofetilide (C19H27N3O5S2)

1

因此，化合物 **1** 是合成 Dofetilide 的关键中间体，文献报道的部分合成路线如下：

合成路线 1：

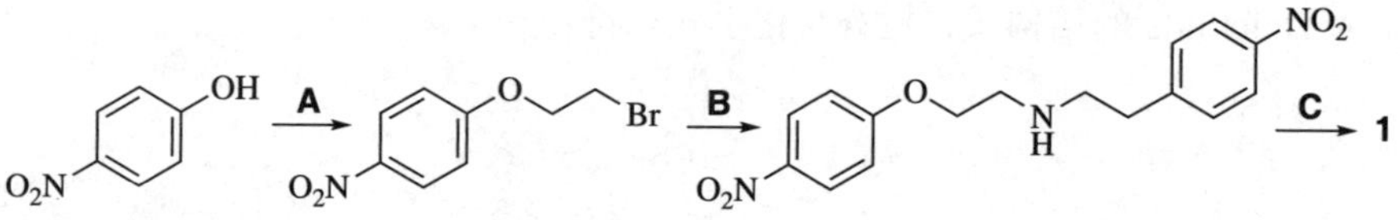
OH
O2N
A
O
Br
O2N
B
O
N
H
NO2
O2N
C
1

2 **3** **4**

合成路线 2:

O_2N-C$_6$H$_4$-OH (**2**) →[D]→ O_2N-C$_6$H$_4$-O-CH$_2$CH$_2$OH (**5**) →[E]→ **3** →[F]→ **1**

合成路线 3:

O_2N-C$_6$H$_4$-CH$_3$ (**6**) →[G]→ **7** →[H]→ **8** →[I]→ O_2N-C$_6$H$_4$-CH$_2$COOH (**9**) →[J]→ **10**

→[K]→ O_2N-C$_6$H$_4$-CH$_2$-C(=O)-NH-CH$_3$ (**11**) →[NaBH$_4$]→ O_2N-C$_6$H$_4$-CH$_2$CH$_2$-NH-CH$_3$ (**12**) →[L]→ **1**

合成路线 4:

O_2N-C$_6$H$_4$-CH$_2$CH$_2$-N(CH$_3$)-CH$_2$CH$_2$OH (**13**) + **14** →[碱]→ **1**

7-1 画出 Dofetilide 及上述合成路线中化合物 **7**、**8**、**10**、**14** 的结构式。

7-2 请写出上述各合成路线中步骤 **A ~ L** 所需的试剂及必要的反应条件。

7-3 用系统命名法命名化合物 **3** 和 **11**。

7-4 以 2-(4-硝基苯基) 乙醛为起始原料，使用不超过两个碳原子的有机物和必要的无机试剂，用不超过 5 步反应的方法合成化合物 **13**。

分析与解答

本题与第 6 题类似，以有机合成为背景考查常见有机反应和常用有机试剂，并掺杂对命名和合成的考查，比较简单。

7-1 Dofetilide 可由 **1** 通过两步反应合成。第一步是酸性条件下对硝基的还原，第二步是还原得到的氨对甲硫酰氯的取代反应，综上得到 Dofetilide 的结构式，检查与化学式相符：

H_3C-SO_2-NH-C$_6$H$_4$-CH$_2$CH$_2$-N(CH$_3$)-CH$_2$CH$_2$-O-C$_6$H$_4$-NH-SO$_2$-CH$_3$

观察合成路线 3，6 → 9 是由对硝基甲苯转化为对硝基苯乙酸，其间经历 7、8 两个中间体。此过程是增加一个碳转化为羧酸的反应，很容易想到是利用氰根对卤代烷的取代，首先将 6 转化为苄基卤化物，再以氰根取代，则可以写出 7 和 8 的结构式：

7 (X = Cl 或 Br)：对硝基苄基卤化物 O_2N-C$_6$H$_4$-CH$_2$X

8：对硝基苯乙腈 O_2N-C$_6$H$_4$-CH$_2$CN

观察 9 → 11，由羧酸转变为酰胺，典型过程是将羧酸先转化为酰氯，因而 **10** 为：

对硝基苯乙酰氯 O_2N-C$_6$H$_4$-CH$_2$-C(=O)Cl

观察合成路线 4，**13** 和 **14** 在碱性条件下合成 **1**。碱性条件下羟基氧脱去质子，具有亲核性，反应后该氧和芳香碳直接连接成键，表明发生了芳香亲核取代反应。**14** 应在被取代位（硝基对位）含有 C—X 键，从而推出 **14** 为：

14, X = Cl 或 Br：对硝基卤苯 O_2N-C$_6$H$_4$-X

7-2 本题考查反应条件的推断，要求同学们对各种有机反应有较深刻的认识。

有机 | 反应推断
难度 | ★

观察合成路线 1，2 → 3 由酚生成了醚，故应进行了 Williamson 醚合成，从而 **A** 为：BrCH$_2$CH$_2$Br, NaOH。

3 → 4 是由烷基溴生成二级胺，可见是 3 中的 C—Br 键被一级胺 S_N2 取代，所以结合 **4** 可知，**B** 为：

对硝基苯乙胺 O_2N-C$_6$H$_4$-CH$_2$CH$_2$NH$_2$

4 → 1 是将二级胺变为三级胺，和 **B** 类似，**C** 应为一亲电试剂，对照 **1** 可知，**C** 为：CH$_3$I。

考虑到所学的有机反应中的 Eschweiler-Clarke 甲基化反应。所以 **C** 也可以是：CH$_2$O, HCOOH。

2 → 5 与 2 → 3 类似，也是利用了酚氧负离子的亲核性，所需的试剂是两个碳的亲电试剂且能引入羟基官能团，则 **D** 可为：BrCH$_2$CH$_2$OH, NaOH；或环氧乙烷 + 氢氧化钠。

5 → 3 是由醇到卤代烃的转化，条件 **E** 有很多，比如 PBr_3、$SOCl_2$ 等均可。

3 → 1 步骤与之前 **3 → 4** 类似，只不过这里是一步到位，所以对照 **1** 可写出 **F** 为：

[结构式：对硝基苯基-CH₂CH₂-NH-CH₃，苯环对位连 O_2N]

合成路线 **3** 在上一小题已分析过，先是 α-氢的卤代，所以 **G** 为：NBS, $(PhCOO)_2$, O_2, CCl_4, $\triangle$；或 Cl_2, $\triangle$。

同时考虑到芳香甲基的自由基卤代反应，由此知 **G** 也可为：X_2, $h\nu$ (X = Cl 或 Br)。

7 → 8 是氰的取代反应，所以 **H** 为：$NaCN$。

下一步是腈的水解，一般酸性、碱性均可，所以 **I** 为：H_2O, H^+；或 (1) OH^-, H_2O, (2) H^+, H_2O。

9 → 10 是形成酰卤，所以 **J** 为：$SOCl_2$。

10 → 11 是胺和酰卤进行加成-消除反应，所以 **K** 为：CH_3NH_2。

12 → 1 是胺的取代反应，故 **L** 应为一亲电试剂，容易想到卤代烃符合要求。对照 **1** 的结构可得 **L** 为：

[结构式：对硝基苯基-O-CH₂CH₂-X，苯环对位连 O_2N]

X = Cl 或 Br

有机 | 系统命名
难度 | ★

7-3 本题考查有机化合物的命名。观察 **3** 的结构，可见其中可以作官能团的只有醚，但出于命名的简便性，以烷基为母体更为方便，故以乙烷为母体；再按顺序规则标号，连氧的碳为 1，连溴的碳为 2；烃氧基中的烃可命名为对硝基苯基，所以整体的命名为：1-(对硝基苯氧基)-2-溴乙烷。

观察 **11**，可见其母体为乙酰胺；标号从官能团处开始，对硝基苯基连的碳的序号为 2，同时注意 N 原子上所连基团命名时要加 *N*，所以 **11** 的命名为：*N*-甲基-2-(对硝基苯基) 乙酰胺。

有机 | 有机合成
难度 | ★

7-4 本题考查有机合成。有机合成方法很多，答案不唯一，这里简要讨论一种合成方案。合成的设计可以用切断法来做：

[结构式：对硝基苯基-CH₂CH₂-N(CH₃)-CH₂CH₂-OH，苯环对位连 O_2N]

从而合成过程一目了然：先合成二级胺，再与环氧乙烷反应即可。所以可得：

知识拓展

Dofetilide 是一种常用的第三类抗心律不齐的药物，它的作用机理是：选择性地阻碍快速型延迟整流钾电流，引起动作电位持续时间和肌细胞的有效不应期的增加，从而终止重复性的心律失常。[12]

思考题解答

思考题 A

A-1 $n = 12 \times 2 - 4 \times 5 = 4$，阴离子结构如下图所示。点群：$C_{4v}$ 或 S_2，后者更接近实际情况——单晶衍射所确定的能量最低的构象。[13]

无机 | 分子结构
结构 | 对称性与点群
难度 | ★

C_{4v}　　　　　　　　S_2

A-2 & A-3 2 个 μ_6-O、4 个 μ_3-O、14 个 μ_2-O 和 8 个端基 O，完整的离子式为 $[V_{10}O_{28}]^{6-}$，其立体结构如下图所示（蓝色球为 V，灰色球为 O）[14]：

无机 | 分子结构
结构 | 对称性与点群
难度 | ★★

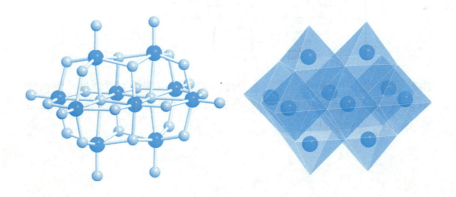

思考题 B

B-1 此即单变量线性回归的最小二乘法分析。设共有数据点 (x_1, y_1), $(x_2, y_2), (x_3, y_3), \cdots, (x_n, y_n)$，所求回归方程为 $y = bx + a$，其中斜率 b 与

分析 | 线性回归
难度 | ★★★

截距 a 未知，是欲求变量。考虑每个数据点，它在 y 方向上偏离回归直线距离的平方（即方差）为：

$$\varepsilon_i^2 = [y_i - (bx_i + a)]^2 = (y_i - bx_i - a)^2$$

总方差为：

$$\sum_{i=1}^{n} \varepsilon_i^2 = \sum_{i=1}^{n} (y_i - bx_i - a)^2$$

接下来，使用微分法求极值：能够使总方差达到极小值的 a 和 b，显然满足总方差 $\sum_{i=1}^{n} \varepsilon_i^2$ 对它们的一阶偏微分为零这一要求。即：

$$\frac{\partial \sum_{i=1}^{n} \varepsilon_i^2}{\partial a} = \frac{\partial \sum_{i=1}^{n} \varepsilon_i^2}{\partial b} = 0$$

$$\Longrightarrow \begin{cases} na + \sum_{i=1}^{n} x_i b = \sum_{i=1}^{n} y_i \\ \sum_{i=1}^{n} x_i a + \sum_{i=1}^{n} x_i^2 b = \sum_{i=1}^{n} x_i y_i \end{cases}$$

如果熟悉线性代数的有关知识，可以使用 Cramer 法则求解这个方程，更加简便快捷。

解上述二元一次方程，得到答案：

$$\begin{cases} b = \dfrac{n \sum\limits_{i=1}^{n} x_i y_i - \sum\limits_{i=1}^{n} x_i \sum\limits_{i=1}^{n} y_i}{n \sum\limits_{i=1}^{n} x_i^2 - \left(\sum\limits_{i=1}^{n} x_i\right)^2} = \dfrac{\sum\limits_{i=1}^{n} (x_i - \bar{x})(y_i - \bar{y})}{\sum\limits_{i=1}^{n} (x_i - \bar{x})^2} \\ a = \dfrac{\sum\limits_{i=1}^{n} x_i^2 \sum\limits_{i=1}^{n} y_i - \sum\limits_{i=1}^{n} x_i \sum\limits_{i=1}^{n} x_i y_i}{n \sum\limits_{i=1}^{n} x_i^2 - \left(\sum\limits_{i=1}^{n} x_i\right)^2} = \bar{y} - \bar{x} b \end{cases}$$

无机 | 分子结构
结构 | 同分异构现象
难度 | ★

B-2 化学式：$[PMo_{12}O_{40}]^{3-}$，结构如下图所示（蓝色球为 Mo，黑色球为 P，弯折与顶点处为 O）。异构体数目：5（包括自身），分别是 0～4 个 Mo_3O_{13} 旋转的结果。

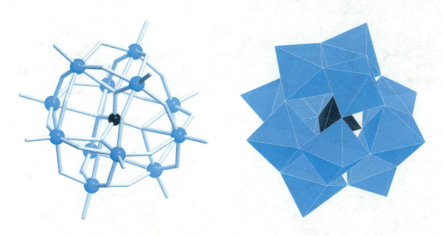

B-3 硅酸根与磷酸根互为等电子体，且硅钼酸结构与磷钼酸相同，因此硅钼酸根的化学式为 $[SiMo_{12}O_{40}]^{4-}$，反应方程式为：

无机 | 反应方程式书写
难度 | ★

$$HSiO_3^- + 12MoO_4^{2-} + 21H^+ + 4NH_4^+ \rightleftharpoons (NH_4)_4[SiMo_{12}O_{40}] + 11H_2O$$

B-4 结构式：$[S_2Mo_{18}O_{62}]^{4-}$，结构如下图所示（蓝色球为 Mo，黑色球为 S，灰色球为 O）[15]：

无机 | 结构推断
难度 | ★★★

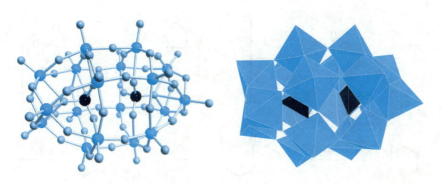

B-5 （磷）钼蓝以共顶点的 MoO_6 八面体为基本结构单元。根据晶体场理论，Mo(VI) 具有 $d^0 = t_{2g}^0 e_g^0$ 电子结构，还原后部分 Mo(VI) 变为 Mo(V)，电子结构为 $d^1 = t_{2g}^1 e_g^0$，电子很容易发生 d-d 跃迁（Mo 是重过渡元素，d-d 禁阻被极大削弱），强烈吸收橙色光，因而显示深蓝色。由于（磷）钼蓝中的 MoO_6 八面体共顶点相连，Mo 的 4d 轨道与氧的 2p 轨道可以交叠形成能带，部分还原后导带上布居大量的载流子，因而（磷）钼蓝是好的（半）导体材料。

无机 | 晶体场理论
无机 | 能带理论
难度 | ★★

B-6 机理如下图所示，DDQ 中的醌环是缺电子 π 体系，而 PMB 中的苯环由于甲氧基的给电子共轭效应，π 体系较富电子。反应时，两个芳环首先发生给受体 π-π 相互作用（部分）而堆叠到一起，接着发生负氢迁移，醌被还原为对苯二酚衍生物，PMB 被氧化得到活化的羰基中间体。再由氢氧根进攻发生亲核加成-消除机理，得到醇。

有机 | 反应推断
有机 | 反应机理
难度 | ★

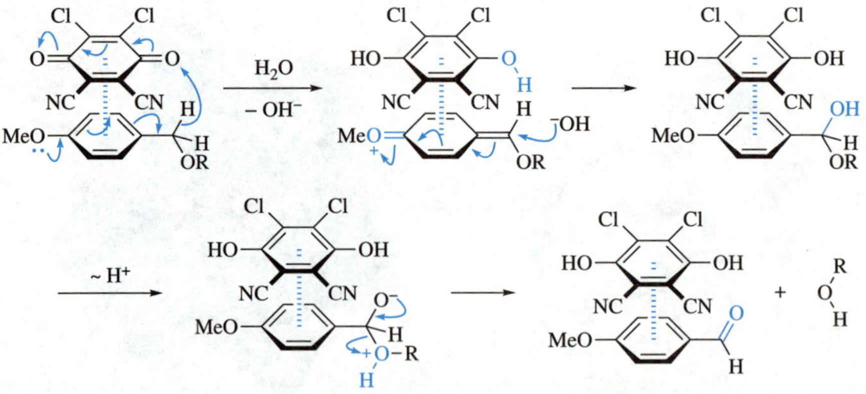

思考题 C

有机 | 反应机理
难度 | ★

C-1 机理与苯环的 Birch 还原反应相似，如下图所示。立体化学：由于最后单电子转移得到的碳负离子很容易发生构型来回翻转，因此质子可以从十氢化萘平面的两侧进攻。由于反式十氢化萘结构更为稳定，因此发生反式还原得到热力学产物。[11]

$$Li + (x+y)NH_3(s) \rightleftharpoons Li^+(NH_3)_x + e^-(NH_3)_y$$

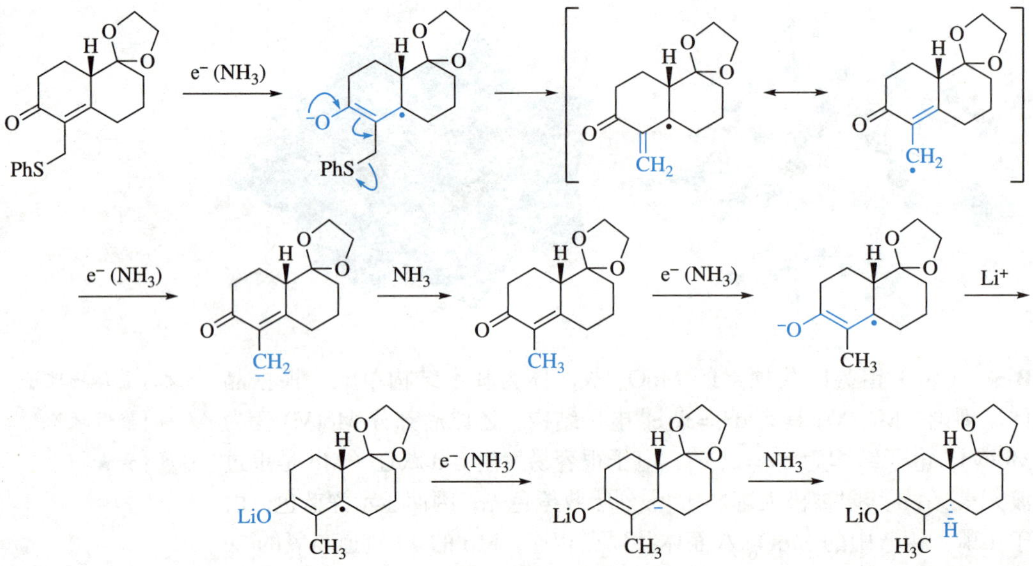

有机 | 反应推断与反应机理
难度 | ★

呋喃的芳香性弱，很多时候更加体现烯醇和共轭烯烃的性质，下面很多反应都是围绕呋喃的这个性质开发的。

C-2-1 非常简单的酸性开环反应，机理如下所示。呋喃可看成两个烯醇醚，由于左侧 α-甲基的存在，**左侧的烯醇醚上的 β-C 更加富电子**（这与呋喃亲电取代反应的区域选择性有何不同？联系下文综合分析），进攻质子得到羰基正离子，接下来甲醇进攻 α-C 得到半缩酮，同时右侧重新变为烯醇结构。右侧烯醇再发生一次上述转化，得到半缩醛。接下来五元环开环：由于左侧 α-C 是四级 C 原子，空间更加拥挤，因此左侧甲氧基质子化并离去，最后再由一分子甲醇加成到右侧羰基正离子上，得到半缩醛产物。[16]

思考：最后得到的产物可以是醛和半缩酮吗？为什么？

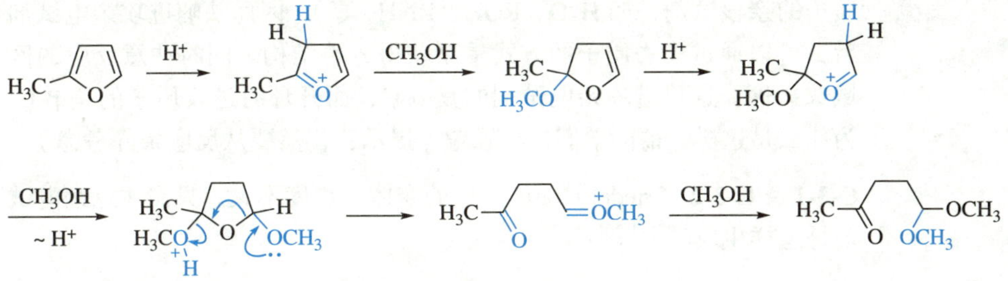

C-2-2 比上一题略难一些。注意分析每一步反应的区域选择性：质子都加成在了哪些双键上，为什么这些双键更加活泼？[17]

有机 | 反应机理
难度 | ★★

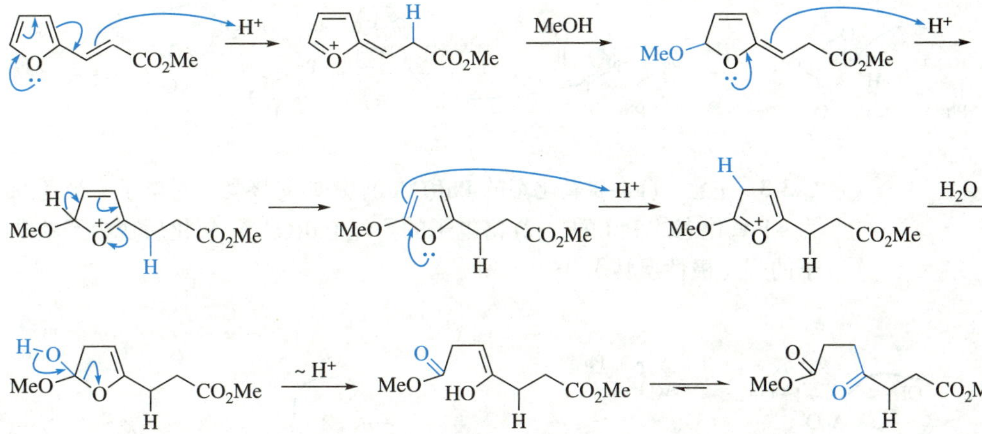

C-2-3 环氧化诱导的呋喃开环反应。注意：*m*-CPBA 对双键的加成是有立体选择性的，由于羟基与 *m*-CPBA 的氢键相互作用，*m*-CPBA 从纸面上方进攻双键（画出这个蝶式过渡态），形成的环氧与羟基呈顺式 (*syn*-)。接下来，发生两步分子内邻基参与，分别打开三元环和五元环。羟基进攻羰基正离子形成稳定的六元环半缩醛。这是一个较为稳定的中间产物，由于第一步反应是在弱酸和室温的条件下完成的，因此它可以被分离出来。接下来，中间产物重新用强酸和高温处理，发生第二次缩醛化反应，得到彻底关环的缩醛。[18]

有机 | 反应机理
难度 | ★

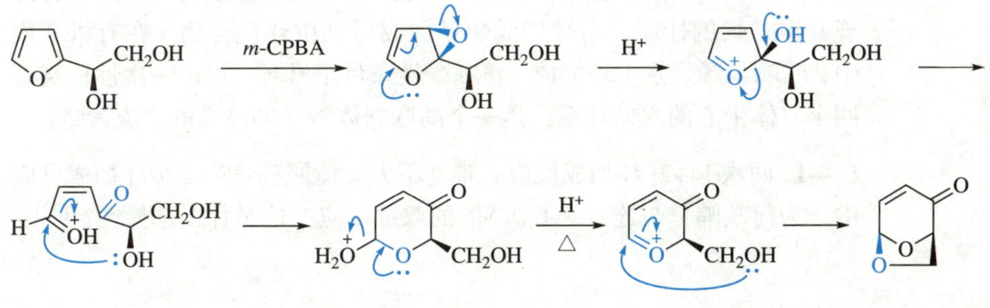

C-3 呋喃的缩合反应就是呋喃的亲电加成反应。对比前面的呋喃开环反应可以看出，这里反应条件均没有强的亲核试剂（尤其是可解离出质子的亲核试剂，如 H_2O、ROH、RNH_2 等），因而呋喃进攻亲电试剂后，可以通过失去质子的方式重新获得芳香结构。同时注意反应的区域选择性：这里进攻亲电试剂的是 α-C，而开环时进攻质子的是 β-C。为什么是这样？请同学们自己思考（提示：仍然要从反应条件考虑）。

有机 | 反应机理
难度 | ★

C-3-1 & C-3-2 Friedel-Crafts 反应的变体，难度不大。只需注意亲电试剂是怎样生成的[19][20]：

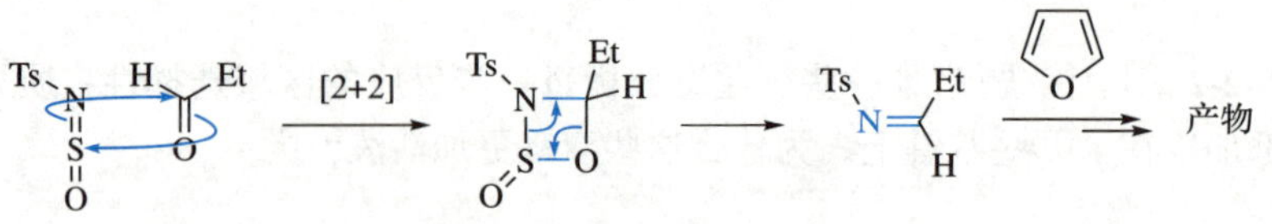

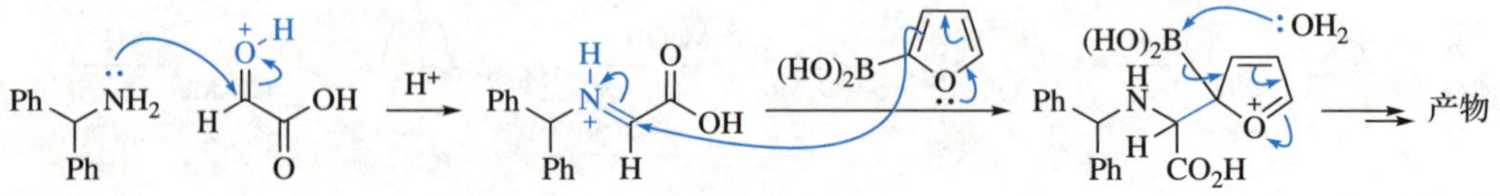

有机 | 反应机理
难度 | ★

C-3-3 注意：(1) +3 氧化态的 $PhI(OAc)_2$ 是如何接受一对电子，被还原为 +1 氧化态的 PhI 的；(2) 富电子的酚经 $PhI(OAc)_2$ 氧化后变为了缺电子的醌（极性反转）。[21]

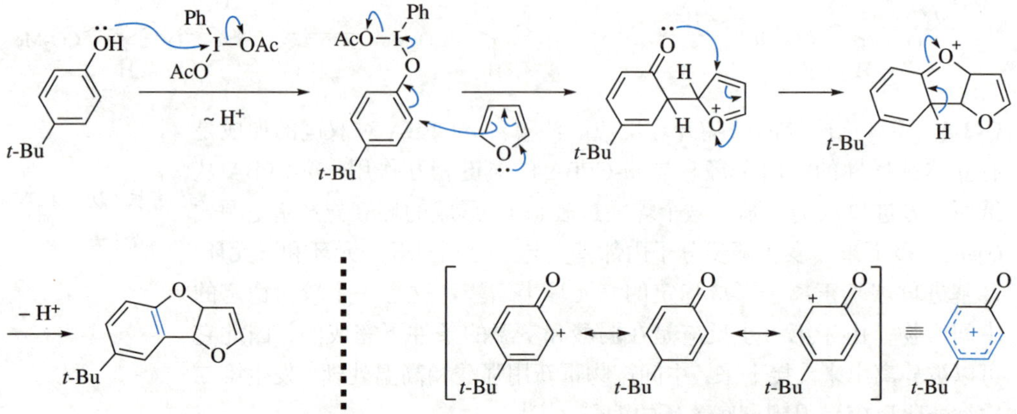

C-4 本题中的反应均涉及环加成机理。呋喃的芳香性弱，因此容易体现共轭二烯的性质，与烯烃或炔烃加成得到桥环化合物。在有机合成中，呋喃与烯烃发生环加成，再在酸性条件下开环，可以一次性构筑有四个立体中心的六元环系，是一个高度立体专一的高效的合成策略。

有机 | 反应机理
难度 | ★

C-4-1 两次 [4+2] 环加成反应，难度不大。请回答：第二步环加成反应中，为何呋喃只与连有 $—CO_2Me$ 的双键反应？这是什么选择性？[22]

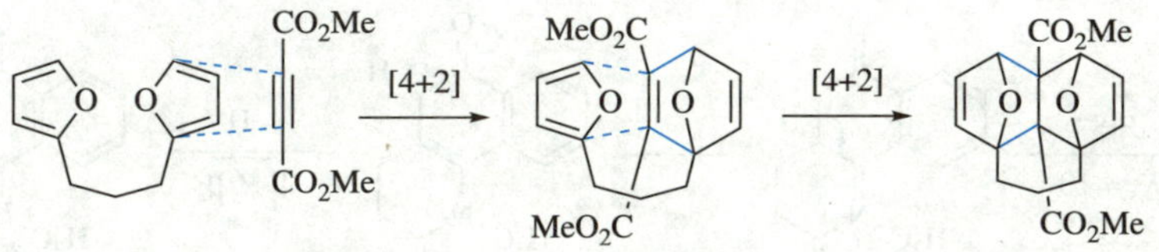

C-4-2 γ-消除生成 1,3-偶极子，与呋喃发生 [4+3] 环加成反应，再开环得到产物，难度不大。注意：根据产物结构可以判断，反应不能简单按呋喃亲核进攻 C—Br 机理，那样呋喃连接的位置是错误的。[23]

有机 | 反应推断与反应机理
难度 | ★

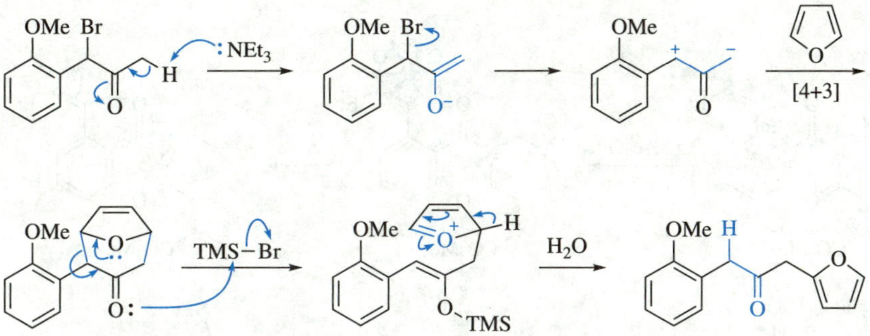

C-4-3 突破口在于产物中的羟基 O：它是从底物中的酰胺羰基 O 转移而来的。想清楚这一点，题目就简单了。另外还要注意：写机理时，中间体能量应当是逐步降低的——要确保这一点，必须确保每一步反应时，都是最活泼的官能团之间发生反应（最负的找最正的）。反应从 S=O 与 Ac$_2$O 处启动（分别是负、正电性最高的地方），经 Pummerer 重排得到 C=S 双键。接下来分子内酰胺羰基对缺电子 C=S 双键加成，得到呋喃环，紧接着与末端烯烃发生 [4+2] 反应关上六元环，最后氧桥打开得到产物。

有机 | 反应机理
难度 | ★★

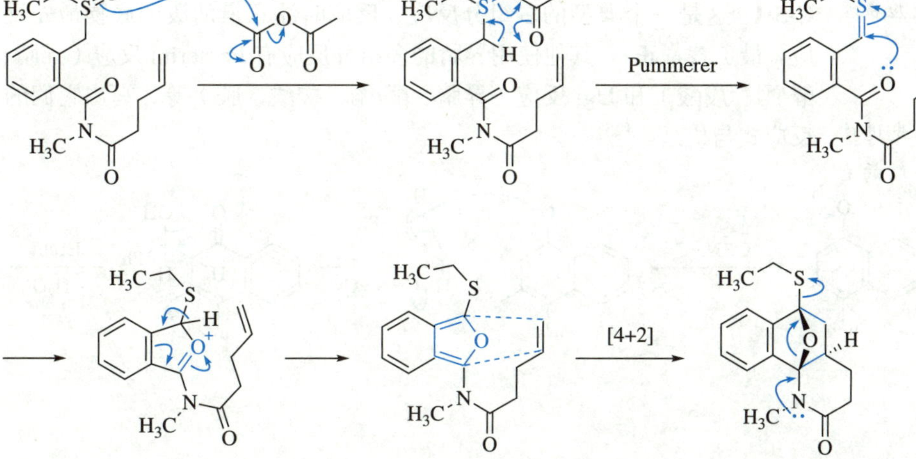

仔细分析每一步反应的驱动力来源，它们是否都是正向自发的？

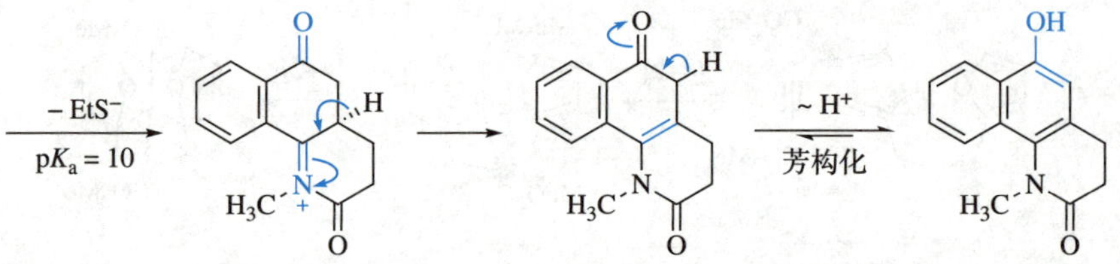

C-4-4 与上一题相似。要点：(1) 6-11 & 7-8 → [4+2]；(2) 3-11 不能急：酰胺氮亲核性弱，得等到 3//8 断开之后再连；(3) 启动：成混合酸酐后 Pummerer 重排——最负找最正。[24]

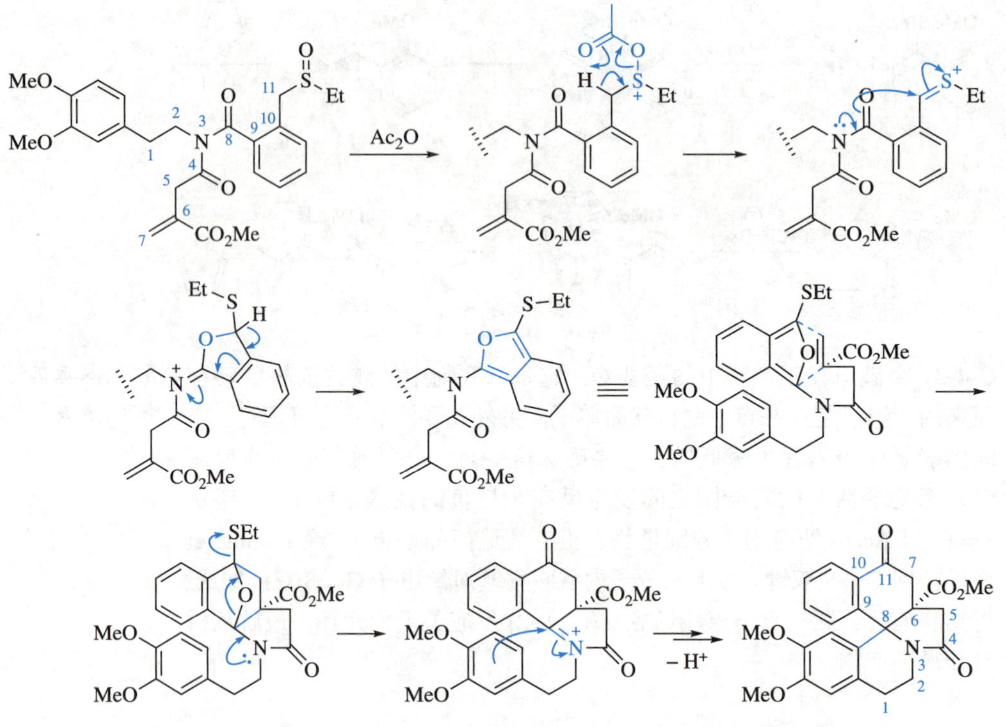

有机 | 反应机理
难度 | ★★★

有机 | 反应推断与反应机理
难度 | ★★

C-5-1 这是一个典型的多组分反应，反应时注意最活泼的底物最先反应（最负找最正）。其他使用异腈的多组分反应有 Passerini 反应（异腈、醛/酮、羧酸）和 Ugi 反应（异腈、醛/酮、羧酸、胺）等，写出它们的反应式与机理。[25]

为什么酚负离子优先进攻醛的 C 原子而非异腈的 C 原子？

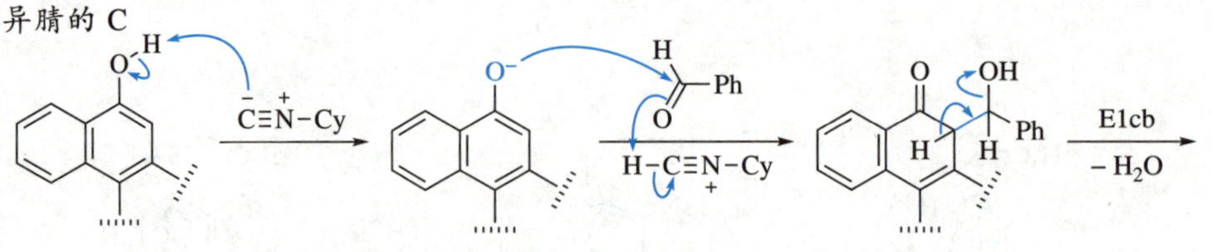

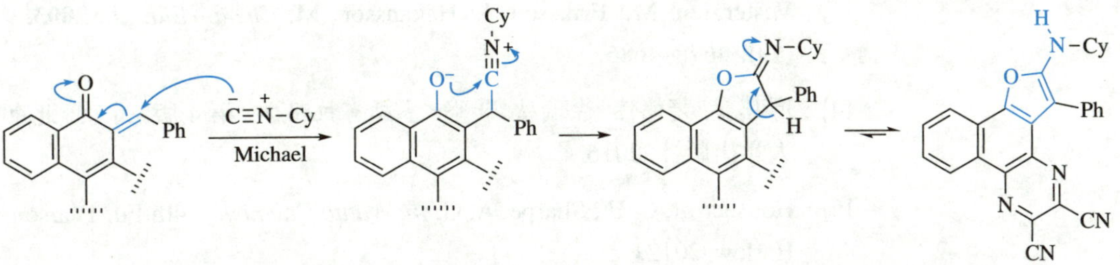

C-5-2 & C-5-3 两个反应底物是相似的，第一个反应可以作为第二个反应推断的突破口。产物中的三元环提示我们反应可能存在卡宾中间体。将三元环切断可以发现，这个卡宾正好处于呋喃的环外 β 位（广义的苄位），所以它是被呋喃环的共轭效应所稳定的，是合理的中间体。因此很容易写出反应机理如下[26]：

有机 | 反应推断与反应机理
难度 | ★★

一定要确保你写出的反应机理是合理的、可被解释的 (rationalize / justify)，不要生搬硬造反应机理！

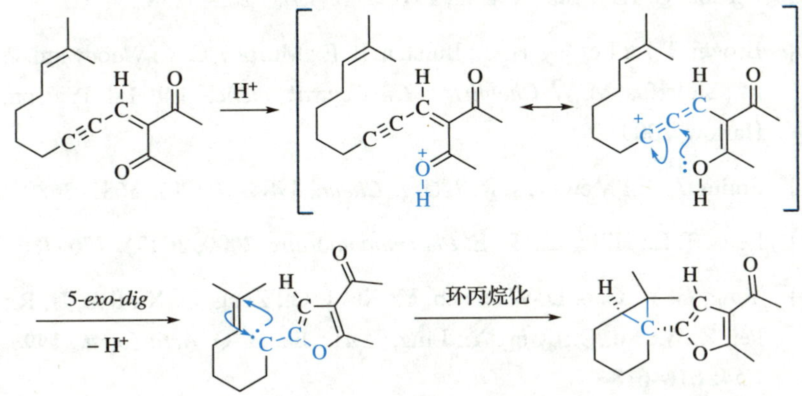

有了 **C-5-2** 的产物与机理，我们很容易写出 **C-5-3** 机理的前半部分与中间产物，请同学们自己完成。**C-5-3** 与 **C-5-2** 最大的区别在于：(1) 底物使用了共轭烯烃；(2) 温度显著提高。结合中间产物的结构，很容易发现这里应该发生一个 [3,3]-σ 迁移，因此产物与机理如下[27]：

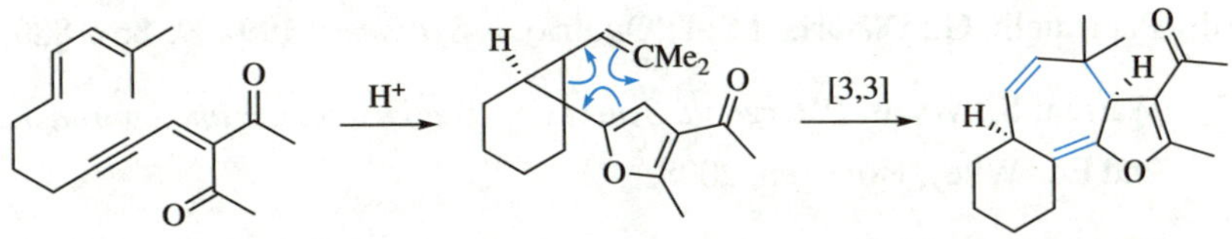

（本章初稿由米天雄完成，柳晗宇补充修改）

参考文献

[1] Heyliger, C. E.; Tahiliani, A. G.; McNeill, J. H. *Science*, **1985**, 227 (4693): 1474–1477.

[2] Myers, J. M.; Antholine, W. E.; Myers, C. R. *Appl. Environ. Microbiol.*, **2004**, 70 (3): 1405–1412.

[3] Vestergren, M.; Eriksson, J.; Hakansson, M. *Chem. Eur. J.*, **2003**, *9* (19): 4678–4686.

[4] 邢其毅, 裴伟伟, 徐瑞秋, 裴坚. 基础有机化学. 第 4 版. 北京: 北京大学出版社, 2016.

[5] Housecroft, C. E.; Sharpe, A. G. *Inorganic Chemistry*, 4th Ed. Pearson, Harlow, 2012.

[6] Keggin, J. F. *Proc. Roy. Soc. A*, **1934**, *144* (851): 75–100.

[7] Melhado, E. M.; Jöns Jacob Berzelius. *Encyclopædia Britannica Online*, Aug. 16, 2019.

[8] 廖春生, 程福祥, 吴声, 严纯华. 中国稀土学报, **2017**, *35* (1): 1–8.

[9] Gibson, Q. H. *J. Biol. Chem.*, **1970**, *245* (13): 3285–3288.

[10] Brown, T. L.; LeMay, H. E.; Bursten, B. E.; Murphy, C. J.; Woodward, P. M.; Stoltzfus, M. W. *Chemistry: The Central Science*, 14th Ed. Pearson, Harlow, 2009.

[11] Smith, A. B.; Mewshaw, R. *J. Org. Chem.*, **1984**, *49* (20): 3685–3689.

[12] Lenz, T. L.; Hilleman, D. E. *Pharmacotherapy*, **2000**, *20* (7): 776–786.

[13] Yang, G.-Y.; Gao, D.-W.; Chen, Y.; Xu, J.-Q.; Zeng, Q.-X.; Sun, H.-R.; Pei, Z.-W.; Su, Q.; Xing, Y.; Ling, Y.-H.; Jia, H.-Q. *Acta Cryst.*, **1998**, *C54*: 616–618.

[14] Franco, M. P.; Rudiger, A. L.; Soares, J. F.; Nunes, G. G.; Hughes, D. L. *Acta Cryst.*, **2015**, *E71*: 146–150.

[15] Neier, R.; Trojanowski, C.; Mattes, R. *J. Chem. Soc., Dalton Trans.*, **1995**, 2521–2528.

[16] Piancatelli, G.; D'Auria, M.; D'Onofrio, F. *Synthesis*, **1994**, *9*: 867–889.

[17] Warren, S.; Wyatt, P. *Organic Synthesis: The Disconnection Approach*, 2nd Ed. Wiley, Hoboken, 2008.

[18] Taniguchi, T.; Nakamura, K.; Ogasawara, K. *Synlett*, **1996**, *10*: 971–972.

[19] Padwa, A.; Zanka, A.; Cassidy, M. P.; Harris, J. M. *Tetrahedron*, **2003**, *59* (27): 4939–4944.

[20] Harwood, L. M.; Currie, G. S.; Drew, M. G. B.; Luke, R. W. A. *Chem. Commun.*, **1996**, 1953–1954.

[21] Kabalka, G. W.; Narayana, C.; Reddy, N. K. *Tetrahedron Lett.*, **1996**, *37* (13): 2181–2184.

[22] Lautens, M.; Fillion, E. *J. Org. Chem.*, **1997**, *62* (13): 4418–4427.

[23] Jin, S.-J.; Choi, J.-R.; Oh, J.; Lee, D.; Cha, J. K. *J. Am. Chem. Soc.*, **1995**, *117* (44): 10914–10921.

[24] Padwa, A.; Kappe, C. O.; Reger, T. S. *J. Org. Chem.*, **1996**, *61* (15): 4888–4889.

[25] Hajishaabanha, F.; Shaabani, S.; Shaabani, A. *Res. Chem. Intermed.*, **2016**, *42*: 4109–4120.

[26] Clark, J. S.; Romiti, F.; Hogg, K. F.; Hamid, M. H. S. A.; Richter, S. C.; Boyer, A.; Redman, J. C.; Farrugia, L. J. *Angew. Chem. Int. Ed.*, **2016**, *54* (19): 5744–5747.

[27] Klaus, V.; Wittmann, S.; Senn, H. M.; Clark, J. S. *Org. Biomol. Chem.*, **2018**, *16* (21): 3970–3982.

元素周期表

周期	IA 1	IIA 2	IIIB 3	IVB 4	VB 5	VIB 6	VIIB 7	VIII 8	9	10	IB 11	IIB 12	IIIA 13	IVA 14	VA 15	VIA 16	VIIA 17	0 18	电子层	电子数
1	1 H 氢 $1s^1$ 1.008																	2 He 氦 $1s^2$ 4.003	K	2
2	3 Li 锂 $2s^1$ 6.941	4 Be 铍 $2s^2$ 9.012											5 B 硼 $2s^22p^1$ 10.81	6 C 碳 $2s^22p^2$ 12.01	7 N 氮 $2s^22p^3$ 14.01	8 O 氧 $2s^22p^4$ 16.00	9 F 氟 $2s^22p^5$ 19.00	10 Ne 氖 $2s^22p^6$ 20.18	L K	8 2
3	11 Na 钠 $3s^1$ 22.99	12 Mg 镁 $3s^2$ 24.31											13 Al 铝 $3s^23p^1$ 26.98	14 Si 硅 $3s^23p^2$ 28.09	15 P 磷 $3s^23p^3$ 30.97	16 S 硫 $3s^23p^4$ 32.07	17 Cl 氯 $3s^23p^5$ 35.45	18 Ar 氩 $3s^23p^6$ 39.95	M L K	8 8 2
4	19 K 钾 $4s^1$ 39.10	20 Ca 钙 $4s^2$ 40.08	21 Sc 钪 $3d^14s^2$ 44.96	22 Ti 钛 $3d^24s^2$ 47.87	23 V 钒 $3d^34s^2$ 50.94	24 Cr 铬 $3d^54s^1$ 52.00	25 Mn 锰 $3d^54s^2$ 54.94	26 Fe 铁 $3d^64s^2$ 55.85	27 Co 钴 $3d^74s^2$ 58.93	28 Ni 镍 $3d^84s^2$ 58.69	29 Cu 铜 $3d^{10}4s^1$ 63.55	30 Zn 锌 $3d^{10}4s^2$ 65.38	31 Ga 镓 $4s^24p^1$ 69.72	32 Ge 锗 $4s^24p^2$ 72.61	33 As 砷 $4s^24p^3$ 74.92	34 Se 硒 $4s^24p^4$ 78.96	35 Br 溴 $4s^24p^5$ 79.90	36 Kr 氪 $4s^24p^6$ 83.80	N M L K	8 18 8 2
5	37 Rb 铷 $5s^1$ 85.47	38 Sr 锶 $5s^2$ 87.62	39 Y 钇 $4d^15s^2$ 88.91	40 Zr 锆 $4d^25s^2$ 91.22	41 Nb 铌 $4d^45s^1$ 92.91	42 Mo 钼 $4d^55s^1$ 95.95	43 Tc 锝 $4d^55s^2$ [98]	44 Ru 钌 $4d^75s^1$ 101.1	45 Rh 铑 $4d^85s^1$ 102.9	46 Pd 钯 $4d^{10}$ 106.4	47 Ag 银 $4d^{10}5s^1$ 107.9	48 Cd 镉 $4d^{10}5s^2$ 112.4	49 In 铟 $5s^25p^1$ 114.8	50 Sn 锡 $5s^25p^2$ 118.7	51 Sb 锑 $5s^25p^3$ 121.8	52 Te 碲 $5s^25p^4$ 127.6	53 I 碘 $5s^25p^5$ 126.9	54 Xe 氙 $5s^25p^6$ 131.3	O N M L K	8 18 18 8 2
6	55 Cs 铯 $6s^1$ 132.9	56 Ba 钡 $6s^2$ 137.3	57~71 La~Lu 镧系	72 Hf 铪 $5d^26s^2$ 178.5	73 Ta 钽 $5d^36s^2$ 180.9	74 W 钨 $5d^46s^2$ 183.8	75 Re 铼 $5d^56s^2$ 186.2	76 Os 锇 $5d^66s^2$ 190.2	77 Ir 铱 $5d^76s^2$ 192.2	78 Pt 铂 $5d^96s^1$ 195.1	79 Au 金 $5d^{10}6s^1$ 197.0	80 Hg 汞 $5d^{10}6s^2$ 200.6	81 Tl 铊 $6s^26p^1$ 204.4	82 Pb 铅 $6s^26p^2$ 207.2	83 Bi 铋 $6s^26p^3$ 209.0	84 Po 钋 $6s^26p^4$ [209]	85 At 砹 $6s^26p^5$ [210]	86 Rn 氡 $6s^26p^6$ [222]	P O N M L K	8 18 32 18 8 2
7	87 Fr 钫 $7s^1$ [223]	88 Ra 镭 $7s^2$ [226]	89~103 Ac~Lr 锕系	104 Rf 𬬻 $6d^27s^2$ [267]	105 Db 𬭊 $6d^37s^2$ [268]	106 Sg 𬭳 $6d^47s^2$ [269]	107 Bh 𬭛 $6d^57s^2$ [270]	108 Hs 𬭶 $6d^67s^2$ [277]	109 Mt 鿏 $(6d^77s^2)$ [278]	110 Ds 𫟼 $(6d^87s^2)$ [281]	111 Rg 𬬭 $(6d^97s^2)$ [282]	112 Cn 鿔 $(6d^{10}7s^2)$ [285]	113 Nh 鿭 $(7s^27p^1)$ [286]	114 Fl 𫓧 $(7s^27p^2)$ [289]	115 Mc 镆 $(7s^27p^3)$ [290]	116 Lv 𫟷 $(7s^27p^4)$ [293]	117 Ts 鿬 $(7s^27p^5)$ [294]	118 Og 鿫 $(7s^27p^6)$ [294]	Q P O N M L K	8 18 32 32 18 8 2

镧系	57 La 镧 $5d^16s^2$ 138.9	58 Ce 铈 $4f^15d^16s^2$ 140.1	59 Pr 镨 $4f^36s^2$ 140.9	60 Nd 钕 $4f^46s^2$ 144.2	61 Pm 钷 $4f^56s^2$ [145]	62 Sm 钐 $4f^66s^2$ 150.4	63 Eu 铕 $4f^76s^2$ 152.0	64 Gd 钆 $4f^75d^16s^2$ 157.3	65 Tb 铽 $4f^96s^2$ 158.9	66 Dy 镝 $4f^{10}6s^2$ 162.5	67 Ho 钬 $4f^{11}6s^2$ 164.9	68 Er 铒 $4f^{12}6s^2$ 167.3	69 Tm 铥 $4f^{13}6s^2$ 168.9	70 Yb 镱 $4f^{14}6s^2$ 173.0	71 Lu 镥 $4f^{14}5d^16s^2$ 175.0
锕系	89 Ac 锕 $6d^17s^2$ [227]	90 Th 钍 $6d^27s^2$ 232.0	91 Pa 镤 $5f^26d^17s^2$ 231.0	92 U 铀 $5f^36d^17s^2$ 238.0	93 Np 镎 $5f^46d^17s^2$ [237]	94 Pu 钚 $5f^67s^2$ [244]	95 Am 镅 $5f^77s^2$ [243]	96 Cm 锔 $5f^76d^17s^2$ [247]	97 Bk 锫 $5f^97s^2$ [247]	98 Cf 锎 $5f^{10}7s^2$ [251]	99 Es 锿 $5f^{11}7s^2$ [252]	100 Fm 镄 $5f^{12}7s^2$ [257]	101 Md 钔 $5f^{13}7s^2$ [258]	102 No 锘 $5f^{14}7s^2$ [259]	103 Lr 铹 $5f^{14}6d^17s^2$ [266]